# 汉语词义散论

洪成玉 著

商务印书馆
2008年·北京

**图书在版编目(CIP)数据**

汉语词义散论/洪成玉著.—北京:商务印书馆,2008
ISBN 978-7-100-05378-5

Ⅰ.汉… Ⅱ.洪… Ⅲ.汉语-词义-研究 Ⅳ.H13

中国版本图书馆 CIP 数据核字(2007)第 023287 号

所有权利保留。
未经许可,不得以任何方式使用。

HÀNYǓ CÍYÌ SĂNLÙN
## 汉语词义散论
洪成玉 著

商 务 印 书 馆 出 版
(北京王府井大街36号 邮政编码100710)
商 务 印 书 馆 发 行
北 京 龙 兴 印 刷 厂 印 刷
ISBN 978-7-100-05378-5

2008年4月第1版 开本 850×1168 1/32
2008年4月北京第1次印刷 印张 15 ⅛
定价:30.00元

# 目 录

自序 …………………………………………………………… 1

我国传统语义研究鸟瞰 ………………………………………… 5
训诂学和语义学 ……………………………………………… 104
词义与概念 …………………………………………………… 113
词的本义 ……………………………………………………… 132
词的义点 ……………………………………………………… 148
词的义层 ……………………………………………………… 157
词义的系统特征 ……………………………………………… 168

词义分析和语法分析——训诂学新谈 …………………… 188
语法分析和语义分析 ………………………………………… 204
古汉语同义词及其辨析方法 ………………………………… 218
《说文》中的音训——兼谈"兮"字的用法 ………………… 232
词义发展研究的一些问题
　　——兼及《现代汉语规范字典》的义项处理 ………… 236
"按词义发展脉络排列词条义项"质疑
　　——评《现代汉语规范词典》兼及《现代汉语规范字典》…… 256

# 2 汉语词义散论

"闻"的初义及其具体用法 …………………………………… 274
"姓""氏"辨析 …………………………………………… 285
古汉语同义词辨析举例 …………………………………… 295
说"宫、室""房、屋" …………………………………… 304
"种、树、艺""振、拯、救"辨析 ……………………… 311
程度副词"颇"的语义特点 ……………………………… 324
谦词、敬词、婉词概说 …………………………………… 337
古今字概述 ………………………………………………… 365
"预""豫"的异同 ………………………………………… 378
用"长",还是用"常"? ………………………………… 383
抱·抛·炮 ………………………………………………… 386
"劝"字辨析 ……………………………………………… 391
"可三《二京》,四《三都》"释疑 ……………………… 395
《鸿门宴》中"东向坐""参乘"两词的解释 …………… 398
对《曹刿论战》某些词语的解释 ………………………… 403
《中山狼传》中的暗典 …………………………………… 409
中国及其别称考源 ………………………………………… 414
古"舞"字释义 …………………………………………… 428
"羊大"即食美,"女子"乃色美
　　——从汉字看汉民族美感的萌芽 …………………… 434
申、虹、雷、龙——从汉字看龙的观念的形成 ………… 451
从汉字看我国的农耕文化 ………………………………… 463
《〈说文〉同义词研究》序 ……………………………… 475

后记 ………………………………………………………… 480

# 自 序

　　1989年秋,在张家界举行的首届古汉语学术研讨会上,我做了一个关于词汇研究的主题发言,谈了一些自己在词汇方面的研究心得。会后,商务印书馆的赵克勤先生向我约稿。我当然很高兴地应承下来。回到北京后不久,克勤告诉我已列入选题。此前,我曾写过一些有关古汉语词汇研究的专著和文章,觉得完成商务的选题,不会有太大困难。但在参阅了当代关于汉语词汇研究的资料后,发现自己的一些想法与当前主流的看法颇有出入,我也不敢肯定自己的想法一定是,他人的看法一定非,如何下手写,开始犹豫起来。当时我正酝酿编著一部古汉语同义词词典,而且已经积累了部分材料,于是决定先搞具体的词义研究,通过对具体词义的研究实践,再进一步加深对词义的认识,然后总结提高,开始编写。

　　其间,我在编著古汉语同义词词典的同时,也逐渐积累了一些词义研究心得,陆陆续续发表了一些文章。当然,这些文章一般都是不涉及他人的观点;与此同时,我还接受李行健先生的建议,把同义词的研究成果分阶段出版,先把同义词中的谦词、敬词、婉词整理出来。在到商务联系出版时,张万起先生又催我完成约稿。万起听说我所以迟迟不敢下笔的苦衷时,鼓励我说:"有不同看法更好。你写你的,怎么想就怎么写。"在万起的鼓励下,我开始酝酿动笔写。这时候,一次去拜望曹先擢先生,谈及当前词义研究的一些情况。曹先生曾经手抄《说文》,精读细研,对《说文》深有研究。他说,现在的词义研究喜欢立新。有的先生提出一些新的说法,有的先生引进国外的思路,总觉得不太容易为众人所接受,还是传统的一些说法立得住。寥寥几句,画龙点睛,也许语亦及己,但仍然深受启发。我觉得还是应该从继承传统语义研究入手,从何谓词义入手。

何谓词义?这看起来似乎是很简单、不成问题的问题,但一经理论化便会变得复杂起来,成为一个不容易说清楚并容易产生争议的问题。当前一些主流的看法,认为词义即概念或大致上等于概念。一些专著或文章一般都是以此为立论基础展开论述。这种"以哲学家的概念和框架为基础、为出发点"[1]对词义的描写,我总觉得与汉语的语义实际不相符合。于是就从词义入手,探讨词义与概念的关系。我从汉语词义研究的实践出发,经过一段实践提高的过程,渐渐浮现并形成一种比较清晰的看法,即认为词义与概念的关系虽然十分密切,但是两者毕竟是属于不同范畴、不同性质的事物,它们之间存在着本质的差别:前者属语言范畴,后者属思维范畴。语言只是表明人类活动对周围世界事物接触的广度,语言中的词只是反映人类所接触事物的范围,而并不表明对周围世界事物认识的深度;思维中的概念才是表明对周围世界某些事物的认识达到揭示其本质的深度。正是语言与思维两者这种本质的不同,决定了词义与概念两者之间存在着显著的差别。拙著关于词义的大部分分析和论述,是在这一认识的基础上展开的。

---

[1] 徐烈炯《语义学·前言》。

我国传统语言学,是先从语义研究开始的,而且为我们留下了十分宝贵的研究成果。从事汉语语义研究,无疑应首先从努力总结和继承传统语义研究的成果开始。拙著在词义研究方面在以下一些问题上做了自己力所能及的努力:

一、从语义学的角度重新审视了历代语义研究的成果,并重点评述了《尔雅》《方言》《说文》《释名》和《玉篇》等著作的语义学价值以及各个历史时期语义研究的特点。而对保存在古人注疏中的语义研究材料,只是粗线条地进行了介绍。我认为,这部分的语义研究材料非常丰富,尚待挖掘,尚待梳理,尚待整理和研究。

二、词义是一个系统。词义并不是孤立存在的。词义之间不仅存在着各种联系,而且还互相制约,一个词的意义产生变化,往往会引起相关词义一系列的相应调整。词义的真正价值存在于词义系统中,研究词义应有系统的观点,应避免孤立地研究词义。

三、词义并非概念。概念不能赤裸裸地存在,必须借助于词或词组等语言形式表示,但不能认为,概念是词义的组成部分,更不能认为概念是词义的核心。在研究汉语词义时,应注重语言本身的语义特点,并最大限度地避免或摆脱"以哲学家的概念和框架为基础,为出发点"的观点和研究方法。

四、词义是发展变化的。对于历史悠久的语言,绝大多数词,一个词往往呈现多义性,而且还呈现层次性。整个词义系统也是在发展变化的,同一语言不同历史时期的词义系统也是不同的。但这方面还只是有一些想法,还没有形成研究成果。

五、词义分析必须与语法分析相结合。词义存在于具体的语句中。词以上的任何语言单位,既是语法单位或语法结构,也是语义单位或语义结构。同一个词的意义,往往因语法地位的变化而变化。同一语法结构而语义不同,是因语义结构变化,而不是语法问题。

六、词典的义项不等于就是词义。词义是客观存在的,而义项是词典编纂者主观的产物,受词典编纂者水平或所掌握的语言材料的局限。所列义项,有可能接近词义的原貌,有可能似是而非,也有可能完全错误。判断一部词典质量的高低,就是看它所列的义项在多大程度上反映或接近词义的原貌。

七、汉字是一种形、音、义相统一的独特的文字。分析汉语中的词义,还必须充分利用词义的文字形式和语音形式,还必须结合词义在不同历史时期字形和语音的变化。

八、汉字中蕴藏着十分丰富的古文化信息,是中华文化的宝库。从汉字研究中华文化,弘扬中华文化,也是语言文字工作者的一个责任。

当然,反映在拙著中的这些努力仅仅是初步的,也不排除有的地方用力不当。我竭诚欢迎同行的批评指正。最后,我要特别感谢周洪波先生,在我拖延交稿达十多年之久后,仍十分宽容大度,及时发稿,尽显出版家的风范。同时,还应该感谢宿娟先生的敬业、认真、高效,使拙著得以如期问世,并给读者及时提供了批评指正的机会。

洪成玉
丙戌初冬于寓所

# 我国传统语义研究鸟瞰

中国、希腊和印度是世界古代语言学的三个中心。由于各国的历史文化背景不同,语言学的起始点或侧重点有所不同。古印度有祭神颂歌的传统,佛教产生以后,诵经成为日常的宗教活动之一。为了保证佛教语言的纯洁性和准确性,语音成为语言学所关注的重要内容。产生于公元前4世纪的《波尼尼经》,就对梵语语音进行了准确而系统的描写。古希腊早在公元前5世纪就涉及语法问题。公元前4世纪的亚里士多德则是古希腊语法的奠基人。他开始明确提出词的分类和性、格等语法范畴问题。如今语法这一专门术语,英语的Grammar,俄语的Грамматика,法语的grammar,均源自希腊语 Γραμμαικη。

我国传统的语言学可谓独树一帜,是从研究语义开始的。早在先秦时期,我国就涌现了《尚书》《易经》《诗经》等一批被称为经典的著作。这些经典著作,学各有师,口口相授,代代相传。大约到了战国末期,即公元前3世纪,历代口传耳受对经典词语的理解,经整理成集,产生了第一部主要为解经服务的词书《尔雅》。据初步统计,《尔雅》中所收的词,仅《尚书》《诗经》两书中的词就占57%。我国第一部字书的编撰者许慎,就被时人誉为"五经无双许叔重(叔重,许慎的字)"。《说文》中共有书证1139例,绝大多数引自经典著作。两汉以来,有重大影响的训诂学家,同时也是著名于世的经学家。因此,有很长一个时期,语言文字之学被看作是经学的附庸而成为小学。这些历史事实说明,我国早期的语义研究,是从解经开始发展起来的。

我们回顾我国的语义研究是以昌盛的经学为背景发展起来的,主要是想说明语言学科的研究不能离开当时的历史文化背景,丝毫也不影响语义研究在语言学史上的独立地位,正如我们在前瞻语义学发展前景的时候,丝毫也不否认传统语义学在历史上的卓越成就一样。

严格地讲,我国传统的语义研究,主要偏重于词义的研究,习称训诂学。训诂学是从字形、字音、字义探求词义的一门学科,约产生于战国末期或稍晚。在训诂学作为一门学科兴起以前的先秦时期,先哲们有时也利用汉字的特点,阐述自己的思想观点。虽然在这方面资料并不是很多,但对训诂学的形成却有着重要的作用,我们不妨称之为训诂学的萌芽时期。

## 萌芽时期

汉字是音意文字,也称词符文字,一个字,特别是早期的字,一般相当于一个词。因此,汉字的字形,既表音,又表意,是形、音、义的统一体。"盖字形字音,所以载字义者也。"(《东塾读书记·小学》)正是由于汉字的这个特点,有时被先哲们用来作为阐明自己思想观点的工具,以增强自己的论点的说服力。他们利用汉字特点所采用的方法,几乎同后世训诂学中训释词语的方法完全相同。

## (一)利用字形

汉字的字形有独体、合体两种。独体的称为字,合体的称为文。汉字最大的特点,就是字的形体结构与字的意义,两者之间存在着可以得到说明的联系。在先秦的著作中,我们可以看到先哲们利用这个特点以分析汉字的形体结构来表述自己的思想观点,《左传》中共有3例,《韩非子》中也有1例。如:

夫文,止戈为武。(《左传·宣公十二年》)

故文,反正为乏。(《左传·宣公十五年》)

于文,皿蟲为蠱。(《左传·昭公元年》)

古者苍颉之作书也,自环者谓之厶(私),背厶谓之公。(《韩非子·五蠹》)

从目前已有的研究成果来看,上述这些为表述自己的思想观点所进行的汉字结构分析,不见得是造字的原意,但从方法上来看,同传统训诂学中的形训确是完全一致的。被认为训诂学奠基著作之一的《说文》,在说解"武""乏""蠱""厶"等字时,就把上述四个例证全部引作书证。如:

《说文·戈部》:"武,楚庄王曰:'夫武,定功戢兵,故止戈为武。'"

《说文·正部》:"乏,《春秋传》曰:'反正为乏。'"

《说文·蟲部》:"蠱,腹中虫也。《春秋传》曰:'皿蟲为蠱,淫之所生也。'枭桀死之鬼,亦为蠱。从蟲从皿,皿,物之用也。"

《说文·厶部》:"厶,奸邪也。韩非曰:'苍颉作字,自营为厶。'"

## (二)利用字音

汉语中有一种同源字,即音义俱近的字。如训诂的"训"与"顺"同源,"诂"与"古"同源,所以"训诂"连用,有解释古语使语句通顺的意思。《尔雅·释训》郝懿行义疏:"训之言顺也,顺其意义而导之,故以'释训'名篇。"《说文系传》:"训者,顺其义而训之也。"《尔雅·释诂》义疏:"盖古训即故训,故训即诂训,并字异而义通矣……皆举古言释以今语。"《说文·言部》:"诂,训故言也。"段玉裁注:"故言者,旧言也……训诂者,顺释其故言也。""训"与"顺"、"诂"与"古""故",就都是音义俱近的字。

这种字有同源的现象,是古汉语的一个特点。因此,利用音义俱近的字来说明自己的某种思想观点,有时也被先哲们所采用。如《论语·颜渊》:"政者,正也。"意思是,政,就是自己正和使人正。《礼记·中庸》:"仁者,人也。"又:"义者,宜也。"前者的意思是,仁,就是亲近人;后者的意思是,义,就是行事合宜。《吕氏春秋·下贤》:"王也者,天下之所往也。"意思是,王,就是天下的人都归往他。其中,对"王"的阐述,就被《说文》直接用作对"王"字的解释。《说文·王部》:"王,天下所归往也。"段玉裁注:"王、往叠韵。"上述其余各例,均为《释名》所收。

《释名》是我国第一部音训著作,也是训诂学的奠基著作之一。《说文》是据形求义,而《释名》则是缘声求义。如《释名·释言语》:"政,正也,下所取正也。"王先谦疏证:"《周礼·夏官·序官》注:'政,所以正不正者。'"又:"谊,宜也。"疏证:"毕沅曰:'(谊)本作义。'"《释名·释形体》:"人,仁也,仁生物也。"此处的音训,不同于《礼记》,训释语与被训释语互换。从文字角度来看,正好说明人、仁是音义相近的字。

(三)利用字义

这是直接利用词义或词组义说明自己对待某个词语所特有的见解。这是先秦著作中,先哲在论述自己的思想时更为经常采用的方法。如《左传·桓公二年》:"嘉耦曰妃,怨耦曰仇。"杨伯峻《春秋左传注》:"美好的姻缘谓之妃,妃即配。孽缘谓之仇。"这是对什么是"妃"、什么是"仇"的说明。《论语·季氏》:"侍于君子有三愆:言未及之而言谓之躁,言及之而不言谓之隐,未见颜色而言谓之瞽。"《孟子·告子》:"徐行后长者谓之弟,疾行先长者谓之不弟。"又:"不教民而用之谓之殃民。"又《离娄上》:"《诗》曰:'天之方蹶,无然泄泄。'泄泄犹沓沓也……言则非先王之道犹沓沓也。"这是对什么是"躁""隐""瞽""弟""不弟""殃民"的特殊含义的说明。

所以要介绍上述的语义现象,是因为先哲为说明某些特殊含义的词语时所采用的"曰""谓之""犹"等表述方法,后来成为训诂学中义训的专用术语。一般说,"曰""谓之"后面的词语,如"妃""仇""愆""躁""隐""瞽""弟""不弟""殃民"等,都是被训释的词语,"曰""谓之"前面的则是解释性词语。"犹"则相反,前面的词语,如"泄泄",是被训释词语,后面的词语是解释性词语。《尔雅》在训释词语时,就大量用了其中的一些术语。据统计,《尔雅》中"谓之"用了288例,"曰"用了139例。

与此同时,这个时期还产生了有关词义的一些理论。当时,不少哲学家在讨论名与实的关系时,都程度不同地涉及词的名称和词的意义之间的关系。其中,荀子关于名实的一些提法,直接接触到语言中的词和词义的产生问题。他说:"名无固宜,约之以名,约定俗成谓之宜,异于约则谓之不宜;名无固实,约之以命实,约定俗成谓之实名。"(《荀子·正名》)荀子在这两句话里,揭示了有关词的一些基本理论。第一,他认为,语言是社会的产物,"名无固宜",一个词的命名,不是先验的,而是由社会成员共同约定俗成;第二,词的名称和词的意义,两者之间没有必然的联系,"约定俗成谓之实名",也是由社会成员所共同约定的。

这个时期,虽然并没有有关词义研究的专著,但是众多的哲学家、政治家、思想家利用汉字的形、音、义阐明自己的某些思想观点或见解的做法,为后来的学者从汉字特有的形、音、义的关系研究词义开了先河;更兼这个时期蔚然成家的哲学思想和有关语言的一些朴素理论,也为从汉字形、音、义的关系研究词义提供了宏观指导。

## 兴起时期

汉语训诂学的兴起,约在战国末期或稍后的西汉时期。这个时期去古渐远,语言也相应地逐渐产生隔阂,更兼秦统一中国后,秦始皇为了巩固秦王朝的统治,实行了焚书坑儒的政策,文化典籍遭到极大的破坏。"汉兴,改秦之败,大收篇籍,广开献书之路"(《汉书·艺文志》),对散失在民间的图书进行了大规模的收集整理工作。一些主要著作,不仅列入官学,有专人讲授,而且开始有人训诂传释。如《诗经》就有毛、鲁、齐、韩四家,"鲁申公为《诗》训诂,而齐辕固、燕韩生皆为之传……三家皆列于学官。又有毛公之学,自谓子夏所传"(《汉书·艺文志》)。至"平帝世,毛诗始立",其后因"齐诗久亡,鲁诗不过江东,韩诗虽在,人无传者。唯毛诗郑笺独立国学,今所遵用"(《经典释文·序录》)。传统的训诂学正是在这个时期应运而生的。

汉初,在大规模收集整理散失于民间图书的基础上,还对《诗》《书》《礼》《乐》等主要经典著作做了大量的训诂传释工作。"汉兴,鲁申公为《诗》训诂,而齐辕固、燕韩生皆为之传。""秦燔书禁学,济南伏生独壁藏之(指《书》)……孔安国者,孔子后也,悉得其书,以考二十九篇,得多十六篇。安国献之……古文读应尔雅,故解古今语而可知也。""(《礼》)至秦大坏。汉兴,鲁高堂生传《士礼》十七篇。迄孝宣世,后苍最明。戴德、戴胜、庆普皆其弟子,三家立于学官。"至于《乐》,"汉兴……而不能言其义……武帝时,河间献王好儒,与毛生等共采《周官》及诸子言乐事者,以作《乐记》……禹,成帝时为谒者,数言其义,献二十四卷记。"(引文均见于《汉书·艺文志》)

中国传统的训诂学,也称为语言文字之学,主要是正字破音,训释词语,解决阅读古籍中的语言障碍。训,即训释,训有顺义,意思是阅读中遇到文字障碍,使之通顺易晓;诂,即解释古语。关于"诂"字,段玉裁在注《说文》时,曾做过非常精当的解释。《说文》:"诂,训故言也。"段注:"故言者,旧言也,十口所识前言也……训故言者,说释故言以教人,是之谓诂。分之则如《尔雅》析故、训、言为三,三而实一也。汉人传注多称故者,故即诂也。毛诗言故训传者,故训犹故言也,谓取故言为传也。取故言为传,是亦诂也。贾谊为《左氏传训故》,训故者,顺释其故言也。"段玉裁的注,归结为一句话,即用今语释古语。训诂学就是依据汉语言文字特点并适应解经需要的一门研究语义的学科。

早期的传统训诂学对语义的研究有着非常实用的目的,即为解经服务。因此,这种研究在研究方法上一般具有两个很显著的特点:一个是所研究的对象局限于书面语言,着重对词语的考释;一个是着眼于微观研究,比较零碎,缺乏系统性。与这种研究方法相应的是,研究领域也有所局限,一般局限在两个领域:一个领域是对经书的注释,后来扩大到对子书、史书、辞赋等的注释;一个领域是汇集众家注释或众多词语而编成的词书或字书。我们考察传统训诂学一般可在这两个领域内进行。自汉而下,这两个领域都师承汉学,持续发展,高潮迭起,到唐代曾有过一个小高潮,发展到清代达到了最高潮。

词书或字书集中体现了训诂研究的成果,如我们不是泛泛地而是有意识地从语义研究的角度来看它们,有可能发现一些过去没有注意到的新的价值。因此,我们不妨先把目光放在训诂学中具有重要地位的词书、字书上。

## 词书和字书

### 一 训诂学的奠基著作

训诂学的四部奠基著作《尔雅》《方言》《说文》《释名》,都产生在两汉时期绝不是偶然的。《尔雅》一书,虽作者非一,递相增益而成,但多数学者认为,约成书于战国末期或西汉初期。继《尔雅》之后,又先后产生了《方言》《说文》《释名》三部语义著作。这几部著作从不同的角度,用不同的方法研究语义,与《尔雅》并称为训诂学的四大奠基著作。总的说来,这四部著作都是为解经服务的,后三部著作是从不同的词义分析角度对《尔雅》的补充和扩大。此后,以词书或字书形式研究词义的著作,基本上沿着《尔雅》或《说文》

两个系统发展。

(一)《尔雅》

《尔雅》在传统训诂学中占有非常重要的地位,被奉为训诂学的鼻祖。现存《尔雅》最早注本,是晋人郭璞(公元 276—324 年)历时十八年完成的。《尔雅》的语义学价值在于"释古今之异言,通方俗之殊语"(《尔雅》"初、哉……"下郭注)和"辩同实而异号者"(《尔雅》郭注《尔雅序》)。这就是说,《尔雅》是解决古今异言、方俗殊语和辨析同义词的。这里所说的古,当然是五经中的古词古语。《四库全书总目》认为,《尔雅》"释《诗》不及十之一,非专为《诗》作","释五经者不及十之三四,更非专为五经之作"。这个至今仍常常为人引用的说法,现在看来至少是不全面的。据统计,《尔雅》中的被训释语,"释五经者"要大大超过"十之三四",仅《尚书》《诗经》两书中有的词语就占 57%。经书中的用语,当时称为雅语,也就是标准的规范用语。《尔雅》(尔,近;雅,正)的书名就是取"近而可正"的意思。(《尔雅序》邢昺疏)以往研究《尔雅》的论著,多关注《尔雅》的释雅以俗,释古以今,而对《尔雅》的"通方俗之殊语",并没有认真注意。

其实,《尔雅》的被训释语中,还有相当数量的方俗殊语。据统计,关于《尔雅》的注疏中,郭璞注提到的方言词有 122 个,郝懿行疏提到的有 353 个,减去郭注郝疏重复提到的有 36 个,计共有方言词 339 个。《尔雅》中有为数不少的方言词,这也是不难理解的。因为全民共同语,虽然以基础方言的词汇为基础,但是并不排斥吸收富于表现力的方言词语。《说文》虽然是专求字的本字本义,但也收有 175 个方言词。

《尔雅》中的方言词与共同语相比较,一般有两种情况:一种是因有些方言词有地方特色而被吸收到共同语中而与共同语形成同义词关系。如《尔雅·释诂下》:"瘵、瘽,病也。"郭注:"今江东呼病曰瘵,东齐曰瘽。"郝疏:"《一切经音义》十引《三苍》同,是郭所本也。通作'际'。《易》:'天际翔也。'《释文》引郑注'际当为瘵',瘵,病也,郑读瘵为际,故《诗》:'无自瘵焉。'笺云:'瘵,接也。'"又:"瘽者,《诗》'乱离瘽矣。''瘽此下民',传并云:"瘽,病也。'《方言》及《说文》同……李善注引《韩诗》作'莫'字,薛君曰:'莫,散也。'"《尔雅》中被解释的"瘵""瘽"是方言词,解释词"病也",是雅语,即民族共同语。郭注注出了"瘵""瘽"两字的不同方言区,"瘵"是江东的方言词汇,"瘽"是东齐的方言词汇;郝疏则注出了这两个方言词的语义特点,"瘵""瘽"都有接触、扩散义,用今天的话来说,是一种通过接触传染而流行扩散的疾病。

另一种是音变而形成的方言词。如《尔雅·释言》:"苛,妎也。"郝疏:"苛者,《方言》云:'怒也。'怒、妎声义俱近,苛、妎声转,义又相成,故以为训。《方言》:'龁、苛,怒也。小怒曰龁,陈谓之苛。'是苛、龁与苛、妎同。"按照郝疏,表示发怒义的"苛"是方言词,"妎"则是雅语,两词因声转而形成方言与共同语的关系。有的是两个语音相近的方言词,其中有一个进入了共同语。如《尔雅·释草》:"茦,刺。"郭注:"关西谓之刺,燕北朝鲜之间曰茦。""茦"和"刺"都是方言词。郝疏:"刺当作莿,莿、茦双声兼叠韵,故《说文》互训……《方言》云:'凡草木刺人,北燕朝鲜之间谓之茦或谓之壮……自关而西谓之刺。'""刺"当作"莿","刺"本来是关西方言,后取代了"莿",成为共同语的词汇。

《尔雅》还是我国第一部同义词性质的词典。"大致说来,《尔雅》是罗列古人所用的同义词,而以当代的词来解释它们,所以每条往往接连说了十几个词,最后以一个词来解释。"(王力《中国语言学史》第12页)要把十几个同义词的共同义素概括出来,并选择一个词进行解释,是一件很不容易的事。要完成这个过程,至少需要做两件事:一件事是要确定一个选择同义词的标准。什么是同义词,至今也还没有一个为大家公认的统一的定义;另一件事是要确定一个能代表共同义素的词来表示。选择一个单词解释一组词要比选择一个单词来解释另一个单词的难度大得多。把《尔雅》放在当时的文化背景来考察,可以认为,《尔雅》是做得相当出色的。这一点,准备放在介绍《尔雅》一书的内容时再详细说。

上面说的是《尔雅》的语义学价值。但是它的社会价值或者说实用价值,历代研究者大都认为是为解经服务的。晋人郭璞说《尔雅》是"六艺之钤键"(《尔雅序》)。"六艺"就是汉人所说的六经——《易》《书》《诗》《礼》《乐》《春秋》;"钤键",锁钥。这就是说,《尔雅》相当于打开通往六经之门的一把钥匙。宋人邢昺称《尔雅》"诚传注之滥觞,经籍之枢要者也"(《尔雅疏·叙》)。清人郝懿行认为:"《尔雅》二十篇则训诂之渊海,五经之梯航也。"(《尔雅义疏·序》)王力先生说:"《尔雅》实际上是一种故训的汇编。"(《中国语言学史》第11页)这些说法是符合《尔雅》实际的。尤其是郭璞、邢昺、郝懿行,他们都是对《尔雅》一书有过长期深入的研究,而且都生活在经学占文化统治地位的时代。王先生的看法只是如实地总结了前人占主导地位的看法。关于《尔雅》的语言学价值,由于语言科学的发展,我们可以有自己的新的见解和看法。但《尔雅》的产生和它在当时的社会实用价值,这是属于历史事实的问题。前人只是在研究的基础上如实地记录了这个历史事实。我们应该尊重历史。我们可以对前人的说法有所补充,但不能轻易否定。

《尔雅》一书的作者不详。现存《尔雅》的结构完整,编排合理,可以明显看出,在成书前是经过作者缜密设计,系统安排,整个框架在成书之初已定。但这并不排除历代有递相增益的成分,不过这种增益只是在原有框架内增词释义而已。《尔雅》共收词四千余,所收的词主要来自经书。编排分一般词语和名物两大部分。释诂、释言、释训所收的为一般词语,其中有名词、动词、形容词、代词、副词、介词等;释亲、释宫、释器、释乐、释天、释地、释丘、释山、释水、释草、释木、释虫、释鱼、释鸟、释兽、释畜,所收的则为名物分类词语。在一般词语部分,集几个或十几个同义词为一组,然后用一个词来进行解释;在名物部分,一般是分别解释,解释语一般是词组。用来解释的词语则为当时的通语或俗语,即释古以今,释雅以俗。

经研究,《尔雅》一书的解释用语,确为作者所处时代的通语,即民族共同语。据初步统计,《尔雅》解释用语中所用的词有 1252 个是《尔雅》被训释语中所没有的。这种现象在现在所编的词典中是不可能出现的。如《现代汉语词典》中的解释用语,一定能在被解释语中找到。当然专科词典除外。这种现象说明,《尔雅》倒有些类似现在的专科词典,只是为某一领域有待解释的词语服务,即为解释五经中的疑难词语服务,而绝不可能是专门收集它所处时代的一般词语而编写的词典。《尔雅》中解释用语中有的词,如驴、厢、涌、檐等,不见于现存先秦的著作,但在《史记》中已有所见。看来,也可作为《尔雅》最后成书于汉初的佐证。

《尔雅》在训释同义词时,所用的训释用语有两个显著的特点:一个是用来解释的词,是从几个或十几个同义词中提取代表共同性义素的词；一个是用来解释的词语,是从同义词中提取的区别性义素。下面分别介绍。

第一个特点：从义同义近的词中,提取共同性的义素。这主要见于释诂、释言、释训诸篇。例如：

> 初、哉、首、基、肇、祖、元、胎、俶、落、权舆,始也。(《释诂》上)

训释语"始",就是这一组同义词中共同具有的义素。在这组被训释的词中都含有初始的意思。如：

"初"的本义是"裁衣之始"(《说文》)。

"哉"是"才"的假借字。《说文》："才,草木之初也。"

"首"是"人生之始"。郝懿行疏："人生之始,首、鼻居先也。"《方言》卷十三："人之初生谓之首。"

"基"是筑墙之始。《说文》："基,墙始也。"

"肇"是门开之始。《说文》作"肁",释为"始开也"。段玉裁注："引申为凡始之偁。"古籍中常见肇、始连用,而且还有"肇始"一词。

"祖"是人的始祖。《说文》："祖,始庙也。"《诗经·大雅·生民序》疏："祖者,始也,己所从始也,自父之父以上皆得称也。"

"元"与"始"同义。《说文》："元,始也。"

"胎"是人或动物的起始,即胚胎。郭璞注："胚胎未成,亦物之始也。"

"俶"是行为的开始。《说文》："俶……一曰：始也。"《诗经·小雅·大田》："以我覃耜,俶载南亩,播厥百谷。"郑玄笺："俶,始也；载,事也。"

"落"是一事之终,另一事之始。《左传·昭公七年》："原与诸侯落之。"杜预注："宫室既成,祭之为始。"孔广森《经学卮言》："尝考落之为始,大抵始于终始相嬗之际。如宫室考成谓之落成,言营治之终而居处之始也。"

"权舆"是草木始萌。大戴《礼记·诰志》:"百草权舆。"即百草始萌。

又例如:

> 命、令、禧、畛、祈、请、谒、讯、诰,告也。(《释诂》上)

这一组同义词都含有告知的共同义素。如:

"命""令"都是上告知下。《说文通训定声》:"在事为令,在言为命,散文则通,对文则异。"

"禧"是向神祷告求福。《说文义证》:"禧,告神致福也。"

"畛"是祝告。《礼记·曲礼下》:"临诸侯,畛于鬼神。"郑玄注:"畛,致也。祝告致于鬼神辞也。"

"祈"是呼告神灵。《说文》:"祈,求福也。"《玉篇》《广韵》均释"祈"为"告"。《周礼·春官·大祝》:"掌六祈以同鬼神示。"郑玄注:"祈,嘄。谓为有灾变,号呼告于神以求福。"

"请"是向上禀告。《说文》:"请,谒也。""谒,白也。"《玉篇》:"白,告语也。"

"谒"与"请"义近,是向主人通告。《释名·释书契》:"谒,诣也;诣,告也。书其姓名于上以告所诣至者也。"

"讯"是责告,即告人以批评的意见。《说文》:"讯,让也。""让,责让也。"

"诰"是上告下。《说文》:"诰,告也。"段玉裁注:"以言告人,古用此字,今则用告字,以此字为上告下之字。"

同义词一般都是近义词。同义词之间都有共同的义素。要确定一组同义词,首先要分析出其中的共同性义素。没有这一过程,要把用法各异的词收集整理为一组同义词,是不可能的。早在公元前3世纪,《尔雅》的作者就编撰出这样一部极具概括性的同义词词典,不能不对作者的语言学修养感到惊异。即使在现在,要编出一部相当于《尔雅》时代水平的同义词词典,也是很不容易的。

第二个特点:从义同义近的诸词中,提取区别性义素。同义词之间还存在区别性义素。《尔雅》的作者,不仅能从用法各异的诸词中,异中求同,而且还从用法相同的诸词中,同中辨异。这是《尔雅》另一个显著特点。主要见于《释亲》以下的十六篇。例如:

木豆谓之豆,竹豆谓之笾,瓦豆谓之登。(《释器》)

"豆""笾""登"都是盛肉的礼器,是一组同义词。它们的区别,仅仅是制作的材料不同。"豆"是木制的,"笾"是竹制的,"登"是瓦制的。郝懿行义疏:"豆是大名。分别言之,为竹、木、瓦;总统言之,俱曰豆。"

又例如:

金谓之镂,木谓之刻,骨谓之切,象牙谓之磋,玉谓之琢,石谓之磨。(《释器》)

"镂""刻""切""磋""琢""磨"也是一组同义词,都是动词,表示刻镂或雕刻。郭璞注:"六者,皆治器之名。"它们之间的区别仅仅是行为对象的不同。

治金器叫做镂。《说文》:"镂,刚铁可以刻镂。"治木器叫做刻。《说文》:"刻,镂也。"《说文》的解释,着眼于它们有着共同性的义素,把"刻""镂"看成是同义词。《尔雅》的解释,是先把它们看成是同义词,然后又说明它们之间的区别。

治骨叫做切。《玉篇》:"切,治骨也。"

治象牙叫做磋。《玉篇》:"磋,治象(牙)也。""磋"字也写作

"瑳"。《论衡·量知篇》:"象曰瑳。"

治玉叫做琢。《说文》:"琢,治玉也。"

治石叫做磨。《说文》不收"磨"字,但《诗经》中有。《诗经·卫风·淇奥》:"有匪君子,如切如磋,如琢如磨。"毛传:"治骨曰切,象曰磋,玉曰琢,石曰磨。"

他如《释宫》:"室有东西厢曰庙,无东西厢有室曰寝。"同是室,因存在有无东西厢的区别,分别称为庙和寝。《释器》:"肉倍好谓之璧,好倍肉谓之瑗,肉好若一谓之环。"同是圆形有孔的玉器,仅仅是形制的不同,边(肉)大孔(好)小的称为璧,边小孔大的称谓瑗,边和孔相等的称为环。

《尔雅》所辨析的词义现象,在现代汉语中依然存在。因此,《尔雅》所采用的提取区别性特征的方法,对我们今天辨析同义词,甚至分析义素都有启发意义。如布、麻、绸,同是纺织而成的面料,它们之间的区别,仅仅是用以制作的原材料不同;钟、表,都是计时器,它们之间的区别,仅仅是大小和用途不同;仓、库,都是储存物资的建筑物,它们之间的区别,仅仅是所储存的物资不同;诗、词,都是韵文,它们的区别,仅仅是文体的形式不同;椅、凳,都是坐具,它们之间的区别,仅仅是有无靠背的不同;等等。如果我们能正确地分析并提取共同性或区别性的义素,对我们辨析和理解同义词无疑是有帮助的。

(二)《方言》

现存《方言》共十三卷,全称为《輶轩使者绝代语释别国方言》。这个全称反映了《方言》所收词的基本面貌。"绝代"是远古年代,"绝代语",即古语,反映所收词语的时间关系,这部分词主要收在

十二、十三两卷。"别国方言",即各地方言,反映所收词语的空间关系。这是《方言》的主要部分,也是精华部分,收在一至十二卷。作者扬雄(公元前 53 年—公元 18 年),字子云,四川成都人。他是个文学家,"心好沈博绝丽之文"(《扬雄答刘歆书》),认为"辞莫丽于相如,作四赋(按:《甘泉》《河东》《长杨》《羽猎》四赋)";他又是个语言学家,认为"史篇莫善于《仓颉》,作《训纂》"(《汉书·扬雄传下》)。约在汉成帝元延年间(公元前 12—前 9 年),年四十余时,开始编撰《方言》。他手"把三寸弱翰,赍油素四尺",向"天下上计孝廉及内郡卫卒","问其异语",调查整理,并参考蜀人严君平和林闾翁孺的一些已有成果,历时二十七年而成《方言》(《扬雄答刘歆书》)。另据汉应劭《风俗通义·序》:"周秦常以岁八月,遣輶轩(按:一种轻便小车)之使,求异代方言,还奏籍之,藏于秘室。蜀人严君平有千余言,林闾翁孺才有梗概之法。扬雄好之。天下孝廉、卫卒交会,周章质问,以次注续,尔乃治正,凡九千字。"扬雄在成书过程中,确曾参考并吸收两位同乡的某些成果和方法,但主要是靠自己亲自长年向来自各地的人士调查所积累的资料而整理完成的。

《方言》所收的方言词汇可分两类:一类是发生音变的方言词,一类是具有地方色彩的方言词。音变是全民共同语的变体,在语音上能找到联系。扬雄在整理时也注意到了,称这类方言词为"转语"或"语之转"。例如:

庸谓之倯,转语也。(卷三)

煤,火也。楚转语也,犹齐言"烬,火也"。(卷十)

自关而东,赵魏之郊,谓之鼅鼄,或谓之蠾蝓。蠾蝓者,侏儒语之转也。(卷十一)

扬雄虽注意到这类现象,但并没有分类整理,而且还有不少没

有注明"转语"或"语之转"的方言词中,实际上也存在音变关系。例如:

>崽者,子也。湘沅之会,凡言是子者谓之崽,若东齐言子矣。(卷十)
>
>泭谓之䈮,䈮谓之筏。筏,秦晋通语也。(卷九)
>
>逢、逆,迎也。自关而东曰逆,自关而西曰迎,或曰逢。(卷一)

"崽""子"声同韵近,"泭""䈮""筏"声韵俱近,"逆""迎"声同韵近:这些方言词都能找到语音上的联系。

另一类方言词是各具地方色彩,是从该词所代表的客观对象的地方色彩命名。例如:

>扇,自关而东谓之箑,自关而西谓之扇。(卷五)

按:"扇"的本义是门扇。门扇可以开合,扇子扇动以生风,类似门扇的开合,所以引申出扇子的意思。《说文》:"箑,扇也。"段注:"户部曰:'扇,扉也。'扉可开合,故箑亦名扇。""箑"也写作"翣",是用羽毛或类似羽毛的物编织或制成片状,摇动生风,用以去凉。《玉篇》:"扇,尸战切,扉也;又箑也,或竹或素,乍羽乍毛,用取风。"

又例如:

>薄,宋、魏、陈、楚、江淮之间谓之苗,或谓之麴,自关而西谓之薄。(卷五)

按:"苗"字古作"曲","曲""苗",古今字。《说文》:"曲,象器曲受物形,凡曲之属皆从曲。或说曲,蚕薄也。"《说文解字注笺》:"𠚖(按:"曲"的篆文),隶变作曲……器,曲受物谓之曲,方受物谓之匚,皆无定名,蚕薄亦曲器之一也。"这是说,宋、魏等地称薄谓曲,是从当地的养蚕器具形似"曲受物"而定名的。自关而西称养蚕器为薄,则是取其形体扁薄似竹帘而定名的。《说文》:"薄,林薄也;一曰蚕薄。"《说文义证》:"(薄)又作箔。汉旧仪,皇后亲桑于苑中蚕室,养蚕于箔。"箔,即竹帘。《玉篇》:"箔,帘也。"

又例如:

箭,自关而东谓之矢,江淮之间谓之鍭,关西曰箭。(卷九)

按:自关而东称箭为矢,是取箭的形状。矢,小篆作 <!-- char -->,象矢之形。《说文》:"矢,弓弩矢也。从入,象镝括之形。"关西称箭,箭,本是竹名,是因为箭这种竹子最适合做箭用。《尔雅·释地》:"东南之美者有会稽之竹箭焉。"郝懿行疏:"竹箭坚实,以无节为异。《墬(地)形篇》(按:《淮南子》的篇名)注:'今会稽郡出好竹箭也。'戴凯之《竹谱》云:'箭竹,高者不过一丈,节间三尺,坚强中矢,江南诸山皆有之,会稽所生最精好。'"箭矢的"箭"就是来源于竹的名称。至于江淮之间称"鍭"为箭,是由于"鍭"是用锋利的金属做箭头的箭,杀伤力很强。《说文》:"鍭,利也。"《说文句读》:"言利者,矢锋取其铦利也。""族"和"鍭"是古今字的关系。《说文》:"族,矢锋也。"段注:"今字用'鍭',古字用'族'。"

又例如:

眉、梨、耋、鲐,老也。东齐曰眉,燕代之北鄙曰梨,宋卫兖豫之内曰耋,秦晋之郊、陈兖之会曰耇鲐。(卷一)

按:眉,这里是指秀眉或豪眉,即长寿老人所长出的长眉毛。东齐人取此特征称老为眉。梨,指老人脸上如冻梨的面斑,燕代之北鄙的人取此特征称老为梨。耋,《说文》解释为"年八十曰耋",《释名·释长幼》解释为"皮肤变黑色如铁也",综合这两个解释,可以理解为年纪上了八十的老人,面色变黑如铁。宋卫豫兖之内的人取此特征称老为鲞。鲐,指老人冻梨般的面斑,类似污垢而如同鲐鱼的青黑色斑纹。秦晋之郊、陈兖之会的人取此特征称老为耇鲐。

这些方言词,虽表示同一意义,都具有方言色彩。深入研究《方言》所收的方言词,从语义学的观点来看,对我们分析词义有着多方面的参考价值:

1.《方言》是把各方言区同物异名的词收集在一起,然后指出不同方言区的不同名称,实际上是一部方言同义词词典。研究这些方言词的语音特点和语义特点,对于我们认识共同语中同义词的形成和发展,对于我们辨析共同语中的同义词的异同,也是非常有帮助的。

从同义词的词义特点对同义词进行研究,过去主要是结合词的具体用法,有所研究。这只是一种研究途径,当然这种研究也是很必要的,而且也有待于进一步深入,但是从词义本身的特点进行研究也应引起足够的关注。同义词中有一部分与方言词相类似,是取其某方面的特点而产生的。例如"丫鬟""婢女""使女""梅香",都是表示年轻的女仆。这些词各自从不同的角度反映了女仆的某方面的特点。"丫鬟",表示年轻的女仆,头发习惯梳妆成丫形,因称丫鬟;"婢女"的婢,从卑,表示地位低下,当时一般都是社会地位低下的女孩子去做女仆,所以称婢女;"使女"的使,是使唤的意思,使女,即供人使唤的女孩子;"梅香",是元明时期婢女习用的名字,因而也习称婢女为梅香。

再如"丽""附""著""傍""贴""寄""攀""带",表示依附、附着义时,是一组同义词,各个词都有自己的词义特点。"丽"是相偶的意思,取其"两相附"(《说文》段注)的含义。伉俪的"俪",与"丽"同一语源。"附"是"坿"的借字,本义是培土增益,即附加,引申为附着。"著",《说文》写作"箸",本义是筷子,借为附属、连属义。《说文》的说解语中多以"箸"表示附属义。如释"隶"为"附箸也",释"缀"为"合箸也",释"肯"为"骨肉间肯肯箸也"(段注:"肯肯,附箸难解之貌。")。"傍",《说文》释为"近也",又释"徬"为"附行也",清徐灏《说文解字注笺》:"旁、傍,本一字耳。又作'徬'。"都是从"旁"引申而来的依傍义。"贴"的本字作"帖"。《说文》:"帖,帛书署也。"段注:"帛为之谓之帖……今人所谓签也。帛书必黏,黏引申为帖服、帖妥,俗制'贴'字为相附之义。""寄",是寄附、依附义。《广雅·释诂四》:"寄,依也。""攀",是攀附义,从攀援义引申而来,约产生于汉代。"带",是连带、附带义,从带子义引申而来,产生较晚,约在魏晋以后。

从众多的同义词中,分析出它们各自的词义特点,至今我们还没有进行过深入系统的研究,甚至连汉语的同义词系统也还没有进行过深入系统的研究。我们如果能系统地收集整理出汉语的同义词系统,就有可能顺着《方言》的路子,不仅能找出同义词中的地方色彩,而且还能分析出它们各自的词义特点。这无疑会把汉语词义的研究推向更为广阔的领域。

2. 表示同一意义的不同方言词,它们各自所具有的词义特点,有的正好是构成该词的义素,也就是说,方言词的词义特点分别表示该词的一个义素。如"箑""翣""扇","箑""翣"是表示制作的材料不同,"箑"是竹篾制作的片状物,"翣"是羽毛或丝绢编织成的片状物;"扇"的词义特点,是摇动生风;摇动生风的片状物,正是扇子的词义。一般同义词中也存在类似的语义现象。如"丫鬟"的词义特点,是梳妆丫形发式的年轻女子;"婢女"的词义特点,是社会地位低下;"使女"的词义特点,是供人使唤。社会地位低下、供人使唤、年轻女子,正好是分别构成该词的三个义素。

3. 分析方言词词义的形成,有助于理解汉语词义的引申途径。如"扇"的本义是门扉,因门扉可以开关摇动而生风,引申为扇子。"箭"的本义是竹子,因这种竹子最适合制作箭矢而引申为弓箭的箭。"褚"的兵卒义,是因兵卒穿赭色服装引申而来。《方言》卷三:"卒谓之弩父,或谓之褚。"郭璞注:"言衣赤也。褚音赭。"这种词义现象表明,词义引申的途径是多种多样的,本义与引申义之间,或引申义与引申义之间,并不存在必然的逻辑联系。试图从词义之间的逻辑联系探求词义引申或词义发展脉络,不可避免地会陷入苦思冥想而不能自拔。因此,只有在全面地收集整理词义引申现象的基础上,才有可能概括出具有普遍意义的说法。现在我们还只能粗略地说明汉语词义引申的词义现象以及这种引申的大致途径。这方面的研究还有待于继续深入。

4. 从《方言》中所收的方言词和通语的关系,看汉语基础方言的转移和汉语词义系统的发展变化。汉语历代共同语的基础方言是否有过转移,哪些方言曾成为共同语的基础方言?这个问题至今还不见有人深入研究过。至于汉语词义系统在发展过程中,有哪些方言词进入了共同语,共同语中有哪些词因基础方言的转移或别的什么原因而演变为方言词,这个问题也很少有人研究。但王力先生指出了这种语言现象。他说:"'晓'当'知'讲,本是楚语;'甕'当'罌'讲,本是赵魏语;'疗'当医治讲,本是湘江方言;'褴缕'当'衣被丑弊'讲,'怂恿'当'劝'讲,本是南楚方言,现在都变成普通话了。共同语也可演变为方言,因为有的地方把古语保存下来,有的地方消失了。例如'嚣'本是通语,现在北方许多地方(如北京)口语中已经不用'嚣'字,只有南方某些地方(如广州)在口语中还存在着。"(《中国语言学史》第35页)王先生提到的这些词汇现象,无疑是很有研究价值的。

《方言》是一部很有价值的研究语义的专著。今天在提到它的时候,不应该仅仅看到它的历史价值,还应该看到它包含了很多现在应该解决而还没有完全解决的理论问题和具体问题。

(三)《说文》

从汉字的形体结构分析汉字所表示的意义,虽然在春秋时期已偶有所见,但全面系统地对先秦以至秦汉的汉字进行收集整理,逐个进行形、音、义分析,并整理编撰成书的是《说文》。清代学者段玉裁称《说文》是"前古未有之书"(《说文解字·叙》注)。这个评价就足以说明《说文》在我国语言学史上的开创地位和学术价值。《说文》的全名是《说文解字》,作者许慎,字叔重,汝南召陵(今河南郾城)人。当时社会盛行"竞逐说字解经义"之风,以"巧说邪辞"惑乱学者,甚至发展到"以字断法"的混乱程度。许慎基于"盖文字者,经艺之本"的认识,"博采通人,至于大小,信而有征,稽撰其说"(引文均见《说文解字·叙》),从汉和帝永元十二年(公元100年)到汉安帝建光元年(公元121年),耗心竭力,历时二十一年才完成堪称传统训诂学名著的《说文》。从现代语言学的观点来看,《说文》的价值,不仅仅限于文字学、训诂学、音韵学、字书学等某个单科领域,而且还在于它对整个语言学的贡献。语言学界的一代宗师王力先生曾说:"《说文解字》是中国古代语言学的宝藏。"(《中国语言学史》第39页)对《说文》这个丰富的语言学宝藏,前人虽然已做了很多研究开发工作,并取得了令人瞩目的成就,但是还不能说甚至还远不能说对《说文》的研究已经差不多了。尽管历代研究《说文》者,都十分关注对字义的研究,但对《说文》所反映的词义系统并不是十分了解的。研究《说文》卓有成就的段玉裁,潜心研究《说文》长达三十一年(公元 1776—1807 年)之久。他博览群书,精思敏辨,尤精于对《说文》字义的辨析。他在长期的研究实践中意识到,《说文》中存在着词义系统。他除了在注中不时提出"二义相成""二义相足""声与义同原"等有关词义系统的看法外,还在完成《说文解字注》的正文以后,在叙后许冲上书的注文中说,"其书(指《说文》)以形为主,经之为五百四十部,以义纬之","后儒苟取其义之相同相近者,各比其类为一书,其条理精密胜于《尔雅》远矣"。我们从段氏所说的这句话中,可以看出,他对《说文》存在着同义词系统的认识,是在经过了三十多年,到晚年对《说文》研究进行总结性回顾时才取得的。认识的提高一般有两种途径:一种是通过自己的研究实践;一种是通过他人的实践所提出的理论性总结。这两种认识途径缺一不可。我们今天能对《说文》中存在的词义系统有所认识,当然首先应该归功于前人的研究成果和他们所提出的具有理论性的看法。词义系统是客观存在的。对反映先秦词义系统的《说文》,无论是宏观的,还是微观的,我们的研究再多还只能说是处于起步阶段。

从语义研究的角度来看,《说文》的价值至少有如下几方面:

1.《说文》所收集整理的字(词),全面地反映了汉语先秦时期的词汇面貌。《说文》共收字 9353 个,其中最常用的有四五千。《说文》作者认为:"凡《仓颉》以下十四篇(按:含《训纂篇》),凡五千三百字。群书所载,略存之矣。"(《说文解字·叙》)据对《论语》《孟子》

《大学》《中庸》四书的统计,共用字4466个。参照这两组数字,先秦时期的常用词汇约在四五千之间。这说明《说文》所收的9353个字,有一半左右是常用词汇。我们可据此研究先秦词汇的分布、构成和基本面貌。如果我们以《说文》所收的字作为一个参考基准,再把它和各个时期,如两汉时期、魏晋南北朝时期、唐宋时期、元明清时期的汉字总量和常用字总量进行宏观的考察和微观的比较,无疑将会对汉语词汇的总体面貌有一个比较清楚的认识。宋人徐铉在校定《说文》时就做了初步尝试。

徐铉校定的《说文》,世称大徐本《说文》。大徐本《说文》共增加了421个字。其中有19个,如诏、志、件、借、魋、葬、剔、酱、醛、赳、顪、瑛、膺、樾、緻、笑、迍、睕、峯等,是徐铉认为"许慎注义叙例中所载而诸部不见者",也即《说文》漏收的,这19个字,徐铉把它们补入同部首的正文;其余402个,是徐铉认为是"经典相承传写及时俗要用而《说文》不载者",这部分字不入正文而附于每部之后,习称《说文》新附字。如人部的字倡、伒、倅、傔、偁、傥、佇、倒、僋、低、债、價、停、儴、伺、僧、佇、侦等共18个字,都附在人部后面。我们对徐铉的402个《说文》新附字初步进行了考察,看是否如徐铉所说,一部分是"经典相承传写"的,一部分是"时俗要用"的。"经典相承传写"部分,一般可理解为先秦时期的字;"时俗要用"部分,一般可理解为包括两汉、魏晋南北朝时期的字,甚至有一些隋唐时期的字。因为目前我们还没有断代的词汇语料,同时现存古籍有误刻、误写、改动以及伪托的问题,还有成书年代跨时期的问题,由于这些原因,我们很难准确地判断某个字一定是某个时期的。据前人对新附字的研究并参考现有的引得、索引、大型工具书,我们只能大致确定这402个新附字,"经典相承传写"而《说文》

未收的字约有184个,如祢、挑、祚、琛、珈、瑗、芙蓉、薳、荀、荪、蔬、芗、藏、葳、蘸、售、些、眸、刎、遐、迄、逼、邈、逍遥、龄、蹙、蹉、询、讵、謱、剧、笑、筠、價、筇、簃、胶、韧、柜、榭、觋、贻、赙、赡、曙、昳、罹、幢、倜傥、伆、倒、低、债、停、伺、倅、侦、屡、屠、彩、炭、峤、嵩、廊、廖、礦、矶、碌、丌、狷、煽、焕、悱、怩、忖、忉、悌、怿、溥、泯、滏、潇、瀛、潺、淑、潴、淼、浃、溢、涯、霞、霏、鲽、鳐、掠、嫱、妲、婵娟、嫠、缎、缱、绻、螅、蠖、蟋、塗、境、塾、塘、坳、坠、坊、阒、劻、辦、铭、锁、辚、辙、辇、酩、醍醐、醒、馨、糢、烁、厢、闵、翩……

"时俗要用"的,共218个。其中,两汉时期的有105个,魏晋南北朝时期的有113个。两汉时期的,如芊、璩、柞、呀、进、蹉跎、说、谱、愬、诀、眨、睡、麽、剜、篙、榻、匡、赛、晕、昂、昉、昇、衫、孝、侣、佽、儌、璀璨、舸、艇、髻、魍、嶙峋、屿、厦、砧、砌、礉、磙、涛、阀、椴、挼、捻、捌、琵琶、瓷、缃、綷、唤、嘲、唉、寰、鬟、驮、钗、晟、预、酩酊、馥、蜢、螳、阡、朦、飓……魏晋南北朝时期的,如珂、珈、珙、茗、犍、哦、透、迢、蹭、蹬、谜、誌、鞘、鞴、闹、皴、穋、睑、翎、鹧鸪、鸭、刹、罐、矮、樱、梵、赔、贴、赚、昶、映、稳、糖、帼、侩、僧、襖、甑、氅、髻、魔、魇、嵌、岚、稽、烙、悀、恳、惹、恰、泸、滁、港、霎、霭、聱、掐、拗、摊、抛、娇、绯、蜓、塔、勘、钿、钏、胧、腔、筢……其中有的字,如闹、翎、矮、赚、惹、恰、绯等,《辞源》《汉语大字典》《汉语大词典》等大型字书或辞书,只收有唐宋时期的书证,很可能是六朝以后的字。

当然,这是从汉字的角度来说的,并不等于说,这些新增加的字都表示新的词义的产生。因为有些字所表示的词义,原先由别的字表示。如"坠",原写作"队";"境",原写作"竟";"厦",原写作"夏";"厢",原写作"箱";"烙",原写作"格";"阡",原写作"千";"阀",原写作"伐"等。但是,从词义研究的角度来看,仍然是很有价值的。因为新字的产生,表明词义已经有了发展,原来的字因所表示的意义过多,不堪负担,才另造新字以减轻其负担。

上面我们只是就402个《说文》新附字的分布时期进行了初步考察。如果进一步考察这些字所表示的词义系统,我们就会发现词义系统也在发生变化。例如,表示讥讽的"嘲",汉代才产生。我们可据此判断:

(1)同义词"讥""讽",在汉代增加了新的成员"嘲",因此"嘲讽""讥嘲"等同义连用的合成词,也必然是在汉以后出现的;

(2)凡是有"嘲"构成的词语,如"解嘲""嘲笑""嘲谑""嘲哂",也都必然产生于汉或汉以后。

再例如,波涛的"涛"也产生于汉代。我们同样也可以据此判断:

(1)同义词"波""浪""澜",在汉代增加了新成员"涛","波涛""浪涛""涛澜"等同义连用的合成词,也都必然产生于汉或汉以后;

(2)用"涛"构成的词语,如"怒涛""狂涛""松涛""惊涛骇浪""惊涛巨浪"等,也必然是汉以后才出现的新词语。

这里,我们还没有深入研究"涛"这个词产生以后是否引起相关词义的变化。《说文》正文中有一个"澜"字,解释为"大波为澜",而《说文》新附字"涛"也解释为大波。"涛"和"澜",几乎是一个等义词。"涛"的产生,在用法上至少与"澜"有所分工或填补了"澜"的某些职能。如,虽然有"狂澜"一词,但在形容波涛滚滚而引起人们惊慌的"骇浪惊涛""狂涛骇浪""惊涛怒浪"等词语中,只能用"涛"而不能用"澜";另外,在形容树林、松林、白云、风声有如波涛时的词语,如"林涛""松涛""云涛""风涛"等词语中的"涛",都不能换成"澜",虽然"澜"也是表示大的波浪。

《说文》新附字中有相当一部分字是魏晋时期产生的。这部分字中,有一些是外来词,如"梵""塔""僧""魔""刹"等。这些词一经汉语吸收,就成为汉语词义系统的组成部分,并很快参与汉语的构词,组成新的词语。以"梵"为例,与汉语原有的词所构成的新词语,如"梵语""梵文""梵字""梵宇""梵堂""梵室""梵殿""梵学""仙梵""清梵""晓梵""大梵天""螺髻梵志"等,仅据《汉语大词典》所收,就有125个。

《说文》成书于东汉。以《说文》为基础,我们有可能调查清楚先秦包括复音词在内的词汇量。先秦的词汇总量调查清楚了,弄清楚两汉时期的词汇总量,当然也包括复音词,也就有了可能。在这个基础上,我们就有可能弄清楚先秦两汉时期词汇的消长、词义的发展、词义与词义之间联系变化等等有关语义方面的问题。

2.《说文》中所反映的词义系统很值得深入研究。《说文》的编排,部首是据形系联,而字的顺序则是以义相次,即作者按自己所理解的词义之间的联系顺序编排。据作者自己在《叙》里所说,他的编排原则是:"方以群分,物以类聚,同牵条属,共理相贯。"清人王筠就把这个原则理解为"谓以义相次也"(《说文句读》)。"以义相次",就是以词的义类或意义有联系的词,比连在一起编排。这方面前人已做过不少研究。我们今天应该关注的是,《说文》所蕴藏的其他各类词义系统,如同义词系统等。《说文》中确实存在段玉裁所说的"义之相同相近"的同义词系统。冯蒸先生在段氏研究的基础上,对《说文》的同义词系统作了定量分析。据他所著的《说文同义词研究》一书的分析统计,有关《说文》同义词的数据有:

(1)大徐本《说文》的互训字354组,递训字5组;另经段氏改为互训字的为75组;共434组。这部分是《说文》中典型的同义词；

(2)《说文》中经段氏用"浑言/析言""统言/析言""对文/散文"等术语辨析的同义词共 260 组；

(3)《说文》中经段氏辨析并标明义同或义近的同义词,共 257 组；

(4)《说文》中经段氏从语音角度辨析并用音义同或音义近标明的同义词有 372 组。

这是段氏毕生努力所取得的成果,也是段注的精华部分。

以上四个数据相加,《说文》中存在着同义关系的词,共有 1323 组。这个数据足以说明,《说文》中确实存在着一个庞大的同义词系统。

如果我们用系统的观点来考察《说文》中同义词分布和构成,还有可能发现早期同义词的一些特点。如《说文》434 组互训递训字(包括段氏改字的互训字 75 组),即典型的同义词中,从它们的语法属性来看,以名词、动词居多,形容词较少,只有 21 组(不计兼类词)。如：

"芜,秽也。""秽,芜也。" "甘,美也。""美,甘也。"

"厌,饱也。""饱,厌也。" "饥,饿也。""饿,饥也。"

"辽,远也。""远,辽也。" "谨,慎也。""慎,谨也。"

"谐,和也。""和,谐也。" "和,调也。""调,和也。"

"儇,慧也。""慧,儇也。" "愚,戆也。""戆,愚也。"

"吉,善也。""善,吉也。" "忧,愁也。""愁,忧也。"

"惭,愧也。""愧,惭也。" "好,美也。""美,好也。"

"泛,滥也。""滥,泛也。" "完,全也"。"仝(古文,篆文仝从玉),完也。"

还有的是主训字互训。如：

"满，盈益也。""益，器满也。" "偏，颇也。""颇，头偏也。"
"惊，马骇也。""骇，惊也。" "壹，专也。""专，壹也。"
"慷，慨也。""慨，慷慨，壮士不得志也。"

还有的是递训字。如：

"正，是也。""是，直也。""直，正见也。"

形容词中的同义词，只约占同义词中的17%。这个数据能引起我们很多思考：

(1)这有可能反映早期古汉语中，名词、动词、形容词这三大词类中，形容词的实际比例确实不大。迄今为止，我们好像还没有见过汉语断代的包括现代汉语的各个词类所占的比例。但是，我们有理由相信，《说文》典型的同义词中形容词所占的比例，大致符合当时各个词类的分布情况。因为人类的语言交际，最先需要满足的是反映事物名称和动作行为的词语，其次才是形容词，再其次可能是副词。这也符合人类认识逐渐深化的过程。我们曾对某类副词做过考察，发现先秦时期表示专职的程度副词很少。常见的有"愈""益""滋""弥"等。还有一些是兼职的程度副词。如"甚"，是现代汉语中典型的程度副词，而在古汉语中虽然有时也用作修饰动词，但是主要充当谓语，应该是形容词。《论语》中共有5个"甚"，全都用作谓语。《孟子》中共有25个"甚"，但只有3个修饰动词或形容词。及至战国末期以至两汉时期，由于在交际中表达的需要，程度副词的数量大为增加，如"最""颇""雅""良""尤""渐""浸(寖)""稍"等都是在这个时期先后产生的。"甚"也是在这个时期，开始由兼职副词转化为专职副词。《史记》中共有"甚"421个，其中用作副词的为336个，且主要修饰形容词。用作副词的"甚"

中,有94个作补语。形容词和副词在早期古汉语中较少,以后逐渐发展增多,这是人的认识逐渐深化在语言上的反映。

(2)《说文》中互训递训的字所反映的是先秦时期的同义词,秦汉时期的同义词,作者一般不予考虑。如"文""字",在先秦时期,两字的字义了不相涉。但在秦汉时期已经形成同义关系。《说文·叙》:"仓颉之初作书,盖依类象形,故谓之文;其后形声相益,即谓之字。文者,物象之本;字者,言孳乳而浸多也。"段注:"六经未有言字者。秦刻石'同书文字'(按:见《史记·秦始皇本纪》)者,此言字之始也……按:析言之,独体曰文,合体曰字;统言之,则文字可互称。"但在《说文》中,"文"解释为"错画也";"字"解释为"乳也"。两字丝毫看不出同义关系。

(3)《说文》互训递训所反映的同义词,是从字的本义考虑的,不包括因词义引申而形成的同义词。如"骤""屡""亟",是表示动作频率的副词,相当于现代汉语的屡屡、屡次,在先秦就已经存在同义关系。但因为它们的本义不同,"骤"的本义为"马疾步也","屡"(按:《说文》写作"娄")的本义为"空也","亟"的本义为"敏疾也"。段注:"凡《左传》《国语》言'骤'者,皆与'屡'同义,如'宣子骤谏''公子商人骤施于国'(按:前例见于《国语·周语上》,后例见于《左传·文公十四年》)是也。《左传》言'骤',《诗》《书》言'屡',《论语》言'屡'亦言'亟',其意一也。"据段氏分析,表示动作频率的"骤""屡""亟",都是从各自的本义引申而来的,但《说文》作者从求本字本义的角度考虑,没有把它们看成是同义关系。

(4)《说文》作者许慎与段玉裁,在确定同义词的标准方面,不尽相同。《说文》段注所辨析的同义词,范围比较广泛。他把《说文》中不论同部异部,凡是意义有相同部分的字,都一一辨析。同部的如,同为"见"部的"见""视",段注:"析言之,有视而不见者,听而不闻者,浑言之,则视与见、闻与听(繁体字"聽"在耳部)一也。"异部的如,"皮,剥取兽革者谓之皮。"段注:"云革者,析言则去毛曰革,统言则不别也。""革,兽皮治去其毛曰革。"段注:"皮与革,二字对文则分别,如'秋敛皮,冬敛革'(见于《周礼·天官·司裘》)是也;散文则通用,如《司裘》之皮车,即革路,《诗·羔羊》传'革犹皮'是也。"

《说文》中除存在同义词系统外,还有反义词系统、同源词系统、类义词系统等;《说文》还吸收了相当数量的方言词。对上述系统的研究,除方言词有过定量统计外,其他只是做过一些零碎的分散的研究,至于它们的内部构成和基本面貌,迄今为止也仍然不是很清楚的。

3.《说文》的解释用语研究。《说文》所收的词基本上反映了先秦时期的词义系统,而《说文》的解释用语则是反映汉代的词义系统。因此,《说文》的解释用语所用的字(词),在《说文》所收的字(词)中不一定有,即使有,意义也并不相同。这种现象,除专科词典外,在一般的断代字典或词典中是不会有的。如《现代汉语词典》,解释用语中的每一个字或词以及它们的意义,都可在被解释字或词中找到答案,而《说文》却不是如此。《说文》的解释用语中,以下的一些现象都值得深入研究:

(1)解释用语中有而被解释字(即字目)中却没有的字(词)。如《说文》字目中没有"侣"字,而说解语中却有。如《说文》:"闾,里门也。从门吕声。《周礼》:'五家为比,五比为闾。'闾,侣也,二十五家相群侣也。"如字目中没有"住"字,而说解语中却有。如《说文》:"蹢,住足也。""立,住也。"他如说解语中有的"帜(巾部:幖,帜也)""楣(木部:楼,栟楣也)""饮(食部:饗,乡人饮酒也)",《说文》正文的字目中均无。

(2)解释用语中的字,在被解释字中虽有,但意义却不同。如"写",被解释为"置物也",但解释用语却表示书写、吐泻,如《说文》:"卸……读若汝南人书写之写。""吐,写也。""豆",被解释为"古食肉器也",但解释用语却表示豆菽,《说文》:"尗(菽),豆也。""萁,豆茎也。""匪",被解释为"饮器筥也",但解释用语却表示眼眶,《说文》:"眥,目匡也。""牟",被解释为"牛鸣也",但解释用语却表示眼眸,《说文》:"盲,目无牟子也。""当",被解释为"田相值也",但解释用语却表示量刑判罪或瓜鼻义,《说文》:"报,当罪人也。""蒂,瓜当也。""殿",被解释为"击也",但解释用语却表示殿堂,《说文》:"堂,殿也。"等等。这表明,有的字(词),到了这个时期,词义有了发展,增添了新的意义;有的字,则借用来表示新产生的字义,如"豆""牟"等。

(3)解释用语中有一些先秦时期所没有的复音词,如"往往""连枷""蔽人""俾夹""罗列""膀光"等。这不仅表明这个时期增添了新的词汇,而且还表明汉语词汇复音化趋势的加强。其中有的复音词,还可能是汉时的俗语。如《说文》:"夹,盗窃裹物也;从亦,有所持,俗谓蔽人、俾夹是也。"段注:"蔽人、俾夹,汉时有此语。"又《说文》:"䈰,萹爰也。"段注:"萹爰,汉人语。"《说文》说解语中的"蔽人""萹爰"等,都是汉代产生的复音词。

(4)解释用语中有一些新的词义结构。如"等辈""目匡""豆茎"等。在先秦,"等"还没有辈类的意思;"匡"还没有眼眶的意思;"豆"还没有豆菽的意思;因此,不可能出现上述的词义结构。

《说文》是语言学的丰富宝藏,等待我们去开发的领域还很多。以上只是就语义方面并且是举其大者而提出的一些有待深入研究的课题,至于用系统的观点循此进一步深入到系统内部的更为具体细致的研究,则有待于断代的词义语料的建立。总之,长期以来,我们对《说文》所收的字的字义,微观的研究工作做得多一些,并且也很有成绩,但是,对《说文》所蕴藏的语义学的整体价值,我们还只能说只是有了初步的理解和认识。

(四)《释名》

《释名》一书,在词义研究中占有重要地位,且对后世影响也很大。清乾隆时人毕沅认为《释名》是继《尔雅》《说文》之后不可或缺的语言学著作。他说:"其书参校方俗,考合古今,晰名物之殊,辨典礼之异,洵为《尔雅》《说文》以后不可少之书。"(《释名疏证》毕序)清光绪年间的王先谦也给予极高的评价。他说:"逮刘成国之《释名》出,以声为书,遂为经说之归墟,实亦儒门之奥键已。隋唐以还,称引最夥,流溉后学,取重通人。古义旧音,展卷有会,语其佳处,寻绎靡穷。"(《《释名疏证补》序》)今人何九盈先生也从语言学史的角度对《释名》予以充分肯定。他认为:"《释名》并不只是声训资料的汇编,它既有总结,又有开创,完全算得上是中国语言学史上第一部词源性质的专著。"(《中国古代语言学史》第65页)应该说,这些评价是公允的。

《释名》一书,从其编排来看,是仿照《尔雅》的体例,其编辑思路与《尔雅》一脉相承,属《尔雅》系统的所谓雅书。明人郎奎金曾汇刻《尔雅》《小尔雅》《释名》《广雅》《埤雅》等五书,合称五雅。因其中的《释名》不带"雅",遂改其名为《逸雅》。作者有两说:一说为汉刘珍所撰,一说为汉刘熙所著。现一般认定作者为刘熙。刘熙,字成国,生卒年不详,约为汉末魏初时人。《释名》所收词语虽较

《尔雅》为少,约 1500 多条,但分类却较《尔雅》为细。《尔雅》把词语和山川名物共分为 19 类,《释名》则分为释天、释地、释山、释水、释丘、释道、释州国、释形体、释姿容、释长幼、释亲属、释言语、释饮食、释采帛、释首饰、释衣服、释宫室、释床帐、释书契、释典艺、释用器、释乐器、释兵、释车、释船、释疾病、释丧制等共 27 类。增广部分主要是生活词语,如释衣服、释采帛、释床帐、释形体、释姿容、释饮食、释疾病、释车、释船等。

《释名》的编撰,意在探求词源。作者刘熙在《释名·序》中说得很明确,他说:"夫名之于实,各有义类。百姓日称而不知其所以之意,故撰天地、阴阳、四时、邦国、都鄙、丧纪,下及民庶应用之器,论叙指归,谓之《释名》。""百姓日称而不知其所以之意",就是说,百姓虽然天天用,但知其然而不知其所以然。《释名》就是探求名称所以然之书。他同时还说:"至于事类未能究备,凡所不载,亦欲智者以类求之。"表明他撰写《释名》只是一种新的尝试,并不完备。一般说,一种新的尝试总是不太成熟,总会有不足之处。前人据此批评《释名》"颇伤于穿凿"(《四库全书总目》),有意无意地贬低它的价值,这是不公平的。

我们在评价《释名》这样的著作时,不应只看它说对了多少,而更应看到它在语言学史上的总结性和开创性的作用。

《释名》是对先秦以来声训方法的总结。它产生于汉末,绝不是偶然的。首先是社会原因。语言是社会的产物。语言的发展和对语言发展的研究,都与当时的社会背景密切相关。我国在先秦时期,就有循名责实,利用音训阐明自己见解或事理的传统。两汉时期,这种传统,虽由于"秦始皇兼天下,焚《诗》《书》,杀术士"(《汉书·儒林传》),一度受到极大的破坏。但汉兴,又重修经学,各立学官,并有师承,别自成家。在阐明事理时,常常先对一些关键词语进行语义上的辨析,而利用音义俱近的词解释关键词语尤为常见。例如:

士者,事也;民者,瞑也。(《春秋繁露·深察名号》)

名之为言鸣与命也;号之为言謞而效也。(《春秋繁露·深察名号》)

子者,滋也;滋者,言万物滋于下也。(《史记·律书》)

壬之为言任也,言阳气任养万物于下也。(《史记·律书》)

癸之为言揆也,言万物可揆度,故曰癸。(《史记·律书》)

乙者,言万物生轧轧也。(《史记·律书》)

故孳萌于子,纽牙于丑,引达于寅,冒茆于卯,振美于辰,已盛于巳,咢布于午,昧薆于未,申坚于申,留孰于酉,毕入于戌,该阂于亥。(《汉书·律历志》)

这种以同声相谐的词阐明事理的现象,在汉代相当普遍。他如贾谊的《新书》,春秋类的纬书《春秋元命苞》《春秋说题辞》以及《风俗通》等都程度不同的存在,但用得最为广泛的还要推《白虎通》。东汉"建中初,大会诸儒于白虎观,考详同异,连月乃罢","往往皆有理证"(《后汉书·儒林传》)。"所奏之文,必条列众说,兼及辨词"(刘师培《白虎通义源流考》)。例如:

情者,静也;性者,生也。

义者,宜也。

礼者,履也。

智者,知也。

肝之为言干也。

肺之为言费也。

脾之为言辨也。

魄者,犹迫然著人也。

魂者,芸也。

精者,静也。

木之为言牧也。

(以上见《性情》篇)

姊者,咨也;妹者,末也。

兄者,况也;弟者,悌也。

舅者,旧也。

姑者,故也。

君者,群也。

子者,孳也。

夫者,扶也。

妇者,服也。

友者,有也。

(以上见《三纲六纪》篇)

这种社会上颇为通行的用声同声近意义又多少有联系的词说明事理的方法,必然会反映到语言研究上,引起语言学的深入思考。

其次是对语言音理认识的渐趋自觉。这是词源研究必须具备的条件。东汉时期,佛学西渐,受梵文的影响,约到汉末,在对汉字双声叠韵已有认识的基础上,开始关注汉字音节的构成和发音原理。高诱注《吕氏春秋》《淮南子》,有时就提出急舌、急气、缓气、闭口、开口、笼口等术语,试图说明汉字的发音原理或发音方法。《释名》在释词时,在对音理的认识上则更为自觉一些,提到一些近似

等韵学的术语,如舌腹、舌头、横口合唇、踧口开唇等。例如:

天,豫、司、兖、冀以舌腹言之,天,显也,在上高显也;青、徐以舌头言之,天,坦也,坦然高而远也。(《释天》)

风,兖、豫、司、冀横口合唇言之,风,泛也,其气博泛而动物也;青、徐言风踧口开唇推气言之,风,放也,气放散也。(《释天》)

引例中的"舌腹""舌头""横口合唇""踧口开唇",都是指发音方法,分别相当于今天所说的舌面音、舌尖音、重唇音、轻唇音。如果不是对发音原理和发音方法有所认识,即便有用读音相同或相近的词说明事理的社会传统,也不可能引起词源学的思考,当然也就不可能产生以探求词的"所以之意"为专门目的的词源学著作了。

《释名》收词,因为要作出词的"所以之意"的解释,所以还是比较谨慎,多有所本。所收的词语中,有的本自古籍,有的本自前人注释,有的直接本自《尔雅》《说文》。

古籍可上溯自《易经》,下及至汉代。例如:

《易》谓之干,干,健也,健行不息也。(《释名·释天》)

按:本《易经·说卦》:"干,健也。"

《易》谓之坤,坤,顺也,上顺干也。(《释名·释地》)

按:本《易经·说卦》:"坤,顺也。"

政,正也,下所取正也。(《释名·释地》)

按:本《论语·为政》:"政者,正也。"

《孝经》曰:"孝,畜也;畜,养也。"(《释名·释地》)

按:本《礼记·祭统》:"孝者,畜也。顺于道,不逆于伦,是之谓畜。"

  道,导也,所以通导万物也。(《释名·释地》)

按:本《淮南子·缪称训》:"道者,物之所导也。"

  男,任也,典任事也。女,如也,妇人外成如人也。故三从之义:少如父教,嫁如夫命,老如子言。"(《释名·释长幼》)

按:本《白虎通·嫁娶》:"男者,任也,任功业也。女者,如也,从如人也。在家从父母,既嫁从夫,夫殁从子也。"

  妻,齐也,夫贱不足以尊称,故齐等言也。(《释名·释亲属》)

按:本《白虎通·嫁娶》:"妻者,齐也,与夫齐礼。"

  妾,接也,以贱见接幸也。(《释名·释亲属》)

按:本《白虎通·嫁娶》:"妾,接也,以时接见也。"

前人的注释,多取自毛传、郑众和郑玄对五经的注。

毛传如:

  山东曰朝阳,山西曰夕阳,随日所照而名之也。(《释名·释山》)

按:《诗经·大雅·卷阿》"于彼朝阳"下毛传:"山东曰朝阳。"《诗经·大雅·公刘》"度其夕阳"下毛传:"山西曰夕阳。"

郑众的注如:

  眼,限也,童子限限而出也。(《释名·释形体》)

按:《周礼·冬官·考工记》"望其毂,欲其眼也"下郑众注:"眼,读如限切之限。"

郑玄的注如:

  敬,警也,恒自肃警也。(《释名·释言语》)

按:《诗经·大雅·常武》"既敬既戒"下郑玄笺:"敬之言警也。"

  庚犹更也……辛,新也。(《释名·释天》)

按:《礼记·月令》"其日庚辛"下郑玄注:"庚之言更也,辛之言新也。"

戊,茂也,物皆茂盛也。(《释名·释天》)

按:《礼记·月令》"其日戊己"下郑玄注:"戊之言茂也。"

勒,刻也。刻识之也。(《释名·释言语》)

按:《礼记·月令》"物勒工名"下郑玄注:"勒,刻也。刻工姓名于其器,以察其信。"

有的则是直接吸收《尔雅》和《说文》的解释。例如:

首,始也。(《释名·释形体》)

按:本《尔雅·释诂上》:"首,始也。"

淫,浸也,浸淫旁入之言也。(《释名·释言语》)

按:本《说文》:"淫,浸淫随理也。"

入,内也,内使还也。(《释名·释言语》)

按:本《说文》:"入,内也,象从上俱下也。"

教,效也,下所法效也。(《释名·释言语》)

按:本《说文》:"教,上所施,下所效也。"

谊,宜也,裁制事物使合宜也。(《释名·释言语》)

按:本《说文》:"谊,人所宜也。"

朔,月初之名;朔,苏也,月死复苏生也。(《释名·释天》)

按:本《说文》:"朔,月一日始苏也。"

霸,月始生霸然也。(《释名·释天》)

按:同《说文》。

土,吐也,能吐生万物也。(《释名·释天》)

按:本《说文》:"土,地之吐生万物者也。"

已,已也,阳气毕布已也。(《释名·释天》)

按:本《说文》:"已,已也,四月昜气已出,阴气已臧,万物见,成文彰。"

霜,丧也,其气惨毒物皆丧也。(《释名·释天》)

按:本《说文》:"霜,丧也。"

甲,孚甲也,万物解孚甲而生也。(《释名·释天》)

按:本《说文》:"甲,(位)东方之孟,阳气萌动,从木戴孚甲之象。"

川,穿也,穿地而流也。(《释名·释水》)

按:本《说文》:"川,毌穿通流水也。"

父之弟曰仲父。仲,中也,位在中也。(《释名·释亲属》)

按:本《说文》:"仲,中也。从人中,中亦声。"

凡服上曰衣,衣,依也……下曰裳。(《释名·释衣服》)

按:本《说文》:"衣,依也。上曰衣,下曰常。"

系,系也,相联系也。(《释名·释衣服》)

按:本《说文》:"系,系也。"

户,护也。(《释名·释宫室》)

按:同《说文》。

葬,藏也。(《释名·释丧制》)

按:本《说文》:"葬,藏也。"

当然,《说文》的解释很多也是有所本的。

但是,《释名》也并不是对前人的声训简单地收集整理并汇总,而是有意识地自觉地从词源学的角度,"论叙(名之)指归",探寻声与义的联系,以求"其所以之意"。其中,不乏符合语言事实的研究心得。如《释名·释言语》:"甘,含也,人所含也。"这个探求词源的分析,虽然是受《说文》"甘,美也。从口含一,一,道也"的启发,但是《释名》则进一步从语音上直接把甘、含联系起来,确认两字为同一语源。文字学家裘锡圭又据此进一步研究,认为甘、含之间还有一个"函"字。他说:"'甘'字已见于甲骨文,它的出现完全有可能早于函。大概'甘'字的甘美一义频繁使用之后,开始时一般都借用为{含}的引申义造的'函'字来表示{含}这个词。'含'字出现之后,才改变了这种情况……'函'字的函甲、函套、函盒等义,大概都是'包含'的引申义。"他如:

帜,帜也,有章帜可按视也。(《释名·释言语》)

房,旁也,室之两旁也。(《释名·释宫室》)

亭,停也,亦人所停集也。(《释名·释宫室》)

梳,言其齿疏也;数言比(今写作"篦")。比于梳其齿差数也,比言细相比也。(《释名·释首饰》)

这些都是经得起语言事实检验的。从《说文》的离析字形以求字义,到《释名》的缘声求义,这是词义分析在研究领域和研究方法上的一大进步。早期汉字多为表意文字,字的形体结构和它所记录的词义,两者之间有着直接或间接可以得到说明的联系。《说文解字》就是从字的形体结构分析一个字最初的意义,即一般所说的本义。字是一种视觉符号,词是一种听觉符号。字和词,就是能指和所指的关系。语言的历史要远比文字的历史长,是先有词而后有字,字所记录的是词的音和义。语言也是符号。词的音和义的关系,也是能指和所指的关系,词的音是词义的物质外壳。因此,有人说,文字是符号的符号。从语言学的角度来看,研究文字,就是研究文字和词(包括词的音和义)之间的联系。超过这个范围的,如词在应用中词义发生某些变化以及词与词之间发生的语法和语义关系,则已经不是文字学研究所承当的任务,而是语言学研究的范畴了。而《释名》正是摆脱了字形的束缚,直接研究词与词之间的音和义的联系,因而也就突破了文字学的范畴,进入到真正的语言学研究的领域,这在中国语言学史上称得上具有里程碑的意义。

语言符号的能指和所指之间的关系,在开始的时候一般是任意的,并不存在必然的联系。但一个词一经产生以后,由于交际的需要,在应用中又衍生出与旧词音义相关的新词,如"威,畏也,可畏惧也""纪,记也,记识之也"(《释名·释言语》),威、畏、纪、记,它们之间就存在音和义的联系。《释名》的作者在当时的条件下,就已经看到了词汇中存在着为数不少的这类现象,并进行研究整理而编撰成书,成为我国第一部探讨词源的专著。我们在评价《释名》的时候,首先应看到的是它的开创意义。语言中的新词,往往是在旧词的基础上产生的。新词与旧词之间有不少音和义存在着联系。对这种词汇现象在《释名》以前,虽然也注意到了,但没有系统地收集整理并进行研究。《释名》是我国语言学史上第一部探讨词源的著作。自《释名》以后,历代的学者才越来越自觉地有意识地关注不同词之间的音与义的联系。20世纪80年代出版的王力先生所著的《同源字典》,反映了当代同源词研究的高峰,是第一部科学的真正意义的同源词专著。《释名》是第一部研究同源词的开创著作,《同源字典》是第一部以科学的理论和方法研究同源词的著作。两个第一部,在词汇语义学史上都占有重要地位,但我认为还是应该强调,没有《释名》和《释名》以后历代对同源词的关注,也不可能有今天王先生的《同源字典》。

《释名》除了其开创性的意义外,至少还具有以下一些语义学方面的价值:

(1)音义并重的研究方法。确定同源词的前提必须是语音相同或相近。如果没有这一前提,即使语义相同或相近,也只能是同义词。在语音相同或相近的前提下,语义的相同或相近则成为重要的依据。《释名》正是力求这样做的。例如:

梳,言其齿疏也。比,言细相比(按:比,今字作"篦")也。(《释首饰》)

缣,兼也;其丝细致,数兼于绢,染兼五色,细致不漏水也。(《释采帛》)

饰,拭也;物秽者,拭其上使明,由他物而后明,犹加文于质上也。(《释言语》)

弟,弟也,相次弟(按:弟,今字作"第")而生也。(《释亲属》)

囷,屯也,屯聚之也。(《释宫室》

观,观也,于上观望也。(《释宫室》

例中的缣与兼、饰与拭、弟与弟、囷与屯、观(guān)与观(guàn),不仅语音相同,而且语义也一脉相承,属同一语源。这种语源上的具体解释是十分必要的。因为一个词单独存在的时候可能有好几个意义,经具体解释后,才能明确两个词在哪一意义上属同一语源。

(2)注意到同源词的形成与方言有关。王力先生在论及同源词的产生时,说到有两个原因:一个原因是,开始是一个词,后来在应用中逐渐分化出读音相近,意义有细微差别的词,即同源词;"另一个原因是方言的差异"。《释名》就注意到这个现象。如《释采帛》:"繐,齐人谓凉为惠,言服之轻细凉惠也。"又如《释宫室》:"库,舍也,物所在之舍也;故齐鲁谓库曰舍也。"毕沅疏证:"库读为舍,方言之异,非有两字也。后汉时有库钧,其先世为守库大夫,以官为氏者也。库字从广,《姓苑》乃改广从厂,是因有异音而变文以别之,讹舛甚矣。《广韵》遂于襧部'舍'下附一'厂'下著'车'之字,音则是而文则非矣。"

(3)在探求某一同源词时,连类而及,带出一组词义相同或相近的词。如《释兵》:"甲,似物有孚甲以自御也;亦曰介,亦曰函,亦曰铠:皆坚重之名也。"又如《释典艺》:"诗,之也,志之所之也;兴物而作谓之兴;敷布其义谓之赋;事类相似谓之比;言王政事为谓之雅;称颂成功谓之颂:随作者之志而别名之也。"

(4)注意词义的时间性、地域性和民族性。《释名》中所收的词,有许多是反映汉代的词汇面貌。如"唇脂",即现在的口红。《释首饰》:"唇脂,以丹作之,象唇赤也。""香泽",即现在的润泽头发的发胶。《释首饰》:"香泽者,人发恒枯悴,以此濡泽之也,强其性,凝强以制服乱发也。""唇脂"一词,不见书证;"香泽"一词,首见于汉人的作品中。《释名》一般并不注明,但有的词直接说明是汉时才产生的词。如《释丧制》:"汉以来谓死为物故,言其诸物皆就朽故也。"

《释名》在解释词的"所以之意"时,屡屡提及词的地域区别。如《释饮食》:"饵,而也,相粘而也;兖豫曰溏浹,就形各之也。"又"䜩,嗜也……故齐人谓䜩声如嗜也。"又"宋鲁人皆谓汁为渖。"《释衣服》:"摇翟,画摇雉之文于衣也,江淮而南青质五色皆备成章曰摇。"又"留幕,冀州所名大褶"。又"齐人谓如衫而小袖曰侯头。"

汉语词汇中有不少词是从少数民族或异域引入的。《释名》也有意识地说明词的来源。如《释首饰》:"穿耳施珠曰璫,此本出于蛮夷所为也。蛮夷妇女轻浮好走,故以此当璫锤之也。今中国人效之耳。"又如《释饮食》:"韩羊,韩兔,韩鸡,本法出韩国所为也。"

(王)先谦曰:"此三韩国所为,若今言高丽肉之比。"又如《释乐器》:"枇杷,本出于胡中马上所鼓也;推手前曰枇,引手却曰杷,象其鼓时,因以为名也。"如果编纂词书者,都能把当时所吸收的非汉族词语一一解释清楚,本身就是一种研究,而后代研究汉语词汇发展史者将更是受益不尽。现在看来,有一些十分常用的词,如"工具",好像是地道的汉语词汇,但稍一深究,发现并不是汉语所固有的词。收词一般止于1840年的《辞源》,只有"器具",而无"工具"。《汉语大词典》所收"工具"一词的最早书证是刘半农的诗《耻辱的门》。从刘(1891—1934年)诗的时代背景来看,诗作很可能是"五四"时期创作的。刘先后留学于英、法、德,我们有理由推断,"工具"一词是约在"五四"时期前后从英语 instrument 意译过来的,以区别于 tool 的汉译器具或工具。如当时的词典能及时收进这个词并像《释名》那样说明来源,现在就省事多了。

当然,由于受理论和资料的局限,《释名》中确实存在一些牵强附会的地方,如往往用同一个词去解释好几个音义并不相关的词,如"晨,伸也"(《释天》),"身,伸也"(《释形体》);"淮,围也"(《释水》),"胃,围也"(《释形体》),"帷,围也"(《释床帐》),"纬,围也"(《释典艺》);"善,演也"(《释言语》),"引,演也"(《释姿容》);"郡,群也"(《释州国》),"裙,群也"(《释衣服》);"江,公也"(《释水》),"杠,公也"(《释车》)。其中的晨与身,淮、胃、帷与纬,善与引,郡与裙,江与杠,它们之间,语音虽近,但词义似看不出有什么联系。当然,我们目前一时看不出的联系,不等于绝对不存在着这种联系,因为我们对这些词产生的经济和文化背景,还缺乏足够的了解。即使这些牵强附会的地方确实存在,也无损于《释名》在语言学史上的地位。正如清人王先谦所说的"谅为小失,无害宏纲"(《释名疏证补》序),是大醇小疵的问题。

## 二 雅书和字书系统

自汉以后,魏晋以还,我国研究词义或字义的著作,一般都沿着《尔雅》或《说文》系统,多以辞书或字书形式先后问世。较有影响的《尔雅》系统的如:《广雅》《埤雅》《通雅》《骈雅》等;较有影响的《说文》系统的如:《玉篇》《一切经音义》《类篇》《字汇》《正字通》《康熙字典》等。下面重点介绍《广雅》和《玉篇》两书。

### (一)《广雅》

《广雅》是《尔雅》系统研究汉语词义的重要著作。因为该辞书广泛吸收《尔雅》以后"文同义异,音转失读,八方殊语,殊物易名不在《尔雅》者"(张揖《上广雅表》),所以名为《广雅》。隋曹宪为作音释,因避隋炀帝杨广讳,曾改名为《博雅》。作者为三国时魏人张揖,字稚让,去《释名》作者刘熙不远。该书的词义分类、编排体例和释词方式悉从《尔雅》。如词义分类也是按日常词语和自然属性分为释诂、释言、释训、释亲、释宫、释器、释乐、释天、释地、释丘、释山、释水、释草、释木、释虫、释鱼、释鸟、释兽、释畜等19类,连次序都完全一样。《广雅》在体例和释义方式上虽没有什么创新,但也有自己的特色:一是扩大了《尔雅》的收词范围,一是敏感地注意到某些词义的变化。

关于第一个特色,清人王念孙给予高度评价。他说:

> 魏太和中博士张君稚让,继两汉诸儒后参考往籍,遍记所闻,分别部居,依乎《尔雅》,凡所不载,悉著其篇。自《易》《书》《诗》"三礼""三传"经师之训,《论语》《孟子》《鸿烈》(即《淮南

子》)《法言》之注,楚辞汉赋之解,谶纬之记,《仓颉》《训纂》《滂喜》《方言》《说文》之说,靡不兼载。盖周秦两汉古义之存者,可据以证其得失;其逸散不传者,可借以窥其端绪:则其书之为功于训诂也大矣。(《广雅疏证》自序)

王念孙对《广雅》的评价,是在为《广雅》所作的疏证之后说的,可以说既全面,又深刻。王氏不仅为《广雅》补正讹脱错漏,而且还旁征博引,对《广雅》所收的词,逐一详加疏解。往往一个条目之下,疏解的文字数倍、数十倍甚至数百倍于原文。《广雅》"为功于训诂"的价值因此而大显。王氏对《广雅》的评价,是实事求是,客观公正的。如《广雅》所扩大的收词范围,确实如王氏所提到的,是广泛参考并吸收了前人的研究成果,其中有经师之训、子书之注、楚辞汉赋之解、谶纬之记、词书之说等。例如:

1. 经师之训

衷,善也。(《释诂》卷一上)

按:《尚书·皋陶谟》:"同寅协恭和衷哉!"孔安国传:"衷,善也。"

将,请也。(《释言》卷五上)

按:《诗经·郑风·将仲子》:"将仲子兮。"又《小雅·正月》:"将伯助予。"两"将"字毛传都训为:"将,请也。"

婉,顺也。(《释诂》卷一上)

按:《诗经·邶风·新台》:"燕婉之求。"毛传:"婉,顺也。"

亟,非也。(《释诂》卷四上)

按:《诗经·大雅·灵台》:"经始勿亟。"郑玄笺:"亟,急也……非有急成之意。"

更,偿也。(《释言》卷五上)

按:《周礼·夏官·马质》:"马死,则旬之内更。"郑司农(众)注:"更谓偿也。"

齎,送也。(《释诂》卷四上)

按:《周礼·春官·小祝》:"及葬,设道齎之奠。"郑玄注:"谓齎犹送也。"

搢,插也。(《释诂》卷二上)

按:《仪礼·乡射礼》:"搢三而挟一个。"郑玄注:"搢,插也。"

锤谓之权。(《释器》)

按:《礼记·月令》:"正权概。"郑玄注:"称锤曰权。"

畏,威也。(《释言》卷五上)

按:《左传·襄公三十一年》:"有威而可畏谓之威。"

大卤,大原也。(《释地》卷九下)

按:《穀梁传·昭公元年》:"传曰:'中国曰大原,夷狄曰大卤。'"《公羊传·昭公元年》:"此大卤也。曷为谓之大原?地物从中国,邑人名从主人。"

2. 子书之注

闲,法也。(《释诂》卷一上)

按:《论语·子张》:"大德不逾闲。"孔安国注:"闲,法也。"

正、略,要也。(《释言》卷五上)

按:《孟子·滕文公上》:"此其大略也。"赵岐注:"略,要也。"《淮南子·地形训》:"纪之以四时,要之以太岁。"高诱注:"要,正也。"

栖,床也。(《释器》卷八上)

按:《孟子·万章上》:"二嫂使治朕栖。"赵岐注:"栖,床也。"

鄙,小也。(《释诂》卷二上)

按:《吕氏春秋·尊师》:"子张,鲁之鄙家也。"高诱注:"鄙,小也。"

　　3．楚辞汉赋之解

　　　　仍,从也。(《释诂》卷一上)

　　按:《楚辞·九章》:"观炎气之相仍兮。"王逸注:"相仍者,相从也。"

　　　　谢,去也。(《释诂》卷二上)

　　按:《楚辞·九章》:"愿岁并谢。"王逸注:"谢,去也。"

　　　　蹇产,诘诎也。(《释训》卷六上)

　　按:《楚辞·九章·哀郢》:"思蹇产而不释。"王逸注:"蹇产,诘屈也。"

　　　　怆怆,悲也。(《释训》卷六上)

　　按:王褒《九怀·思忠》:"感余志兮惨栗,心怆怆兮自怜。"《广雅》把"怆怆"与"凄凄""哀哀"同条,并释为"悲也"。

　　4．谶纬之记

　　　　原,端也。(《释地》卷九下)

　　按:《水经注·汾水》注引《春秋说题辞》:"高平曰大原,原,端也,平而有度也。"

　　　　岁,遂也。(《释言》卷五上)

　　按:《太平御览》引《春秋元命包》:"岁之为言遂也。"

　　5．词书之说

　　　　阕,讫也。(《释诂》卷四上)

　　按:《昭明文选·张协〈七命〉》:"繁肴既阕,亦有寒羞。"李善注引《仓颉篇》曰:"阕,讫也。"

　　　　棚、栈,阁也。(《释宫》卷七上)

　　按:《一切经音义》卷十四引《三仓》(这里指《仓颉篇》和扬雄的《训

纂篇》、贾访的《滂喜篇》):"棚、栈,阁也。"

摸,抚也。(《释言》卷五上)

按:《方言》卷十三:"摸,抚也。"

梗,略也。(《释言》卷五下)

按:《方言》卷十三:"梗,略也。"

假,至也。(《释诂》卷一上)

按:《说文》:"假,至也。"

叹,吟也。(《释诂》卷二上)

按:《说文》:"叹,吟也。"

关于第二个特色,不仅需要细心观察,而且还要有历史的观点。例如:

颇,少也。(《释诂》卷三下)

按:这是有文献可查的最早对程度副词"颇"所作出的正确解释。"颇"用作表示程度浅的副词,最早约见于《史记》,共 73 见,都表示程度浅。如《大宛列传》:"自大宛以西至安息,国虽颇异言,然大同俗,相知言。"因为只是稍"异言",所以才能"相知言",互相理解。如"颇"所修饰的动词,宾语是表示目的或范围时,可理解为一些或有些,还是"少"的意思。如《刘敬叔孙通列传》:"故夏、殷、周之礼所因损益可知者,谓不相复也,臣愿颇采古礼与秦仪杂就之。""颇采古礼",即采一些古礼。《扁鹊仓公列传》:"臣意曰:他所诊期决死生及所治已病众多,久颇忘之,不能尽识,不敢以对。""久颇忘之",即时间久了有些已经忘了。唐人张守节注《史记》,颜师古注《汉书》,六臣注《昭明文选》,莫不遵沿《广雅》对"颇"的解释,释"颇"为"少也"。

篮,筐也。(《释器》卷八上)

按：释"籚"为"筐"，首见于《广雅》。《说文》虽有"籚"字，但释为"大篝"。段玉裁认为，"今俗谓熏篝曰烘籚是也"，即相当于现在所说的烘笼。编撰于六朝时期又经宋人重修的《玉篇》释为："大笼也；筐也。"两义并收。可能由于"籚"引申出筐的意义，早期只是在口语中流行，被认为是俗语，所以在文人的作品中很少使用。通常的情况是，先有"籚"用于筐子义的大量实际用法，然后才会被字书或辞书所吸收。但令人感到奇怪的是，"籚"的筐子义，见于现代大型工具书的最早书证是唐人的作品。我们由此可以推知，《广雅》的作者张揖，对词汇在发展中的语义变化是十分敏感的。当一个词的意义发生变化，还处于口语时期的时候，就被敏感地意识到并预见到它的发展趋势而予以收录。

由于《广雅》主要是偏重收录经师之训、子书之注、楚辞汉赋之解、谶纬之记、词书之说等汉以后词语，可以说是名副其实的为增广《尔雅》所作的《广雅》。因此，《广雅》一书，对认识两汉的词汇面貌，研究从先秦到两汉时期的词汇发展，有着重要的参考作用。

### (二)《玉篇》

《说文》是我国第一部以小篆为标准字体的字典，《玉篇》则是第一部以楷书为标准字体的字典。编著者为南朝陈梁之间的顾野王。顾野王(519—581年)，字希冯，吴郡人。据顾野王《玉篇》自序，他所编著的《玉篇》是针对当时"五典三坟，竞开异义；六书八体，今古殊形；或字各而同训，或文均而释异；百家所谈，差互不少；字书卷轴，舛错尤多"的混乱状况，经"总会众篇，校雠群籍"而成的。《玉篇》原本在宋代就已失佚。清黎庶昌出使日本，得唐传写本，但已非全部，而是残卷。计尚保存卷八、卷九、卷十八、卷十九、卷二

十二、卷二十四、卷二十七共七卷,还存62部,2052个字。其中,除卷二十二、卷二十七完好以外,其余都是残卷。不论从残卷的部首,还是从字数来看,残卷只保存了原书的十分之一二。现存的《大广益会玉篇》,系经唐孙强增字,又经宋陈彭年等重修,且屡经删改,已非顾氏原书之旧。据唐人封演的《封氏闻见记》卷二所记,《玉篇》为三十卷,共收字16917字。现存《大广益会玉篇》,卷数如旧,收字为22561个,比《封氏闻见记》所记多出5644个字。但据中华书局1987年7月刊行的《大广益会玉篇》所附的检字索隐统计,共为22803字,又比一般所说的多出二百多字。《大广益会玉篇》所增加的字,可分三种情况:一种是异体字。异体字中,有同部异体字,如"來""来"、"麥""麦";有异部异体字,如"裙""帬"、"袋""帒"。一种是重收的字。如"父",一为部首,一在"又"部;"瞿",一为部首,一在眗部;"侣",同部重收。

除以上两种情况外,都是不见于《说文》所收的字,或见于两汉,或见于魏晋,有的甚至是唐代作品中的字。例如:

赛  约产生于东汉,本作"塞"。《玉篇》"赛,先再切;报也。"《史记·封禅书》:"冬塞祷祠。"司马贞索隐:"塞,与'赛'同。塞,今报神福也。"王念孙《读书杂志·史记第二》:"赛,本作'塞'。古无'赛'字,借'塞'为之。《论衡》"赛"字一见。《辨祟篇》:"项羽攻襄安,襄安无噍类,其民未必不赛祷也。"《说文》新附字也收有"赛"字。

侣  两汉的字。《玉篇·人部》"侣"字两见。一处解释为:"侣,力莒切。《声类》云:'伴侣也。'"一处解释为:"侣,力莒切。伴也,陆机《草木疏》云:'麟不侣行。'"西汉王褒《四子讲德论》:"于是相与结侣,携手俱游。"《说文》字目虽未收,但说解语中有。如"扶,竝行也。从二夫,辇字从此。读若伴侣之伴。"又:"闾,里门也……闾,侣也,二十五家相群侣也。"《说文》新附字收有"侣"字。

纱 两汉的字。《玉篇》:"纱,所加切,纱縠也。"《论衡·程才篇》:"白纱入淄,不染自黑。"《论衡》"纱"字共4见。"纱"是"沙"的今字。《周礼·天官·内司服》:"内司服,掌王后之六服:袆衣、揄狄、阙狄、鞠衣、展衣、缘衣、素沙。"郑玄注:"素沙者,今之白缚也。六服皆袍制,以白缚为里,使之张显。今世有沙縠者,名出于此。"贾公彦疏:"言汉时以縠之衣有沙縠之名,出于《周礼》'素沙'也。"孙诒让正义:"沙、纱,古今字……吕飞鹏云:'古无纱字,至汉时始有之。'"

瞠 两汉的字。《玉篇》:"瞠,直耕切;怒目直视貌。"直视义的"瞠",《汉语大字典》的最早书证是东汉王延寿《鲁灵光殿赋》:"齐首目以瞠眄。"

眶 魏晋的字。《玉篇》:"眶,去王切;眼眶也。"《说文》说解语中眼眶的"眶"用"匡"表示。如:"䀹,目匡也。"《汉语大字典》《汉语大词典》中最早的书证都是《列子·仲尼》中的"矢来注眸子而眶不睫"。

贴 魏晋的字。《玉篇》:"天叶切。以物质钱。"即典押。这个意义《汉语大字典》最早的书证是南朝梁人任昉的作品,《汉语大词典》最早的书证是《南史·蔡廓传》。

盯 约隋唐时代的字。《玉篇》:"盯,睢盯,视貌。"《汉语大字典》《汉语大词典》最早的书证,是唐韩愈的《城南联句》、唐元稹的《有酒》诗之二。

纹 魏晋的字。《玉篇》:"纹,音文。绫纹也。""纹"为

"文"的今字。《说文》"文"下段玉裁注:"像两纹交互也。纹者,文之俗字。"晋葛洪《西京杂记》卷二:"汉诸寝陵皆以竹为帘,皆为水纹及龙凤之像。"

绒　约为宋代的字。《玉篇》:"绒,如充切,细布也。"也见于《广韵》《集韵》。唐姚月华《制履赠杨达》诗:"金刀剪紫绒,与郎作轻履。"

顾氏《玉篇》原本,注文甚详。不仅释义,而且列有书证并前人的注释。注文的排列,一般是先经传,次子书史书或文集,次词书、字书。从现代的观点来看,不仅反映当时词义研究的思路和面貌,而且还具有极为重要的资料价值。后经唐宋两代的增字删改,面貌已远非昔日之旧。兹举"儆"字的释义为例:

顾氏原本

儆　居影切。《尚书》(按:见《大禹谟》篇):"降水儆(按:今十三经注疏本为'儆')予。"孔安国曰:"儆,戒也。"《周礼》(按:见《天官·宰夫》篇):"正岁则以法警戒群吏。"郑玄曰:"警,敕戒之言也。"(残卷此处不清)《左氏传》(按:见《庄公三十一年》)"警于夷。"杜预曰:"警惧戎(今本为'夷')狄也。"又曰(见《宣公十二年》):"军卫不彻警也。"《礼记》(见《文王世子》篇):"鼓征所以警众也。"郑玄曰:"警犹起也。"《广雅》(见《释训》篇):"警警,不安也。"或为"儆"字,在人部也。

今本《大广益会玉篇》

儆　居影切。戒也;敕也。

顾氏原本与今本相比,重修者删去了原本花了很大气力所收集整理的语义资料,退回到《说文》释义的老路子上去,殊为可惜。在部首的编排次序上,《玉篇》作了较大的调整。首尾部首虽然相同,如《说文》是"立一为端","毕终于亥",《玉篇》第一部也是"一",最后一部也是"亥",但是中间的编排次序,《说文》是"据形系联",而《玉篇》是"以义相次",即依据词的意义类别排列。例如:

《说文》部首的编排是"据形系联"。例如:

能　(第380部)

熊　(第381部)蒙能而次之

火　(第382部)蒙熊从火而次之

炎　(第383部)蒙火而次之

黑　(第384部)蒙炎而次之(黑的篆文,下面为炎)

囱　(第385部)蒙黑从古文囱而次之

焱　(第386部)仍蒙火

炙　(第387部)仍蒙火

赤　(第388部)仍蒙火(篆文赤,从大火)

大　(第389部)蒙赤从而次之

亦　(第390部)蒙大而次之(篆文亦,为腋的古字,在大的左右加两点,表示腋的所在)

而《玉篇》的编排次序则按词的意义,以类相从。例如:

能　(第379部)

熊　(第380部)

龙　(第381部)

卢　(第382部)

虎　(第383部)

麕　(第384部)

豸　(第385部)

依次编排的都是兽类,是"以义相次",而不是"据形系联"。

"能"的前面也是兽类,第378部是"象",第377部是"兕",第376部是"囚",第375部是"兔",与字形基本上没有联系。

《玉篇》对部首按词的义类所进行的调整,显然有受《尔雅》《广雅》和《释名》影响的痕迹。如卷一的8个部,与祭礼有关;卷二的14个部与土地居里有关;卷三的13个部,与人伦有关;卷四的20个部和卷五的10个部,与人的头部有关;卷六的10个部和卷七的11个部,与四肢有关;卷九的29个部和卷十的19个部,与举止言行有关;等等。但《玉篇》(原本)所收的字(词)要比《尔雅》《广雅》远为广泛,有16000多个,按雅书的依据意义分类殊难概括,因此在重新调整《说文》的部首时,也不得不参考《说文》,而不能完全摒弃《说文》的编排次序于不顾。如《玉篇》同在二十一卷的"火"部,前面的"奢""大""丏"等,后面的"亦""交""壹""丹""青"等,意义均与"火"无关。但其中的"大""亦",《说文》"据形系联",却与"火"系联在一起;又如卷十六的"喜""壴""鼓""豈""豆""豊""虍",按《玉篇》的释义,这些部首不属同一义类,但却与《说文》"据形系联"的编排完全相同。

《玉篇》对《说文》部首的增删也基本上按词义的归属考虑。《说文》的部首共540个,《玉篇》的部首共542个,但并不是简单地增加了两个部首,而是有增有删。计共增加部首13个,删去部首11个。所增加的部首,都是《玉篇》认为从意义上应该独立出来的。如:

父 《说文》在又部,《玉篇》单立。

云 《说文》作为"雲"字的古文收在"雲部",《玉篇》单立,解释为:"言云也。《说文》曰:'古文雲字。'"因"雲""云"两字的词义已有明确分工而另单立部首。

喿　《说文》收在品部。《玉篇》单立,解释为:"先到切,鸟群鸣也。又七消切,喦属;今作噪。"前一解释与《说文》完全相同,后因"喿"字有了新的读音和意义而单立部首。

尣　《说文》收在冂部。《玉篇》重收,一单立部首,一在冂部,两字解释相同。但《玉篇》"尣"部收有一个"尲"字,为《说文》所无,虽只此一字也另立部首。

处　《说文》收在几部,"處"字是作为"处"的重文收在"处"下,解释为"止也"。《玉篇》单立,解释为"居也;止也"。一是增添了常用义"居也",一是当时居处义的正体已写作"處",因而另立部首。

兆　《说文》收在卜部,解释为"灼龟坼也"。《玉篇》单立,解释为"事先见也;形也"。而且只此一字(另一字是重文),也因产生新的意义而另立部首。

磬　《说文》收在石部,解释为"乐石也"(段注改为"石乐也")。《玉篇》单立,解释为"以石为乐器也"。"磬"部下共收9个字。

索　《说文》收在米部,解释为:"草有茎叶,可作绳索。"《玉篇》单立,解释为:"先各切,尽也;又纠绳曰索;又法度也;散也;又所各切,求索也。"因词义发展而独立出来,单立部首。

書　《说文》收在聿部,解释为"箸也"。《玉篇》单独立部,解释为:"世谓苍颉作书,即黄帝史也。象形、指事、形声、转注、会意、假借,此造字之本也。书者,著也。依类象形谓之文,形声相益谓之字,所以明于万事,纪往知来也。书之如也。"在"書"下收有"畫"等6个字。

牀　《说文》收在木部,解释为"安身之坐者"。《玉篇》把

"爿"独立出来,单立部首,且只有部首一字,解释也基本相同,为:"身所安也。《易》(见'巽卦')曰:'巽于爿下。'""爿"字因何单立部首,意图不明。

弋 《说文》收在厂部,解释为:"橜也,象折木斜锐著形,从厂,象物挂之也。"《玉篇》单独立部,解释为:"橛也,所以挂物也。今作代。又缴射也。亦作隹。"下收3个非常偏僻的字。

單 《说文》收在吅部,解释为"大也"。《玉篇》单独立部,有两读,一为时阐切,一为丁安切,解释与《说文》同。但在吅部下又重收"單"字,解释为"丁安切,大也,一也,隻也"。看来单立部首仅仅是因为新增了"时阐切"的读音。

丈 《说文》收在十部,《玉篇》单独立部,解释为:"十尺也。又丈夫也;长也;扶也,长扶万物也。"

《玉篇》在增立部首的同时,也删去了《说文》的一些部首。如:

哭 《说文》单独立部,《玉篇》并入吅部。

延 《说文》单独立部,《玉篇》并入廴部。

畫 《说文》单独立部,《玉篇》收在聿部。

教 《说文》单独立部,《玉篇》收在攴部。

眉 《说文》单独立部,《玉篇》并入目部。

白 义同自(鼻),《说文》单独立部,《玉篇》取消。

䰜 《说文》单独立部,《玉篇》并入邑部。

饮 《说文》单独立部,《玉篇》并入欠部。

后 《说文》单立部首,《玉篇》取消,且不见"后"字。

大 《说文》有两个部首,《玉篇》合并为一个。

弦 《说文》单立部首,《玉篇》并入弓部。

《玉篇》与《说文》相比较,两者不同之处,不仅仅是字数的增加和部首的调整,而且在释义方面比较重视书证和前人研究成果,并且还体现词义的发展。这主要表现在以下几个方面:

第一,重视书证和前人的研究成果。《说文》在释义时也注重书证,计共引书证1114条,主要是引自《易》《书》《诗》《春秋》《礼》等经书,但也旁及《国语》《论语》《孟子》《吕氏春秋》《韩非子》以及楚辞和扬雄的赋。而《玉篇》所引书证则更为广泛。除经书外,还大量引用战国秦汉时期以至魏人的作品和对这些作品有关词义的研究成果,包括字书、词书和注释。战国秦汉时期的作品如《山海经》《史记》《汉书》《春秋繁露》《太玄经》《白虎通》《公羊传》《大戴礼记》以及汉人的辞赋等;魏人的作品如《东观汉记》《晋阳秋》等。汉、魏人的研究成果,如《苍颉篇》《方言》《说文》《广雅》以及孔安国、郑玄、何休、应劭、王弼、杜预、孟康、郭璞等人的注释。《说文》一个字条只引一条书证,而《玉篇》一个字条往往有好几条书证,且连同该书证的相应注释也一并引用。如以残卷"警"的字条为例,就引了《尚书》《周礼》《左传》《礼记》四部书的书证,并且还引用了孔安国、郑玄、杜预的注释和《广雅》对"警"字的解释。《大广益会玉篇》虽经唐人孙强增字、宋人陈彭年重修,在释义方面进行了较大的删改,但还有一些字条基本上保留了原貌。例如:

  帝 丁计切。《说文》云:"谛也,王天下之号也。"《尔雅》曰:"君也。"《白虎通》曰:"德合天者称帝。"《商书》云:"惟皇上帝。"孔安国曰:"上帝,天帝也。"《周礼》曰:"兆五帝于四郊。"郑玄曰:"五帝,苍曰灵威仰,太昊食焉;赤曰赤熛怒,炎帝食焉;黄曰含枢纽,黄帝食焉;白曰白招拒,少昊食焉;黑曰汁光纪,颛顼食焉。"

神　市人切。神祇。《说文》曰:"天神引出万物者也。"《夏书》曰:"乃圣乃神。"孔安国云:"圣,无所不通;神,妙无方。"《易》曰:"阴阳不测之谓神。"王弼云:"神也者,变化之极。"《大戴礼记》云:"阳之精气曰神,阴之精气曰灵。"《尔雅》云:"神,重也;治也;慎也。"《广雅》云:"神,弘也。"

第二,认识到词的多义性,关注并吸收词在应用中新产生且已为社会所习用的意义。例如:

险　高也;邪也;恶也;难也;危也;阻也。

高　崇也;上也;远也;长也。

贡　通也;献也;上也;税也;赐也。

限　国也;界也;度也;阻也;齐也。

一般说,《玉篇》在同一词下没有用"又"隔开的释义,都是编著者所认为的一词多义现象。《尔雅》《广雅》虽也注意到同一个词有不只一个意义的现象,但一般是分立词条。《尔雅》如"究",一见于《释诂上》,释为"谋也";一见于《释言》,释为"穷也"。《广雅》如"除",一见于《释诂一》,释为"瘉";一见于《释诂二》,释为"去也";一见于《释宫》,释为"道也"。这些分立词条的词,有的是一词多义,如"除"的痊愈义和去除义;有的不是一词多义,而是不同的词共用一个词的文字形式如"除"的"去也"和"道也"。《玉篇》则注意把这两种情况区别开来。

第三,注意到不同的词同用一个书写形式。这有两种情况:一种是同形同音而不同义,一种是同形而不同音。中间都用"又"隔开。前者如:

離　力知切。亦作"鸝",仓庚也。又散也;去也;明也;丽也;遇也;两也;判也。

豪　户刀切。猪毛如笋而端黑也。又俊也；帅也。
　　牢　来刀切。牲备也；仓廪也。又坚也。
　　祥　似羊切。妖怪也。又福也；善也。
这类情况《说文》也注意到了，不是用"又"而是用"一曰"表示。如："僻，避也……一曰：从旁牵也。""侈，掩胁也……一曰：奢泰也"。但远不如《玉篇》普遍。

后者如：
　　亟　居力切。急也；疾也。又丘致切。数也。
　　当　都郎切。任也；直也；敌也。又都浪切。主当也；底也。
　　易　余赤切。象也；异也；转也；变也。又以豉切。不难也。
　　鲜　思连切。生也；善也；好也。又思浅切。少也。
第四，关注一些词语的虚词用法。例如：
　　余　身也；我也；语之舒也。
按：《说文》只有"语之舒也"一个义项。
　　予　以诸切。予者，我也。又音与。《说文》云："推予前人也。"
　　若　杜若，香草。又如也；汝也。
按："汝也"，相当于今语你，第二人称代词。"若"，既可用于代词，也可用于假设连词。《说文》释为"择菜也"。段注："又假借为如也；然也；乃也；汝也。"
　　走　去也；奔也；仆也。
按："仆"，谦称，相当于我。《说文》只有"趋也"一个解释。
　　彼　对此之称也。

按:"此"是近指,"对此之称"即远指。《说文》解释为"往有所加也"。

  何 胡可切,克负也。又乎哥切,辞也。

按:"辞也",指疑问辞。

  乌 孝鸟也。又语辞也。

按:"语辞也",指疑问辞。

  盍 《说文》云:"盍,覆也。"又何不也。

按:《说文》段注:"郑(玄)注《论语》云:'盍,何不也。'"

  曷 何也;逮也;盍也;《尔雅》曰:"止也。"

按:"何也""盍也",都是疑问辞。《说文》只有"何也"一个解释。

  焉 鸟名也;安也;疑也。又矣连切,语已之词也,是也。

按:"语已之词也",指句末语气词;"是也",指"焉"相当于"于此"的兼词用法。

  斯 析也。又此也。

按:"此",近指代词。"析也"是《说文》的解释。

  之 是也;至也;往也;发声也;出也。

按:"是也",相当于今语"这",近指代词。这是吸收了郑玄对《诗经》的笺注。《诗经·周南·广汉》:"之子于归,言秣其马。"郑笺:"之子,是子也。"

  夫 甫俱切。《说文》云:"丈夫,从一大,一以象簪。"……又音扶。语助也。

按:"夫"在古汉语中可用作句首、句中、句尾的语气词。

  尔 语助也;别也;词之毕也。亦作爾。

按:《词诠》认为,《玉篇》的"词之毕也","为形容词或副词之语尾";《说文》的"尔,词之必然也","即今语'呢'字"。

    也 余尔切,又余者切。乱也;斯也,所以穷上成文也。

按:"斯也,所以穷上成文也",即表示肯定的句末语气词。《说文》释"也"为"女阴也"。

    而 语助也;乃也;能也。又颊之毛曰而。

按:"语助也",指"而"的连词用法。"颊之毛曰而"是《说文》的解释。

    自 鼻也,象形。又由也;率也。

按:"由",指"自"的介词用法。

    然 烧也;许也;如是也;应词也。

按:"如是也",相当于今语"这样",为表性状的指示代词。最早见于《淮南子》高诱注。高诱屡注"然"为"如是也"。《词诠》卷十引《六书故》:"尔者,如是之合音。"段玉裁认为,"训为'如此','尔'之转语也。"《说文》只有"烧也"一个解释。

## 注家蜂起辈出

  我国的词义研究实滥觞于解经。就经为训应早于词书等专著的产生。上面所介绍的我国第一部专著《尔雅》,实际上不是词典,而是故训的汇编。《四库全书总目》认为,《尔雅》一书"大抵小学家缀辑旧文,递相增益"而成;关于书的作者虽意见非一,但"其文大抵采诸训诂名物之同异,以广见闻,自为一书"的看法,则是诸家所共同的。这个看法应该说是符合训诂学发展的实际的。不过,我们现在所能看到的最早的古人对经书的注释,还是汉人的注释。

## 一 两汉所创的注释体例

汉人的注释体例或有所本,但我们没有见到过此前的注释,只能就事论事从汉人的注释谈起。两汉时期,除适应解经的需要,先后产生了《方言》《说文》《释名》等专著外,还出现了数以十计的训诂学家。这主要有两个原因:一个原因是汉代去古渐远,语言有所发展变化,对某些语言现象的理解已产生困难;一个原因是"及至秦之季世,焚《诗》《书》,阬术士,六艺从此缺焉"(《史记·儒林列传》),经学曾一度中断,失去了传统经学的师承关系。这可能是更为主要的原因。所幸秦始皇的统治时期不长,齐鲁之间儒学尚存。汉初,一度中断的经学才得以逐步恢复,"言《易》自淄川田生;言《书》自济南伏生;言《诗》,于鲁则申培公,于齐则袁固生,燕则韩太傅;言《礼》,则鲁高堂生;言《春秋》,于齐则胡毋生,于赵则董仲舒"(《汉书·儒林传》)。据唐人陆德明《经典释文·序录》所录,汉时《易经》的注本有孟喜章句十卷,京房章句十二卷,费直章句四卷,马融传十卷,荀爽注十卷,郑玄注十卷,刘表章句五卷,宋衷注九卷,虞翻注十卷,陆绩述十三卷;《尚书》的注本有孔安国传十三卷,马融注十一卷,郑玄注九卷;《诗经》的注本有毛传郑笺二十卷,马融注十卷;《周礼》的注本有马融注《周官》十二卷,郑玄注十二卷;《仪礼》的注本有郑玄注十七卷;《春秋》注本有士燮注《春秋经》十一卷,贾逵《左氏解诂》三十卷,服虔《解谊》三十卷,何休注《公羊》十二卷。稍后,主要是在东汉,对古书的注释范围又扩大到子书。如《论语》有"孔安国为传;后汉马融亦注之;安昌侯张禹……择善而从,号曰'张侯《论》',最后而行于汉世,禹以《论》授成帝;后汉包咸、周氏,并为章句,列于学官;郑玄就鲁《论》、张、包、周之篇章,考之齐古(按:指齐《论》),为之注焉";《老子》的注家有"河上公章句四卷,毋丘望之章句二卷,严遵注二卷,虞翻注二卷";《尔雅》注本有"犍为文学注三卷,刘歆注三卷,樊光注六卷,李巡注三卷,孙炎注三卷"(参见《经典释文·序录》);他如《孟子》赵岐注,《楚辞》王逸注,《吕氏春秋》《淮南子》高诱注等。但令人遗憾的是,汉时注本多已失传,幸一些集注及注疏本还保存了汉人的一些注释。如魏何晏的《论语集解》,就是集汉人孔安国、包咸、马融、郑玄等人的注。

起初,因从事训释经典著作的学者各有师承,且众家并出,不敢自专,各种注本,与经别行,自成一书。约从东汉开始,为了阅读方便,省去两读之苦,方有经注合一的经注本。十三经注疏本《毛诗正义·周南关雎诂训传》第一"郑氏笺"下孔颖达疏:"汉初,为传训者皆与经别行。三《传》之文不与经连,故石经书《公羊传》皆无经文。《艺文志》云:'《毛诗经》二十九卷,《毛诗故训传》三十卷。'是毛为诂训亦与经别也。及马融为《周礼》之注,乃云'欲省学者两读,故具载本文',然则后汉以来始就经为注。"就经为注的注本即经注本。与经别行的单注本,唐宋时期还有保存。如清人阮元在校勘《周易》《仪礼》的注疏时,就参考了宋版的《周易》《仪礼》的单注本和单疏本。但这些单注本不易见到。现在常见的唐人陆德明的《经典释文》,内收有《周易音义》《古文尚书音义》《毛诗音义》《周礼音义》《仪礼音义》《礼记音义》《春秋左氏音义》《春秋公羊音义》《春秋穀梁音义》《孝经音义》《论语音义》《老子音义》《庄子音义》《尔雅音义》等,都与原书别行。

经注本与单注本不同,是就经为注,经注合一,注文紧置于所要注释的文字之下。后起的子书的注本也仿经注本的体例,书和注合一。这种注释体例,方便读者,可以省去两读之苦。最早的注本可能多为集注本。两汉时一些主要经书先后列入学官,且各有师传,不敢独尊。如《周礼》,《四库全书总目》说是"汉郑元注",实际上也集注,当然其中也包括郑玄本人的注。《周礼注疏校勘记序》:"有杜子春之《周礼》,有二郑之《周礼》,有后郑之《周礼》。《周礼》出山岩屋壁间,刘歆始知为周公之书而读之,其徒杜子春乃能略识其字。建武以后,大中大夫郑兴、大司农郑众皆以《周礼》解诂著,而大司农郑康成(按:郑玄的字)乃集诸儒之成为《周礼注》。"可见,现在所见的汉魏时期的经注本,虽以个人名义出现,但多为集注本。

约在南北朝时期,因去古更远,开始出现对汉人的注文作注的体例,即疏。疏开始也是单行的。《春秋左传注疏·校勘记·序》:"至于孔颖达等依经传杜注为正义(按:即为杜预的注所作的疏文)三十六卷,本自单行。宋淳化元年有刻本。至庆元间吴兴沈中宾分系诸经注本,合刻之。"经、注、疏合刻本可能就始于南北宋之间。阮元《尚书注疏·校勘记·序》"宋版"下附记:"盖注疏合刻起于南北宋之间,《易》《书》《周礼》先刻,当在北宋之末也。"

汉人的注释比较简约,以疏通经义为目的。汉字的形音义三者的关系非常密切,而所要注释的又都是书面语言,注释者一般都从汉字入手,不仅注意字的音义与词的关系,以字立训,而且还注意词语所处的上下文,以文立解,并辨析词义的古今异同和词义间的细微区别。在训释词语的基础上,还串讲文意,考辨名物。汉以后的的训释者,虽有一些自己的特点,但基本上是沿用了汉人所开创的体例。

## (一)以字立训

以字立训,是从字的本字、本音以求本义。这是以字本位训释词义的一种方法。汉字不同于音素文字。早期的汉字它的形体和它所表示的意义,有着直接或间接的联系。古人正是根据汉字的这一特点,从汉字的形体结构分析出字所表示的意义。例如:

关关雎鸠,在河之洲。(《诗经·周南·关雎》)

毛传:"水中可居者曰洲。"按:"州"为"洲"的今字。《说文》:"州,水中可居者曰州。周绕其旁,从重川。昔尧遭洪水,民居水中高土,故曰九州。《诗》曰:'在河之州。'"段玉裁注:"《关雎》文,证'州'之本义也。"

陟彼高冈,我马玄黄。(《诗经·周南·卷耳》)

毛传:"山脊曰冈。"按:《说文》:"冈,山脊也。从山网声。"

于以采蘩,于涧之中。(《诗经·召南·采蘩》)

毛传:"山夹水曰涧。"按:《说文》:"涧,山夹水也。"

以上数例是传统训诂学所说的以本义释本字,即字本位的训释字义的方法。

另一种是音本位训释字义的方法,即循音释义。在通常情况下,应该是词有定字,字有定词。但由于古人在书写中,有写同音替代字的习惯,即取此一字的读音而表示另一字的意义。这种书写习惯,在先秦时期相当普遍。训释者要疏通经义必须通过字的读音找到它所替代的字,然后才能作出正确的解释。例如:

公孙硕肤,赤舄几几。(《诗经·豳风·狼跋》)

郑笺:"公,周公也。孙,读如'公孙于齐'之'孙'(按:此语见《春秋经·昭公二十五年》,《释文》:'孙,音逊')。孙之言逊遁也。周公摄政七年,致太平,复成王之位,孙遁避此成公之大美,欲老。"按:"孙""逊",古时读音相同,同为心母文部。"孙,读如'公孙于齐'之孙",即取"孙"的读者而表"逊"的词义。《说文》:"逊,遁也。"郑笺所说的"孙遁",即逊遁,意为逃离。

丰肉而短,宽缓以荼。(《周礼·考工记·弓人》)

郑注:"荼,古文假借字。郑司农云:荼读为舒。"按:"荼"为定母鱼部,"舒"为书母鱼部,声近韵同。"荼读为舒",即取"荼"的字音,表"舒"的字义,"荼"假借为"舒",所以郑注说:"荼,古文假借字。"

君命召,虽贱人,大夫、士必自御之。(《礼记·曲礼上》)

郑注:"御当为讶。讶,迎也。"按:"御""讶"同为疑母鱼部,读音相同。《说文》:"讶,相迎也。"取"御"字的音,表"讶"字的义。

以上各例,都是训释者先通过字的读音找到"孙"与"逊"、"荼"与"舒"、"御"与"讶"的联系,而后依据本字作出解释。"孙"与"逊","荼"与"舒","御"与"讶",只是读音相同,而字形和字义不存在任何联系。这是一种情况。还有一种情况是,不仅字的读音相同,而且意义也有联系,即现在所说的同源字。汉代的训释者注意到两种情况的细致区别,直接用音义均近的字进行训释。例如:

思乐泮水,薄采其芹。(《诗经·大雅·泮水》)

郑笺:"泮之言半也。半水者,盖东西门以南通水,北无也。"按:《释文》:"泮,半也,半有水,半无水也。"按:"泮""半",字形虽异,但音义却有联系。

灵台,民始附也。(《诗经·大雅·灵台》毛序)

毛传:"民者,冥也。"按:冥,愚昧无知。古人认为,人民是愚昧无知的人。《说文句读》:"案:冥,冥昧貌,言众庶无知也。"《贾子·

大政下篇》:"民之为言萌也,萌之为言盲也。"民、冥、萌、盲,还有氓等,音义均有联系。

(二)依文立解

依文立解,是根据字(词)的上下文训释词义。一个词在刚刚产生的时候一般说只有一个意义,但在具体应用的过程中,往往会引申出新的意义。这是语言在不增加词的数量的情况下,为满足交际的客观需要所进行的自我调整。汉代的训诂学家已注意到这种语言现象,在训释一个词时,不拘泥于词的本义,而总是依据词所处的语言环境随文立解。例如:

昏 "昏"的本义是黄昏。《诗经》中共出现9次。其中,有1次表示黄昏义,有1次表示昏昧无知义,有6次表示婚姻义,有1次表示奄竖即宦官义。《陈风·东门之杨》:"昏以为期,明星煌煌。"郑笺:"亲迎之礼以昏时。女留他色,不肯时行,乃至大星煌煌然。""昏时",指黄昏时分。《小雅·小宛》:"彼昏不知,壹醉日富。"郑笺:"童昏无知之人。""昏",指昏昧。"童昏",即愚昧。《小雅·车舝》:"觏尔新昏,以慰我心。"郑笺:"我得见女之新昏,如是则慰除我心之忧也。新昏,谓季女也。""季女",指新昏的少女。"昏",婚姻。《大雅·召旻》:"昏椓靡共,溃溃回遹。"郑笺:"昏椓,皆奄人也。昏,其官名也。"

祝 "祝"的本义是用言辞向神祝告。所祝告的一般是吉祥的言辞。高诱《淮南子·说山训》"尸祝斋戒"下注:"祝,祈福祥之辞。"《尚书》中"祝"字用了4次。其中,2次表示祝告义,1次表示诅咒义,1次表示断绝义。孔安国传也是依文立解。《金縢》:"史乃册祝曰。"孔传:"祝,辞也。"辞,就是向神祝告之辞。《无逸》:"民否则厥心违怨,否则厥口诅祝。"孔传:"以君变乱正法,故民否则其心违怨,否则其口诅祝,言皆患其上。"按:"诅祝",即诅咒。祝告的"祝"和诅咒的"咒",是同源字。《说文》无"咒"字,"咒"写作"呪"。《集韵》:"呪,诅也。古作'祝'。""厥口诅祝",诅祝,即诅咒。《泰誓》:"上帝弗顺,祝降时丧。"孔传:"祝,断也。天恶纣逆道,断绝其命,故下是丧亡之诛。"

(三)释古今,辨同异

汉人在训释时,有时还注意辨析词义的古今不同和细微差别,并且还首创了互文等训诂术语。例如:

名—字

> 百名以上书于策,不及百名书于方。(《仪礼·聘礼》)

郑玄注:"名,书文也,今谓之字。"《周礼·春官·外史》:"掌达书名于四方。"郑玄注:"或曰:古曰名,今曰字。"按:郑玄是汉人。他所说的"今",是指汉;他所说的"古",是指先秦时期。文字义,先秦除用"名"外,还用"文"表示。《国语·晋语八》:"夫文,虫皿为蛊。"韦昭注:"文,字也。"从现存资料来看,"字"表示文字义,是产生在秦汉时期。据《史记·秦始皇本纪》记载,秦始皇二十六年统一中国以后,实行"一法度衡石丈尺,车同轨,书同文字"。后又在琅邪石刻上铭刻"器械一量,同书文字"。"文""字"连用,形成一对同义词。

帅—率

> 使者朝服,帅众介夕。(《仪礼·聘礼》)

郑玄注:"古文'帅'皆作'率'。"按:《说文》认为,率领的"率",

本字应为"達"。《说文》:"達,先道也。"段注:"道,今之导字。達,经典假率为之……郑以汉人帅领字通用'帅',与周用'率'不同故也。此所谓古今字。"

注意同义词的细微差别,也是汉代训诂学家训释的内容之一。汉语有着极为丰富的同义词。同义词中绝大部分是词义有同有异的近义词,当同义词连用或对用,读者有可能产生疑问时,也往往予以辨析。例如:

矜　伐

　　汝惟不矜,天下莫与汝争能;惟汝不伐,天下莫与汝争功。(《尚书·大禹谟》)

孔安国传:"自贤曰矜,自功曰伐。言禹推善让人而不失其能,不有其劳而不失其功,所以能绝众人。"按:"矜""伐",都是夸耀自己,它们的区别仅仅是前者是自夸贤能,后者是自夸有功。

商—贾

　　六曰商贾,阜通货财。(《周礼·天官·大宰》)

郑玄注:"行曰商,处曰贾。"又《地官·司市》:"以商贾阜货而行布。"郑玄注:"通物曰商,居卖物曰贾。"按:"商""贾"虽然都是从事商品流通的人,但是在古代,他们在行为方式上有所区别。商,指行商,即来往于各地的流动商人;贾,指坐贾,即定点设店的商人。

恭—敬

　　宾客主恭,祭祀主敬。(《礼记·少仪》)

郑玄注:"恭在貌也,而敬又在心。"按:"恭"与"共"字同源,"共"的篆文是两手相拱状,一种表示敬意的姿势,偏重于表示外貌的恭敬;"敬"与"警"同源,《释名·释言语》:"敬,警也,恒自肃敬也。"即让自己经常处于警戒畏慎的状态,偏重于表示内心的敬意。

两者在词义上的这种细微区别,在古汉语的日常具体用法上也可以得到证明。"恭"的用法如:《尚书·洪范》:"貌曰恭。"《论语·季氏》:"貌思恭。"《礼记·曲礼上》:"正尔容,听必恭。""敬"的用法如:《荀子·议兵》:"凡百事之成也,必在敬之;其败也,必在慢之。""敬""慢(轻慢)",都表现在内心。《吕氏春秋·孝行》:"身者,父母之遗体也。行父母之遗体,敢不敬乎?"高诱注:"敬,畏慎也。"

有时在注释某个词时,还连带举出与此词相关的词。如:

象胥,每翟上士一人,中士二人,下士八人,徒二十人。(《周礼·秋官·司寇》)

郑玄注:"通夷狄之言者曰象胥,其有才智者也。此类之本名。东方曰寄,南方曰象,西方曰狄鞮,北方曰译;合总名曰象者,周之德先致南方也。"

汉人在辨析同义词时,还首创了互文、互言等训诂术语。如《周礼·天官·大府》:"凡式贡之馀财,以供玩好之用。"郑玄注:"谓先给九式及弔用足府库,而有馀财乃可以共玩好,明玩好非治国之用。言式言贡,互文。"《诗经·小雅·采芑》:"钲人伐鼓,陈师鞠旅。"毛传:"伐,击也。钲以静之,鼓以动之。鞠,告也。"郑笺:"钲也鼓也,各有人焉,言钲人伐鼓,互言尔。二千五百人为师,五百人为旅。此言将战之日,陈列其师旅誓告之。陈师告旅,亦互言之。""互言"同"互文"。互文等训诂术语即滥觞于此。当然,汉人所用的这一术语所包含的内容,同后代并不完全一样。

(四)正字注音

传统训诂学有两个显著的特点:一个特点是,研究对象是书面语言,而且是历史的书面语言,主要是经典著作,也兼及子书;一个特点是,研究方法是从零散的词语入手,注重故训的探求。因此,必须从文字入手,首先要确定文字没有错误和读音没有疑问。如对记录书面语言的文字产生疑问,则要先正字注音。

正字如:

《礼记·表记》:"唯天子,受命于天,士受命于君。"

郑玄注:"唯当为虽,字之误也。"

《礼记·曾子问》:"凡告用牲币,反亦如之。"

郑玄注:"牲当为制,字之误也。"

注音如:

《淮南子·氾论训》:"潽王专用淖齿而死于东庙。"

高诱注:"潽,读汶水之汶。"

《淮南子·原道训》:"瞥然能听,形体能抗。"

高诱注:"瞥,读疾营之营。"

(五)解释词组

古汉语单音词占优势,古注所训释的也多为单音词。但是有时一些单词看起来虽很好懂,但所构成的词组却难以理解。如遇这种情况,也详为解释。如《周礼·地官司徒下·载师》:"凡宅不毛者有里布。"其中的"不毛""里布",不仅今人已颇费解,汉人也觉生疏。郑玄在这句话下就进行了比较详细的解释:"郑司农云:宅不毛者,谓不树桑麻也;里布者,布参印书,广二尺,长二尺,以为币,贸易为物。《诗》云:'抱布贸丝。'抱此布也。或曰:布,泉也。《春秋传》曰:'买之百两一布。'又《周礼·地官司徒·廛人》:'廛人职掌敛市之次布、儦布、质布、罚布、廛布。'《孟子》曰:'廛无夫里之布,则天下之民皆悦而愿为其民也矣。'故曰:'宅不毛者有里布。'民无职事出夫家之征,欲令宅树桑麻,民就四业则无税赋以劝之也。故《孟子》曰:'五亩之宅,树之以桑,则五十者可以衣帛。'不知言'布参印书'者,何见旧时说也。玄谓宅不毛者,罚以一里二十五家之泉;空田者,罚以三家之税粟。以其吉凶二服及丧器也,民虽有间无职事者,犹出夫税、家税也。夫税者,百亩之税;家税者,出士从车辇给徭役。"

这个注释,解释了"不毛"和"里布"两个词组义。"不毛"这一词组,从字面上看似乎并不难理解,但具体含义却不大好懂。但一经注释,语义就非常清楚,即"不树桑麻",也就是不在自己的住宅周围种桑植麻。后引申为不种植庄稼。郑玄注引的"郑司农云",郑司农(公元?—83年),即郑众,东汉初年人,是一个经学家,世称先郑,以区别于郑玄。郑玄(公元127—200年),"囊括大典,网罗众家"(《后汉书·郑玄传》),遍注群经,是一位很有影响的经学大师,世称后郑。这两位经学家所训释的"不毛",应该说,是最符合"不毛"的实际语义。《穀梁传·宣公十二年》:"君如矜此丧人,锡之不毛之地,使帅一二耋老而绥焉,请唯君王之命。"何休注:"不生五穀曰不毛。"何休训释"不毛"为"不生五穀",与二郑的理解是完全一致的。杜预注《左传·昭公七年》"食土之毛,谁非君臣"的"毛"为"草也",以及有人把诸葛亮《前出师表》中"故五月渡泸,深入不毛"的"不毛"理解为"不长草"或"不长植物",看来都是不妥当的。

至于"里布",按郑司农的注释,是周时地方纳税的钱票。"里"是地方的行政单位,"布"是钱币。"里布"是当时鼓励农民利用住宅的周边地种植桑麻、发展生产的一惩罚性措施。这种措施是针对"宅不毛"的农户的。如果住宅周边按要求种植桑麻,就不必交纳里布。"宅不毛者有里布"这句话中,就单词来说,即使在今天看来也不成为理解的障碍,但组成词组后的"不毛"和"里布",如不经注释,可能连汉代的人也不那么清楚了。

由于语言的发展变化,到了汉代,有些词组的意义已不同于早期,并已由词组发展成为词,读者有可能产生误解。如遇有这种情况,一般也予以训释。如《尚书·尧典》:"九族既睦,平章百姓。"孔安国传:"既,已也;百姓,百官。"又《舜典》:"百姓如丧考妣。"孔安国传:"考妣,父母。言百官感德思慕。"两例均以"百官"释"百姓"。注意辨别词组义并区别词组与词,为训诂学家所共同关注。如《诗经·小雅·天保》:"群黎百姓,遍为尔德。"毛传:"百姓,百官族姓。""百姓"在春秋早期的作品中,是百官的意思,是一个词组。大约到了战国时期,已开始演变为平民的意思,并已由原来的词组发展成为词。当时的训诂学家未必意识到"百姓"这一语义单位已由词组发展成为词,但是他们在训诂实践中确实已经强烈地意识到"百姓"在语义上发生的变化,因此不约而同地进行训释。到了魏晋时期的注释家,因为去古更远,不仅注出"百姓"的语义,而且还注出所以然。如《国语·周语中》:"百姓兆民。"韦昭注:"百姓,百官也。官有世功,受氏姓也。"

(六)串讲文意

汉人的注释,除释词正字外,因去古渐远,语言产生隔阂,已经感到仅仅解释单词或词组已不足以释疑,因此还常常在解释词或词组的基础上串讲整个句子的语意。如

各非敢违卜,用宏兹贲。(《尚书·盘庚下》)

孔安国传:"宏、贲,皆大也。君臣用谋不敢违卜,用大此迁都大业。"

为山九仞,功亏一篑。(《尚书·旅獒》)

孔安国传:"八尺曰仞。喻向成也,未成一篑,犹不为山,故曰'功亏一篑'。是以圣人乾乾日昃(按:意为终日警惕),慎终如始。"

高山仰止,景行行止。《诗经·小雅·车舝》

郑笺:"景,明也。诸大夫以为贤女既进,则王亦庶几古人有高德者则仰慕之,有明行者则而行之。"按:"止"是句末语气词。后来这两句诗的头两个字形成成语"高山景行",以喻有高尚德行、令人景仰的人。

有匪君子,如切如磋,如琢如磨。(《诗经·卫风·淇奥》)

毛传:"匪,文章貌。治骨曰切,象曰磋,玉曰琢,石曰磨。道其学而成也,听其规谏以自修,如玉石之见琢磨也!"

有时对一些没有生僻单词但有可能产生疑问的句子,就直接串讲文意。如《礼记·曲礼上》:"父之仇,弗与共戴天。"郑玄注:"父者,子之天也。杀己之天,与共戴天,非孝子也。"

### (七)考辨名物

汉人的注释,主要是训释词语,但有时也考辨名物典故。对于后代的读者,要读懂古书,不仅要依赖古注中对词语的解释,而且还要依赖古注中对名物典章制度的考释。两者对理解古书的内容同样重要,不能厚此薄彼。《四库全书总目》在评价《尚书正义》,论及唐人对五经的注疏时,说:"《朱子语录》谓五经疏,《周礼》最好,《诗》《礼记》次之,《易》《书》为下。其言良允,然名物故训究赖之以有考,亦何可轻也?"确实如此,"名物故训"又"何可轻也"?我们阅读古书,如果只理解字面意思而不清楚词语所包含的名物制度内容,最多也只能知其大概,还不能说已经读懂古书。如《尚书·泰誓》:"武王戎车三百两,虎贲三百人,与受战于牧野。作牧誓。"孔安国传:"兵车,百夫长所载车称两。一车步卒七十二人,凡二万一千人,举全数……(虎贲)勇士称也,若虎贲(按:指奔跑如虎),言其猛也,皆百夫长……至牧地而誓众。"这句话,除了"贲"比较生僻外,都是常用的词语。如果不注出当时的兵车编制和虎贲所率领的人数,我们虽然也能够了解字面的大概意思,但是绝不可能理解周武王与商王受(即纣)进行大决战时,所选出的精兵强将,所摆出的阵容规模和誓夺胜利的决心。这次决定商、周成败的历史性战争,非常激烈而残酷,以至于"血流漂杵",最后以商纣王的军队"前徒倒戈,攻于后以北(大败)"而告终(引文见《尚书·武成》)。

再如同篇的"华夏蛮貊,罔不率俾,恭天承命",孔安国传:"冕服采章曰华,大国曰夏,及四夷皆相率而使奉天成命。"注中的"冕服采章",是指地处中国的汉人显示礼仪之盛的服饰,相对于周边的少数民族的"披发左衽"而言。表示"冕服采章"的"华"与表示大国的"夏"所组成的"华夏",成为一个合成词,"华夏谓中国也"(唐人孔颖达疏)。"华夏"一词现在已是表示中国为文明古国的又称。如汉人不注出"华"是表示与"披发左衽"相对的服饰制度,我们对"华夏"何以会表示中国而且还含有文明古国的色彩,就不那么清楚。

我国历史悠久,由于时代的隔阂,语言的发展,我们对古代的名物制度一般说都已非常生疏。即使是古代专门记叙礼仪制度的典籍,我们也不得不依靠古注,特别是汉人的训释,才能读懂。如《周礼·夏官·戎古》:"戎右中大夫二人。"郑玄注:"右者,参乘。此充戎路(按:即兵车)之右,田猎亦为之右焉。"戎右,也称车右。《礼记·曲礼上》:"君抚仆之手而顾命车右就车。"郑玄注:"车右,勇力之士,备制非常者。君行则陪乘,君式则下步行。"戎右或车右,是君王出行或田猎乘车时的陪从,一般都是由"勇力之士"担任。主要有两个作用:一是担任警卫,"备制非常";一是平衡行进中的车辆,以防倾侧。尽管戎右、车右这两个词语,从字面上看,很好懂,但如没有汉人所作的古注,要真正确解也并不容易。现有的较有影响的大型工具书,如《辞源》《汉语大词典》等,对"戎右""车右"的解释,都采用郑玄的训释。原因很简单。因为郑玄的训释,不仅准确,深得这两个词语的文化内涵,而且是迄今为止所能见到的第一手注释材料。魏晋时期以及唐人对这两个词语的解释,都本自郑玄,只是补充一些材料而已。

## 二 唐代的注疏

唐人师承汉学,重视经学和古籍的训释和疏解,在词义研究方面形成一个小高潮。唐初,孔颖达奉诏组织了一批训诂学者,参考汉、魏人的注释,对《诗经》《尚书》《礼记》《易经》《春秋左氏传》等进行疏解,撰定《五经正义》,共180卷。初名"义赞",后又改为"正义"。《五经正义》在前人注释的基础上,有所选择,有所取舍,并广征博引,且有所发明。南宋时注疏开始合刻,与《周礼》《仪礼》《春秋公羊传》《春秋穀梁传》《论语》《孟子》《孝经》《尔雅》等合编成《十三经注疏》,成为研读上述经书的重要参考资料。

唐代的训诂学家,在汉、魏训释的基础上进行了较大规模的整理。除孔颖达外,还有:收在《十三经注疏》中的贾公彦的《周礼义疏》《仪礼义疏》;《史记》的司马贞索隐,张守节的正义,连同南朝刘宋裴骃的集解,合称《史记》三家注;《汉书》的颜师古注;《后汉书》李贤注;《文选》开始有李善注,后又有吕延济、刘良、张铣、吕向、李周翰的五臣注,北宋时,李注与五臣注合刻,称《六臣注文选》。唐代的训诂学队伍颇成规模。像孔颖达的《五经正义》、李贤的《后汉书》注,都是集众人的力量共同完成的。他们对词语的训释和对词义的疏解,对我们认识先秦、两汉到唐代的词义发展,无疑有极大的参考价值。特别是孔颖达的《五经正义》,保存了丰富而又珍贵的有关语义的研究资料,有待我们去开掘、整理和研究。

唐人的疏解,主要是补充和丰富汉、魏人的注释,而且习用当时的语言,使注释更通俗易懂。例如:

《尚书·泰誓》:"作奇技淫巧,以悦妇人。"

孔安国释"奇技淫巧"为"作过制技巧,以恣耳目之欲"。孔疏则为:"奇技,谓奇异技能;淫巧,谓过度工巧。二者大同,但技据人身,巧指器物为异耳。"

又如:

《尚书·大禹谟》:"帝曰:'毋,惟汝谐。'"

孔安国传:"言毋所以禁其辞,禹有大功德,故能谐和元后之任。"孔疏有两处对"毋"字进行了疏解。"正义曰:……帝曰'毋',毋者,禁止其辞也……正义曰:《说文》云:'毋,止之也。'其字从女,内有一画,象有奸之者,禁止令勿奸也。古人言'毋',犹今人言'莫'。是言毋者所以禁其辞,令勿辞。"

又如:

《尚书·金滕》:"史乃册祝曰。"

孔安国传:"史为册书祝辞也。"孔疏:"正义曰:告神之言,书之于策;祝,是读书告神之名,故云'史为策书祝辞'。史读此策书以祝告神也。"

又如:

《尚书·费誓》:"马牛其风。"

孔安国传:"马牛其有风佚。"孔疏:"正义曰:马牛其有放佚……《僖四年左传》:'唯是风马牛不相及也。'贾逵云:'风,放也。牝牡相诱谓之风。'然则马牛风佚,因牝牡相逐而遂至放佚远去也。'"

又如:

《诗经·周南·桃夭》:"桃之夭夭,灼灼其华。之子于归,宜其室家。"

毛传:"兴也。桃有华之盛者。夭夭,其少壮也;灼灼,华之盛也。"郑笺:"兴者,逾时妇人皆得以年盛时行也。"孔疏:"毛以为少壮之桃,夭夭然,复又灼灼然。此桃之盛华,以兴有十五至十九少壮之女,亦夭夭然,复有灼灼之美色,正于秋冬行嫁。然是此行嫁之子往归嫁于夫,正得善时,宜其为室家矣……夭夭,言桃之少;灼灼,言华之盛。桃或少而未华,或华而不少,此诗夭夭、灼灼并言之,则是少而有华者,故辨之。言'桃有华之盛者',以桃少故华盛,以喻女少而色盛也……此言'年盛时',谓以年盛 二十之时,非时月之时。"

唐人对古注的疏解,除了使汉人的训释通俗易晓并疏通文意外,还比汉人更注意对同义词的辨析,辨析时还常常连类而及或联系上下文,并且创造出对文、散文等训诂术语,互文的内容也在汉人的基础上渐趋明确。例如:

《诗经·大雅·泂酌》:"挹彼注兹,可以濯罍。"

毛传:"濯,涤也。"毛传只是解释了"濯"是洗涤的意思,而孔疏则带出了与濯、涤同义的洗、浣和溉。"正义曰:《说文》云:'涤,洗也。''濯,浣也。'则濯、涤俱是洗浣之名。《特牲》注云:'濯,溉也。'

则溉亦是洗名。下传云：'溉，清也。'（按：'下传云'，是指《泂酌》下文'可以濯溉'的传释）谓洗之使清洁，皆是洗器之名也。"

孔安国《尚书·序》："由是文籍生焉。""睹史籍之烦文。""及秦始皇，灭先代典籍。"

文籍、史籍、典籍，在《尚书·序》中先后出现，孔颖达注意到这三个词的异同，选择在"史籍"句下进行疏解："上云'文籍'，下云'灭先代典籍'，此言'史籍'。籍者，古书之大名。由文而有籍，谓之义籍；因史所书，谓之史籍；可以为常，故曰典籍。义亦相通也。"

唐人的注释，有时也用互文这一术语分析相关词语。如《尚书·大禹谟》："无稽之言勿听，弗询之谋勿庸。"孔疏："言为率意为语，谋为豫计前事，故互文也。"这里所说的互文，显然与郑玄注《周礼》"凡式贡之馀财"中的"式""贡"，笺注《诗经》"陈师鞠旅"中的"师""旅"为互文，显然有差别。从现在对互文的理解来看，"式"和"贡"，不应该看作互文，而只是近义连用；"师"和"旅"，是两个动宾结构中位置相应的词，广义来说，也可看作互文。互文，是根据汉语的特点，指处于两个相同的语言结构中位置相应而意义又有联系的词。古人常常用这种方法辨析词义的异同，所以也称互文为互文见义。这种训释词语的方法，大约到唐代才渐趋成熟。

唐人在训诂实践中，除逐渐明确互文这一术语的内涵外，还首创了对文、散文这一对训诂术语。这一对训诂术语也是用于辨析词义相近的词。如《诗经·召南·羔羊》："羔羊之革，素丝五緎。"毛传："皮犹革也。"孔疏："对文则皮革异，故《掌皮》（见《周礼·天官》）云：'秋敛皮，冬敛革。'异时敛之，明其别也。许氏《说文》曰：'兽皮治去其毛曰革。革，更也。'（按：与原文略有出入）对文言之异，散文则皮革通。"又《诗经·大雅·生民》："于豆于登，其香始生。"毛传：

"木曰豆,瓦曰登。"孔疏:"《释器》云:'木豆谓之豆,瓦豆谓之登。'是'木曰豆,瓦曰登'。对文则瓦木异名,散文则皆名豆。"

## 清代的总结提高

清代是训诂学发展的鼎盛时期,同时也是总结提高的时期。传统训诂学,包括形训、音训、义训在这个时期得到了全面的发展,不仅完善了训释词语的方法,而且还形成了符合语言实际的某些观点和理论。清代在词义研究方面取得全面发展的突破口,应归功于对音韵的研究,主要是对古音的研究。文字、音韵、训诂,三者既有区别,又有联系。其一滞后,便有可能影响相关研究的深入;其一突破,就有可能带动相关研究的深入。汉人虽然开创了形训,但不审音韵;魏晋时期虽初建了音韵学,但不审古音;宋元虽提出古音,但不精审缜密。到了清初,自顾炎武《音学五书》出,古音研究日趋细密。戴震在为段玉裁的《六书音均表》所作的序中,总结了古音研究的发展,他说:"宋吴棫作《韵补》,于韵目下始有'古通某''古转声通某'之云。其分合最为疎舛。郑庠作《古音辨》,仅分阳、支、先、虞、尤、覃六部。近崑山顾炎武,更析东、阳、耕、蒸而四,析鱼、歌而二,故列十部。吾郡老儒江慎修永,于'真'已下十四韵、'侵'已下九韵,各析而二,萧、宵、肴、豪及尤、侯、幽亦为二,故列十三部。古音之学,以渐加强如是。前九年,段君若膺语余曰:'支、佳,一部也;脂、微、齐、皆、灰,一部也;之、咍,一部也……'余闻而伟其所学之精,好古有灼见卓识。又言真、臻、先与谆、文、殷、魂、痕为二,尤、幽与侯为二,得十七部。"王念孙在段氏分部的基础上,又把缉、盍、月、至(质)独立出来,得二十一部。古韵分部,到王念孙大体已经完备。清人在古音研究中,不仅认识到语音是发展变化的,而且还认识到有严密的系统性。这种对深入研究古音所取得的认识,又带动了对语义研究的深入,并由此推及词义也是发展变化的,成系统的,进而对语言文字提出了一些有价值的观点甚至理论,并完善了研究词义的方法。兹举其大者介绍如下:

(一)观点方面

1. 发展的观点。训诂学所说的古今字,是反映义字为适应词义发展而产生的文字现象。一个新的词义的产生,开始往往由已有的字兼任。随后,为了区别新旧词义,同时也是为了减轻原字的负担,就以原字为基础,增加或改变偏旁,另造一个新字。因此,古今字的产生标志着词义的发展。段玉裁已清楚地意识到古今异字所反映的是词义发展现象。他认为"古今无定时,周为古则汉为今,汉为古则晋宋为今。随时异用者谓之古今字"(《说文》"谊"下段注)。他还认为古今字的关系是相对的,不是固定不变的。他说:"张揖(自作《古今字诂》)已后,其为古今字又不知几更也。"(《说文》"今"字下注)

以段玉裁为代表的清代训诂学家,他们关于词义发展的观点,一般体现在对词义的时代识别上。王力先生对段玉裁"注意到词义的变迁"给予了很高的评价。他说:"段氏之所以比别的小学家可贵,其原因之一就是他有历史发展的观点,并且重视后起的词义。"(《中国语言学史》第115页)《说文》的作者许慎是汉人,所以段注《说文》时,很注意分辨说解语中汉代才产生的词义。如《说文》:"堂,殿也。"段注:"以殿释堂者,以今释古也。古曰堂,汉以后曰殿。"这一点,我们在介绍《说文》时已经提到。其他的《说文》研究者,也很注意词义的古今差别。如《说文》释"除"为"殿陛也"。王筠认为殿陛不是"除"的古义。他说:"挚虞《决疑要注》:'凡大殿乃有陛,堂则有阶无陛……'然则'除'亦汉名。以字从阜,故不用古义也。"王筠还在"陛"下说:"'陛'字始见于《战国策》,盖秦语。"(均见《说文句读》)综合段、王两人的看法,《说文》所解释的"除"的台阶义,不是古义,而是秦汉时期才产生的。语言事实也证实他们的看法是正确的,因为迄今还未见过先秦时期的著作中,"除"有台阶义的用法。

2. 系统的观点。关于词义是否存在系统,在认识上一直存有分歧。随着对语义研究的深入,直到最近十几年才开始意识到词义并不是孤立存在的,词义之间有着各种各样的联系。此前,曾有人不仅无视词义系统的存在,而且还撰文反对持有词义有系统的观点。语言事实表明,词虽然可以独立表示意义,但绝不是像一盘散沙似的,孤立存在的。对于这一点,连语言大师王力先生也曾有一个认识过程。他在《同源字论》一文中,论及研究同源字的重要性时,说:"这是汉语史研究的一部分。从前,我们以为,在语言三大要素中,语音、语法都有很强的系统性,惟有词汇是一盘散沙。现在,通过同源字的研究,我们知道,有许多词都是互相联系着的。由此,我们对汉语词汇形成的历史,就有了认识。"特别值得一提的是,"有许多词都是互相联系着的"这个认识,实际上早在近二百年前,清人段玉裁等就已经开始意识到了。

我国的语言研究就是从研究语义开始的。《尔雅》《说文》等传统训诂学专著,虽然没有明确提出"有许多词是互相联系着的"观点,但实际上都是依据语义的内在联系编撰成书。及至清代,对词义之间存在联系的认识渐趋自觉。段玉裁在为《说文》作注时,通过自己的研究实践，就体现了"有许多词是互相联系着的"系统的观点。如：

(1)他用系统的观点研究《说文》，认为《说文》从部首的排列到每部字目的编次都存在着井然有序的词义脉络。他在为《说文》所作的注解中多次强调这个观点。在"一"部的最后，他说："凡每部中之字先后，以义之相引为次。"在"艸"部后说得更为概括明确，他说："其列字之次第，类聚群分，皆有意义。"在"玉"部后他还对字目的编排具体分析说："自'璙'下皆玉名也……'瑮'已下五文，记玉之恶与美也；'璧'至'瑞'，皆言玉之成瑞器者也；'璬''珩''玦''珥'至'瑞'者，皆以玉为饰也；'玼'至'瑕'，皆玉色也；'琢''琱''理'三文，言治玉也；'珍''玩'二文，言爱玉也；'玲'已下六文，玉声也；'瑀'至'玖'，石之次玉者也……'琨''珉''瑶'，石之美者也……通乎《说文》之条理次第，斯可以治小学。"段氏用系统的观点审视《说文》每个部首的字目排列，认为有的部首字义的次第分明，如"牛"部的"列字次第，大致井井可玩"；有的部首次第稍乱，"多为浅人增窜"("示"部后注)。如"辵"部末的"遴"字，不当列于"遽""远"等字之后。《说文》"列字之次第，类聚群分，皆有意义"，是客观存在的事实。但只有用系统的观点研究《说文》，才有可能认识。否则，也有可能视而不见。

(2)段氏在自己的注解实践中看到了《说文》所收的字(词)中还存在着远比《尔雅》丰富的同义词系统。他是在完成对《说文》全书的注释后，才深切认识到这一点的。在为许冲(《说文》作者许慎之子)上书所作的最后注文中，他说："许(慎)以九千三百五十三文，当《尔雅》《史籀篇》《仓颉篇》之字形；以每字之义，当《尔雅》《仓颉传》《仓颉故》之训释……其书以形为主，经之为五百四十部，以义纬之,又以音纬之。后儒苟取其义之相同相近者,各比其类为一书,其条理精密胜于《尔雅》远矣。"

(3)段氏认为,词义之间存在着互相补充的关系。如《说文》:"谆,告晓之孰也。"段注:"按,其中恳诚,其外乃告晓之孰,义相足。"又:"谧,静语也。"段注:"慎、静二义相成。"又:"䜘,痛怨也。"段注:"《方言》:'䜘,谤也。'䜘,痛也。二义相足。"又:"菸,鬱也。"段注:"《王风·中谷有蓷》:'暵其乾矣。'毛传:暵,菸皃,陆艸生于谷中,伤于水。玉裁按,暵,即蔫字之假借。故既云'暵其乾',又云'暵其湿'。乾、湿,文互相足。"又:"徯,疾也,长也。"段注:"二义相反而相成。"段氏所说的"相足",是指两个相关的词义互相补充;"相反相成",是指两个相反的词义构成互相依赖的关系。

(4)段氏认为,词汇中存在音义互有联系的同源词系统。他在《说文》的第三个部,即"示"部"禛"字下,就提出声与义同原的看法。《说文》:"禛,以真受福也。"段注:"此亦当云从示从真,真亦声。不言者,省也。声与义同原,谐声之偏旁,多与字义相近。此会意形声两兼之字致多也。"这就是说,"真",不仅表示声,而且还与"禛"的意义有联系。真、禛同源。按照这个观点,"示"部中的"祡,烧柴燎祭天也""祮,告祭也","祡"和"柴"、"祮"和"告",声、义都有联系。这是同部中"声与义同原"的字。段氏还把系统的观点扩大运用到异部的字。《说文》:"芌,大叶、实根骇人,故谓之芌也。"段注:"口部曰:'吁,惊也。'毛传曰:'訏,大也。'凡于声字多训大。芌之为物,叶大根实,二者皆堪骇人,故谓之芌。"这就是说,芌、吁、訏三字,虽不同部,但都从于得声,在此"多训大"。

段氏不仅认为"谐声之偏旁,多与字义相近",而且还认为读音相同或相近的字,意义也可能有联系。《说文》:"薖,艸也。"段注:

"《卫风》:'硕人之薖。'假借此字。毛传:'宽大皃。'郑云:饥意。按,毛、郑意,谓'薖'为'欵'之假借。《尔雅》:'款足者谓之鬲。'《汉志》作'空足曰鬲'。《杨王孙传》:'窾木为匮。'服虔曰:'窾,空也。'《淮南》书'窾者主浮'。注:'窾,空也,读如科条之科。'然则薖、款古同音。许君亦曰:'窠,空也。'毛、郑说,皆取空中之意。"段氏在这个注释里,突破字形的束缚,完全从字与字之间的语音相同或相近分析它们在意义上的联系,认为薖、款同音,从而得出款、窾、窠、空这四个字,形体虽异,但语音相同或相近,意义上都有"空中之意",是一组同源字(词)。

(二)理论方面

1. 提出字(词)的形、音、义是处于三个不同层面,字形和字音是义的载体,研究词义必须从字的形体和字音入手。陈澧就明确提出,字形、字音是词义的载体,分析词义,既离不开字形,也离不开字音。他说:"盖字形、字音,所以载字义者也。"(《东塾读书记·小学》)阮元从造字的角度说明字形、字音和字义的关系。他认为:"古人造字,字出乎音义。"(《揅经室一集·释矢》)音义在先,文字在后,分析词义,应该先从字形、字音入手。段玉裁在深入探讨字的形、音、义三者之间的关系以后,认为"文字之先作也,有义而后有音,有音而后有形,音必先乎形"(《说文》"坤"字下注)。形、音、义不仅是三个不同的层面,而且还存在着互相依存的关系。他说:"小学有形、有音、有义,三者互相求,举一可得其二。"他还认为,字的形、音、义,不是静止的,一成不变的,"有古形,有今形;有古音,有今音;有古义,有今义;六者互相求,举一可得其五"(《广雅疏证·序》)。认识字的形、音、义属于三个不同层面,并且存在互相依存的关系,无疑给分析复杂的词义现象提供了理论武器。清代研究词义卓有成就的大家,如段玉裁、王筠、朱骏声等,他们的成就莫不都得益于这个理论。

2. 认为字有表意和不表意的区别。汉字是单音节字,既表音,又表意。在多数情况下,字都是表意的,一个单字就是一个相当于现在所说的单音词。但是有的时候,一个单字仅仅表示一个音节,并不表示任何意义。可能正因为多数情况下一个字就相当于一个词,两者往往容易混淆。这个看似浅显,但实际上却是个涉及文字基本理论的问题。清以前的训诂学家尽管语言功力很深,并对古籍很熟,但对这个今天看起来类似常识的基本理论问题却毫无认识。他们往往把单纯复音词中分别表示两个音节的字当作词,并曲意为之解释。如最典型的例子,就是常常引用的"犹豫"。"犹豫"是一个单纯复音词,虽由两个字组成,但只有一个词素,表示迟疑不决,意犹未定。可是齐梁时人颜之推,却认为"犹""豫"是两个表意的字。他说:"《礼》云:'定犹豫,决嫌疑。'《离骚》曰:'心犹豫而狐疑。'先儒未有释者。案:《尸子》曰:'五尺犬为犹。'《说文》云:'陇西犬子为犹。'吾以为人将犬行,犬好豫在前,待人不得,又来迎候,如此往返,至于终日,斯乃豫之未定也,故称犹豫。或以《尔雅》曰:'犹如麂,善登木。'犹,兽名也,既闻人声,乃豫缘木,如此上下,故称犹豫。"(《颜氏家训·书证》)唐人孔颖达为《礼记》正义,颜师古为《汉书》作注,都因袭并引用颜之推的说法。直到明末清初,黄生(字扶孟)始突破字形的束缚,认为"犹""豫"两字只是表音,并不表意。他说:"犹豫,犹容与也。容与者,闲适之貌;犹豫者,迟疑之情。字本无义,以声取之耳。俗人妄生解说,谓兽性多疑,此何异以蹲鸱为怪鸟哉?……盖以声状意,初无一定之字,妄解兽名,有眼缝自未开尔。"(《义府·卷下·犹豫》)清人王念孙父子等,又进一步发展了这个观点,指出"夫双声之字,本因声以见义"而"以上诸说","不求诸声而求诸字,固宜其说之多凿也"(《经义述闻·卷三十一》),批评《颜氏家训》等对"犹豫"这类单纯复音词的理解,穿凿附会,妄生解说。清人的意见是正确的。"犹""豫"在"犹豫"一词中仅仅是表示两个音节,并不表示意义。正因为如此,"犹豫",还可写作犹与、犹预、由豫、由夷、犹夷、尤豫,字虽易而意未变,仍表示迟疑不决,意犹未定。

表音不表义的字同既表音又表义的字,两者的区别,直到今天似也没有完全被接受。特别是涉及古汉语中的联绵字,至今仍有人认为组成联绵字的每个字都是有意义的。可见段、王等清代的训诂大师,在训诂学革命中确实是先锋人物。

(三)研究方法

要正确分析并理解词义,的确也有个理论先行的问题。我们说清人在语义研究上超越了前人,达到了前所未有的高峰,首先就是因为他们在理论上有所突破;其次才是在科学观点和理论指导下完善了训释词义的方法。清人在训释方法上最值得介绍的是因声求义。这种方法摆脱了以形求义的束缚,是一种基于对语言本质的认识而形成的方法。语言是一种音义相结合的符号。音是语言的形式,义是语言的内容。文字又是记录语言的符号,即符号的符号。汉字虽然有表意的特点,但是除了少量的象形字和会意字以外,并不能直接表示意义。清人的可贵之处,就是他们已能区别汉字的形、音、义三个不同层面以及它们之间的相互关系,并明确提出"圣人之制字,有义而有音,有音而后有形。学者之考字,因形以得其音,因音以得其义"(段玉裁《广雅注·序》),"训诂必出于声音"(《戴氏年谱》)。这种既重视汉字表意的特点,又突破字形的束缚,从词的读音分析词义的方法,应该说,是一种科学的分析词义的方法。王力先生称之为传统训诂学史上的一次革命。他说:

> 文字如果脱离了有声语言的关系,那就失去了文字的性质。但是,古代的文字学家们并不懂得这个道理,仿佛文字是直接表示概念的:同一个概念必须有固定的写法。意符似乎是很重要的东西;一个字如果不具备某种意符,仿佛就不能代表某种概念。这种重形不重音的观点,控制着一千七百年的中国文字学(从许慎时代到段玉裁、王念孙的时代)。直到段玉裁、王念孙,才冲破了藩篱。文字既是代表有声语言的,同音的字就有同义的可能:不但不同声符、不同意符的字可以同义;甚至意符、声符都不同,只要音同或音近,也还可能是同义的。这样,古代经史子集中许多难懂的字都讲清楚了。这是训诂学上的革命。(《中国语言学史》第156—157页)

因声求义的训释方法,一般应用于两种情况:一种是先以形求音,然后"以声求义,破以假借之字而读以本字"(《经义述闻·序》);一种是依据"声与义同原"的原则,分析声义俱近的词。两者虽都是利用字的读音分析词义,但具体的方法和目的并不相同。前者是取此字(假借字)的音而用彼字(本字)的义,两字是借字和本字的关系,即明通假;后者是两字(词)不仅音同而且义也相近,两字(词)不是假借关系,而是同源字(词)的关系,也就是不拘字的形体,而是从两字的读音探求意义上的联系,即求同源。现分别介绍如下:

1.明通假。一般说,字有定词,词有定字,字和词的关系应该是固定的。但是,古人,主要是先秦、两汉时期的人,大概是受口语的影响,或者一时记不起想要用的字,有写同音替代字的习惯。先秦时期的书面语言与口语比较接近,当时的人并不会因此导致阅读上的障碍。但到了汉代,随着时间的推移,语音的变化,已渐生隔阂。一些注释家在训释词语时,发现了这种现象,凭着语感,在随文注释时,用一些诸如"读如""读曰""读当为""读为"等术语,以表示所注释的字不是本字而应当读如本字。例如:

《诗经·邶风·北风》:"其虚其邪,既亟只且。"郑玄笺:"邪,读如徐。言今在位之人,其故威仪虚徐宽仁者,今皆以为急刻之行,所以当去以此也。"孔颖达疏:"字虽异,音实同,故笺云:'邪读如徐。'"

《周礼·春官·司几筵》:"祀先王昨席,亦如之。"郑玄注:"玄谓昨读曰酢,谓祭祀及王受酢之。"按:"昨"为借字,"酢"为本字。

《诗经·小雅·正月》:"有皇上帝,伊谁云憎?"郑玄笺:"伊,读当为繄,繄犹是也。有君上帝者,以情告天也。使王暴虐如是,是憎恶谁乎?"按:"伊"为借字,"繄"为本字。

《周礼·考工记·匠人》:"凡行奠水,磬折以参伍。"郑玄注:"郑司农云:奠,读为停。谓行停水,沟形当如磬,直行三,折行伍以引水者,疾也。"按:"奠"为借字,"停"为本字。

当然,汉人以"读如"等术语注出本音本字时,只是凭阅读经验,凭自己的语感,缺乏理性的认识。而以段玉裁、王念孙等为代表的清代训诂学者则不同。他们精审于音韵,不仅掌握古音的音系,而且还掌握音变的规律。在声母方面,提出声母古无轻唇音、古无舌头舌上之分;在韵部方面,提出对转的理论。这更为因声求义的训释方法拓宽了思路。一些字形和字音都已不同的词之间,

也能找到它的本字。例如:

《说文》:"蚤,啮人跳虫也。"段注:"经传多叚为早字。"按:段玉裁认为,蚤用于早晨义时,通假为早。《说文》:"早,晨也。"早是本字。蚤、早,同为精母幽部,声韵俱同。

《说文》:"罷,遣有罪也。从网能,网,罪网也。"段注引《礼记·少仪》"师役曰罷"曰:"郑曰:'罷之言疲劳也。'凡曰'之言'者,皆转其义之词。"《说文解字注笺》:"凡传注曰'之言'者,正合其义,段说乖谬。罷,即疲之假借耳。"按:罷、疲,声韵俱同,同属并母歌部。

《说文》:"等,齐简也。从竹寺,寺,官曹之平等也。"段注:"说从寺之意……故等,从竹寺。(等)古在一部,止韵;音变入海韵(如待字),音转入等韵。"这就是说,"等"从寺得声,(寺)古为邪母止部,音变为定母海部,音转为端母等部(按:都是据《广韵》),到了隋唐时期,声和韵都发生了变化。声,从邪母变为定母,又从定母变为端母;韵,从阴声韵止变为海,又从阴声韵海对转为阳声韵等。《说文通训定声》则明确把"等"与"待"联系起来,说"'等'又借为'待'。今俗谓候俟为等,此古之遗语也"。段玉裁讲了"等"从阴声韵到阳声韵的音转,朱骏声则讲了表示等待义的"等"与"待"在意义上的联系。

清代的训诂学家,还常常把声同韵异而意义有联系的字(词)用"一声之转"把它们联系起来。例如:

《尔雅·释言》:"猷、肯,可也。"郝懿行疏:"可之言快也,快意即可意。快、可、肯,俱一声之转。"快,属溪母月部;肯,属溪母蒸部;可,属溪母歌部;三者声同韵近。

《广雅·释诂三》:"拈,持也。"王念孙疏证:"拈者,《说文》:

'拈,挶也。'《玉篇》:'拈,指取也。'今俗语谓两指取物为拈矣……《释名》:'拈,粘也,两指翕之,粘著不放也。'此即《广韵》持物相著之义。今据以辨正。《玉篇》:'捻,乃协切,指捻也。'今俗语犹谓两指取物为捻。拈与捻,一声之转。"

2．求同源。系统地探求同源词的开创工作,是始于汉末刘熙的《释名》。但汉人对古音并没有研究,对字和词、音和义的联系和区别也还没有很清楚的认识,因此在探求词源时,存在着一定的盲目性。清人在这方面的研究从理论到方法都取得了突破,因而在求同源时比较自觉,避免可能出现的盲目性。但是,他们在具体运用因声求义的方法时,对明通假与求词源,两者的界限也不是十分清楚的。如上面举例提到的等、待,音近义同,应该是同源关系,但《说文通训定声》却列在假借栏内。该书似没有明确的同源词概念,"假借"栏内不分假借、同源,一律称为假借。对声义同源的概念比较清晰的应数段玉裁。段氏在为《说文》作注时,把《说文》中他认为音义有联系的字(词)用音义同、音同义近、义同音近、音义皆近等二十几个术语一一注出,共计375组。现选择性地举例如下:

嗔—闐 《说文》:"嗔,盛气也。从口真声。"段注:"门部曰:'闐,盛皃。'声义与此同。"

徬—傍 《说文》:"徬,附行也。从彳旁声。"段注:"按:傍,附也,从人;徬,附行也,从彳。此音同义微别也。"

皆—偕 《说文》:"皆,俱词也。"段注:"司部曰:'词者,意内而言外也。'其意为俱,其言为皆。人部俱下曰:皆也。是谓转注。又偕下曰:一曰俱也。则音义皆同。"

剉—挫 《说文》:"剉,折伤也。从刀坐声。"段注:"剉,与手部挫,音同义近。《考工记》:'揉牙内不挫。'注:'挫,折也。'是二字通用也。经史剉折字多作挫。"

貯—寧　《说文》:"貯,积也。从贝宁声。"段注:"此与宁音义皆同。今字专用貯也。"

儆—警　《说文》:"儆,戒也。从人敬声。"段注:"与警音义同。《孟子》引《书》:'洚水儆予。'用儆字;《左传》《国语》亦用儆;《毛传》:'徒御不警。'《周礼》:'警戒群吏。'皆用警。郑注《周礼》曰:'警,敕戒之言也。'韦注《国语》曰:'儆,戒也。'"

照—昭　《说文》:"照,明也。从昭声。"段注:"与昭音义同。"

坡—陂　《说文》:"坡,阪也。从土皮声。"段注:"阜部曰:'坡者曰阪。'此二篆转注也。又曰:'陂,阪也。'是坡、陂二字音义皆同也。"

婪—惏　《说文》:"婪,贪也。从女林声。"段注:"此与心部之惏,音义皆同。"

磒—陨　《说文》:"磒,落也。从石员声。"段注:"磒与陨,音义同。陨者,从高下也……《释诂》:'陨、磒,落也。'郭注:'磒犹陨也。'"

嗛—衔　《说文》:"嗛,嗛也。从口兼声。"段注:"玄应引作'衔也'。嗛、衔,音义同。"

踣—仆　《说文》:"踣,僵也。从足音声。"段注:"按,古音在四部。《尔雅》释文音赴。或孚豆、蒲侯二反,是也。然则踣与仆,音义皆同。孙炎曰:'前覆曰仆。'《左传》正义曰:'前覆谓之踣。'对文则偃与仆别,散文则通也。"

訾—憎　《说文》:"訾,失气言。"段注:"此与憎,音义同。此从言,故释之曰:'气失言。'"

赦—捨　《说文》:"赦,置也。"段注:"网部曰:'置,赦也。'二字互训。赦与捨,音义同,非专为赦罪也。后捨行而赦废,赦专为赦罪矣。"

盇—奄　《说文》:"盇,覆盖也。"段注:"此与大部奄,音义略同。此谓器之盖也。"

竣—蹲　《说文》:"竣,居也。"段注:"尸部曰:'居,蹲也。'郭注《山海经》、徐广《史记音义》皆曰:踆,古蹲字。许书之竣,盖与蹲音义皆同也。"

憺—佟　《说文》:"憺,安也。"段注:"人部曰:'佟,安也。'音义皆同。"

併—竝　《说文》:"竝,併也。"段注:"人部併下曰:'竝也。'二篆为转注。郑注《礼记》古文:'竝,今多作併。'是二字音义皆同故也。"

嬒—黵　《说文》:"嬒,女黑色也。"段注:"《说文》黑部曰:'黵,沃黑色也。'音同义近。"

齔—化　《说文》:"齔,毁齿也。男八月生齿,八岁而齔;女七月生齿,七岁而齔。从齿匕。"段注:"今按其字,从齿、匕。匕,变也……毁与化,义同音近。"

谌—忱　《说文》:"谌,诚谛也。从言甚声。《诗》曰:'天难谌斯。'"段注:"《大雅》文,今《诗》作'忱',毛曰:'忱,信也。'按,谌、忱,义同音近,古通用。今《诗》'其命匪谌',心部作'天命匪忱'。"

黏—暱　《说文》:"黏,黏也。从黍日声。《春秋传》曰:

'不义不䵳。'"段注:"按,许所据《左传》作'䵳'为长。䵳与暱,音义皆相近。"

  踰—逾 《说文》:"踰,越也。"段注:"越,度也。踰与逾,音义略同。"

  促—趣 《说文》:"促,迫也。"段注:"与趣音义皆略同。"

这种摆脱字形的束缚,从语音探求词与词之间的意义联系,应该说,是建立在"有义而后有音,有音而后有形,音必先乎形"的认识基础上的。

当然,段玉裁在说"音义同"或"音义近"这些术语时,因受时代的局限,并没有严格的科学界定,有时也与假借字相混。如《说文》:"槽,兽之食器也。"段注:"马枥曰槽。《方言》:'枥,梁宋齐楚北燕之间,谓之榆皁。'皁与槽,音义同也。"按:要判断并说明两个词的音义有联系,不仅仅是语音相同或相近,而且意义也应该相同或相近。可是"槽"是单音字,"榆皁"是复音字,"槽"与"皁"无论是从字,还是从词,都不存在对应关系,且《说文》无"皁"字,"皁"的古字应为"草"。《说文》:"草,草斗,栎实也;一曰象斗。从草早声。"大徐本《说文》"草"字下附有小字:"今俗以为艸木之艸,别作'皁'字为黑色之皁。案,栎实可以染帛为黑色,故曰草。通用为草栈字。今俗书皁,从白从十或从白从匕,皆无意义,无以下笔。"《玉篇》才把俗字"皁"或"皂"正式收为正字,以取代"草"的"栎实"义。《玉篇》:"皁,才老切。色黑也。皂,同上。"徐铉说"通用为草栈字",这说明"草(今字作皁)"的"草栈"义与"槽"应该是文字的假借关系,音虽近而义迥异。有时,段氏还把"声义皆同"的词说成假借关系。《说文》:"璪,玉饰,如水藻之文。从玉喿声。《虞书》曰:'璪火粉米。'"段注:"古文《尚书·咎繇谟》文。按,《虞书》'璪'字,衣之文也,当从衣,而从玉者,假借也。衣文、玉文,皆如水藻。声义皆同,故相假借。"按:"璪",古文《尚书》作"藻"。既然"衣文、玉文,皆如水藻",都可看作"藻"的同源字或古今字,而不宜视为假借。汉字由于兼表音义,当两个读音相同或相近的字,意义直接或间接有联系时,有的属同源,有的是假借,关系比较复杂,更兼还有版本或误刻的问题,即使在今天,要清楚地区别同源和假借,有时也存在两难的情况。段氏有时将两者相混,也是可以理解的。

　　清人在词义研究上的成就,主要得益于语音研究的成果。现代语言学一个很重要的观点,认为语言是一个音义相结合的符号系统,语言中的词是音义结合物。从语音探求词与词之间的意义联系,而不局限于字的形体结构,这不仅是传统训诂学在研究方法上的革命,而且也是研究对象的突破,从而使传统训诂学进入真正的语言学研究的领域。

　　鸟瞰我国传统的语言研究,从先秦、两代到清代,语义始终是贯穿在语言研究中的一条主线。语音和语法研究,都是直接或间接地为语义研究服务的。

　　随着佛教东传,大约在汉末,开始关注语音的研究,出现反语、反切等术语,把汉字的音节分为声韵两部分。隋唐以还,产生了韵书,如《广韵》《集韵》等。这些韵书实际上是把字用韵分类编排而已,而且编排的目的是为写诗用韵提供一个可资参考的标准。如《广韵》虽然逐字注明了反切,但反切上字却多达452个,反切下字更有1190个,并不是对某个地区单一语音系统的描写,其价值主要是在于为研究语音提供了重要的资料。真正称得上语音研究专著的应推等韵学。等韵学全面系统地分析了汉语的声、韵、调,声母的发音方法,韵母的开合和开口度的大小等。古音学的成果精审于先秦韵部的分析,虽然对于声纽、声调的研究比较粗疏,但对认识汉语语音的发展也功莫大焉。这些研究不仅有助于认识汉语的语音面貌,而且还有助于研究和分析词义。清人为分析语义而提出的明通假和求同源所取得的成就,就直接得益于语音研究的成果。

在汉语语言学史上,语法研究长期缺位。大约从汉代开始,一些字书和注释注意涉及某些词语的语法范畴。如《说文》释"矣"为"语已词也"。已,止。"语已词",用今语来说,就是表示一句话终了的句末语气词。词,在《说文》中就是虚词的意思。与此同时,大约在汉末,一些注释家的注释,也涉及语法问题。如《战国策·西周策》:"燕亡于齐,陈亡于楚。"高诱注:"为齐、楚所灭亡。"注出了"于"表示被动的用法。《国语·楚语上》"左史倚相廷见申公子"韦昭注:"廷见,见于廷也。"注出了动词"见"前的名词"廷",是表示处所的状语用法。到了明末,出现专门训释虚词的专著,如卢纬的《语助词》。到了清代,王引之的《经传释词》就"纯从虚词体会"(《经传衍释·何序》),系统地收集并整理经传中的虚词,并对它们的语法意义和用法进行了训释,纠正了"自汉以来,说经者崇尚雅训,凡实义所在,既明箸之矣,而语词之例,则略而不究"的缺点。训诂学从以往的只关注实词的训释,进而延伸到表示语法范畴的虚词领域,从而使训诂学的发展达到一个新的阶段。由此可见,汉语初期的语法研究,也是为解经,也即为语义服务的。

# 训诂学和语义学

## 一 训诂学和语义学的关系

周祖谟先生说:

训诂学就是解释语词和研究语义的学问。旧日只看作"小学"的一个部门,现在正逐渐发展为一门有科学体系的汉语语义学。

进而言之,凡是一门学术必然有理论、有方法。前代许多研究训诂的专家在解释词义的实践中曾提出很多重要的见解……这些都是从研究《诗》《书》古训而发展成为一门学科的缘由。今日在总结继承前人的成果的基础上,语言研究工作者就要根据现代语言学的原理,研究词义的引申和旧词派生新词的规律以及正确解释词义的方法;还要研究辨别同义词的法则,词义与语法的关系以及修辞对词义的影响等问题,从而建立起科学的汉语语义学。

今后的训诂学从理论上和从实用上都会向建立有科学体系的汉语语义学的方向发展。(《中国大百科全书·语言文字》"汉语训诂学")

周先生在充分肯定训诂学所取得巨大成就的同时,不止一次地提出训诂学应向语义学方向发展。还有其他的老一辈语言学家也提出了类似的看法。站得高,才能看得远。他们这些高瞻远瞩的看法值得我们重视和关注。

经过历代学者的辛勤努力,已为训诂学的发展开拓出一条广阔的道路。在讨论训诂学的发展前景时,应努力开阔自己的学术视野。曾经听说过训诂学易名的意见。由于训诂学长期以文字为研究对象,有人提出应称训诂学为汉语形义学;由于训诂学的研究成果大量以注释形式表现出来,有人提出训诂学应称为汉语注释学;由于训诂学重在文献资料的考证并为读懂文献服务,有人提出训诂学应称文献语言学;等等。这些意见从某一个角度来看,也许是有道理的,但是从整体来看,不是停留在语文学的水平上,就是走历史回头路,实际上是有意无意地降低了训诂学在语言学中的地位。

语言学的研究,基本上可分两大类:一类是对语言本身的研究,如语音学、语法学、语义学等等;一类是对语言运用的研究,如修辞学、语言教学和翻译等等。当然还有与其他学科交叉的边缘语言学科,如心理语言学、文化语言学等等。汉语训诂学可以说是世界上最早从语言文字角度研究语义的学科,理应在语言学中占有重要地位。

## 二 训诂学的性质、任务、研究对象和目的

训诂学虽然已摆脱了经学附庸的地位,但是仍局限于文献的考证和故训的探求。以往在对文字考释基础上产生的一些理论和方法,显然已不能适应训诂学的发展。早在 20 世纪 50 年代,罗常培先生在《语言与文化》"总结"一章中就提到了训诂学的研究方法问题。他说:

对于语义的研究,咱们不应该再墨守传统的训诂学方法;

应该知道词义不能离开上下文而孤立,词书或字典里的解释是不可靠的;应该用古生物学的方法分析各时代词义演变的"累积基层";应该用历史唯物论的方法推究词义死亡、转变、新生的社会背景和经济条件。取材的范围不可再存"雅""俗"的偏见,自经籍子史、词书、专集、语录、笔记、小说、戏曲、传奇以至于民间谣谚,大众文艺都应该广泛地搜集。研究的方法,一方面要由上而下地从经籍递推到大众口语,另一方面还得根据大众的词汇逆溯到它们的最初来源:照这样就可以把古今雅俗材料一切都联系起来了。(语文出版社版,95—96页)

科学的方法总是伴以科学的理论,并且是在语言研究实践中产生的。罗先生虽然只是告诫我们"不应该再墨守传统训诂学的方法",但是实际上涉及训诂学的性质、任务、研究对象和目的。

训诂学不应该仅仅是考释文字,而且还应该研究语义。语义的基本单位是词义,词义是十分复杂的语言现象。词义的价值只存在于词义系统中。一个词义的产生、转移、扩大或消亡,不是孤立的现象,往往会影响到其他词义的变化。例如"醒",在先秦可能还包括两汉,只是表示酒醒的意义。睡醒义由"寤"或"觉"表示。《左传》中有两个"醒",都表示酒醒;《韩非子》中有一个"醒",也表示酒醒;《史记》中也只有一个"醒",表示清醒义,是酒醒的引申义。最晚不会晚于唐代,"醒"的词义已扩大到睡醒义。如杜甫诗集中共用了22个"醒"。其中有的仍表示酒醒,《路逢襄阳少府入城,戏呈杨员外绾》:"兼将老藤杖,扶汝醉初醒。"有的表示睡醒,《早发》:"烦促瘴气侵,颇倚睡未醒。"从词义系统来看,先秦两汉不可能出现"睡未醒"或"睡醒"这样的语义结构。随着"醒"的词义的扩大,"寤"的词义开始缩小最后以至于消亡。杜诗共有1400余首,而

"瘵"一次也没有出现,我们有理由认为,"瘵"已经从当时的口语中消亡了。

词义还存在义域和义层的差别。如"醒",它的义域,在先秦只是表示酒醒,最晚到唐代,义域已扩大到睡醒。这说明,"醒"在汉语中的不同历史时期,义域是不同的;同时也说明,"醒"的这两个词义,还存在时代的层次,即义层。因为"醒"的酒醒义和睡醒义,从历史观点来看,不属于同一平面,而属于不同义层。

义域不同更常见的是表现在不同的词上。如妻、妾、后、妃、夫人等词,都表示男子的配偶。但是它们的义域并不相同。"妻"是泛称;"妾"表示小妻;"后"表示帝王的妻子;"妃"表示帝王的妾;"夫人"表示有身份者的妻子。可用"妻"来解释上述各词,足见"妻"的义域最广。表示男子配偶的词,还有"姨""娣""媵""配""姬""室""内""小""宠"等。这说明,这些词中有部分义域与"妻"的义域交叉重合。从历史发展看,这些词中有的也存在明显的时间层次,即义层。如"姨"本来表示妻子或母亲的姐妹,大约在南北朝时期才产生妻妾的意义。再如"姬",在先秦只有姓氏、美女等词义,大约在秦汉才产生妻妾的意义。很显然,义层也应该是训诂学研究的范围。

词义的结合不是随意的,而是有选择性的。如在先秦,"醒"不能选择和"睡""梦"等词结合,构成"睡醒""梦醒"等语义结构,因而在先秦的作品中,不可能见到这样的词语。再如从现代汉语来看,"开"是一个含义十分广泛的词,即使如此,它的选择性也是有限制的,它只能选择表示能够开动或开启的词义相结合,如开口、开眼、开门、开窗、开心、开花、开船、开枪、开机器等等,不胜枚举。但"开"不能选择"耳""鼻""草""木""虫""鸟"等词义形成语义结构。

如果能把每一个词义所能选择的已有的词义结构整理出来,对认识词义的总体面貌无疑是有帮助的。当然,词义的选择存在着很大的潜在可能性。如时下出现的"吃文化""播种太阳",倘能为社会普遍所接受,那就意味着产生了新的词义结构。

汉语的历史很长,每个历史时期的词汇群体是不同的。如魏晋南北朝时期,产生不少如刹、塔、搭、抛、砲等词,唐宋时期又产生了恼、懂、搽、搁、咱、们等词。能够整理出有代表意义的不同时期的词汇总量,对研究词语的发展,一定会有很大帮助。

现代方言中还保存着一些古词古语。如今吴语区桐庐方言区,称养蚕的扁形竹器为蚕薄,称洗涤为盪,称奔跑为波,称我为卬,等等,都是古词在当今口语中的存留。即使把训诂学限止在古代文献,也应该重视对方言词汇的调查研究。

语义是一个十分广阔的领域,亟待我们去开拓或拓展。训诂学应当从训释一词一语的狭小天地中走出来,从研究对象到研究方法都能有所突破,向有科学体系的汉语语义学方向发展。

## 三 应该从一些术语的科学化、标准化入手

(一)字和词。一些训诂著作,在分别辨明字和词的关系时,有时是清楚的,但是在训诂实践中往往字词不分。汉字是记录汉语的符号,单个方块汉字所记录的是词或词素。汉字和词或词素的关系,是能指和所指的关系。要理解汉字,必须由字(视觉符号)转换成词(音义结合体)。字不能直接表示意义。

文字才有几千年历史,而语言至少已有几十万年的历史。就汉语来说,也是如此。字不能离开词而独立,词能离开字而完全独

立。词能独立运用,并能组成词组、句子等语义单位或语法单位。字不能独立运用,既不能组成语义单位,也不能组成语法单位,字只存在于书面上,而词既可以字的形式存在于书面上,但更经常的是存在于口语中。字和词,虽然有密切联系,但完全是两个不同的概念。

(二)本字和本义。关于"本字",通常的说法有"表示本义的字。与借字相对"(《汉语大词典》),"也称正字,指直接为表示某一词义而造的汉字,与通用的假借字不同。表示词的本义的字称为本字,不表示本义的称为假借字"(《中国大百科全书·语言文字卷》)。其他还有"原来的字""初文""一个字最初的写法"等说法。

关于"本义",通常的说法有"凡文字都有本义,就是最初写这个字时所表示的意义"(齐佩瑢《训诂学概论》第83页),"指一个汉字由最初书写的字形上所反映出来的意义"(《中国大百科全书·语言文字卷》),"一个词本来的意义,对引申义、比喻义而言"(新《辞海》)。

我们比较以上各种说法,发现它们在表述上有着细微而本质的差别。这个差别就表现在字到底有没有意义。

长期以来,都把本字和本义看成是一对互相关联的术语,认为表示本义的字是本字,由本字所表示的意义是本义。这个看法认为字能直接表示意义。随着语言文字理论的普及和提高,这个看法正在或已经发生动摇。这从上面所引各种最新出版的辞书的说法已清楚反映出来。

文字既是记录语言的符号,那么汉字只是记录汉语的词或词素。汉字本身没有意义,有意义的是它所记录的词,所以"表示词的本义的称为本字","一个词本来的意义(称为本义)"。说得更明确一些,应该是记录原始词(指造字时的词)的字是本字,与通假字相对;词的原始意义(指文字记录时的词义)是本义,与引申义相对。

(三)假借字与假借义。假借字和本字相对,即应该写本字时临时写了一个同音替代字。假借字和本字都是文字现象,不直接涉及词义问题。

假借义既然是"义",就直接涉及词义问题。一般有关古汉语的辞书,都列有本义、引申义、假借义。义项中有"通某"字样的,"某"就是本字,这个义项就是假借义。例如《辞源》"蚤"下义项"㊁通'爪'","㊂通'早'"。这就是说,对这两个义项来说,"蚤"是个假借字,通"爪"时,本字是"爪",假借义是爪甲;通"早"时,本字是"早",假借义是早晨。

其实,文字有假借,词义不存在假借。如《孟子·离娄下》:"蚤起,施从良人之所之。"这是一句书面语,从文字上看,"蚤"通假为"早",但如果还原成口语,就不存在"蚤"和"早"的差别。无论读"蚤"还是读"早",都是早晨的意思,词义没有变,也就不存在假借义的问题。这说明,假借只是文字问题,不是词义问题,词义不存在假借。如果辞书在编排上换一方法,以词为词目,把假借字作为临时借用字收在词下,理解起来就容易多了。如在"早"的词条下注明,"早"有时也写作"蚤",就纯粹是文字问题了。

词没有假借义,字就更没有假借义,因为字不能直接表示意义。但是考虑到"假借义"这个术语习用已久,字典或辞书都是以字作为收词的单位,这个术语还应该保留。为了避免积非成是,应该赋予更科学的含义,即假借义是被借的字(即本字)所记录的词所表示的意义。

(四)古今字和古今义。古今字可能是训诂术语中最早的一个术语。但各个历史时期的训诂学家在使用这个术语时,含义并不完全统一。有的把古今同一字的不同写法看作是古今字,有的把通假字看作是古今字,有的把文字的流变,如籀文、篆文看作是古今字,有的把有造字相承关系的看作是古今字。有的学者认为,既然是已有的历史现象,不妨一仍其旧,只要了解这些差异就行了。术语的标准化、科学化是一门学科发展的重要标志。像古今字这样重要的训诂术语应该有一个比较科学的含义。

古今字属文字现象,从形体结构上看,都是造字相承的关系。一般有两种情况:一种是在古字的基础上增加形符,如昏婚、取娶、牙芽、写泻、景影、反返、禽擒、责债、奉捧、受授、知智、竟境、丁钉、齐剂、差瘥、两辆、贾價、夕汐、朝潮等;一种是利用古字的声符,改换古字中的形符造一个今字,如说悦、震娠、疏梳、槁犒、踞倨、鞔挽、溱臻、柱拄、滑猾、版板、赴讣、徹辙、没殁、释怿等。这类字,造字有先后,形体有相承,意义有相因,显然有别于通假字、异体字。

古今字所记录的词义不存在古今义的关系。一般说,古字在产生今字前,就兼有今字所记录的词义。如昏这个词在产生今字"婚"前,原来就兼有黄昏义和婚娶义;"说"在产生今字"悦"前,就兼有"悦"的喜悦义。

古今义是指词义的不同时代层次。如"偷"先秦表示偷安义,到汉代才有偷窃义;"信"先秦两汉表示诚信义,约在南北朝时期才产生书信义。一个词的古今义应该是训诂学关注的对象。

(五)本义和引申义。引申义和假借义在训诂学中往往是并提的,一般和本义相对。江沅《说文解字·后叙》:"许书之要在明文字之本义而已……本义明而后余义明,引申之义亦明,假借之义亦明。"从现代语言学的观点来看,本义是词的本义。引申是词在语言的运用中派生出来的意义。因此本义和引申义的提法,包含两层意思:一层意思是,本义和引申义形成词义内部的结构层次,本义处在词义的最底层。如"信"的本义是语言真实,它的引申义有诚信、相信、的确、信物、信使、书信等,形成"信"这一词的词义结构层次;一层意思是词义是在运用中发展变化的,词义引申包含词义发展变化过程。如"信"从语言真实发展为诚实,发展为诚实可靠的人(信使),发展为诚实可靠的人所带的文书(书信)。

本义既然是词的本义,引申义自然应该是词的引申义。字只存在于书面语言中,语言运用主要是在日常生活中,在日常生活中能运用的是词而不是字。因此,字既不存在本义,更不存在引申义。本义和引申义的关系只存在于词中。至于假借义,上已论及,不是词义问题。

(本文原载于《古汉语研究》1997年第2期)

# 词义与概念

## 一

不容怀疑,词义和概念确实有着十分密切的关系。词义和概念的关系,说到底是语言和思维的关系。语言是思维的物质外壳。一般说,思维是不可能赤裸裸存在的,思维活动是在语言形式的基础上进行的,思维成果也必须依赖于语言形式得以表达,得以巩固。这是一方面。另一方面,语言是思维赖以表现的物质形式,它的产生与发展有赖于思维的产生和发展,没有思维和思维活动,语言也就失去其存在的价值和必要。两者的这种相互依赖、十分密切的关系,几乎让人感到它们好像是同一种事物。例如某个人的思维清晰或有条理,他的语言也必然清晰或有条理;反之,如果语言混乱或缺乏条理,他的思维也必然混乱或缺乏条理。语言与思维的这种十分密切的相互依赖的关系,还有理由使我们认为,语言与思维是一对孪生子,是同步产生的,而且还是人区别于其他动物的重要标志。

正是因为语言与思维这种十分密切、相互依赖的关系,往往容易使我们把两者等同起来,认为词义即概念。但这还仅仅是容易相混的客观原因。影响目前对词义和概念看法的直接原因,还是西方语义学的东渐。早在公元前,西方的哲学家、逻辑学家就开始关注语义问题,语义长期以来一直是哲学所关注研究的对象。真正从语言学的角度研究语义,还只有一个多世纪的历史。但"语言学家的工作很大程度上以哲学家的概念和框架为基础,为出发点"①。这种"以哲学家的概念和框架为基础"的研究方法,也随着西学东渐深深影响着我国关于语义的研究。例如,关于语言和思维的关系,常常有这样的说法:语言中的词相当于思维中的概念,语言中的句子相当于思维中的判断,等等。这种说法在上世纪五六十年代在国内是相当普遍的。本文不准备全面讨论这个问题,只是想就词义与概念的问题进行探讨。

半个多世纪以来,词义是表达概念的这一说法,几乎为大家普遍所接受。高名凯先生认为,"已经获得的概念所以能够作为进行思维时的材料,因为有语言中的词作为概念的物质外壳把它巩固在词里,成为词义"②。岑麒祥先生也认为,"词义所代表的其实并不是某种事物或现象,而是这些事物或现象在人们意识中的一定反映。这种反映就构成我们所说的概念"③。他们虽然也提到词义与概念之间也存在某些区别,但是以不影响词义是表达概念的看法为前提的。随着对词义研究的深入,词义是表达概念的这一说法开始有所限定。蒋绍愚先生接受英国语言学家里奇(G. Leech)的说法,把词的意义分为7种,并对其中的6种作了介绍,首列的是词的"理性意义。也称为概念意义……大致就等于这个

---

① 徐烈炯《语义学·前言》。
② 高名凯《普通语言学讲授提纲·语言与思维》第7页。
③ 岑麒祥《论词义的性质及其与概念的关系》,《中国语文》1961年第5期。

词所反映的概念"①,这就把词义中的非理性意义排除在概念之外。符淮青先生认为,词的概念内容是词义的核心。他说:"我们认为词的音响形象所联系的物的形象反映,只是一般理解的形象义,非词义的核心部分,音响形象所联系的概念内容(对物的一般、本质特点的反映),才是它的核心。"② 因此,"词义分析主要指对概念义的分析"③。这就把词义中的形象义排除在概念之外。这些有所限定的说法,虽然比笼统地说"词义是表示概念的"说法前进了一步,深入了一步,但细究起来,还是没有摆脱"词义是表示概念的"这一窠臼。因为无论是"理性意义"也好,"概念内容是词义的核心"也好,还是把词义与概念的这种关系作为一个普遍命题提出来的,还是让人认为,凡是词义,都是表示概念的或都与概念有联系。这就不能不让我们提出一个问题:概念虽然可由词表示,但是否一定就是词的理性意义或概念义,是词义的组成部分？答案看来应该是否定的。

二

词义与概念的关系虽然十分密切,但是两者毕竟是属于不同范畴不同性质的事物,它们之间存在着根本的差别:前者属语言范畴,后者属思维范畴。语言是一定社会群体的交际工具,是一个符号系统,是语言学研究的对象;思维是人类认识事物的活动,包括在表象、概念的基础上进行分析、综合、判断、推理,对事物由表及

---

① 蒋绍愚《古汉语词汇纲要》第35页。
②③ 符淮青《词义的分析和描写》第9页,第49页。

里、由浅入深的主观能动认识过程,是逻辑学研究的对象。因此,语言只是表明人类活动对周围世界事物接触的广度,语言中的词只是反映人类所接触事物的范围,而并不表明对周围世界事物认识的深度;思维中的概念才是表明对周围世界某些事物的认识达到揭示其本质的深度。正是语言与思维两者这种本质的不同,决定了词义与概念两者之间存在着显著的差别。这种差别表现在:

(一) 两者产生的原因的不同

词义的产生和形成是满足和方便某个群体社会成员之间交际的需要,概念的产生和形成是人对某个事物认识深化的结果。

语言具有社会性。随着社会的发展和人们活动范围的扩大,当发现有新的交际内容而旧有词义不能满足需要时,就必然会产生新的词或新的词义。产生途径一般有两个:一是新造一个词以表示新的词义内容;一是利用旧有的词增加新的词义内容。汉语有着悠久的历史,我们可以从汉语的发展中,清楚地看到新的词义产生的这两种途径。

词义的初始状态比较单纯,单纯的东西一般比较容易说清楚。认识汉语词义的形成,还有一个得天独厚的条件,即记录汉语词义初始状态的汉字有相当数量是象形字,这就更有助于我们说清楚词最初的意义内容。在远古时期,我们祖先在日常生活或生产活动中,看见天上有两个较大的不同的发光体,一个出现在白天,呈圆形,光线强烈;一个出现在夜晚,或圆或缺,光线柔和。他们感到这是必须增加的两个交际内容。开始只是形之于音响形象,后来文字产生了,他们又把意识中的音响形象转变为视觉形象,如汉字的日(⊖)、月(🌙)。这些词的产生和形成,一般要经历这样的过程：

第一,社会成员在交际活动中共同意识到有增加这些交际内容的需要;

第二,增加交际内容所新造的词"日""月"等,它们所指称的事物的表象特征在社会成员的意识中形成共识,成为这些词的词义内容;

第三,然后,给形成共识的词义内容以一个大家共同认可的语音形式。

现在让我们重点讨论第二点:这些新造的词所表示的词义内容,是怎样产生和形成的?我们从早期汉字"日""月"所象的形状,可以清楚地看到,我们祖先在新造这些词时,他们所形成的共识,是这些字的外部的表象特征:一是圆形或时圆时缺;一是会发光。由于社会成员虽然对"日""月"的外部特征形成初步共识,但是在初期,个人的感知还不是完全相同的。从甲骨文来看,表示"日"的字形,其外部特征还不是十分逼真,而只是基本相似。如甲骨文中的"日"字(词),其外形轮廓,或方,或圆,或呈菱形,或呈多边形,中间表示发光的符号,有的是一横,有的是一竖,有的是一斜线,有的是一点,有的是一小圆圈,有的是中空的,据《甲骨文字集释》(下同)所收,一个"日"字,竟有43个基本相似的形体。再如"月"字(词),其外形轮廓,有的是半圆形,有的是两头略尖的弧形线条,朝向则或左或右或斜,中间表示月光的符号,有呈竖形线条,有的中空,所收的"月"字,也有44个基本相似的形体。我们有理由相信,"日""月"两字基本相似的外部特征所指称的事物,就是这两个词的词义内容,而绝不是这两个词所表示的概念。汉字中象形字所记录的词义内容,一般都具有该事物的表象特征,我们可以通过文字的视觉形象直观地理解该词的词义内容。

为了不断满足交际的需要,新增的交际内容还有一个最常用的方法,就是利用已有的词增加新的词义。人们在交际活动中,虽不断增加新的交际内容,但一般都遵循经济的原则,尽可能利用已有的词增加新的词义以满足不断增长的交际的需要。如有了"日"字(词)以后,先民从天象变化中,又观察到日出日落之间,是光线充足的时段,即白天;后又观察到日落以后经历了天黑的夜晚,又是一个白天,即一昼夜……于是又在"日"这个词上增加"白天""一昼夜"……等词义内容。这些新增加的词义内容虽然比表示太阳的"日"要抽象一些,但是仍然与具有表象特征的"日"有联系。

概念的形成是人类对事物认识深化的结果。人类对事物的认识活动都是从现象入手,然后由表及里达到对事物本质的认识。这种认识活动从来也没有停止过。对"日"的认识也体现了这样的过程。当人的社会活动逐渐扩大,认识事物的视野也随之扩大,"日"这一自然现象进入了社会成员需要共同关注的视野,并为之专门新造一个词用以指称"日"这种事物,从而开始了对"日"认识的进程。这个进程当然是从感知"日"的外部特征开始的。人对某个事物的认识,由表及里、由浅入深,往往要经历一个漫长的过程。对遥不可及的天体的认识更是如此。从汉语的历史来看,人对"日"(现在称太阳)的认识在漫长的历史时期里一直缓慢地停留在对表象的认识上,对"日"的概念的真正形成,即体现对事物本质特征的认识,还是近代的事。据《现代汉语词典》解释,太阳的概念是:

> 银河系的恒星之一,体积是地球的 130 万倍,质量是地球的 33.4 万倍,表面温度约 6,000℃,内部温度约 1,500 万℃,

内部经常不断地进行原子核反应而产生大量的热能。太阳是太阳系的中心天体,距地球约 1.5 亿公里。地球和其他行星都围绕着它旋转并且从它得到光和热。

但语言中的词不同于思维中的概念,在"日"的概念还没有形成以前的漫长历史时期里,并不影响语言的交际职能,也不影响词义本身的发展。据《汉语大词典》收集,汉语里的"日"有包括太阳义在内的 12 个义项(一般把一个义项理解为一个词义),依次为太阳、白天、一昼夜、每天、他日、从前、计时单位、光阴、时代、日、指人君、旧时指日辰的吉凶禁忌等。这些词义都直接或间接与表示表象特征的"日"有联系,而与反映"日(太阳)"的本质特征的概念却看不出有什么联系。

我们从"日"这一类词义现象的剖析,可以清楚地看出词义和概念两者的关系:

1. 词义的产生是满足交际的需要,不必等待概念的形成。概念的形成是人类对事物的认识深入到该事物的本质时才有可能。

2. 词义的形成和发展,不必依赖于概念,即被称为词的理性意义或词的概念义。词的理性意义或概念义,与词义的形成和发展也看不出有什么联系。

3. 从词义和概念产生的时间来看,概念由于是对事物本质特征的认识,一般都要晚于词义的产生,并且必须依赖于词(或词组)的语言形式才得以表示,得以巩固。

4. 掌握了词义不等于掌握了概念,但是要掌握概念必须先理解词义。

5. 词义的产生是社会成员约定俗成的过程,而概念的产生和形成不必经过约定俗成的过程,而往往是经过少数社会成员(一般是被称为科学家的社会成员)对某个事物深入研究,有了结果,然后才获得公认。

(二) 两者的基本特征不同

词义所反映的是事物外部的表象特征,概念所反映的是事物内部的本质特征。人的认识都是从感知事物的表象开始的。当社会成员共同意识到某个事物需要成为交际内容而新造一个词时,这个词的词义内容所指称的事物,首先必须在对该事物的表象特征上取得共识。如"人",外部的表象特征是直立,手脚分工,这个表象特征所形成的汉语词义内容,转换成视觉符号便是𠆢。汉语中被称为造字的四种方法[①]:象形、指事、会意、形声,就是以字(词)的表象特征为基础的造字方法。这是我们祖先给我们认识词义的初始状态所留下的十分宝贵的信息资源,我们可以从这四种造字方法中,清楚地看到汉语词义形成的初始状态。象形,就是如实地记录事物外部的表象特征。如"水(水)",表示水静止或流动的表象特征;"象(象)",突出的长鼻,表示异于他兽的表象特征。指事,所记录的词义内容是事物的意中之形,即事物反映在意中的表象特征。如"本(本)",在木的下端画一横道,表示树的根部;"刃(刃)",在刀刃上加一符号,表示刀刃所在。会意,所记录的词义内容是先由几个表示事物表象特征的象形字合在一起,然后据形推知其义。如"益(益)",上面是水,下面是盛水的器皿,表示器皿中盛水过满,正溢出来;"兼(兼)",即一只手同时握两根禾苗,表示同

---

[①] 《说文解字·叙》段玉裁注:"指事、象形、形声、会意四者,字之体也;转注、假借二者,字之用也。"认为前四种是造字方法,后两种是用字方法。

时做两件事。形声,形符是表示词义内容属类的表象特征。如形符为"牛"的字如"犊""犀"等,一般都与牛有联系;形符为"鸟"的字如"鹰""鹄"等,一般都与鸟类有联系。这四种造字方法,"皆象形之变化"①,都是以象形为基础,因此都具有表象特征所赋予的视而可识、察而见意的特点。两汉以后所增加的汉字,一般也都是沿用这四种方法造出来的。甚至到了约南北朝时期,还用象形这种最古老最原始的方法造字。如"凹",低于周围,与"凸"相对;"凸",高于周围,与"凹"相对(这两个字的书证均见于南北朝时期的作品)。汉字是记录汉语的符号。我们有理由认为,早期的汉字,正是利用文字的形式把词义内容的表象特征转换成为视觉符号的巧妙而成功的尝试,从而为我们认识词义的初始状态提供了十分宝贵的资料。

词的词义内容所反映的是所指称事物的表象特征,这也是符合语言的交际职能的。因为语言中的词是构成语言的最基础的材料,必须及时地最大限度地取得社会成员的共识以达到共同的理解。而最容易取得社会成员共识并能达到共同理解的,莫过于视而可识、察而见意的事物表象特征。不仅表示具体事物的词义内容如此,而且表示抽象事物的词义内容,也总是尽可能借助事物的表象特征以取得社会成员的共识。如汉语中表示能引起味觉、听觉、视觉、感觉等产生美感的词(字)"美""善""义""祥"等,其形符均为"羊"。据前人研究,古人认为羊的性情温顺,肉味甘美,于是就借助于这一表象特征进行构想,以"羊"为主要构件造出"美""善""义""祥"等字,以使社会成员能察而见意,理解该词的词义内容。甚至是一些现实中不存在而因观念幻化而产生的词,如"鬼"

---

① 宋郑樵《通知略·六书一》。

"神",也莫不是以事物的表象特征为基础,也具有表象特征,或类似人或动物,或类似自然物,或是一种不人不物的综合体。表象是人感知事物的表象特征所形成的感性形象,是从感性认识升华到理性认识必须经过的一个中间环节。如果每个词的词义内容,都必须在取得对事物内部本质特征的认识后再达成共识,那么语言就不可能及时增添或补充对社会极为敏感的词,这不仅会极大地影响语言的交际职能,无法及时满足社会成员对交际的需要,而且也是完全脱离实际,根本无法实现的事。

概念是人类深化对事物认识努力的结果。概念形成的过程,是由表及里,由浅入深,从感性认识上升到理性认识,达到把握事物本质特点的过程。一个概念的形成和确定,不可能而且也不需要先在全体社会成员中求得共识,而往往是先经某些社会成员深入研究,取得了对事物本质特征的认识,然后才交由社会检验并得到社会成员的公认。因为人类对事物本质特征的认识,往往要经历一定的甚至是漫长的时间过程,而不是一蹴而就,轻易能达到的。已经形成的概念,在取得社会成员公认前,很可能还会产生这样那样的分歧,而且也允许这种分歧的存在。由于受人的认识的时代局限,一些已经公认的概念,以后可能还会发展变化。由于这些原因,概念也不可能成为所有词的"词义内容",词义也不可能都表示概念。

此外,受"哲学家的概念和框架"的影响,有关词义与概念看法,还有一些相应的问题,也值得进一步研究和探讨:

1. 词义和概念都具有概括性,但两者概括的深度不同。词义所概括的是事物共同的表象特征。表象是对同一事物多次感知的基础上形成的,也具有概括性,能反映同一事物的共同特征。如

"人(𠂉)",我们祖先所感知的表象是直立,手脚分工。这个表象特征概括了所有人共同的表象特征,不论古人今人、男人女人、老人小孩,也不论肤色、高矮、长相,只要具有直立、手脚分工表象特征的都是人。当年在寻找神农架野人时,曾对何谓野人展开过热烈的讨论,最后的结论是,野人外部特征应该是直立(不是偶然的直立),手脚分工。可见这是人区别于其他动物的最重要的表象特征。听见或看见了"人"这个词,意识中就浮现出直立、手脚分工的人的表象特征,就可以认为理解了人这个词的词义,但不能认为,已经理解了人的概念。

概念是舍弃事物的表象特征,深入事物内部,对事物本质特征的概括。人的概念,即人的本质特征,一般认为应该是:能制造和使用工具进行劳动,并能用语言进行思维的高等动物。因此,既不能因为词义也具有概括性,就把它混同于概念,也不能因为概念是概括的,就认为凡具有概括性的就都是概念,应该分清概括的内容和深度。

2. 词的意义内容和概念的内涵。词的意义内容是词的意义的总和。历史悠久的语言,如汉语,一个词往往包含好几个意义。如现代汉语"日"这个词,其意义内容有:①太阳;②指日本;③从天亮到天黑的一段时间;白天;④地球自转一周的时间;一昼夜;⑤每天;一天一天地;⑥泛指一段时间;⑧特指某一天。(《现代汉语词典》)"日"的意义内容,就是这些意义的总和。

概念内涵是概念所反映的事物本质属性的总和,也即概念的内容。如"日"的概念内涵是恒星、炽热的气体球、太阳系的中心天体等;由此可见,虽然是同一个"日",但词义内容和概念内涵却全然不同。不仅如此,词的意义内容还往往随着社会的发展而有所增减,而概念内涵则是恒定的、始终如一的,除非人对该概念所反映该事物的认识更深化了;另外,语言具有很强的民族性和地区性,往往同一个词,不同语言的意义内容一般都不相同,而概念的内涵则是人类共同的,具有很强的质的单一性、规定性,不因语言不同而异。

可是,可能由于长期受西方语义研究的影响,在涉及汉语的词义分析时,常常可以看到词义和概念的混用。我们从汉语史的角度,可以清楚地看到一个词的词义发展变化脉络。如"布"的初义是麻布,约魏晋以后扩大为棉布(也称白缏或毛布),现在又扩大为混纺的布;再如"烛",初义是用芦苇或麻秆扎成的火把,大约在西汉时期,为了增加照明的亮度,在火把上浇上油,称膏烛,大约到了魏晋时期,又用蜡代替油有了蜡烛,但仍称烛。词义的这种发展变化,明显地呈现着时代的层次,并且还引起词义系统内部的调整。如开始出现"麻布""棉布""蜡烛""烛心""烛花""烛台"等词语。词义研究就是要细致观察词义的这种变化。可是词义一经和概念混同,就会得出这些词的词义没有发生变化。因为"这种变化,从它们所代表的概念来看,是概念外延的扩大。只要这种扩大不涉及其他的概念,那么,这个词的意义就没有变化"[1]。

相反的,词义明明没有变化,一经与概念混同,就会认为发生了很大变化。如"盐,古代知道它是有咸味的一种小颗粒,现代知道它的分子式是 NaCl……内涵都有了很大改变"[2]。其实,化学成分 NaCl 只是盐的本质属性,是盐的概念内涵,而不是词义。盐的食盐义从古到今一直都没有变化。如《现代汉语词典》《汉语大词

---

[1][2] 蒋绍愚《古汉语词汇纲要》第59页。

典》的第一义项都解释为"食盐的通称"。因此,"一个文化程度较低的人,可能不知道盐是 NaCl",但也能掌握"盐"的词义,并不是由于"词义并不要求科学概念那样深入和精确"[1],而是因为"盐"的词义本来就没有变化。只要能把词义和所指称的对象联系起来,即使对该词所表示的"科学概念"茫茫然一无所知,也应该认为掌握了词义。况且,内涵和外延是逻辑学的术语,词义是否也都具有内涵和外延,也是令人怀疑的。

3. 概念是由词(或词组)表示的,但词不一定都表示概念,甚至可以说大部分词都不是表示概念的。概念具有规定性、单一性,有明确的内涵和外延。词义显然不具备这些要素。把逻辑学所说的概念和外延移用到词义分析,是否具有普遍性,还是一个值得讨论的问题。词的语法分类,可分实词、虚词,其中,实词占词汇中的绝大多数。实词中表示概念的主要是名词,名词中表示概念的又主要是各个学科的专有名词、术语或在各种生活中用作研究对象的事物名称。一般的名词,如山川湖泊、桌椅板凳、柜橱箱盒……恐怕都不具有概念的内涵和外延。至于动词,如打、闹、吵、骂、坐、站、睡、卧……只是表示行为的方式或姿势,除了少数用于体育(如竞走的"走")或其他科学用语外(如"运动"),恐怕也不都具有逻辑学所说的概念。形容词本来就是形容事物的性状,如好、坏、善、恶、高、矮、肥、瘦……作为词义也是相对的、很不确定的,恐怕更不具有概念。当然,也不排除用于某个学科的术语,如模糊性的"模糊",可能也表达某种概念,但这个词中起决定因素的还是名词"性"。其他,如副词很、颇、稍、略……象声词哎哟、咣啷、呼哧、噌

---

[1] 蒋绍愚《古汉语词汇纲要》第50页。

噎……恐怕谁也很难说清楚它们的概念是什么。

或许由于词义和概念长期混同,或许由于词义本身也具有概括性,在日常表述中,也能听到有些人把某个词的意义称为某个词的概念。如果确实已经习非成是,经约定俗成,认为概念也可当词义讲,那么不妨在"概念"一词下,增加一个新的义项:词的意义。但在概念还没有新增义项的情况下,作为语言研究者恐怕还是应该明确词义和概念之间存在的本质区别。

(三) 两者的形式不同

词的形式是语音,概念的语言形式是词或词组。词是语言中的一个基本单位。语言是音义相结合的符号系统,任何语言单位,从词、词组、句子到句群,无不都是音和义的结合物,音是语言的形式,义是语言的内容。语言就是语音和语义相互依存不可分割的统一体。语言的这种音和义的关系,表现在词这一语言单位上更为明显,因此也就更容易说清楚。如汉语的"水",其音是 shuǐ,其义是水所表示的事物,即流动或静止的无色无臭的透明液体(按:这是对水的词义内容的解释),听到 shuǐ 的读音就明白它所指称的事物,就可以认为掌握了水的词义。这已经是语言学的常识,毋庸赘述。但要说清楚概念的语言形式是词,似乎要困难得多。概念与词和词义与语音,两者从形式上来看,有着惊人的相似性,因为两者共用一个语音形式。尽管如此,有两点还是不难说清楚的:一,词义和语音,是一个不可分割的统一体,而概念和词,是彼此独立的不同事物;二,语音是词的形式,概念是用词(或词组)表示的思维形式,从这一点来说,语音对概念来说是形式的形式。

还是以汉语的词"水"为例。新《辞源》首列"水"的读音 shuǐ,

表明这是"水"这个词的语音形式,然后逐个解释"水"的各个意义。其义项"㊀水。《荀子·劝学》:'冰,水为之而寒于水。'"对"水"没有解释,只是举了一个例。词典的任务是把词义与它所指称的事物联系起来。因为"水"是一个最为常用的词,所以只要举出一个"水"的用例,读者就明白它是什么意思。这是词典解释常用词的通常做法。如《现代汉语词典》解释"岗"为"(~儿)岗子";解释"港"为"港湾";解释"歌"为"歌曲"。看起来好像什么也没有解释,实际上读者已经通过用例把它与所指称的事物联系起来。"水"在现代汉语里仍然是一个常用词,可是《现代汉语词典》的解释却是:"最简单的氢氧化合物,化学式 $H_2O$。无色、无味、无臭的液体,在标准的大气压下,冰点 0℃,沸点 100℃,4℃时密度最大,比重为 1。"《辞源》和《现代汉语词典》对"水"的两种不同的解释,很有值得研究的东西,我们可从中看出:

1.《辞源》的解释,是对"水"的词义的解释。因为《辞源》的任务是"用来解决阅读古籍时关于词语典故……等知识性疑难问题"[①],而古籍中的"水",其基本意义就是"冰,水为之而寒于水"的水。

2.《现代汉语词典》的解释,是对水的概念的解释。认识到水的本质特征,当然是近代的事。

3. 这两种解释表面上看似乎是各自完成各自的分工。《辞源》解释的是古已有之的"水",《现代汉语词典》的是现代人理解的"水"。

其实,问题并不这么简单,这里面还可能隐含着对词义与概念

---

① 《辞源·出版说明》。

关系的看法。从《现代汉语词典》对"水"的义项排列次序来看,是把水的概念看作是"水"的主要义项。这种解释方法,至少在客观上让人理解为:

1. 词义是表达概念的;

2. 概念是词义的主要组成部分,而且是不可分割的有机组成部分;

3. 概念跟词义一样,同语音都是能指和所指的关系。

自然,也不排除词典的编者可能就是这么理解的。问题是,如果按照这种理解,概念就失去其作为思维形式的独立作用,而完全被溶解到语言的词中去了。概念内容也就成为词义内容,词义内容也就成为"语音形式所联系的概念内容"[①]了。这种把语音形式直接与概念联系起来的看法,很难令人苟同。

还是以"水"为例。上文已经论及,词义和概念,两者清楚地反映了人对水这种事物的两个不同认识的阶段。词义所反映的是人对水的感性认知阶段,这个阶段,从汉字来看,至少延续了几千年,而实际上可能已有几十万甚至几百万年;而水的概念则是反映了人对水这种事物的本质特征的认识,到现在也就几百年的历史。这是一。其次是要理解水的概念,必须先理解"水"这个词,只有理解了"水"这个词的词义,确认"水"所指称的对象,才有可能理解水的概念。再其次,概念是借助于语言形式"水"这个词来表示的。"水"是这一概念的语言形式词,而不是词的语音。

语言事实清楚地表明,概念本来就不是词义的有机组成部分。因为概念义与同一词的其他词义内容可以说风马牛不相及。如

---

[①] 符淮青《词义的分析和描写》第9页。

《现代汉语词典》对"水"的其他义项的解释是:河流;指江、河、湖、海、洋;(~儿)稀的汁;指附加的费用和额外的收入;指洗的次数;姓。与作为第一义项的水的概念义,看不出有什么联系。汉语的历史悠久,从汉语词义的发展来看,也看不出"水"所表示的概念与该词的其他意义存在着这样和那样的联系。如"水"在汉语中曾经有过的意义有:河流;泛指一切水域;汁;液的通称;尿的隐喻;大水;指水攻;泅水;浸泡;五行之一;指物的等级;星名;量词;我国少数民族之一等。(《现代汉语大词典》)同一词中的概念义与其他词义没有联系,不仅是语言事实,而且还能得到合理的解释:一,因为"水"的众多词义在人认识"水"的概念以前就产生了,即使到了现代,如不了解水的概念,也并不影响对"水"的词义的理解;二,先有词义,后有概念,这是符合人对事物的认识程序的;三,因此,语言中的词和思维中的概念,并不是像词的语音和词义那样,是一个统一体的两个方面,而仅仅是互相依赖的关系。概念虽然必须由词(或词组)的形式得以表现,但并不是词的意义内容不可分割的组成部分。惟其如此,现在还有人对思维是否必须借助于语言形式进行提出怀疑。如先天的聋哑人,虽有思维能力,但已经失去语言能力,他们也是借助于语言形式进行思维的吗?

概念既然不是词义的有机组成部分,当然更不可能是词义的核心,可有的文章提出:"就词和概念的关系而言,核心义集中体现人们对事物本质特征的认识。"[①] 文章首先以"发"为例,分析了"发"的主要意义:

(1)箭射出:拉弓+使箭+离开;

---

[①] 张联荣《论词的核心义》,《北京大学百年国学文萃·语言文献卷》第325页。

(2)发生,产生:某种事物+脱离本体+出现;
(3)派遣,出发:有目的地+派人+离开;
(4)打开:使覆盖部分+离开;
(5)启发:使蒙蔽思想部分+离开;
(6)显现,表露:被蒙蔽部分+(向上)离开+达于表面;
(7)发散:原来聚集的东西+互相离开;
(8)表达:言语、感情等+离开(自身)+显现。

然后分析说:"我们认为可以把离开称作发的核心义。"① 这种分析是十分牵强的,如"显现,表露:被蒙蔽部分+(向上)离开+达于表面",离开的基本意义是分开,还在物体内部怎么也能算离开?但我们暂不讨论这些具体分析,先来看看"发"这个词是否具有"事物本质特征"。首先,"发"是一个表示动作行为或动态的词,只具有词义种种特点,并不具有"事物本质特征"。谁能说清楚"发"这个"概念义"所反映的"事物的本质特征"是什么?其次,"离开"也仅仅是一个表示动作行为或动态的词,而且本身就是一个模糊度很大的词,即使"发"这个词具有能"体现人们对事物本质特征的认识"的核心义,"离开"一词也无法担当这个任务。再其次,概念具有单一性的特点,包括各个国家和民族的语言可以不同,但对概念的理解都是一致的。可是,具有离开这一"核心义"的词仅汉语就不胜枚举。如古汉语的"之、适、如、往"(离开原地+往目的地),"迁、徙、移"(离开甲地+到达乙地),"卖、鬻、售"(使货物离开+买主),"拔、搋、擢、抽"(使物体里的东西离开+到外面),"逃、亡、遁、遒"(离开原地+到外地),等等,如果把"离开"看作"体现人

---

① 张联荣《论词的核心义》,《北京大学百年国学文萃·语言文献卷》第325页。

们对事物本质特征的认识",问题就产生了:怎么有这么多词同具一个"事物本质特征"?

词义和概念的关系有着天然的联系。研究词的意义内容可以把视野扩大到概念,但不宜把概念混同于词义,更不宜把概念看作词义的核心,因为词只是概念赖以表现的语言形式之一而已。

## 三

汉语的语义研究虽然有着悠久的历史,但目前关于汉语的语义理论,还是"以(西方)哲学家的概念和框架为基础,为出发点"的看法占主导地位。这种建立在"哲学家概念和框架"基础上的汉语语义理论,看起来也头头是道,但总觉得似是而非,而且也缺乏普遍意义。这种语义研究的现状应该引起我们关注和深思:

首先,思维逻辑是人类所共同的,但语义现象却具有强烈的民族特点。应认真地审视和思考这种词义即概念的看法,是否很科学,是否适合汉语语义的分析?

其次,应该进行深入研究和讨论,如西方语义理论确有可取之处,应肯定其合理的部分,扬弃其不合理的部分。

最后,散见于注疏中的汉语语义研究成果,迄今没有系统整理。应爬罗剔抉,系统整理,借鉴西方语义研究中合理的部分,结合汉语实际,深入分析,总结提高,把它们上升到既有汉语特点,又具有普遍意义的语义理论。

# 词 的 本 义

○

0.1 词的本义最早是由王力先生提出来的。1960年由王力主持编写并亲自讲授的《古代汉语》课程,明确提出了"词的本义"的说法。(见讲义《古汉语通论(六)》)1962年初版的王力主编的《古代汉语》,其中第一单元《古汉语通论(四)》,标题就是"词的本义和引申义"。王力主编的《古代汉语》出版以后,产生了广泛的社会影响。目前,国内高校文科在讲授古代汉语词汇部分时,一般都把词的本义和引申义列为讲授重点。

0.2 本义是传统训诂学和文字学所使用的术语,原指字的本义。词的本义的提出,既有助于词义分析,具有实用意义,又有利于推动传统训诂学"向建立有科学体系的汉语语义学的方向发展"(《中国大百科全书·语言文字卷》"汉语训诂学"),具有理论价值。但与此同时,伴随而来也产生了对这两个术语的理解和两者的关系问题。汉语字词往往不分,容易使人产生词的本义就是字的本义的误解,以为两者只是说法不同而已。但实际上问题并不如此简单。王先生在提出词的本义时也曾与字的本义混同。关于词的本义,在由他负责编写的讲义里是这样写的:"在古代汉语里,所谓词的本义,基本上也就是字的本义。本义指的是一个字的原始意义。"但在1962年初版的《古代汉语》里,王力先生觉得原先的说法不妥当,这句话改为"所谓词的本义,就是词本来的意义"。20世纪80年代初,裘锡圭、蒋绍愚等先生先后提出字的本义不同于词的本义。[1] 在最近的一次古汉语学术沙龙上,与会者对这个问题的看法也存在着尖锐分歧。有的说,汉字只是记录了汉语中的词或语素,本身并没有意义;有的说,汉字有它的特殊性,本身能直接表示意义,不一定必须依赖它所记录的词;有的说,只存在字的本义,词的本义无从说清楚,因而并不存在;有的说,本义只是古人在分析字义时的一个操作概念,只能应用于字义分析,不能移用到词义分析上;如此等等,莫衷一是。这种情况表明,词的本义的提出虽然已有三十年,但对它的认识还有待深化;对字的本义也有一个重新认识的问题。本文正是基于这个认识,觉得有提出来讨论的必要。

一

1.1 字有本义是汉字所特有的文字现象。汉字的形体具有表意的特点,它把词义的音响形象转变为视觉形象。汉字中有一部分字,在形体上反映了造字时所要表示的词义。传统训诂学把这种反映造字时意义的字称本字,称本字所表示的意义为本义。本文认为,字的形体结构是确定字的本义的物质标志。字形能反

---

[1] 裘锡圭的《文字学概要》专门有一节谈"字的本义不同于词的本义"。蒋绍愚在与何九盈合著的《古汉语词汇讲话》(第48页)和他的近著《古汉语词汇纲要》(第68页)先后提出"字的本义和词的本义并非都是一致的"。两位先生只是点出了这个问题,没有充分展开论述。

映所记录的词义,这样的字具有字的本义;字形不能反映所记录的词义,这样的字不具有字的本义,但可能是词的本义。《中国大百科全书·语言文字卷》对"本义"的解释是"指一个汉字由最初书写的字形上所反映出来的意义"。这个解释正是从字形这一汉字特点着眼的,是对字的本义的正确解释。

1.2 考察字的本义应该是而且也只能是依据字形。字所记录的词义,如果能够从字的形体结构得到说明的,可以认为是字的本义。本文认为,下列情况的字都具有字的本义。

1.2.1 传统文字训诂学所说的象形字、指事字和会意字等纯表意字,都具有字的本义。如象形字"象",甲骨文作𧰨,小篆作象,字形突出大象异于他兽的长鼻;指事字"甘",甲骨文作𠙒,小篆作甘,字形表示口中含一甘美的食物;"艺"是会意字,初文为"埶",甲骨文作𦶓,字形表示一人下蹲状,两手持作物植入土中。以上各字的共同特点,是字形和字所记录的词义有着能够得到说明的联系。

1.2.2 字形所象的是具体事物,但所表示的词义,不是具体事物本身,而是事物所象征的抽象意义,字形和所象征的意义有着可以得到说明的联系。如"大"字,甲骨文、金文、小篆等,字形是正面舒臂叉腿而立的成年人形状,但不是表示成年人,而是表示成年人所象征的巨大的"大";"小"字的字形甲骨文是三粒呈三角形排列的沙粒,但不是表示沙粒,而是表示沙粒所象征的细小的"小"。

1.2.3 有的字,字形所记录的词义非常具体,一事一字,缺乏概括性,从现在的认识水平来看,可以归并为一个字,但从造字之初的认识水平来看,还是应该认为各有各的本义。如"牧"的本义可以认为是牧牛,"羧"的本义可以认为是牧羊;"牢"的本义可以认为是牛圈,"宰"的本义可以认为是羊圈。这些字反映了当时的认识水平。类似情况的字,《说文》中还不少,如"毅,椎击物也""殴,捶击物也"。同样是"击",却因击的工具不同分为两个词。再如"骐,马青骊文如綦也""骍,青骊马""骊,马深黑色""骁,马浅黑色"。马的颜色略有区别就用不同的词表示。

1.2.4 有的字一形两义,且两义都与字形有密切联系,并能得到合理的说明,可以认为这个字有两个不同的本义。如"孚"字,从爪从子,本义既可以是俘虏的"俘",也可以是孵鸡的"孵";"田"字,从口,中间的十,有以为阡陌之形,有以为网格之形,本义既可以是栽种作物的田,也可以是田猎。

1.2.5 有些字从词义的发展来看,是为引申义而造的,但从造字观点来看,只要字形和它所记录的词义能得到说明的,也应该认为是字的本义。如甲骨文中的"函"字,字形象矢藏器中。虽然甲骨文中已有"甘"字,表示口中含食物,是"含"的初文,包含的"含"可能比矢函的"函"意义更古,但还是应认为,"函"字的本义是矢函。"函"字很有可能是为"含"这个词的引申义而造的,但"甘(含)"和"函"是通过读音看到它们在意义上的联系,是词义问题,与以字形为特点的字的本义无关。字的本义只表现在字形和它所记录的词义关系上,超出这个关系的应该是词义问题。

1.3 字形和它所记录的词义,如果不存在可以得到说明的联系,这样的字所表示的意义有可能是词的本义,但不是字的本义。汉字中除一部分纯表意字外,绝大多数是带有表意成分的字。字的表意成分可以反映词义的类属,对我们理解词义有提示作用。但词义类属不等于词义本身。这种不能从字形上反映造字时意义的字,不具有字的本义。

1.3.1 传统训诂学中所说的形声字,形符虽有表意作用,但只是提示词义类属,声符则与词义不存在必然的联系。这类字有可能表示词的本义,但是不存在字的本义。如《说文》"页"部从"页"的字共 93 个。《说文》:"页,头也。"小篆"页"字作𩑋,突出人的头部形貌,可以认为,"页"字的本义是头。一般说,《说文》中从"页"的形声字都和"头"有关,我们可据以了解词的本义。如"题"字,从页是声,是个形声字。新《辞源》列了额、物之端、标识、题目、签署、书写、评量、题本等义项。我们可以从"题"的形符"页"确定"额"是"题"这个词的本义。我们虽然可以从形声字的形符,了解"题"的词义与"头"有关,从而从众多义项中确定"题"的本义,但是无法从"题"的字形了解"题"的确切意义。无法从字形了解的意义,只能是字所记录的词义,不能认为是字的本义。

1.3.2 形声字中有一部分字,除有表意作用的形符外,声符也兼有表意作用。但声符所表示的意义,是通过词所记录的语音获得的。尽管这样的形声字,形符声符都有表意作用,但字形和词义不存在可以得到说明的联系,它们所表示的意义,有可能是词的本义,而不是字的本义。如《说文》中有从"巠"得声的形声字 21 个,其中至少有 10 个含有长圆的意思。《说文》:"莖,枝柱也。""頸,头茎也。""牼,牛膝下骨也。""脛,胻(小腿)也。""鏗,鼎器也。圆而直上。""婞,长好(苗条)也。""徑,步道也。""桱,桯(条形几案)也。""剄,刑也(以刀割颈)。""痙,彊急(僵直)也。"我们如能了解参与造字的"巠"除表声外,还兼含长圆的意思,对理解词义无疑有提示作用。但这种提示作用是通过词的读音而不是通过字形获得的,字形和它记录的词义并不直接发生联系。

1.3.3 形声字中有一些字,"合二字成文"(《说文》"瑾"下段注),即用两个形声字记录一个词义。这样的字,虽然也有形符表示词义的类属,但是既不表示字义,又不表示词义。如《说文》:"珊,珊瑚,色赤……从王删省声。""瑚,珊瑚。从王胡声。""薰,薰莆,瑞草也……从艸聿声。""莆,薰莆也。从艸甫声。""珊""瑚""薰""莆",都是形声字,形符虽和词义有联系,但实际上只表示一个音节。

1.3.4 汉字中有一些形声字,形符和词义不存在联系,只是单纯表示一个音节。这样的字,只具有它所记录的词义,当然更谈不上字的本义。如《说文》:"椎,所以击也,齐谓之终葵。""终""葵"两字的形符,与词义"椎"毫无联系,只是两字的读音相切成为"椎"的语音形式,表示"所以击"的词义。这些字形和词义不存在联系的字,传统训诂学称之为假借字,即没有表示这些词义的本字。所谓假借字,实际上是借已有的字的语音。先秦两汉时期还广泛存在本有其字的通假。这种现象正好说明,汉字只是记录汉语中的词,只是词的视觉符号,汉字本身并不具有意义。

## 二

2.1.1 词的本义是指词有历史可据的最初的意义。所谓"有历史可据",一是指有词的文字记录形式,即汉字;一是指汉字所记录的汉语书面语言。所谓"最初",不一定必须是殷商时期的甲骨文,而是包括殷商以后最初出现的词的记录形式。周秦时期见于文字形式的词,数量已数倍于甲骨文。大量的词是在周秦时期产生的。例如"民",不见于甲骨文,始见于金文。"种",不见于甲骨文、金文,始见于《尚书》《诗经》等著作。汉字有着悠久的历史,而且从未中断使用;用汉字记录的汉语书面语言,保存也比较完整。

把词的本义限制在有历史可据的范围内,还是有可能探求的。

2.1.2 词的本义可以有广义和狭义两种理解。广义的理解,本义可以是一切相关意义中最初的意义。如"信"有好几个相关的意义:①语言真实;②诚实;③诚然、的确;④相信、信任;⑤信物;⑥信使、使者;⑦书信。在这些相关的意义中,"语言真实"应该是"信"的本义。

狭义的理解,应该把词义放到词的意义结构中去考察。上述"信"的七个义项,分属形容词、动词、名词。如果把词的义项和词的义位看成大致相当的单位,把词的本义理解为词的基本义位或原始义位,其他义位或义位变体应该属同一词性。如果说,同一个词的意义结构,基本义位是形容词,其他义位是动词或名词,这在理论上很难说通。因此,狭义的理解,"信"的形容词义(信¹)、动词义(信²)、名词义(信³),应属三个不同的词①。信¹的义位有真实、诚实、诚然,其中"真实"是基本义位;信²的义位有相信、信任、信从等,"相信"是基本义位;信³的义位有信物、信使、信者、书信等,"信物"是基本义位。

这两种理解,广义的理解,虽然已超出单个词的范围,但是有助于认识词义发展的过程和新词的形成;狭义的理解,虽然更合理一些,但目前来说,还只具有理论价值,没有实用价值。

2.1.3 词的本义往往和引申义相对。词义引申,可分两种情

---

① 汉语的历史很长。有的词,如"信",在发展过程中,词义和词性都发生了变化,但词的语音形式或文字形式都没有变。有的词,当词义或词性变化以后,或用语音形式加以区别,如"种 zhǒng"(种子,名词)、"zhòng"(种植,动词);或用文字形式加以区别,如"息"(止息,动词)、"熄"(熄灭,动词);有的用语音和文字双重形式加以区别,如"臧 zāng"(善,形容词)、"藏 cáng"(藏匿,动词)、"脏 zàng"(内脏,名词)。虽然这些词的意义也相关,但是由于语音或文字形式已有区别,都被看作是不同的词。

况：一种是共时引申，一种是历时引申。共时引申指词义扩大使用范围，即词的随文而异的意义。如"深"的本义是水深，即水面与水底的距离大，和"浅"相对；可引申为表示两者距离较大有空间感的其他事物。如《左传》同一部书中，"深"共用 17 次。有的用于本义，如"土厚水深"（《成公六年》）。有的用于引申义，如"深山穷谷"（《昭公四年》），"深"表示从山口到山里的距离大；"寇深矣，若之何"（《僖公十五年》），"深"表示从边境到国内的距离大。这种引申义，只是使用范围的扩大。历时引申，包含词义发展的因素，如"信"从语言真实辗转引申为书信，词义引申的过程，也是词义发展的过程。词义引申，不论是共时的，还是历时的，都是词在语言的具体运用中实现的。词的多义现象是词义引申的结果。

本文认为，能在语言中具体运用的是字所记录的词，而不是字；组成各种语义单位表示语义的是词，而不是字。词有本义和引申义，不存在假借义。字中的纯表意字具有本义（这种本义与词的本义相一致），但不具有引申义。引申义只能在语言运用中产生，能运用的是词，而不是字。

2.1.4 词的本义不同于词的基本意义。词的本义是从词义的发展来说的，是指词的多义现象中最原始的意义，含有时间的概念。词的基本意义是从词义的使用范围和使用频率来说的，含有空间和量的概念。两者都是指同一个词的多义现象说的。例如"止"的本义是脚。甲骨文中"止"的书写形式象足的形状，到汉代时还用于足的意义。如《汉书·刑法志》："当斩左止者，笞五百。"但先秦两汉经常的广为使用的意义是停止、阻止。这是"止"的基本意义。其他如"民"，本义是奴隶，基本意义是平民；"天"，本义是人的头顶，基本意义是天空。

本义一般是固定不变的,基本意义则随着词义的发展变化,因时而异的。例如"兵"本义是兵器。虽然在先秦已开始引申出兵士、军队的意义,但使用范围小,使用频率低,还不足以构成基本意义。因此,基本意义仍然是兵器。这时候,本义和基本意义是相一致的。但在现代汉语里,"兵"的本义仍然是兵器,但基本意义已是兵士了。再如"闻",甲骨文作一人上达下情,一人听闻的形状,本义应为兼上达、闻知两义。它的基本意义,在先秦两汉是闻知声音,在现代汉语里是闻知气味。但本义不变。

2.2 汉语中词的有历史可据的最初的意义是可以而且也是能够探求的。探求的途径有:

(1)从字的形体和读音探求;

(2)从词的具体运用中探求;

(3)从目前还存在于各地活方言中的古词古语探求;

(4)从亲属语言,即汉藏语系的比较中探求。

2.2.1 从汉字的形体和读音探求词的本义,这方面,传统训诂学为我们积累了丰富的经验。上文已经提到,字的形体和它所记录的词义,两者存在着能得到说明的联系,这样的字,不仅具有字的本义,而且也记录了词的本义。字的形体和它所记录的词义,两者存在着能得到部分说明的联系,这样的字,本身虽不具有字的本义,但可以提示我们从词的众多意义中找出本义。兹不赘述。

通过汉字的读音探求词的本义,这也和汉字与汉语的特殊关系有关。词的命名与词的意义没有必然的联系。但是,词一经命名而产生以后,在使用中可能会衍生出音义相近的同族词或同源词。一组同族词或同源词必然有一个词源,分析出其中的词源,有助于确定词的本义。如"兽""狩"两词,形体虽异,但音义相近,同为审母幽部,都与狩猎有关。《积微居小学述林·释兽》:"今以兽之形与音求之,兽盖狩之初文也……本猎禽之称,引申为所猎之禽之称。"《同源字典》:"兽是狩的对象,故'兽''狩'同源。""兽"原兼狩猎和所猎之物两义,后又造了一形声字以取代"兽"的本义。这样,我们可以确定,"兽"的本义是狩猎,动词;引申义是所猎之物,名词;"狩"的本义是狩猎,动词。他如"畏""威"同源,"畏"的本义应该是对于威势、威严的畏惧;"惮""怛"同源,"惮"的本义是害怕困难;"恭""共"同源,"恭"的本义是外貌的恭敬;"敬""警""儆"同源,"敬"的本义是内心的敬意。

有的词虽然没有与之同源的词,但记录这个词的字,形体与词义又毫无联系时,这个现象提醒我们可通过语音探求其本义。如屈伸的"伸",先秦的著作一般都写作"信"或"申"。"豆",《说文》解释为"古食肉器也",但同时又用"豆"去解释"未",还释"萁"为"豆茎"。"常",《说文》解释为"下裙也",但同时又以"常"去解释"恒"。我们有理由认为,这些词义与字形完全无涉,在产生时只是借"信""豆""常"等字的读音表示屈伸、豆菽、经常等义,即利用旧字的形、音表示新的词义,一个字起到了记录两个词的作用。豆$_1$ 的本义是"古食肉器",豆$_2$ 的本是豆菽。常$_1$ 的本义是"下裙",常$_2$ 的本义是经常。"信""申"没有固定用于屈伸义,后来又另造一个"伸"字来记录屈伸的音义。《说文》:"伸,屈伸也。"像上述没有本字的词,一般可从它们最初的语音形式探求本义。

2.2.2 从词在具体语言运用中探求词的本义,应该是最理想的方法。即使是能从字的形体和读音探求出来的本义,最终也必须在具体语言中得到验证。不过,汉语的历史很长,要看清一个词的词义全貌,必须要有按时代分层的语言材料。到目前为止,这方面的工作虽然做了一些,但总的来说还只是起步阶段。比较起来,先秦的主要著作都已做了引得或索引,条件成熟一些。现在,我们还只能局限在先秦的范围内,探索性地运用这种方法。

从先秦时期的语言材料探求词的本义,一般应顺时而下,在词义的最初阶段确定词的本义。我们考察了"叔""臧"两词在先秦作品中的具体运用,觉得用这种方法探求本义也是可能的。

下面是"叔""臧"两词在先秦一些有代表性的作品中的具体用法。

叔

| 数量\用法<br>书名 | 排行或姓氏 | 拾取 | 通"菽" |
|---|---|---|---|
| 《尚书》 | 17 | 0 | 0 |
| 《诗经》 | 34 | 1 | 0 |
| 《论语》 | 14 | 0 | 0 |
| 《左传》 | 272 | 0 | 0 |
| 《墨子》 | 8 | 0 | 2 |
| 《庄子》 | 18 | 0 | 1 |
| 《孟子》 | 12 | 0 | 0 |
| 《荀子》 | 7 | 0 | 0 |
| 《韩非子》 | 79 | 0 | 0 |

据此我们可以得出两点认识:

(1)"叔"应该有两个本义。一个本义是拾取。这个意义先秦虽仅一见,但《说文》释为本义。"叔"的拾取义很可能是方言。段注和王筠的《说文释例》都谈到这一点。今浙江桐庐方言拾取义口语为 tɕyəʔ,与口语叔[ɕyəʔ]的读音非常接近,同为舌面音和入声韵,仅仅发音方法略有区别,一为塞擦音,一为擦音。"叔"的另一本义为伯叔的"叔",表示排行和称谓。《诗经·豳风·七月》"九月叔苴"下孔颖达疏引《说文》为"拾也,亦为伯叔之字"。

(2)"叔"的两个本义分属两个不同的语源。拾取义的"叔",与"菽"为同一语源;伯叔义的"叔",与"少""小"等为同一语源。

臧

| 书名\用法数量 | 善 | 藏匿 | 奴隶 | 姓名或地名 |
|---|---|---|---|---|
| 《尚书》 | 7 | 0 | 0 | 0 |
| 《诗经》 | 21 | 0 | 0 | 0 |
| 《论语》 | 2 | 0 | 0 | 4 |
| 《左传》 | 8 | 0 | 0 | 117 |
| 《墨子》 | 0 | 6 | 12 | 0 |
| 《庄子》 | 6 | 0 | 3 | 4 |
| 《孟子》 | 0 | 0 | 0 | 2 |
| 《荀子》 | 11 | 12 | 2 | 0 |
| 《韩非子》 | 0 | 0 | 17 | 4 |

据此我们也可得出两点认识:

(1)"臧"有两个本义。一个本义是"善"。《说文》:"臧,善也。"段注:"释诂、毛传同。按,子郎、才郎二反,本无二字。凡物善者必隐于内也。从艸之藏为藏匿字,始于汉末。""《说文》无'藏'篆,而说解中凡三十见"(《说文句读》"葬"下)。先秦时期的著作,"臧""藏"分用,用于"善"义写作"臧",用于"藏匿"义写作"藏"(《荀子》中"藏匿"义"臧""藏"并用)。"藏"应为"臧"的本义"善"的引申义。但从形音义来看,"臧""藏"已属两个不同的词。

"臧"的另一个本义是奴隶。但这个意义主要见于战国时期的作品,其中尤以《墨子》《韩非子》两书为最多,且多为"臧获"连用。

这也是个方言词。《方言》三:"臧、甬、侮、获,奴婢贱称也。荆、淮、海、岱之间,骂奴曰臧,骂婢曰获。"甲骨文中的"臧"字,作以戈刺一目形,可能是指战争中俘获的奴隶。

(2)表示"善"义的"臧",与"藏""葬""脏""赃"等词同源。

以上对"叔""臧"两字的分析,所依据的只限于先秦时期的语言材料,虽然有一定的可靠性,但是也存在局限性。局限性表现在:

(1)不能看清词义发展的全貌。如"字"的生育义,先秦仅见于《易经》一例,文字义还没有出现,很难据此判断"字"的本义。但在西汉的文献中,这两个意义大量出现,对"字"的词义面貌才有可能看得比较清楚。

(2)由于受文献内容的限制,出现早的词义不一定是本义。如"乳",在先秦著作中,《左传》3见,《庄子》3见,《荀子》3见,《仪礼》1见,多为幼小、乳汁义,不见用作谓语的生育义。两汉的文献中,"乳"的生育义比较普遍。《说文》:"乳,人及鸟生子。"这个解释是否是本义,当然可以讨论,但据先秦的文献就贸然断定"乳"的本义应该是"幼小"或"乳汁",也是不严肃的。

2.2.3 现在全国各地的方言土语中还保存着不少古词古语。探求词的本义应该注意利用这些活方言。如以今浙江桐庐方言为例,至今仍保存着一些古词。如《说文》:"八,别也。"段注:"今江浙俗语以物与人谓之八。""八[pəʔ]我",即给我。"八[pəʔ]你",即给你。《说文》:"盪,涤器也。"今桐庐话以水冲洗器皿为"盪[daŋ]"。《说文》:"頒,内头水中也。"今桐庐话称人没入水中为"頒[uəʔ]"。《说文》:"薄,林薄也。一曰蚕薄。"今桐庐偏僻乡间称蚕匾为蚕薄。《说文》:"烸,火也。"桐庐土话称引火的纸卷为"烸[mɛ]头"(今词典音huī,应为m—h音变)。如今后全国的方言词汇能得到大规模的调查,当为探求词的本义提供有利条件。

2.2.4 汉语属汉藏语系。汉藏语系中各亲属语言之间的比较,也有助于探求词的本义。如《说文》中有一组从"豕"得声的字:"毄,击也。""椓,击也。""豰,椎击物也。""涿,流下滴也。""瘃,中寒腫覈。"另《楚辞·离骚》:"谣诼谓余以善淫。"注:"诼,毁也。"这些词的读音上古属端母屋部,王力先生构拟为 teǒk,李方桂先生构拟为 tuk,与藏缅语表示割、敲、捣碎的 tuk,音义俱近。我们有理由认为,上述从"豕"得声的意义相关的词,本义应该是击。表示"流下滴"的"涿",可理解为水流滴击地面;表示"中寒腫覈"的"瘃",可以理解为因受冻肌肤"腫而肉中鞭(即被鞭击)如果中有覈(核)"(段注);表示毁谤的"诼",可以理解为恶言攻击。随着汉藏语系研究的深入,我们在探求词的本义时,应该把视野扩大到亲属语言中去。

## 三

3.0 词的本义的提出,还具有理论价值。要建立具有汉语特点的词义学理论体系,明确词的本义和它在词义学中的地位,是首先应该解决的问题。可喜的是,有的语言学理论著作已开始采用"本义"这个术语,并明确提出,本义是"产生这个词的其他意义的基础"(《语言学纲要》第134页)。

一些有关词义理论的基本问题都有赖于本义的解决。

3.1 词义既是确定的,又是模糊的。所谓确定,是指词义所反映的客观对象是确定的;所谓模糊,是指词义的边缘具有弹性,有一定的伸缩度,在理解时允许有合理的差异性。要理解词义的确定性和模糊性,首先应该明确词的本义。离开了词的本义,词义和它所反映的客观对象的确定性和一致性,就无法得到根本的说明,词义模糊性的程度和幅度很难有一个基本了解。

3.2 到目前为止的研究已经表明,汉语中的词义,存在着时间层次和意义区域,即义层和义域。很显然,词的义层和义域也有待于词的本义的确定。

3.3 与词的本义密切相关的,还有一个词义引申的问题。本义和引申义,两者几乎是互相依存,互为前提。本义是词义引申的基础,也是词义引申的起点。

词义引申的方式和途径,目前还只是提出了问题,有待深入研究。这个问题要说得比较清楚,也必须在广泛地考察本义和引申义的各种关系以后才有可能。

3.4 词义的发展变化,主要是通过词义的引申来实现的。但词义引申并不是词义发展的唯一途径。《古汉语词汇纲要》在论及词义发展时,首列"引申",其他依次为"相因生义""虚化""语法影响""修辞影响""简缩""社会原因"等。在分析词义发展变化的其他方式时,也不能离开词的本义。

3.5 随着对词义研究的深入,一般学者都程度不同地认为,词义内部存在着可以分析的词义结构。不少学者同意词义可分析为若干义位,义位还可分析为若干义素。怎样分析义位、义素,还是一个有待深入研究的问题。从词义理论的系统性来考虑,义位的确定和分布,是否有一个与本义、引申义的关系一致性的问题。

离开词的本义,义位之间的关系很难说清楚。

(本文原题为《论词的本义》,原载于《纪念王力先生九十诞辰文集》,山东教育出版社,1991年12月)

# 词的义点

一

词义是语义最基本的单位。由于词义具有多义性、开放性以及对社会发展的敏感性等特点,词义研究一直是语言研究中的一个难点,同时也是语言研究中的一个薄弱环节。迄今为止,至少就汉语来说,我们在描写和分析词义面貌时,还缺乏配套的合适的符合汉语实际的术语。这给表述词义现象时带来很大的不便。我国传统语言学本来是以分析语义见长,并且提出了本义、引申义等术语,这些术语对我们认识和分析词义的产生、发展,是有帮助的。但是,随着词义研究的深入,这些术语已不能满足研究词义的需要,一些为适应汉语词义描写和分析的术语,如词的义域[1]、词的义层[2] 等先后被提出来。这些术语的提出,无疑有助于深入描写和分析复杂的词义现象。

随着词义研究的进一步深入,现有的术语仍无法满足对词义现象分析的需要。例如,我们在描写和分析词义现象时,就会发

---

[1] 蒋绍愚《关于"义域"》,《纪念王力先生九十诞辰文集》第 436—446 页。
[2] 洪成玉《词的义层》,《首都师大学报》1996 年第 1 期,第 69—73 页。

现,"词义"这个词或术语本身就所指不明。词义,通常认为就是词的意义。这似乎也很明确,但细究起来仍是一个很难操作的术语。一个词往往有好几个意义。如果你要对这种词的多义现象进行分析,就会面对词义是指整个词的意义呢,还是指其中某个意义的表述困难。对词义中的某个意义,在汉语中迄今还没有一个专门的术语。有的用"义项"表示,有的用"义位"表示,有的用"语义单位"表示,有的干脆就用"某一意义"表示。很显然,这些表述都存在这样或那样的不足。一般认为,词的一个"义项"相当于词的一个意义,但"义项"是编词典用的术语,不是对词义现象的描写,不能用来分析词的多义现象。"义位"是一个引进的术语,含义也并不确定,且不一定适合用来分析汉语[1]。"语义单位"也是一个很笼统的表述,前面不得不加"词的某个"加以限定[2]。至于"某一意义",本来就不是词义分析的术语,且很难操作。本文主要就汉语的单音词讨论词的义点的可操作性。

## 二

词义的产生是呈点状的,词义的发展也是呈点状延伸或扩展的。当一个新词最初产生的时候,通常只有一个意义。词的一个

---

[1] "sememe(sememic(s))义位(义位的,义位学)某些语义学理论用来指意义的最小单位;对有的人而言'义位'则等于意义特征,相当于某些理论中的'语义成分'或'语义特征'。"([英]戴维·克里斯特尔《现代语义学词典》,沈家煊译,商务印书馆,2002年)

[2] 石安石《语义论》认为,"词和语素通常是多义的。不少人用'义位'这一术语表示词的语义单位。但'义位'在不同的人可能有不同的含义……因此,我们宁可运用'语义单位'这个更为明白的术语。为方便,有时我们径说'这一意义''那一意义'或'某义'。"(第38—39页)

意义就是一个义点。如"兵"的初义是兵器。《说文》:"兵,械也。"后引申出士兵义,即手持兵器的人。"械者,器之总名。器曰兵,用器之人亦曰兵。"(《说文》"兵"下段注)军队是由士兵组成的,又引申出军队义。如《国语·越语下》:"古之善用兵者,因天地之常,与之俱行。""用兵",运用军队作战。用兵是一门艺术,又引申出军事义,如"兵家(军事家)""兵书(军事著作)"。再如"眼"的初义据研究是眼珠子。《王力古汉语字典·序》:"按:'眼'与'目'在上古不同义。'目'是今所谓眼睛,'眼'是今所谓眼球(眼珠子)。"引申为目光义,又引申为眼睛义,又引申为小孔义(《王力古汉语字典》)。词每产生一个新的意义,也就是增加了一个新的义点。新产生的义点,总是与所由产生的原有义点相链接,形成一个义链。一般说,历史悠久的语言,一词多义是一个普遍的现象。

义点的提出,有助于认识词义的面貌。如上分析,词义内部的各个义点,不是同处于一个有着共同边界的统一体中,没有形成或圆或方或其他什么形状的整体,而是组成各自独立的义链,甚至义点之间也只与相邻的义点有直接联系。如"军队"只与"士兵"发生直接联系,而与"兵器"只存在间接联系。

再以"生"字为例。《王力古汉语字典》:"㈠植物生长→引申为生育→引申为发生、产生→引申为活着→引申为生存→引申为活着的人→引申为人的一生。㈡未煮熟的食物→引申为生涩、不圆熟。㈢本性,天性。㈣子继父位。㈤儒生,先生的简称……"(箭头→,是作者所加)从字典义项㈠的排列次序来看,我们可以发现,不论编者的意图如何,实际上好像是把它看成一条词义链条,词义每引申出一个新的意义,就产生一个与之相接的新的义点:植物生长→发生、产生→活着→生存→活着的人→人的一生。这些义点前后相连,形成一条义链。义项㈡的:未煮熟的食物→生涩、不圆熟,又形成另一个新的义链。如果编者的意图是把字典所列的五个义项看成同属一个义域,那么义项㈡㈢㈣㈤的第一个义点必然与义项㈠的某个义点相链接。要一一说清楚义点与所由连接的义点是很困难的。如果我们勉强加以分析,义项㈡的"未煮熟的食物"似应与义项㈠的"活着"相链接,义项㈢的"本性、天性"似应与义项㈠的"发生、产生"(与生俱来)相链接。义项㈤的"儒生,先生(与'后生'相对)的简称"似应与义项㈠的"生育"相链接。义项㈣"子继父位",一时不明所由。用义点这个术语对"生"的各个相关的意义进行描写,可以看出:

1."生"的词义形态,是呈带枝杈的线形义链,而不是一个整体的或圆或方或其他形状的形态。

2.同处一个词内的各个义点都是独立的意义单位。词义内的各个义点不存在共同的界域。

3.辗转引申的义点,不仅与初义没有直接联系(如"植物生长"与"人的一生"),而且与不相邻的义点也没有直接联系(如"发生、产生"与"生存")。

义点是本文提出来的一个新的看法,还不得不借用字典中的义项来说明义点,但义点并不等同于字典或词典中的义项。两者既有联系又有区别。两者的联系在于:义项是对一个词中同类用法的义点作出解释,如果是古词中的义点就用今语作出解释;由于义项所作的解释是字典的编者从某个词的义点的同类用法中概括出来的,因此是主观的产物。两者的主要区别在于:词的义点只存在于语言作品或言语中。同一词中各个义点的区别,体现在不同的语言作品或言语中。如"望而生畏","生",产生;"生不逢时",

"生",诞生;"虽死犹生","生",活着;"扩大招生","生",学生;"觉得面生","生",陌生;"不能喝生水","生",没有煮开……因此,义点是客观存在的。义项因为是主观的产物,不同字典或词典所列义项的多少和所作的解释往往不完全相同。义点因为是客观存在的,灵活丰富,最好的字典也不可能把所有的义点都概括进去。因此,已故语言学家罗常培曾特意提醒说:"词义不能离开上下文而孤立,词书和字典的解释是不可靠的。"[1] 罗氏这里所说的不能离开上下文而孤立的"词义",就是本文所说的客观存在的义点;罗氏所说的"词书和字典所作的解释",就是一般所说的义项(一个解释就是一个义项)。当然,罗氏的这句话并不意味着完全否定词典的解释,而只是提醒读者,词典的解释不一定准确,不可迷信。除此之外,我觉得还有一点需要提醒,即使词典的解释是准确的,也往往不能把义点的同类用法概括进去,理解时也须随文变化。如"蓬荜生辉""生色不少"中的"生",基本上能为词典中的"产生"这一义项所概括,但不能照搬词典的解释,依据上下文还是理解为"增(辉)""增(色)"似更符合语义;再如"生了一场大病",也不能按字典理解为发生或产生了一场大病,而应理解为得了或患了一场大病。

把义点作为一级语义单位来考察词义现象,可能有助于我们深化对词义的认识。词作为音义结合物的语言符号,并不存在单一的明确的能指和所指的关系。因为我们通常所说的词,往往没有明确的单一的所指具体对象;有明确的单一的所指具体对象的是词中的义点,而义点只存在于语言作品中。如"生"在孤立存

---

[1] 罗常培《语言与文化》第95页,语文出版社。

的时候,我们很难说出"生"这个词所指的具体对象。而"胎生""卵生"中的"生",我们可以知道是确指生育;"男生""女生"中的"生",我们可以知道是确指学生。有理由认为,义点这个术语,不仅在描写或分析词义现象时比较容易操作,而且还有利于深入观察词义现象。

我们通常所说的词义现象,其实都表现在义点上。只有把分析词义现象的重点放在义点上,才有可能对词义现象进行准确的描写和分析。

义点具有选择性。我们通常所说的词与词的组合,实际上是词的义点与义点的组合,即此词的某一义点与彼词的某一义点组合,而且这种组合不是随意的,而是有选择性的。如"生"的表示生育的义点,只能选择表示动物幼体的义点相组合,如生孩子、鸡生蛋……"生"的未煮过或未煮够的义点,只能选择与食物有关的义点相组合,如生猪肉、生米煮成熟饭……"生"表示平生的义点,只能选择表示有关人的活动时段的义点相组合,如终此一生、前半生……

这种选择并不是单向的,而往往是双向的,并且是互相制约的。如"野生","野"有很多义点,但只有选择与"生"组合时才有自然(不是人工驯养或培植的)义;"生"也有很多义点,但只有选择与"野"相组合时,才有生长义。再如"生还","生"只有选择"还"回到原处的义点相组合,才有活着义;"还"只有选择"生"的活着义,才有回到原处义。

词的义点呈现层次性。一个词的众多义点,一般是在应用中引申发展而形成的,义点的产生有先有后,呈现着时间层次,而并不都处在同一层面上。如"生"的本义,《说文》的解释是"进也,象艸木生出土上"。草木从土中生长出来,引申出生育、生存等义点。约在战国末期又引申出"食物未经煮熟"的义点,例如:《荀子·礼论》:"故尊之尚玄酒也,俎之尚生鱼也……一也。"《韩非子·外储说右上》:"晋文公问于狐偃曰:'寡人甘肥周玉堂……生肉不布,杀一牛遍于国中,一岁之功尽以衣士卒,其足以战民乎?'"大约到汉初,又引申出儒生的义点,《史记·儒林列传》:"言《礼》自鲁高堂生。"司马贞索隐:"'生'者,自汉以来儒者皆号'生',亦'先生'省字呼之耳。"又《屈原贾生列传》:"贾生名谊,雒阳人也。年十八,以能诵诗属书闻于郡中。"大约在魏晋时期,又引申出生徒、门生的义点,《后汉书·马融传》:"常坐高堂,施绛纱帐,前列生徒,后列女乐。"又《贾逵传》:"皆拜逵所选弟子及门生为千乘王国郎。"大约到隋唐时期,又引申出生疏、陌生的义点,唐王建《村居即事》诗:"因寻寺里薰辛断,自别城中礼数生。"

由于词义研究的断代资料基本上还没有收集整理,尽管我们还不能确切地说明新产生的义点,是从哪个义点引申发展而来,但是义点的时间层次确是客观存在的。忽视这个客观存在,不仅会影响词义研究的准确性,而且有时还会导致错误立论。例如有人曾把《史记》中"诸生"的"生"理解为学生,并以此为立论基础,论述司马迁同时也是一位教育家。其实,《史记》中的名词"生",都是对儒者带有敬意的称呼。例如,称董仲舒为"董生",称陆贾为"陆生",称贾谊为"贾生",当时讲授《诗经》的辕固"已九十余……齐言《诗》皆本辕固生也,诸齐人以《诗》显贵,皆固之弟子也"[1],虽已九十余的高龄也称"生"。而学生,《史记》中则习称为"弟子"。如《仲

---

[1] 《史记·儒林列传》。

尼弟子列传》中称"弟子"11次,称"门弟子"1次;《儒林列传》中称"弟子"17次,有一处还"诸生弟子"连用,有几处还"生"与"弟子"对用。不仅《史记》中的"生"没有学生义,而且比《史记》晚约近两个世纪的《论衡》中的"生",也还是儒者义,而没有学生义。如《知实篇》:"客有见淳于髡于梁惠王者。再见之,终无言也。惠王怪之,以让客曰:'子之称淳于生,言管、晏不及……'"又《本性篇》:"昔儒旧生,著作篇章,莫不论说,莫能实定。""儒""生"互文。

义点与词义发展。

当两个或几个词组成语义单位时,从表层看是词义与词义的组合,而其实是此词中的义点与彼词中的义点相组合。两个词组合而产生的新的意义,实际上是两个词相关的义点组合所产生的意义。还是以"野生""生还"为例:

野生——在自然环境中生长。"野"和"生"各自都有很多义点。"野生"是"野"的义点"不是人工驯养或培植(与'家'相对)"与"生"的义点"生长"相组合。

生还——活着回来。"还"也有很多义点。"生还"是"生"的义点"活着"与"还"的义点"返回原来的地方"相组合。

由此可见,新的义点是不可能单独产生的。新的义点的产生,往往是表现为与另一词的义点的新的组合。如"生辰""生日","生"与"日"相组合,"生"的诞生义、"辰""日"的时日义才显示出来。"门生"(学生),"门"的师门、师生关系义选择与"生"的生徒义相组合,其义自显;反之亦然。"谋生","谋"的谋求义才使"生"的生计义显示出来;同理,"生"的生计义也赖"谋"的谋求义而显。

这个词义现象启发我们,研究词义的发展就是研究一个词新增加的义点。新增的义点必然出现在新的义点组合中。因此,要准确理解和把握新增的义点,必须分析该义点所选择的与另一个词的义点相结合的义点组合。

# 词 的 义 层

## 一

从汉语史的观点来看,汉语的多义词是在长期的发展中逐渐形成的。多义词的各个意义往往呈层积状,有着可以分析的时代层次,而不是处在同一层面上。例如"寺"是个多义词,《辞源》音 sì 的义项一共列了三个:①奄人;②官署,官舍;③僧众供佛、居住之所。这三个义项就有着可以分析的时代层次。在先秦,即"三代以上凡言寺者,皆奄竖之名";"自秦以宦者任外廷之职,而官舍通谓之寺";东汉时期,"又变而浮屠之居亦谓之寺矣"(引自顾炎武《日知录》卷二十八)。这就是说,"奄竖"是先秦时期的意义,"官署,官舍"是秦汉时期产生的意义,"众僧供佛、居住之所"是东汉时期才产生的意义。时代层次十分分明。《辞源》对词的释义往往层次混杂,而对"寺"的解释却层次如此分明,看来是吸收了顾炎武的研究成果。

多义词的词义呈层积状的现象,应该说是一种普遍的词义现象。即便是现代汉语中的多义词,尽管旧的词义已经消亡,也仍然呈层积状。还是以"寺"为例。《现代汉语词典》(以下简称《现汉》)收了三个义项:①古代官署名;②佛教的庙宇;③伊斯兰教徒礼拜、讲经的地方。与《辞源》对"寺"的释义相比,少了一个"奄人"的义项,多了一个"伊斯兰教徒礼拜、讲经的地方"的义项。这多出来的义项,据《汉语大词典》(以下简称《大词典》)解释,约始于明清。明清以前,没有"清真寺"这个词。

值得注意的是,现代汉语的基本词汇中,虽然经历了长期的演变,但仍然有一些词保存着完整的时代层次。例如"醒",《现汉》列了四个义项:①酒醉、麻醉或昏迷后恢复正常状态;②睡眠状态结束,大脑皮层恢复兴奋状态;③醒悟,觉悟;④使看得清楚。这四个义项虽然反映了词义的层次,但与词义的时代顺序不完全相符。第一个义项"酒醒"产生于先秦时期。先秦时期的"醒"只有这个意义。《左传》中共有两个"醒":"姜与子犯谋,醉而遣之。醒,以戈逐子犯。"(《僖公二十三年》)"归而饮酒……醒而后知之。"(《襄公三十年》)两个"醒"都表示酒醒义。《国语》中也共有两个"醒":"凤之事君也,不敢不俊。醉而怒,醒而喜,庸何伤?"(《鲁语下》)"姜与子犯谋,而载之以行。醒,以戈逐子犯。"(《晋语四》)两"醒"字也都是酒醒义。《韩非子》中有一个"醒"。《韩非子·外储说右上》:"齐景公之晋,从平公饮……景公归,思,未醒。""醒"也是表示酒醒。第三个义项"醒悟,觉悟",产生于两汉。"醒悟,觉悟",都是酒醒的引申义。例如:

先醒,辟犹俱醉而独先发也。(《新书·先醒》)

古谓知道者曰先生,犹言先醒也。(《韩诗外传》卷六)

陆贾说以汉德,惧以帝威,心觉醒悟,蹶然起坐。(《论衡·佚文》)

以上三例都引自汉人的作品,最后的一例,还"醒""悟"连用。看来,"醒悟,觉悟"义应该排在第二个义项。第二个义项睡醒义,产生较晚,但最晚也不会晚于唐代。如杜甫诗集中用了22个"醒"。其中有的表示酒醒义,《路逢襄阳少府入城,戏呈杨员外绾》:"兼将老藤杖,扶汝醉初醒。"有的表示睡醒义,《早发》:"烦促瘴气侵,颓倚睡未醒。"因此,睡醒义应该排在第三个义项。第四个义项"使看得清楚",是睡醒的引申义,约产生于唐宋时期。如《现汉》举以为例的"醒目",《辞源》《大词典》最早的书证都取自唐宋作品,而且开始用于睁眼难眠的意思。经过分析,我们有理由认为,"醒"的这四个词义,约经历一千余年的发展才逐渐累积而成的,而且是比较完整地保存着"醒"这一词义的层积状。

早在20世纪50年代,我国著名的语言学家罗常培先生,曾就中国语言学如何进一步发展,郑重地提出过三条建议。其中第一条建议就提到"对于语义的研究……应该用古生物学的方法分析各时代词义演变的'累积基层'"(《语言与文化》第95页,语文出版社)。罗先生在这里所说的"词义演变的'累积基层'",虽然非常形象,但终究不是一个科学术语。据我自己在研究中的体会,罗先生所说的"累积基层",就是指呈层积状的词义现象,我们姑且把这种词义现象称为词的义层。

## 二 义层和义项、义位、义域

上面为了说明词存在着义层,举了《辞源》和《现汉》中"寺"和"醒"两词所列的义项为例。一个义项所列的意义,大致就是该词中的一个意义。但是,一个词的各个意义并不和词典或辞书中的一个词条下所列的意义完全相当。反映词的义层的每一个意义,必须是该词所固有的,是客观存在的;而词典或辞书的词条中所列

的义项,往往不能客观地反映该词所固有的意义。一般说,有以下几种原因:

1. 用途或对象不同。如《辞源》是"为阅读古籍用的工具书和古典文史研究工作者的参考书"(见《出版说明》),收词范围一般止于鸦片战争(公元1840年)。《现汉》"是以记录普通话语汇为主的中型词典,供中等以上文化程度的读者使用"(见《前言》)。按照这个宗旨,"寺"这一条目列两个义项就够了。"寺"的第一个义项"古代官署名",并不是必须收入的。至于《辞源》中"寺"的第一个义项"奄人",不予收入是理所当然的事。

2. 汉语词典或辞书,多数是以字而不是以词为主立条目,因此同一条目所列的义项,有同一词的各个义项,也有可能是同形词的义项。如《大词典》"寺"音 sì 的义项共列了四个:①衙署,官舍;②佛教庙宇之称;③"持"的古字;③"恃"的古字。其中,只有①②两个义项是"寺"的意义。③④两个义项,只是因"寺"和"持""恃"语音相近,借用"寺"的形体和读音表示"持""恃"的意义。

3. 编写者的认识和水平不一致,即使对同一个词所立的义项也往往是不一致的。如"醒",《现汉》立了四个义项。《辞源》立了三个义项:①醉解,清醒;②梦觉;③醒悟,觉悟。这三个义项和《现汉》的前三个义项相同。而《大词典》共有十个义项:①酒醉消除,恢复常态;②病愈;从麻醉或昏迷中恢复正常;③睡眠状态结束或尚未睡着;④动植物的恢复生机,或由蛰伏而活动;⑤清醒,觉悟;⑥爽朗;清新;⑦明白;明显;⑧方言。知道,懂得;⑨用同"擤";⑩用同"腥"。其中义项①—⑦看来是同一个词的七个意义。与《辞源》和《现汉》相比较,不但义项的概括不尽相同,而且数量也有差别。

这里且不评价哪一本词典对"醒"这词的意义的概括更符合它本来的面貌,而只是想说明词典对一个词所列的各个义项,不等于就是该词的各个词义。我们在分析一个词的义层时,应该参考词典所作的解释,因为词典的解释反映了该词到编词典时的研究成果,但是,也不能依赖甚至迷信词典。由于上述种种原因,"词书或字典的解释是不可靠的"(《语言与文化》第95页),或者说,不是完全可靠的。

"一个词可以只有一个意义,但多数情况下有多种意义。每一个意义称一个义位。"(蒋绍愚《古汉语词汇纲要》第37页)按照这个解释,构成词的义层的意义与义位相当。两者都表示同一个词中的一个意义。

"义域"这个语义学术语是蒋绍愚先生第一次提出来的。他把"义域"界定为"是某一个词或义位在词义场中所占的区域"(《关于"义域"》以下引文同。见《纪念王力先生九十诞辰文集》)。这就是说,"义域"有词的义域和义位的义域。"词的义域就是它各个义位的义域的总和。如果是单义词,那么词的义域就是义位的义域。"我们所要讨论的词的义层,一般来说,局限于词的义域内。可是,从汉语史的角度来看词的义域,它不是平面的表层的,而是立面的深层的。义位的义域在词的义域内,就像地质年代的土层那样,是按义位形成的年代顺序,一层叠着一层。以"寺"的义域为例。最底层的义位是"奄人";"奄人"以上的义位是"官署,官舍";"官署,官舍"以上的义位是"众僧人供佛、居住之所";最表层的义位是"伊斯兰教徒礼拜、讲经的地方"。一个义位表示一个义层,一个义层相当于一个义位。义层就是以义位层层相叠的形式存在的。义层、义位、义域,三者的关系,看起来好像是清清楚楚。其实,似乎并不是这么简单。

由于词义是经过长期演变而形成的,由于对词义这一客观存在的现象的认识理解不同,客观和主观两方面的原因,一个词究竟有几个意义或几个义位,各人的理解往往不同。以"醒"的义位或意义为例。《现汉》第一个义项所列的意义是:"酒醉、麻醉或昏迷后恢复正常状态。"《大词典》把《现汉》第一义项所列的意义分成两个义项:①酒醉消除,恢复常态;②病愈;从麻醉或昏迷中恢复正常。问题产生了。这到底是一个意义或义位,还是几个意义或义位?我们且不讨论词典所列的义项,应怎么概括或概括到什么程度,但从词的义层来分析,应该是三个义层。也就是说,酒醒义、麻醉后醒义、昏迷后醒义不处于同一时代层次。

酒醒义产生于先秦时期。麻醉后醒义,最早也不会早于汉末魏初。因为麻醉术最初是由魏人华陀发明的。《三国志·魏书·华陀传》记载,当华陀需动手术时,"便饮其麻沸散,须臾便死无所知……人亦不自寤"。从这段记载来看,施行麻醉术后醒来,当时还不用"醒"而是用"寤"表示。麻醉术的广泛应用还是近代的事。《辞源》《大词典》等大型词典都不收"麻醉"一词。至于"醒"用于昏迷后苏醒,从现在所能见到的书证来看,是宋代的事。这倒不是说苏醒义宋代才有。苏醒义先秦就有,但不是用"醒"表示,而是用"苏"表示。《左传·宣公八年》:"晋人获秦谍,杀诸绛市,六日而苏。"南北朝时期还用"甦""稣"表示。在宋代的作品中,始见"苏""醒"连用。"醒"用于苏醒义,最晚不会晚于宋。"醒"的义层越来越多,并不是自己的本义在发展中的引申,而是在发展中兼并了与它同时期产生的睡醒义"寤"和苏醒义"苏"。睡醒义、麻醉后醒义和苏醒义,词典不妨根据它的需要,看成是一个义项或两个义项,但它们原先确实是不同的意义,而现在仍然保持着各自的特点。这留待下面再进一步谈。

有语源关系的词与词之间,也存在着义层现象。如听(聽)和厅(廳),现在是分别独立的两个词,但在古代用一个词表示。厅堂的"厅",最初只是"听"的一个义位。"听"有听治的意思,古代办理重大的公务活动用"听"表示。如"听政""听事""听狱""听讼"等。《集韵·青韵》:"厅,古者治官处谓之听事,后语省,直曰听,故加'广'。"据研究,厅堂的"厅",汉、魏都写作"听",六朝以来才开始加"广",写作"廳",从听中分化出来而独立成词,而且词性也不同。虽然现在看来,是意义相去甚远的两个词,但从词源关系看,也存在义层的关系。研究词和词的这种义层关系,主要是语源学的任务。我们所说的义层,着眼点还是词义内部。

## 三 义层和词义结构

义层不是孤立的现象。同一个词可以有选择地和相关的词形成词义结构,但是这种选择是受义层制约,并且也呈现层次性。如"寺",在先秦时期是"奄人"的意思。这个时期的"寺"一般只和"人"结合。《诗经》中的"寺人"有 2 见。如《秦风·车邻》:"未见君子,寺人之令。"《小雅·巷伯》:"寺人孟子,作为此诗。"《左传》中有13见,其中有 10 次,"寺人"后面紧跟人名,如"寺人罗"(《哀公十五年》)、"寺人貂"(《僖公二年》《僖公十七年》)、"寺人披"(《僖公五年》《僖公二十四年》)、"寺人勃鞮"(《僖公二十五年》)、"寺人柳"(《昭公六年》《昭公十年》)。其他《周礼》等先秦作品中也有"寺人",都是和"人"连用,或再在"寺人"后面加名字。因为这一时期"寺"只有这"奄人"

一个意义(通假为"侍"义的除外),所能选择的词义结构是十分有限的。

两汉时期,"寺"产生官署、官舍义。这一意义的"寺"也就相应地选择相关的词形成新的词义结构"官寺""府寺""寺署"等。例如:

1. 及为刺史行部,吏民数百人遮道自言,官寺尽满。(《汉书·朱博传》)

2. 羌庬桀黠,贼害吏民,攻陇西府寺,燔烧置亭,绝道桥,甚逆无道。(《汉书·冯奉世传》)

3. 今灾眚之发,不于它所,远则门垣,近在寺署,其为监戒,可谓至切。(《后汉书·蔡邕传》)

例中的"官寺""府寺""寺署"就是官府的意思。在先秦,"寺"绝不可能与"官""府""署"等词结合而形成词义结构,尽管这些词先秦就有。

"寺"的佛教庙宇义,约自东汉时期产生。据此我们可以认为,像"寺刹""寺院""寺庵""寺庙""寺观"等这样的结构,在先秦、西汉是不会有的。

"寺"的奄人义和官署义,现在已经消亡。用"寺"这样古今词义差别很大的词来说明义层和词义结构的关系,可能还不足以说明问题。从历史的观点来看,即使是不存在古今词义差别,古今共用的词,义层和词义结构的关系,依然是十分密切的。我们还是以地道的现代汉语的词汇"醒"为例。"醒"的酒醒义、醒悟义、睡醒义、醒目义,看起来是平面的,都是现代汉语中常用的意义。但是从立面来看,它们也只能选择相应的词形成词义结构。如"悟""睡""目"这些词,先秦也有,但先秦不会有"醒悟""睡醒""醒目"这样的词义结构。我们把词义结构放到词义发展的历史背景上来考察,和义层的关系是十分清楚的。如"书""写"这两个词先秦就有,但先秦时不能连用,因为先秦时期,"写"还没有产生书写义。"书""信"这两个词,先秦、两汉时期就有,但先秦、两汉时期不见连用,因为先秦、两汉时期,"信"还没有产生书信义。

词的义层和古今词义的差别,但两者之间也有一定的联系。古今词义有差别的词,往往同时也反映出词的义层。但是,词的义层不仅仅局限于古今词义有差别的词,而且两者的研究目的也是不同的。研究义层主要是揭示词义在发展过程中所形成的层次,从而探索词义发展的内部规律;研究古今词义的差别,主要是防止在阅读古书时,以今义去理解古义,帮助读者提高阅读古书的水平。当然,如清楚地揭示出一个词的义层,同时也就彻底弄清了古今词义的差别。

## 四 词的义层和词义系统

词义的时代层次是词义本身发展所形成的。对某个具体词来说,义层反映了该词词义发展的时代顺序。但是不等于说,一个词的义层所反映的时代顺序,就是词义发展的时代顺序。词义的发展是个非常复杂的语言现象。词的义层中,有的义层或义位的确是反映了社会新出现的事物,如"寺"的佛教庙宇义,但有的义层或义位,时代顺序靠后,却是旧有的意义,如"醒"的睡醒义。这种现象说明,词的义层往往是因词义系统内部调整而形成的。

睡醒义,先秦由"寤"和"觉"两词表示。例如:《庄子·列御寇》:"夫千金之珠,必在九重之渊,而骊龙颔下。子能得之者,必遭其睡也。使骊龙而寤,子尚奚微之有?"《国语·吴语》:"王寐,畴枕王璞而去之。王觉而无见也,乃匍匐将入棘闱。""寤"和"觉"可以看作是一组同义词。"醒",虽然先秦也有,但只是表示酒醒义,与"寤""觉"还不存在同义关系。但睡眠状态和酒醉状态有相似之处,而结束睡眠或酒醉状态而醒过来这一点则完全相同。为了避免重复,睡醒义逐渐由"醒"兼任以至最后完全兼并了"寤"的睡醒义。大约在唐代时,表示睡醒义的"寤",在口语中已被淘汰。杜甫诗集中共用22个"醒"字,而"寤"字却一次也没有出现。因此,从"醒"这一词义发展来看,睡醒义最晚是在唐代产生的,而形成新的义层。但表示睡醒这一生理现象则自古有之,且也有相应的词表示,只是大约到了唐代,才转移到"醒"这一词上,由"醒"表示。苏醒义也自古有之。最早由"苏""甦""稣"表示,大约也是在唐宋时期,也被"醒"兼并。这种现象都是词义系统在起作用。

　　词义在发展中,常常因词义系统内部的调整而形成新的义层和义位。如"宦"在先秦,是仕宦或学仕宦的意思,偶尔也用于在贵族家当隶仆的意思。在两汉时期,由于"寺"产生新的义位"官署,官舍",开始形成新的义层,而"宦"也几乎与此同时产生新的义位"宦官",形成新的义层。从两汉开始,表示宦官义的词,主要是以"宦"或表示宦官特征的"阉(奄)"(阉去生殖器)构成,如"宦者""宦夫""宦吏""宦侍""宦寺""宦官""宦儒""宦竖""奄人""奄寺""奄官""奄竖""阉人""阉寺""阉官""阉宦""阉竖"等。"寺"有时还与"宦""阉""奄"相连用,表示宦官义,但已退居次要地位。至于"太监",是唐开始设立的官名,在宫内侍奉皇帝,逐渐成为宦官的名称。

　　义层和词义系统的关系还表现在,当一个词形成新的义层以后,与其他词义构成新的同义系统。如"醒""寤""觉""苏"等词在先秦没有什么意义联系,但"醒"产生睡醒义后,就与"寤""觉"形成同义关系,产生苏醒义后,又与"苏""甦""稣"形成同义关系。"寺""官""府""署"在先秦也没有什么意义联系,自"寺"产生官署、官舍义后,就形成同义关系;"寺"在东汉产生庙宇义以后,又与"庙""庵""观""刹"等形成同义关系。其他如"书""写""信"等词,在先秦也没有词义联系,到汉代"书"便和"写"形成同义关系;到唐代以后,"书"又和"信""简""缄""翰""笺""柬""鸿"等发生同义关系。深入研究义层和词义系统的关系,有可能加深对词义系统面貌的认识和理解。

## 参考文献

1. 顾炎武《日知录》。
2. 罗长培《语言与文化》。
3. 蒋绍愚《古汉语词汇纲要》。

(本文原载于《首都师范大学学报》
(社会科学版)1996年第1期)

# 词义的系统特征

词汇是否存在系统,至今仍是一个有争议的问题。产生争议的一个重要原因,是由于词汇系统,从本质上来说,就是词汇的意义结构系统,而意义是抽象的,不易把握的,容易纠缠不清。一个问题在不容易说清楚的时候,否定性的意见往往会占上风。因此,长期以来,似乎有一种带倾向性的看法,认为组成词汇的词像一盘散沙似的,是孤立存在的。随着对词汇研究的逐渐深入,这种看法可能正在发生变化。已故著名语言学家王力先生在《论同源词》一文中曾这样写道:"从前,我们认为,在语言三大要素中,语音、语法都有很强的系统性,惟有词汇是一盘散沙。现在通过同源字的研究,我们知道,有许多词是互相联系着的。"(《中国语文》1978年第1期和《同源字典》)王先生的这段话,据我理解,包含着两层意思:一层意思是,表示改变过去"惟有词汇是一盘散沙"的看法,含蓄地承认词汇也存在系统性;另一层意思是,尽管同源词之间的音义联系,仅仅是表明"有许多词是互相联系着的",但是也足以说明词汇并不是像一盘散沙似的。王先生是语言学界的一代宗师,他的这些具有真知灼见的话,对我们深入研究词汇系统是很有启发意义的。

词汇系统是客观存在的。无论是从理论上来说,还是从词汇实际来说,都不能无视它的存在。从理论上来说,语言是一个完整的符号系统。系统具有整体性的特点,语言系统也不能例外。从系统整体性的观点来看,组成语言的三大要素中,认为语音、语法都成系统,而反映语言本质特点的词汇却是一盘散沙,这是令人不可思议的。[①] 语言具有符号性质。符号包括能指(物质形式部分)和所指(意义部分)。语言符号的能指,是语音形式或文字形式;所指,是语音或文字形式所表示的语法意义和词汇意义。语言符号的能指,作为一种载体,主要的,而且是大量的,是容纳词汇意义。如果认为,语言符号的能指部分是成系统的,而所指部分,有一部分是成系统的,大部分是不成系统的,同样是令人不可思议的。

从词汇的实际来看,词汇内部也确实存在着系统。词汇是由单词词义组成的意义群体。在这个群体中每个词义都有自己的位置。如果其中某一词义发生变化,就会影响到相关的词义。如"爱人"一词,原是表示已经建立恋爱关系的异性朋友。1937年初版、1957年重印的《汉语词典》,"爱人"一词的第一义项为"即情人"。解放后,"爱人"一词的意义发生变化,普遍用于表示丈夫或妻子。这一变化,不仅直接影响到"丈夫""妻子"两词使用频率和使用范围,而且还引起其他相关词义的变化。如"朋友"一词,原来只有"友人之通称"(《汉语词典》)一个义项,而现在除表示"彼此有交情的人"以外,还表示"恋爱的对象"(《现代汉语词典》)。"对象"一词,《汉语词典》只收有"①即客体。②谓用作目的的事物"两个义项,而《现代汉语词典》又新添了"特指恋爱的对象"一个义项。1979年初版的《汉英词典》也反映了这一变化。该词典在"爱人"一词下,除收有"sweetheart"这一义项外,还收有"husband or wife",并且

---

[①] 语言中不仅存在着语音系统、语法系统和词汇系统,而且三者还互相影响,互相制约。离开这个观点,有许多语音或语法现象的发展变化就不可能得到完全合理的解释。

放在第一义项。在"朋友""对象"两词下,也分别增添了"boy or girl friend"这一新的义项。这种因某一词义的变化而引起词与词之间意义的调整,显然是在词汇系统内部进行的。

词汇系统表现为词义之间的各种联系形式。如同源词之间的音义联系,就是词联系的一种形式。一个系统往往有多种联系形式。像词汇这样庞大而又复杂的系统,不可能只存在单一的能网罗所有词汇的联系形式。不过,由于词义存在抽象的、不易把握的特点,我们一时还难以清晰地描述出词汇系统内部的各种联系形式。因此本文并不奢望揭示词汇系统的全部面貌,而只是想说明词义存在着系统的特征,而不是像一盘散沙似的孤立存在的。

## 词义的类聚性

词义具有同类相聚的特性。成千上万、千差万别的词义是以类聚形式存在的。我国传统语言学家早在先秦时期就注意到词义的类聚性,并利用词义的类聚性编纂训诂专著。我国第一部训诂专著《尔雅》就是按词义的类聚群分编排的。全书把所收单词的词义分属于释诂、释言、释训、释亲、释宫、释器、释乐、释天、释地、释丘、释山、释水、释草、释木、释虫、释鱼、释鸟、释兽、释畜十九类。这十九类,实际上就是十九个义类。清人王念孙认为,这十九个义类已"包罗天地,纲纪人事"(《广雅疏证》原序),具有很大的概括性。他如《释名》《广雅》等一些训诂专著,都是仿照《尔雅》体例,按词义类聚群分的原则编排的。正是因《尔雅》所分的十九个义类具有类聚的特点,它不仅是我国第一部训诂专著,而且还开创了我国类书的体例。

《说文》是按表示意义的字形类聚群分编排的。《说文》共收字9353个。从第一个字"一"字开始,到最后一个字"亥"结束,据形系联,分为五百四十部。这五百四十部实际上也是五百四十个义类。《说文解字·后叙》:"此十四篇五百四十部也,九千三百五十三文,解说凡十三万三千四百一十一字。其建首也,立'一'为端,方以类聚,物以群分,同条牵属,共理相贯,杂而不越,据形系联,引而申之,以究万原,毕终于'亥'。"南唐徐锴所撰的《说文系传》著有"类聚"一卷(卷三十七),把《说文》中的字义分为"一、二、三、四、五、六、七、八、九、十、百、千","於、者、尔、只、乃、曰、兮、于、粤、乎、可、曾、弚、矣、知","水、火、金、木、土、米","山、川、厂、广、井、宀","日、月、云、雨","手、足、爪、刀、身、目、肉、自","鸟、乌、舄、燕、朋、焉","龙、鱼、龟、它、虹","牛、犬、羊、豕、马、廌、兔、鼠","禾、来、朮、韭、竹、驛","甲、乙、丙、丁、戊、己、庚、辛、壬、癸","子、丑、寅、卯、辰、巳、午、未、申、酉、戌、亥"等十二类。他认为,这十二类能概括《说文》所收的字义。在这十二类之后,他还单列了一个"文"字,认为"天地经之,人实纬之,故曰:经天纬地之谓文"。

清代文字训诂学家王筠所著的《说文句读》,对《说文》中"方以群分,物以类聚"等语进行了解释。他认为,"方以类聚","谓以义相次也。如'自'以下六十二部皆言人,自'豖'以下二十部皆言兽是也"。这就是说,"方以类聚",是按字义以次类聚。"物以群分","谓以形相次也。如'耳''臣'以下七部皆谓人,而不与人部类列;燕尾似鱼尾,即在鱼部后,不与'隹''鸟'相次也"。这就是说,"物以群分",是按字形以次群分。"同条牵属,其理相贯","此承类聚而言。字既同义,则如由本生枝,由枝生叶,自然条理相联贯矣"。这就是说,《说文》中义类的排列呈现出"由本生枝,由枝生叶"的层次。

《尔雅》《说文》对词义的分类,以及徐锴、王筠等对《说文》字义类聚的研究,都是以人对客观事物的认识为依据的。语言是思维的直接现实,是社会的产物。语言的发展和人的思维能力发展是同步的。语言中的词并不直接反映客观事物,而是反映人对客观事物的认识。因此,词只是反映人所认识的客观事物。由词义所组成的词汇意义群体,反映人对客观事物认识的广度。《尔雅》《说文》以及其后的研究者,先从宏观对词汇进行类聚群分,这实际上已不仅仅限于对词汇的类聚性进行探讨,而同时还反映了当时的人对客观事物认识的广度以及汉民族的文化观。

词义的类聚性,就汉语而言,曾从以下几个方面进行过探讨:

一、同义类聚。《尔雅》《说文》都是先对词汇进行宏观分类,然后在每一义类中又按词义相同或相近的原则进行类聚群分。如《尔雅·释诂上》:"如、适、之、嫁、徂、逝,往也。""卬、吾、台、予、朕、身、甫、余、言,我也。"王力先生的《中国语言学史》在评述《释诂》时说:"《释诂》是罗列古人所用的同义词,而以当代的词来解释它们,所以每条往往接连说了十几个词,最后以一个字来解释。"(第12页)《说文》在同一部中的字,一般也是把意义相同或相近的字类聚在一起。如"辵"部中的"逆,迎也""迎逢也""迓,会也""遇,逢也""逢,遇也"排在一起,"辽,远也""远,辽也""逖,远也""迥,远也""遑,远也"排在一起,都体现了词义的同义类聚。

二、同形类聚。这和汉字的性质密切相关。汉字的形体有着表意作用。同形类聚,实际上是通过字的形体联系起来的词义类聚形式。《说文》是同形类聚的代表。段玉裁称《说文》的同形类聚为"据形类聚",称按客观事物分类为"以物类为经"。他认为,"据形类聚"要优于"以物类为经"。他说:"盖举一形以统众形,所谓隐括有条理也;就形以说音义,所谓剖析穷根源也……训诂之法,又莫若据形类聚。"(《说文解字·后叙》注)

《说文》五百四十个部排列的先后顺序以至每部中所收字的次序,都是按据形系联、以类相从的原则精心考虑的。段玉裁在《说文》的五百四十部下都注明部与部之间在意义上的联系。他还认为,《说文》每部"列字之次弟,类聚群分,皆有意义"(《说文》艸部末注),并据以调整大徐本《说文》某些字的次序或删去不符合"类聚群分"原则的某些字。调整次序的如"艸"部的"蒜"字,大徐本列为最末,段玉裁认为"蒜"字当联"荤"下"。"山"部的"崇"字,大徐本列在倒数的第二个字,段玉裁认为"必转写之误,今依《玉篇》移其次(按:移在'崛'字之后)"。删字的,如"鬲"部"宜删'䰙'","言"部"宜删'谧'","卤"部删"䙺","山"部删"峰","人"部删"件"等。在有的部末,如"肉"部、"刀"部,段玉裁还具体分析了这些部中的字"类聚群分"的关系。

宋人司马光等编著的《类篇》,是"以《说文》为本","以形相从","以类相聚"(《类篇·序》),也是属于同形类聚。

三、同音类聚。这是指通过语音的联系,把词义相同或相近的词类聚在一起。王力先生在《同源字论》中所说的"有许多词是互相联系着的",就是通过音义"互相联系"起来的。因音义俱近而联系在一起的词,一般称同源字,也称同族词或词族。瑞典汉学家高本汉(Bernhard karlgren)曾写过一本名叫 *Word Families in Chinese*(1934年)的书。译者张世禄先生原拟译为《中国语词的族类》,后来采纳罗常培先生的意见,改译为《汉语词类》。《汉语词类》把"凡是可以认为亲属的语词"(第106页)共2396个,"列成十个表(没有收辅音的,略而不论)。这十个表中的语词,又依意义上的相同或相通,把它们各自类集起来,以表明它们的亲族关系"(《译者序言》)。该书有亲族关系而类聚在一起的词多少不等,多的达三十几个。

词族是客观存在的。但证明它的存在,不必每一词族的字越多越好。王力先生认为,过去有的人研究尺度太宽,以致"每一词族可以收容一二百字"。《同源字典》共收字3200余个,有音义联系的,"每一条所收最多不过二十多个字,少到只有两个字,宁缺毋滥"(《同源字典·序》)。

但是,还是应该承认,同源词的范围是相当广泛的。《同源字典》虽然收了3200余个字,数目已不算少,但是还不能说同源字差不多就这些了。有不少词,现在看起来没有什么联系,但不一定不存在联系。如王力先生在写《同源字典·序》的时候,"忽然想起,'跣'与'洗'应是同源。'洗'的本义是洗脚,'跣'的本义是赤脚,洗脚必须把鞋脱掉,不就是跣吗?其次,《广韵》和其他的书有许多区别字,我都没有收进《同源字典》"。实际上,还没有收进《同源字典》的,恐怕还不止王先生所说的这些。我们虽然还不能说词族能网罗所有的词,但是它的广泛性,看来要超过目前我们所能认识的程度。

四、方言类聚。方言是民族共同语的地方变体。民族共同语虽然是以某一方言为基础的,但是同时又吸收其他方言词汇以丰富自己的语汇。汉民族共同语中的同义词,有不少是吸收方言词汇而形成的。如《说文》:"芋,大叶实根骇人,故谓之芋也。""莒,齐谓芋为莒。""芋""莒"同指一物,"芋"为民族共同语,"莒"为齐方言。再如《说文》:"咷,楚谓儿泣不止曰噭咷。""喑,宋、齐谓儿泣不止曰喑。""咷""喑"同义,都是方言词汇。《尔雅》里也有不少方言词汇。如《尔雅·释诂上》:"勔,勉也。"郭璞注引《方言》云:周郑之间相劝勉为勔。"古代的一些典籍中,方言词汇也往往并用。如《左传》《国语》"逆""迎"并用,只是"迎"用得少一些,《左传》只用了2次,《国语》多一些,也只用了4次。其实,这两个词都是方言词汇。《说文》:"逆,迎也。从辵屰声。关东曰逆,关西曰迎。"

方言类聚的性质与同义类聚相同。我国第一部对方言词汇进行类聚的著作,是西汉扬雄所著的《方言》(全名为《輶轩使者绝代语释别国方言》)。这部书的性质和体例,同《尔雅》中的《释诂》相仿。如《方言》卷一:"嫁、逝、徂、适,往也。自家而出谓之嫁,由女而出谓嫁也;逝,秦晋语也;徂,齐语也;适,宋鲁语也;往,凡语也。"这一组同义词中,除"往"是凡语,即民族共同语外,其他都是方言词汇。王力先生的《中国语言学史》说:"《方言》的体例与《尔雅》同,每条先列举一些同义词,然后用一个常用词解释。但是它跟《尔雅》有一个大不相同的地方:这些同义词不是属于同一词汇的,而是属于不同的各个方言词汇的。"(第21页)

## 词义的结构性

词汇是单词的总和。每个单词各有自己的意义。因此,词汇包容着词义的总和。词汇所包容的词义之间的关系,形成词汇的意义结构。词汇的意义结构不可能是单层次的,也不可能是单向的。很可能是一个网状结构。对于词义结构的总面貌,是一个有待于深入研究的问题。

一些《说文》的研究者,曾对《说文》所收字的意义结构进行过探讨。他们认为《说文》的字义结构是树枝状或谱系式的。王筠的

《说文句读》后面附了一个《说文部首表》。该表原名为《说文字原表》,是蒋和所作。王筠稍加改造并对表中说明有所校正。他仿照人伦关系,用谱系法表示词义之间的关系。"其当行直下者,如子孙曾元然";"平线相系者,兄弟也";"跳行而相系者,义不直捷,如无子而犹有子也";"曲线横系者,朋友也"。表中线条,纵横相连,次序井然,且有文字说明,但看了仍不甚了然。只是有一点还看得比较清楚,即表中字义之间的联系,一是逻辑联系,一是字形联系。字形联系一般用于字义失去逻辑联系的地方。如"辛""辛"两部用曲线联系,其下的说明为"辛义不承辛,特以形似相系"。"熊"字,因下面是火,与"火"平线相系。"燕附于鱼,以尾相似"。像这样的字义结构分析,不能认为是科学的。

认识有两条途径:一条是从总体到部分,一条是从部分到总体。词汇意义结构的总面貌还不太清楚以前,并不影响我们对单词的词义之间的结构特性进行具体分析。

词具有结合能力。因为词有词汇和语法两重属性,词与词结合而形成的结构也相应地具有两重属性。按语法规则结合起来的结构,称语法结构。如"通达",是联合结构;"白雪",是偏正结构;"吃饭",是动宾结构。按词的意义结合起来的结构,称词义结构。如"细小",不妨称为同义结构;"桌椅",不妨称之为类义结构;"早晚",不妨称之为反义结构;"窗户",不妨称之为偏义结构;"暮春",不妨称之为限定结构;"骑马",不妨称之为支配结构。当然,词义结构的分类和名称还可讨论。

词义结构不仅仅是客观存在的,而且是词的语法结构赖以存在的基础。语法结构只是对词义结构的语法属性进行分类。我们可以说,凡是词义结构,都是符合语法规则的;但是不能认为,凡是符合语法规则的,都能形成词义结构。如"通达",是联合结构;通闭,虽然两个都是动词,符合联合结构的语法规则,但不能形成词义结构。"白雪",是偏正结构;白草,虽然一是形容词,一是名词,符合偏正结构的语法规则,但不能形成词义结构。由于通闭、白草不能形成词义结构,结果连语法结构也不能成立。

词义的结合有选择性。词义只选择相关的词义进行结合。如"郊"只能与意义相关的词结合,组成郊区、郊外、城郊、市郊、荒郊、近郊、远郊、四郊、郊游等词语;"遭"只能与意义相关的词结合,组成遭到、遭逢、遭遇、遭际、遭劫、遭难、遭受、遭殃、遭罪等词语。词义结合的选择性,一般受词义间的逻辑联系制约。如"郊"可以和"外"结合,构成"郊外",但不能和"内"结合,构成"郊内",因为"郊"本身就包含着城外的意思,与"内"缺乏逻辑联系;"郊"更不能和"上""下"结合,因为"郊"是表示地区的平面概念,没有上下之分。词义结合的选择性,因所属词汇系统的不同而不同。同一个词义,不同的词汇系统有不同的选择性。如"吃",普通话里,不能和"水""烟"结合,而吴方言区却能说"吃水""吃烟"。这说明,以北方话为基础的普通话和吴方言,词汇系统不完全相同。再如英语中的 light 和 dark 与汉语中的光亮和黑暗大致相当。light 和 dark 可和颜色词结合,构成 light blue、dark blue、light yellow、dark yellow,表示颜色的深浅,而汉语中的光亮和黑暗却不能和"蓝""黄"等颜色词结合。汉语中具有空间感的"深""浅",可和颜色词结合,构成"深蓝""深黄""浅蓝""浅黄"等词语,而英语中与汉语的"深""浅"相当的 deep、shallow 却不能同颜色词结合。这也可说明,汉语和英语存在着不同的词汇系统。

词义的结合还存在有序性。词义间的结合都有一定的顺序。

这种顺序是固定的,不能随意改变的。改变词序,就等于破坏固有的词义结构,把一个完整的结构拆散成几个意不相属的词义构件。如把"通达"说成达通,"早晚"说成晚早,"窗户"说成户窗,词序一经破坏,结构就不复存在,也就完全失去表示意义的作用。即使是词义十分接近的词义结构,也不能随意改变词序。如"巨大""细小""假借""饥饿",倘若把它们说成大巨、小细、借假、饿饥,就会令人听了不知所云。至于限定结构、支配结构等词序,则更不能随意颠倒。

词序颠倒以后,如仍能表示意思,则意味着两者是两个不同的词义结构。同样的两个词义,组成不同顺序的词义结构,意义也就不同。如"道路",基本意义是"地面上供人或车马通行的部分"(《现代汉语词典》。下同);"路道",是表示"途径、门路""人的行径(多用于贬义)"。"外号",表示"人的本名以外,别人根据他的特征给他另起的名字,大都含有亲昵、憎恶或开玩笑的意味";"号外",表示"报社因需要及时报道某些重要消息而临时增出的小型报纸,不跟定期出版的报纸顺序编号"。"道路"和"路道","外号"和"号外",组成这些结构的词义没有变化,变化的是它们的词义结构。

词义结合以后,如果产生出一种新的意义,那么可以认为,这是形成结构而产生的意义,可以看作是词的结构义。如"爪""牙","爪"是鸟兽用以攻击或防卫的工具,"牙"是人或动物咀嚼食物的消化器官。两词结合以后,可以表示国君得力的武臣猛将。《国语·越语上》:"然谋臣和爪牙之士,不可不养而择也。""爪牙"与"谋臣"对用,表示武臣。再如"甲""兵","甲"是铠甲,"兵"是兵器。两词结合以后,可以表示士兵或军队。《韩非子·存韩》:"昔者,纣为天子,将率天下甲兵百万。""甲兵"指军队。至于因词与词结合而产生新的意义后,原来的词组发展成为词,原来的词成为词素,那是词的发展演变问题。"爪牙",现代汉语中已成为一个词,表示坏人的党羽,而"甲兵"在先秦是一个新形成的词,但其后逐渐消亡。

词义与词义一经组合,形成一定的词义结构后,参与组合的词义一般就固定下来,不再引申变化。这也应看作是词义的结构性在起作用。如"齿",本义是门齿,引申义很多。《辞源》收有牙齿,或特指象牙;谓齿形物;牛马幼小者,岁生一齿,因以齿计其岁数,也指人的年龄;次列;录用;重视等义项。但当"齿"与"羽""毛""皮""革"等词结合,组成类义结构时,一般都指象牙。《尚书·禹贡》:"厥贡羽毛齿革。"《国语·晋语四》:"羽旄齿革,则君地生焉。"《荀子·王制》:"南海则有羽翮、齿革、曾青、丹干焉。"《吕氏春秋·季春纪》:"金铁、皮革筋、角齿、羽箭干、脂胶丹漆,无或不良。"例中的"齿"都是指象牙。一些古今词义有变化的词,如在词义结构中的,一般仍保持古义。如"盗窃"的"盗",仍表示偷窃的古义;"偷生"的"偷",仍表示苟且的古义;"海塘"的"塘",仍表示堤坝的古义;"堤防"的"防",仍表示堤坝的古义;"旅次"的"次",仍表示短期居住的古义;"农时"的"时",仍表示季节的古义;"回旋"的"回",仍表示旋转的古义;"固若金汤"的"金",仍表示金属的古义,"汤",仍表示热水的古义。这些语言事实表明,结构有固定词义的作用。

## 词义的依存性

词义的依存性,一般可以从两个方面来理解:一个方面的理解是,词义虽然是独立的,但是并不是孤立存在的;词义有一定的界域,并与相邻的词交接或交叉,孤零零的、四不挨边的词义是不存在的。另一个方面的理解是,词义自身不能独立说明所表示的意义,一个词义需要相关词义的配合才能得到确切的说明,或者说,词义只有在相关词义协同作用下才能表示出来;一个词义,如果离了相关的词义,在词汇系统中就失去存在的价值。

相邻的词义之间的界限往往是相对的。词义界限不是像一条线似的把两者截然区分开来,而是在两者之间存在着一个可此可彼的过渡带,因此,要明确一个词的界域,必须考虑到相邻的词义界域。否则,很难得到一个比较确切的理解。如以古代汉语中表示红的一组颜色词为例。"红",古汉语表示浅红色。《说文》:"红,帛赤白色也。"段注:"按,此今人所谓粉红、桃红也。""赤",是比"红"稍深的颜色。《说文》对"赤"的字形分析,认为是"从大火",意为火红色,光艳夺目。《释名·释采帛》:"赤,赫也,太阳之色也。""朱",是比"赤"更深的颜色。"朱",《说文》作"絑"。《说文》:"絑,纯赤也。"《易经·困卦》"困于赤绂"下郑玄注:"朱深于赤。""绛",又是比"朱"更深的颜色。《说文》:"绛,大赤也。"段注:"大赤者,今俗为大红也。朱红淡,大红浓。大红如日出之色,朱红如日中之色也。""红""赤""朱""绛"都是表示深浅不等的红色。这些表示红色的词义之间,不存在一条可以衡量深浅程度的绝对明确的界线。这几个词只是分别表示红色由浅到深的义域。因此,要了解其中某一词义的界域,必须联系相邻的词义界域。

我国传统训诂学家在训释词义时,也注意到词义相互依存的语言事实。他们常常利用相邻的词义来解释所要解释的词义。如《说文》:"房,室在旁也。"意思是,房就是在正室旁边的室。古人建筑,正对着堂的住房叫室,在室旁边的住房叫房。离开了"室"的词义,"房"的词义就不容易说清楚。《释名》在训释表示行走的一组词时,就是把相关条目排在一起,递相比较进行解释。《释名·释姿容》:"两脚进曰行","徐行曰步","疾行曰趋","疾趋曰走"。"步""趋""走",也只是分别表示行走速度从慢到快的三个速度段,它们之间没有而且也不可能有区分快慢的速度标准作为词义的界限。要明确这些词义,只能联系相邻的词义。

词汇中有相当数量的词,词义是相对的。如宽严、远近、喜怒、真假、生死、强弱等,这些词义都是互相依存、互为前提的。失去一方,另一方就没有存在的价值;离开一方,另一方就不可能得到确切的理解。因此,有一些词典对这类词解释时,就采用"与某词相对"的释义方法。如《现代汉语词典》在释"长"时,指出"跟'短'相对",解释"短"时,指出"跟'长'相对";解释"大"时,指出"跟'小'相对",解释"小"时,指出"跟'大'相对";解释"善"时,指出"跟'恶'相对",解释"恶"时,指出"跟'善'相对";解释"好"时,指出"跟'坏'相对",解释"坏"时,指出"跟'好'相对",等等。长短、大小、善恶、好坏,都是相对的词义,两者之间不可能有一条绝对的词义界限。"夫寸有所长,尺有所短"(《楚辞·卜居》),很难规定一个长度标准来区分长短的意义。"天下莫大于秋毫之末,太山为小;莫寿乎殇子,而彭祖为夭"(《庄子·齐物论》),大小、寿夭这些相对的词义,常常因各人的看法而异,也很难确定一条可以衡量的界限。这种相对的词义,必然是互相依存、互为前提的。

词义的依存性还不仅表现在义界相接、意义相对的词义上,而且还表现在表示彼此依存的事物的词义上。用词义依存性的观点来看待一些词义现象,我们可以发现,有些相关的词义几乎是同步产生的。如"倚",本义是依靠。《说文》:"倚,依也。""依,倚也。""倚""依"互训。这个词先秦就有。"卓"的本义是高。《说文》:

"卓,高也。"这个词先秦也有。大约到了唐代,"倚"从依靠的意义引申为表示椅子的椅(按:"椅"字《说文》收有此字,原义是一种树木名),表示有靠背的坐具。唐《济渎庙北海坛祭器杂物铭》碑阴:"绳床十,内四倚子。"很有意思的是,大约与此同时,"卓"也从高的意思引申为桌子的"桌"。《通雅·释器》:"倚、卓之名,见于唐宋。唐末小说有椅棹字……杨亿《谈苑》云:'咸平景德中,主家造檀倚卓,俗以为椅子桌子。'""倚卓"写成"椅棹"大约是从宋开始的。宋黄朝英《靖康湘素杂记三·倚卓》:"今人用卓倚字,多作木旁……卓倚之字,虽不经见,以鄙意测之,盖人所倚者为倚,卓之在前者为卓。"从宋人的笔记体小说来看,卓倚,宋人已习作棹椅。如《大宋宣和遗事·亨集》:"抬头一觑,见师师棹上有一小束。"王铚《默记》:"徐(铉)引椅稍偏,乃敢坐。"随着"椅"的坐具义的产生,"坐"的意义也相应地发生变化。古人坐的姿势是"膝着席而下其臀"(《说文通训定声》)和跪的姿势十分相近。而坐在椅子上且背靠着椅背,坐的姿势必然是臀着椅面而双脚垂地。尽管宋代的《类篇》《集韵》对"坐"的解释,还是照搬《说文》训为"止也",但从宋人的笔记小说看,坐的姿势已如今人了。如《大宋宣和遗事·贞集》:"来日有引帝及延禧入小院中,庭宇甚洁,令二人坐左虎校椅上。"

词的意义是概括的,具有抽象的特点。一个词义的确切内容,必须借助于其他词义的配合,才能得到说明。词义本身并不能说明自己的内容,即使表示很具体的意义也是如此。如"号外"这个词的词义,你把它和一张具体的号外联系起来,也只能得到"号外"这个词义的表象,而不可能得到"报社因需要及时报道某些重要的消息而临时增出的小型报纸,不跟定期出版的报纸顺序编号"这样概括的说明。因为"号外"这个词义已经抛弃了号外的具体属性,它不管号外是哪家报社出版的,有些什么重要消息,也不管号外的版面设计,字体大小等等,它所反映的是号外的本质属性。反映事物本质属性的词义,离开了其他词义,自身是无法得到说明的。

我们在扩大词汇积累的过程中,就是利用词义相互依存的特性。在通常情况下,我们总是利用已知的词义去求知未知的词义。这样,一个人从小到大,日积月累,就像滚雪球似的,逐步扩大并丰富自己对词汇的积累。离开了已知的词义,就很难理解未知的词义。

编纂词典或字典,也是利用词义相互依存的特性。词或字需要编写词典或字典这个事实本身就已经表明,词自己不能说明自己的内容。词(字)典在解释一个词时所选择的解释用语必须是通俗简明,而且必须是本词(字)典收有的词(字)。如果解释用语中有不是很通俗的字,或编纂者认为通俗但使用者不明白而又不能在本词典中查到时,就会影响词(字)典的实用价值。我国早期的训诂专著,多采用单词相释,而且有相当数量是互训词。如《说文》:"遇,逢也。""逢,遇也。""呻,吟也。""吟,呻也。""诚,信也。""信,诚也。""辉,熀也。""熀,辉也。""镣,鍱也。""鍱,镣也。""歠,歙也。""歙,歠也。"这些互训词,实际上是同义重复。其中有一个词的意思不清楚,就会影响对另一个词的理解。如两个互训词全不清楚,那就等于没有解释。这种训释方法,从编纂字典的角度来看,是不可取的。但它却告诉我们,词义本身并不能说明自己的内容,同一词汇系统内部的词义是互相依存的。至于不同的语言也可编纂词典,用本国语去解释别国的词语,这是从宏观表明,人类的语言是一个总的语系,下面又有各个语系分支,各个分支的语系之间在词汇等方面,存在着相应的对照关系。这和同一语言系统中的语言现象不能同日而语。

## 词义的互补性

客观事物是复杂的。同一事物往往呈现出多方面的特点。人在认识某一事物时,往往也是从不同的角度进行观察。这反映在词义上,一些不同的词是从不同的角度表示同一事物的同一意义。如"身",金文作㇠,象妇女隆腹,表示怀孕。"妊",字也写作"姙",与"任"字同源。"任"的意思是抱。《国语·齐语》:"负任担荷。"韦昭注:"背曰负;肩曰担;任,抱也;荷,揭也。"因妇女怀孕像抱着什么东西,所以用来表示怀孕。《大戴礼记·保傅》:"周后妃任成王于身。""任"即表示怀孕。后专造一个"妊"字以表示怀孕。"娠"也表示怀孕。《说文》:"娠,女妊身动也。""娠"与"震"同源。《尔雅·释诂》:"娠,动也。"郭璞注:"娠,犹震也。"《左传·昭公三十二年》:"文姜之爱子也,始震而卜。"孔颖达正义:"震,动也。怀妊始动,知有震妊而即卜也。""身",是从形体表示怀孕;"妊",是从姿态表示怀孕;"娠",是从胎儿在腹中躁动表示怀孕。这种从不同的角度共同补足一个词义,就是我们所说的词义互补性。

词义互相补充,共同表示一个意义,这在古代汉语中比较突出。《尔雅·释器》:"木豆谓之豆,竹豆谓之笾,瓦豆谓之登。"郝懿行疏:"分别言之为木、竹、瓦,总统言之俱曰豆。"这就是说,"豆""笾""登",是用三种不同材料制成的同一用途的器皿。《说文》:"馈,饷也。""赠,玩好相送也。""送,遣也。"这就是说,"馈",表示用食物送人,"赠",表示用好玩之物送人,"送",表示送别、送行,后发展为送财物。三者用不同的相送内容表示同一行为。段玉裁在注

《说文》时,注意到这种词义互补的现象,提出了"二义相足""二义相成"的看法。如《说文》:"譸,痛怨也。"段注:"《方言》'譸,谤也''譸,怨也',二义相足。"意思是,"譸"是"谤"和"怨"两义的互补。《说文》:"谧,静语也。"段注:"慎、静二义相成。"按,"静",《说文》解释为"宷(审)也"。段注:"宷(审)度得宜,一言一事必求事理之必然也。"《说文》"慎"下段注:"言部曰:谨者慎也。二篆为转注。未有不诚而能谨者也。"这就是说,段玉裁认为,真诚(慎)和审度(静)在"求事理之必然"时,是相辅相成的。段玉裁还提到"谆"是内心诚恳和谆谆诲人的"两义相足"。

看到词义的互补性,有助于我们分析并理解词义。古代汉语中有相当数量的词,意义是相足相成的。如"喜""悦"两词,都是表示高兴的意思。但"喜"的初义是表示表现在外表上的高兴,"悦"的初义是表示内心的高兴。理解"喜""悦"两义相足相成这一点,对《史记·龟策列传》中"元王大悦而喜"一语,就不难理解了。这就是说,宋元王因得神龟内心高兴而喜形于色。保存在词义结构中的"喜""悦"仍保留两词的初义。如现代汉语中常说的"喜形于色""喜笑颜开""喜气洋洋""面带喜色""喜容"等表示外表高兴的词语,都不能换成"悦"字。而"心悦诚服",不能说成"心喜诚服";"悦"可和"慕"连用,构成"慕悦",表示心里喜欢,"喜"则不能。《史记·吕后本纪》中有这样一段话:

> 七年秋八月戊寅,孝惠帝崩。发丧,太后哭,泣不下。留侯子张辟疆为侍中,年十五,谓丞相曰:"太后独有孝惠,今崩,哭不哀,君知其解乎?"丞相曰:"何解?"辟疆曰:"帝毋壮子,太后畏君等。君今请拜吕台、吕产、吕禄为将,将兵居南北军,及诸吕皆入宫,居中用事,如此则太后安,君等幸得脱祸矣。"丞

相乃如辟疆计。太后说,其哭乃哀。

最后一句话中的"说",是"悦"的古字,《说文》解释为"说释也"。段注:"说释者,开解之意,故为喜悦。"这里的"太后说,其哭乃哀",只能理解为:太后放心了,她的哭泣才悲哀。

互补的词义,一般都是很相近的。如"文""字","文",是指象形字、指事字;"字",是指以象形、指事为基础造出来的字,即形声字、会意字。《说文解字·后叙》:"盖依类象形,故谓之文;其后形声相益,即谓之字。文者,物象之本;字者,言孳乳而寖多也。""文""字"两字的意义相足相成,才表示完整的意思。再如甲骨文中的"追""逐","追"用于追人,"逐"用于追兽,两字相足相成,表示追及并擒获的意思。《说文》段注中所提到的"析言",多数包含词义相足相成的关系。《说文》"呻"下段注:"按,呻者,吟之舒;吟者,呻之急。浑言则不别也。"《说文》:"蕳,菡蕳,扶渠华,未发为菡蕳,已发为夫容。"段注:"此就华析言之也……统言则不论其已发未发也。""呻"与"吟","菡蕳"与"夫容",它们的词义都相足相成。

有些反义词,也存在词义互补的关系。如"教""学",本来是一个字,是仿效的意思。"学"是仿效别人,"教"是使别人仿效。《说文》"敎"下段注:"教人谓之学者,学所以自觉,下之效也;教人所以觉人,上之施也;故统谓之学也。""买""卖"本来也是一个字,是贸易、交换的意思。"买",是贸易中进的一方;"卖",是贸易中出的一方。《说文》中的"卖"字,就是由"买""出"两字构成的。其他如"受""授"、"内""纳"、"至""致"等都存在着反义互补的关系。

词义的互补,有时表现为表示不同感官的词义互补。如现代汉语中的"响亮",是表听觉的"响"和表视觉的"亮"互补,表示"(声音)宏大"(《现代汉语词典》,下同)。"圆润",是表视觉的"圆"和表触觉的"润"互补,表示"饱满而润泽"。其他如"清甜""清脆""清淡""圆滑""苦涩""苦寒""香酥""香甜""香泽"等,都是不同感官的词义互补。

## 结语

本文认为:

1. 词汇系统是客观存在的。词是音和义的结合物。词汇系统实际上就是词义的结构系统。词义的结构系统表现为词义之间的各种联系形式。

2. 词义结构系统是一个庞大而又复杂的系统。词义之间不可能只存在单一的联系形式,也不可能只是一个单层次的意义结构。词义系统是一个有多种联系形式、多层次的结构系统。

3. 在词汇系统被清楚揭示出来以前,并不妨碍我们用系统的观点来研究词汇现象。弄清楚词义之间的具体联系,有助于我们逐步接近对词汇系统全貌的认识。

4. 词义具有类聚性、结构性、依存性和互补性等系统特征。这些特征表明,词汇不是像一盘散沙似的,孤立存在的,而是存在着各种各样的联系。

(本文原载于《北京师院学报》1987年第4期)

# 词义分析和语法分析

## ——训诂学新谈

传统的训诂学是在解经的基础上发展起来的。训诂的目的，主要是阐述经义。"故训明，则古经明"①。因此，训诂学在训释词义的方法上，虽有形训、音训、义训之别，但最后还是要落实到义训上。因为"训诂者，义理之所由出。非别有义理出于训诂之外者"②。义训的范围很广，既训释词语，也训释章句；既训释实词，也训释虚词。"汉人经说，率名章句"③；《尔雅》《说文》，虚实并收。总之，凡是训释古汉语的词语，不论其语言单位的大小，都在训诂学的范围之内。我国有着无比丰富的典籍尚待整理。这种具有我国特点的以综合训释见长的训诂学，无疑应该进一步得到发展。现代语言科学的发展，使语言研究的门类愈分愈细，这为发展传统的训诂学提供了科学的依据。但是，不能认为，这种研究可以降低或取代传统训诂学的地位和作用。

曾经有这样一种意见，认为"凡读书者有二事焉：一曰明训诂，二曰通文法。训诂治其实，文法求其虚"④。这种把训诂局限于

---

① 清戴震《题惠定宇先生授经图》。
② 清钱大昕《经籍籑诂·序》。
③ 清王筠《说文解字句读·凡例》。
④ 杨树达《词诠·序例》。

"治其实",而把虚词排除在外的意见,不仅仅是缩小了训诂学的范围和作用,而且对训诂学和文法学的认识,也有模糊不清的地方。训诂学和文法学并不像词汇学和语法学那样,是一对平行的学科,而且也不是同一层次的概念。训诂学的研究对象是语言的意义部分,包括词汇意义和语法意义,并且还涉及与意义有关的语音和汉字的形体。文法学的研究对象只是语言中的语法部分,包括语法形式和语法意义。如果把训诂学的研究对象局限于实词,把虚词排除在外,这等于把训诂学看成是词汇学,因而实际上取消了训诂学。我认为,这种流传已久的看法,必须得到澄清。

训诂学不能把虚词排除在外。相反地,重视对虚词的训释,正是训诂学发展的一个重要标志。训诂学的初期阶段,《尔雅》《说文》和汉人的随文注释,只是零星地对虚词的意义和作用进行训释。后来这种训释愈来愈自觉,到了明代,出现训释虚词的专著,如卢以纬的《语助词》(1592年)。到了清代王引之的《经传释词》(1798年),"纯从虚词体会"[1],系统地收集并整理了经传中的虚词,并对它们的意义和用法进行了训释,纠正了"自汉以来,说经者崇尚雅训。凡实义所在,既明箸之矣,而语词之例,则略而不究"[2]的缺点,使训诂学的发展达到一个新的阶段。

训诂学甚至也不能在训释实词时把语法分析排除在外。词具有两重性,既具有词汇属性,又具有语法属性。离开对词的语法属性的分析,就很难对一个词的意义作出正确的判断。在语法学建立以前,对词的语法属性的分析,往往是靠语感进行的,因而是不

---

[1] 《经词衍释·何序》
[2] 《经传释词·自序》

自觉的。但是,这种不自觉的分析也是不能缺少的。值得注意的是,汉末和魏晋初期的一些注释家,有时也结合语法分析对实词进行训释。如韦昭在《国语·楚语上》"左史倚相廷见申公子亹"一语下注道:"廷见,见于廷也。"明确注出"廷"字在句中的语法作用,是表示处所。又,"声子曰:'子尚良食,吾归子。'"韦注:"使子得归也。"注出"归"有使动意义。在这方面最为突出的要推高诱。高诱曾对《吕氏春秋》《战国策》《淮南子》三书进行了注释。他在注释时注意某些实词语法功能的变化,并恰如其分地用表示语法变化的用语把它们注释出来。例如:

①其仆曰:"然则君何不相之?"(《吕氏春秋·期贤》。高诱注:"何不以段干木为相也。")

②先生俨然不远千里而庭教之。(《战国策·秦策一》。高诱注:"不以千里之道为远也。")

③贫穷则父母不子。(《战国策·秦策一》。高诱注:"不以为己子也。")

④靖国君至,请因相之。(《战国策·齐策一》。高诱注:"请以为相也。")

⑤凡大者小邻国也。(《吕氏春秋·慎大览》。高诱注:"夫大者侵削邻国使小也。")

不仅如此,高诱还在注释中,注意到一些影响对语意理解的句法问题。他对初期用介词"于"引进施事者的被动句和用助动词"为"表示被动的被动句,都用当时习用的被动句式进行注释。例如:

⑥燕亡于齐,陈亡于楚。(《战国策·西周策》。高诱注:"为齐、楚所灭亡。")

⑦越王弗与,乃攻之,夫差为禽。(《吕氏春秋·长攻》。高诱注:"为越所获。")

⑧故圣人制礼乐,而不制于礼乐。(《淮南子·氾论训》。高诱注:"圣人能制礼乐,不为礼乐所制。")

上述各例中的词语和句子,由于高诱结合语法分析进行训释,言简而意明,读了觉得怡然理顺,畅然易晓。直到现在,在注释古文遇有类似的语言现象时,一般仍采用高诱的训释方法和用语。高诱训释时所揭示的语法作用,经近人总结,已被视为古汉语的语法特点。由此可见,即使是实词的词义分析,也不能离开语法分析。

但是,高诱是一千七百多年前的古人,他的注释虽然揭示了古汉语语法的某些特点,不过这种揭示是不自觉的。他只是知其然,而不知其所以然。今天,随着语言科学的发展,特别是语法学研究的进展,我们应该有意识地利用已有的研究成果,发扬传统训诂学中结合语法分析训释词义的优点,使训诂学建立在更科学的基础上。下面只是就词义分析应如何结合语法分析,谈一些个人的看法。

要正确判断一个词在句中的具体意义,必须从以下几个方面对词的语法属性进行分析:

一、词性分析。

语言中的任何一个词都分属于一定的词类。词性和词义有着十分密切的关系。确定词义必须先分析词性。印欧语的字典或辞典,在每一个词目下,首先标出词类属性,然后才诠释词义。汉语因为形态较少,对词进行语法分类还存在着一定的困难,并且对怎样确定一个词的语法属性,语言学界的认识也还不统一,所以目前还没有一本汉语字典或词典对词进行语法分类。这不能不说是一个缺陷。这个缺陷只能依靠训释者自己来弥补。

因词性分析不当而对语意产生误解,这在古汉语中是屡见不鲜的。最典型的例子莫过于战国末期广为流传的"夔一足"。这个故事见于《韩非子·外储说左下》和《吕氏春秋·察传》,现转录《韩非子》中所载的如下:

哀公问于孔子曰:"吾闻夔一足,信乎?"曰:"夔人也,何故一足?彼其无他异,而独通于声。尧曰:'夔一而足矣。'使为乐正。故君子曰:'夔有一足,非一足也。'"

构成这个故事的矛盾中心,是错把形容词"足"当成名词"足"。类似这样的例子,现在也时有发生。如《荀子》一书中有一句习用的话:"岂不过甚矣哉!"这句话在全书一共出现了9次。其中有4次分别见于《荀子选注》① 中的《王霸》《君道》《强国》《性恶》各篇。但注释者对这句话有两种不同的理解。现将这两种理解的原文各录一句如下:

⑨今君人者,急逐乐而缓治国,岂不过甚矣哉!(《王霸》)

⑩无辨合符验,坐而言之,起而不可设,张而不可施行,岂不过甚矣哉!(《性恶》)

例⑨注释者理解为"这不是太过分了吗!"(《君道》《强国》两篇也如此理解)例⑩注释者理解为"难道不是大错特错吗!"是这两种理解都对呢,还是其中有一种理解错了呢?应该认为,前一种理解错了,尽管这种理解占多数。错的原因就在于对"过"字的词性作了错误的分析。《荀子》中用作谓语的"过"字共35个,其中有19个

---

① 吉林大学《荀子》注释组编,吉林人民出版社,1975年出版。

属形容词谓语,都不带宾语,词义是"错误"(与"正确"相对);有16个属动词谓语,都带宾语,词义是"超过"。"岂不过甚矣哉"中的"过"字,属形容词。而且,也只有这样理解,才符合荀况的原意。荀况认为,一个"明君","必将先治其国,然合百乐得其中"(《王霸》)。如果"急逐乐而缓治国",那简直是本末倒置,错误之极的事,而不是"太过分了"。因此,"岂不过甚矣哉"的正确理解应是"难道不是错误极了吗"!

古人对词义训释的一些不同意见,也往往与词性的分析直接有关。如《史记·高祖本纪》中有这样一句话:"与父老约法三章耳:杀人者死,伤人及盗抵罪。馀悉除去秦法。"无论是从这句话本身并结合下文"馀悉除去秦法"来看,还是从汉人到唐人对这句话的理解来看,"约法三章"的"约",都应该理解为形容词,是"省约"的意思。"约法三章",就是"把法简化为三章"的意思。从语法上分析,"约法",即"使法省约",是使动用法。汉人、唐人都这样理解。例如:

⑪约法省刑。(贾谊《过秦论》)

⑫汉兴,除秦苛法,约法令,施德惠,人人自安。(《史记·孝文本纪》)

⑬故高皇帝约秦苛法,慰怨毒之民而反和睦之心。(《盐铁论·周秦》)

⑭高祖初入关,约法三章曰:"杀人者死,伤人及盗抵罪。"(《汉书·刑法志》)

⑮汉兴之初,虽有约法三章,网漏吞舟之鱼,然其大辟,尚有夷三族之令。(《汉书·刑法志》)

⑯上于是约法省禁,轻田租,什五而税一。(《汉书·食货

⑰高祖平乱,约法三章。(《后汉书·杨终传》)

⑱李奇曰:"约法三章,无肉刑。文帝有肉刑。"(《史记·文帝本纪》集解)

⑲天子于凉州,诏颁五十三条格,以约法缓刑。(《旧唐书·高祖纪》)

⑳高祖入京师,约法十二条,颁新格五十三条。(《新唐书·刑法志》)

㉑既平京城,约法为二十条。(《旧唐书·刑法志》)

可是,南宋学者王应麟仅仅依据"约法三章"的上文为"吾与诸侯约",就认为此句应该以"'与父老约'为句,下云'法三章耳'"(《困学纪闻》卷十二)。把"约"字看作是动词,理解为"约束"的意思。虽然对王应麟的这个意见,一直存在着不同的看法,但今天的一些注释或标点者,囿于"对文"的看法,都接受了王应麟的说法。其实,这个说法的依据并不充分。《史记·淮阴侯列传》中,上文并没有"与诸侯约"的对文,下文也是"除秦苛法,与秦民约法三章耳"。《史记》他处也有"约法"连文并和"省禁"对用。如"约法省禁"(《平准书》)。当然,这两种意见,仍然可以讨论。但是由此可以看出,对词性的分析,直接影响到词义的分析。只有把两者有机地结合起来,才有可能对词义作出正确的分析。

二、词的成分分析。

成分分析法,目前仍然是我国语言学界所普遍采用的语法分析方法。这种方法虽然有层次不清的缺陷,但却比较实用,比较落实,而且有助于词义分析。按照这种分析方法,一个实词在句中都充当一定的语法成分。在古汉语中,一个词往往有多种语法功能,可以充当多种语法成分。同一个词,在句中所充当的语法成分不同,词义也往往发生变化。如"至"字,充当谓语时,一般是"到来"的意思,属动词。但是,"至"字充当状语时,却是"最""非常"的意思,属程度副词。例如:

㉒天子也者,势至重,形至佚,心至愈。(《荀子·君子》)

㉓凡说之难,以至高遇至卑,以至治遇至乱,未可以直至也。(《荀子·非相》)

《荀子》一书中,充当状语的"至"字,计有66个,都是"最""非常"的意思。"致"字也是如此。《荀子》中充当状语的"致"字,计有39个,也都当"最"讲,而"致"字充当谓语时,一般都是"至"或"使至"的意思。其他如"绝"字,充当谓语时,其基本意义是断绝,而充当状语时,也是表示程度,是"非常"的意思。

有的词,虽然不像"至""致""绝"那样,因所充当的成分不同而词义发生有规律的变化,但词义也随着所充当的成分不同而有所不同。如"大"字,充当谓语时,一般是表示范围大。如"国大者人众"(李斯《谏逐客书》)。但当它充当状语,修饰某些动词时,却是表示程度大,是"非常""十分"的意思。例如:

㉔民大悦。(《孟子·梁惠王下》)

㉕项羽大怒。(《史记·项羽本纪》)

㉖高帝闻之,乃大惊。(《史记·田儋列传》)

㉗韩信……知其不用,还报,则大喜。(《史记·淮阴侯列传》)

例㉔的"大悦",即"非常高兴"。例㉕的"大怒",即"非常生气"。例㉖的"大惊",即"非常吃惊"。例㉗的"大喜",即"非常欣喜"。"大"字充当定语,修饰某些名词时,有德行、地位、辈分、技艺高的意思。例如：

㉘敢问如何斯可谓大圣矣。(《荀子·哀公》。按："大圣"，即德行最高的圣人。)

㉙从其大体为大人。(《孟子·告子上》。按："大人"与"大圣"同义。)

㉚始大人常以臣无赖。(《史记·高祖本纪》。按："大人"，即辈分高的人，这里指父亲。)

㉛大臣父兄有能进言于君。(《荀子·臣道》。按："大臣"，即级别高的臣子。)

㉜人人各以为得大将，至拜大将，乃信也。(《史记·淮阴侯列传》。按："大将"，级别高的将领。)

㉝大匠不为拙工改废绳墨。(《孟子·尽心上》。按："大匠"，技艺高超的匠人。)

"大"字的等级高这一意义，一般都是在充当定语时才有。在古汉语中，上述各例充当定语的"大"字，一般不能放在被修饰的名词后面。如"大圣"，不能说"圣大"，"大人"，不能说"人大"，"大臣"，不能说"臣大"等等。如果能说，意思可能也会发生变化。像现代汉语中的"大官"（"大"也是级别高的意思），也可以说"官大"，这在古汉语中比较少见。

在同一个句子中，语法成分的理解不同，不仅会影响对词义的分析，而且还会影响对整个句子的理解。这种情况，在古注中时有发生。如《史记·荆燕世家》中有句话："定国有所欲诛杀臣肥如令郢人，郢人等告定国。"这句话，前人有两种解释：①裴骃集解："如淳曰'定国自欲有所杀馀臣，肥如令郢人以告之。'"②颜师古注引如淳的解释以后，说："此说非也。肥如，燕之属县也。郢人者，县令之名也。定国别欲诛其臣,又欲诛肥如令郢人,而为郢人等所告也。"司马贞的《索隐》,只是分别介绍了如淳和颜师古两家的说法,自己没有参加意见。

上述两种理解,第一种理解是把"肥如"理解为人名,充当"肥如令郢人"一句中的主语,把"令"理解为动词,充当谓语,"郢人"充当"令"的宾语。按这种理解,应在"定国有所欲诛杀臣"后用逗号逗开。第二种理解是把"肥如"理解为地名,充当"令"的定语,"郢人"为人名,是"肥如令"的同位语。"肥如令郢人"和"臣"是并列成分,都是"诛杀"的宾语。按这种理解,应在"定国有所欲诛杀臣肥如令郢人"后面断开。这两种理解,以后一种理解较符合汉语的句法结构。但是这种理解也有问题。因为按《史记》《汉书》的行文习惯,在并列成分"臣"和"肥如令郢人"之间,应该有连词。《史记》《汉书》都不避连词的重复使用。例如:

㉞方今天下之权,存亡在子与高及丞相耳。(《史记·李斯列传》)

㉟留岁余,单于死,国内乱,骞与胡妻及堂邑父俱亡归汉。(《汉书·张骞李广利传》)

上述两例,并列成分都较简单,但仍不避用连词"与"和"及"。而"定国有所欲诛杀臣"句,句子结构比较复杂,《史记》作者例不会不用连词。即使《史记》疏忽了,《汉书》作者在转录时也会按行文习惯加进去。可是两书此文都没有连词。从句法分析来看,我认为把"肥如令郢人"理解为"臣"的同位语,似较上述第二种解释更为合理。

在古注中,因语法成分理解有错误而断句不当,也不乏其例。如《汉书·郊祀志》:"(栾)大为人长美言多方略而敢为大言处之不疑。”颜师古在“言”下注道：“善为甘美之言。”把谓语“美”错误地理解为“言”的定语，同时还把表示人的高度的形容词“长”误解为动词。按照注释的理解，应该在“言”后用逗号断开，这显然是错误的。这句话正确的标点应为：大为人长美，言多方略，而敢为大言，处之不疑。杨树达所著的《古书句读释例》，其中有不少断句不当，是属于语法成分理解有误。

三、词的功能分析。

词的语法功能是在句子结构中得到表现的。一个词往往有多种语法功能。功能的不同，也常常会影响词义的变化。这和词的成分分析虽然是两个不同的角度，但其中也有交叉重合的地方。下面主要分析词的临时功能对词义的影响。

在古汉语中，由于表达的需要，词的功能有时临时发生变化。一般说，词的功能临时发生变化，总要影响词义的变化。如“疾”“病”两字，是同义词。《说文》：“疾，病也。”“病，疾加也。”当它们作宾语，有时可以替换。如《史记·吴王濞列传》：“吴王身有内病。”《汉书·吴王濞传》改“病”为“疾”，基本意思不变。但是，当“疾”“病”两字用如动词时，词义就发生显著的变化。

㊱越之霸也，不病宦。（《韩非子·喻老》）

㊲远举则病缪，近世则病佣。（《荀子·非相》）

㊳子曰：“好勇疾贫，乱也。人而不仁，疾之已甚，乱也。”（《论语·泰伯》）

㊴老子疾伪。（《文心雕龙·情采》）

例㊱的“不病宦”，是不担忧到吴国去做小官的意思。“病”，相当于“患”“担忧”。例㊲的“病”，也是“担忧”的意思。例㊳㊴中的“疾”，是“憎恶”“憎恨”的意思。词义变化都很大。这种变化虽然同词的本义仍然有联系,但不同于词义的引申。一般说,词义的引申并不要求词的语法功能作出改变。

词的语法功能的改变,常常使词义扩大,使词由一个单词的意义扩大为一个词组的意义。如例①"何不相之"中的"相"字,相当于"以……为相",即"任用……为相"的意思。例③中"父母不子"中的"子",相当于"以为己子",即"把自己看成儿子"的意思。例②中的"不远千里"中的"远",相当"以……为远",即"认为……为远"的意思。其他,如例⑤"小邻国"中的"小","廷见"的"廷",也都如此,它们都包含一个词组才能表达的意义。

当一个及物动词,应该带宾语而不带宾语时,这也可以认为词的语法功能发生了变化。这种变化也会使词义发生相应的变化。一般说,及物动词不带宾语时,整个句子就会由主动式变为被动式,及物动词的词义前面也要相应地加一个"被"字。例如:

⑩田盼宿将也,而孙子善用兵,战必不胜,不胜必禽。(《战国策·魏策二》)

㊶田常徒用德而简公弑,子罕徒用刑而宋君劫。(《韩非子·二柄》)

上述例⑩"不胜必禽",即"不胜必被禽"。例㊶的"简公弑""宋君劫"上文同样的句式为"简公见弑""宋君见劫"。"禽"和"被禽","弑"和"见弑","劫"和"见劫",意义是不同的,有的时候常常用两个词来表示。有时候,这类情况,前面简单地加个"被"字还不行,而要适当地改变词义。例如:

㊷鹤鸣于九皋,声闻于天。(《诗经·小雅·鹤鸣》)

㊸大王又长,贤圣仁孝,闻于天下。(《史记·孝文本纪》)

例㊷的"声闻于天",即"声达于天","闻"有"传到"的意思。例

㊸的"闻于天下",是"天下人都知道"的意思。但"闻"字带宾语时,一般都是"听见"的意思。

上述例中的"禽""弑""劫""闻"等字,只是它们的语法功能由主动变为被动,词性没有变化,语法成分也没有变化。但这种变化会使词义发生相应的变化。

四、词在结构中地位的分析。

语言的结构,虽然是由词构成的,但是进入结构中的词必须受结构内部规律的支配。正是由于这个原因,世界上一些中断使用,无法认读的古文字,常常依靠它们所呈现出的规律性进行破译。我国的古文字甲骨文,多数是参照《说文》的字形分析,借助于文字本身的形体结构进行辨认的。但也有一些字,特别是形体很简单的字,是通过对字在结构中所处的地位的分析辨认出来的。例如甲骨文中的"㞢"字,罗振玉认为是"之"字。郭沫若分析了"㞢"字在结构中所处的地位,认为"卜辞用此字均与又字义同"(《卜辞通纂·数字》)。因为甲骨文中又、有通用,"㞢"也可用作"有"。这个说法已为古文字学界所公认。《甲骨文编》卷七·七:"此字(按:即'㞢'字)不知偏旁所从,以文义覈之,确与有无之有同义。"

这种从字在结构中的地位进行辨认的方法,已愈来愈为研究甲骨文者所采用。例如王显先生否定甲骨文中的"🦶"字为"捷"的初文的说法,其中最有说服力的一个论据,就是"🦶"字在结构中的地位。他说,"捷"字"在先秦两汉的古籍里虽有作动词谓语的例子,但从没有直接带宾语的"。"现在甲文中出现了'🦶戈方',金文出现'🦶殷'的结构,'🦶'字后头都带了宾语,是跟'捷'字的语法规律不相同的。这又证明了'🦶'字不可能是'捷'字。"(《读了〈说🦶〉以后》,见《中国语文》1980年第2期)

一些不认识的字尚且可以从它在结构中的地位得到辨认,日常习见的古书中的词,它们的确切意义,自然更可以从它们在结构中所处的地位分析出来。古汉语在长期使用中形成的固定结构极为丰富,处在结构中的词都有规律可寻。如在"唯……是……"这一结构中,"唯"后的词要求是名词,"是"后的词要求是动词。"何……为"这一结构中,在"何""为"之间,要求是动词或动词性词组。因此,一些因一时不能判断词性而影响对词义理解的词,往往可以从词在结构中的地位来分析词义。如《左传·昭公十三年》有这样一句话:"齐桓、晋文不亦是乎?""是"在古汉语中常见的用法,一是与错误相对,是"正确"的意思,属形容词;一是与彼相对,是"这"的意思,属指示代词。还有一个用法,是表示对事物的确认,属动词。但这个用法产生的时代还有争议。"不亦是乎"的"是",究竟是属于上述三种用法的哪一种呢?

《左传》中共有"不亦……乎"这样的结构68个。在"不亦"和"乎"之间,主要是形容词和动词,也有个别是副词。例如:

㊹不亦宜乎?(《左传·隐公十一年》)

㊺不亦难乎?(《左传·僖公十九年》)

㊻不亦美乎?(《左传·襄公二十七年》)

㊼不亦多乎?(《左传·襄公三十一年》)

㊽不亦可乎?(《左传·闵公元年》)

㊾不亦识乎?(《左传·成公十六年》)

㊿不亦甚乎?(《左传·哀公六年》)

据此以律"是"字,"是"也应该是形容词或动词。但理解为形容词与字义不合,于是按"是"在结构中的地位只能理解为表示对事物确认的动词。这样理解不仅与上下文符合,而且也与前人的注释一致。这句话的上文是“子干之官,则右尹也。数其贵宠,则庶子也”;下文是“齐桓,卫姬之子也,有宠于僖。”“我先君文公,狐季姬之子也,有宠于献。”杜预的注是:“皆庶贱。”综合以上各点,“齐桓、晋文不亦是乎”,理解为“齐桓、晋文不也是(庶子)吗”是符合作者原意的。

古汉语中有的词,其词义常常受前后构成成分的影响。如“足以”,单用时表示对事物的价值作出肯定的判断,一般都可用“足够用来”来对译。例如:

(51)齐之清济浊河,足以为限;长城巨防,足以为塞。(《韩非子·初见秦》)

(52)纣大悦:“此一物足以释西伯,况其多乎?”(《史记·周本纪》)

但是,当“足以”受“不”“何”等词语修饰时,更常见的用法,是具有相当于现代汉语“值得”的意思。“不足以”即不值得,“何足以”即哪里值得。例如:

(53)越人相攻击,固其常,又数反复,不足以烦中国救也。(《史记·东越列传》)

(54)孔子曰:吾何足以称哉!(《吕氏春秋·尊师》)

又如,“足以”因受“不”“何”的修饰,组成一个语言结构,“足以”可以省写为“足”,成为“何足”“不足”。“不足”“何足”的“足”,一般都相当于值得的意思。例如:

(55)剑一人敌,不足学。(《史记·项羽本纪》)

(56)楚相不足为也。(《史记·滑稽列传》)

(57)且秦以不闻其过亡天下,李斯之分过,何足法哉?(《史记·萧相国世家》)

(58)谢曰:“臣,亡国之臣,何足问?”(《史记·秦本纪》)

把“何足”看成是一个结构,还可以据此进一步类推,凡受与“何”意义相当的其他疑问代词修饰的“足”字,也是值得的意思。例如:

(59)子之道,狂狂汲汲,诈巧虚伪事也,非可以全真也,奚足论哉!(《庄子·盗跖》)

(60)此盗跖居民间者耳,曷足道哉!(《史记·游侠列传》)

(61)子之客,妄人耳,安足用邪?(《史记·商君列传》)

(62)且夫齐、楚之事,又焉足道邪!(《史记·司马相如列传》)

(63)此其君欲得,其民力竭,恶足取乎?(《史记·苏秦列传》)

王力先生曾说:“词未入句时,是属于词汇的;词入句后,就有了语法的存在。”(《中国语法理论·导言》)这句话启发我们在分析词义时,要注意结合词的语法属性来分析。上文只是就如何分析词在句中的语法属性提出了几点看法。这些看法是从各个不同的角度谈的,而在实际分析时,往往需要综合进行分析。任何人,包括古人,在分析句中的词义时,不管你愿意不愿意,总是自觉地或不自觉地要对词的语法属性作出分析。我国传统的训诂学要得到发展,除了加强对词义本身的研究分析以外,必须重视结合词的语法属性的分析,使训诂学建立在更科学的基础上。

(本文原载于《语言论文集》,商务印书馆,1985年2月)

# 语法分析和语义分析

## 一 语言形式和语言意义

1.1 语言是音义结合物。音是语言的语音形式,义是语言的意义内容。为了叙述方便,我们把语言的语音形式称为语言形式,把语言的意义内容称为语言意义。

1.2 人们在说话过程所形成的语链中,切取其中任何一个语言单位,都包含语言形式和语言意义两部分。形式和意义是语言中互相依存的统一体。形式离开意义就失去其存在的价值;意义离开形式就无从表现,因而就不能存在。研究语言就是研究语言的形式和意义。

1.3 把语言分为形式和意义两部分,是对语言本质特点最基本、最具理论概括的分析。语言还可根据其内部的组成结构再进一步分析。传统语言学把语言分成语音、语法和词汇三大组成部分。现代语言学认为语言由语音系统、语法系统、语义系统三大系统组成。语言被具体分析成三大组成部分或三大系统后,依然是音义结合物,依然存在着语言形式和语言意义的问题。

1.4 语言学一般承认语言是语言形式和语言意义的统一体,但在语言研究活动中则更注重分别对语音、语法、词汇或语音系统、语法系统、语义系统的具体研究。对这两种分析的关系则很少予以关注。弄清两者的关系,也许有可能加深对语言本质特点的认识。

1.5 语言形式和语言意义同语言的三大组成部分或三大系统应该有着对应关系。语音是两种分析的共有部分,理应属于语言形式。词汇和语义,两者虽然并不相当,但是都表示意义,可归属语言意义。比较难处理的似乎是语法的归属问题。

1.6 语法应该属于语言意义部分。无论从理论上看还是从实践上看,语法不可能属于语言的语音形式。语法要被理解虽然也必须依赖于语音形式,但两者不存在必然的联系。在进行语音分析时,可以完全脱离语法,在进行语法分析时也可以完全脱离语音。

语法和词汇或语义的关系则不然。两者存在着不可分割的关系。词既是语法单位,又是意义单位,一身而二任。语法分析不能离开词,词进入句子,既形成语义结构,又形成语法结构。语义和语法的关系紧密到常常令人难以区别的程度。有人认为语义是对语法表达的解释,有人认为语义是语法表达的基础,还有人认为语义属于语法。这种研究现状本身已经清楚地表明,语法应该属于语言意义部分。

1.7 语法同时又是形式。语法总是以一定形式存在的。我们所说的语法,无论是有形的还是隐形的,是表现在内部还是表现在外部,都可以说是语法形式。吕叔湘先生在讨论词类问题时曾说:"语言是形式(语音形式和语法形式)和意义的结合,没有法子撇开意义,专讲形式。"吕先生科学地把语音形式和语法形式区别开来。吕先生由于受所讨论问题的限制,没有而且也不必要对形式和意义作进一步论述。但据我理解,语音形式是语言的物质外壳部分,是和语言意义相对的统一体。语法形式是和语义相对的统一体。两种形式处于不同层面,不在一个平面上。

但是,一般在涉及有关形式问题时,往往容易把两种处在不同层面的形式笼统地称为语言形式,更为习惯的是把语法形式称为语言形式。如:"我们认为不但'放大''加深''认清'之类的语言形式可以看作词,连'洗干净''看明白'也不宜视为例外……有些语言学者担心把这类语言形式当作了词,词典的编辑工作将遇到很大的困难。"(《中国语文》1954年8月号,第5页)引文中两次提到语言形式,显然是指语法形式。

1.8 本文认为,在讨论有关语言的文章中,有必要区分语言形式、语音形式、语法形式。本文在讨论中所说的语言形式,是指与语言意义相对的语音形式。如果说,语言意义是人们进行交际的内容,那么它的形式只能是语音。本文所说的语法形式,是指与语义相对包括形态和结构的语法形式。它是属于语言意义部分。

与此相应,本文还把语言意义和语义区别开来。语言意义是指包括语法在内的语法·语义统一体,语义是指与语法相对的语言意义的最核心部分。

1.9 当然,语法形式还与语法意义相对。形态丰富的语言,如俄语的名词、形容词、动词,它们的语法属性和在句中的语法功能,都有不同的语法形态。语法形态是语法的形式之一,形态所表示的语法属性和功能,是语法的意义。汉语的词及其功能也有自己的语法形式,一般是隐形的,更多的表现为外部形式。这些问题属语法内部的问题。本文所讨论的只是语法和语义的关系问题。

## 二 语法和语义

2.1 语法和语义既然是形式和内容的关系,当然也就不存在谁属于谁的范围问题;不过,倒存在着谁从属于谁的问题。一般认为,形式从属于内容,内容决定形式。如果承认这种看法,那么,语法应从属于语义,语义决定语法。在语言中,语义常常起着主导作用。当然,在一般情况下,两者总是统一的。只有两者统一,才能成为语言意义。但是,当两者发生矛盾时,往往是语法服从语义。

2.1.1 仅仅符合语法要求而不符合语义要求,不能构成语言意义。如"明天""明日""明年"所以能构成可被理解的语言意义,是因为语法、语义两者相统一。而"明周""明礼拜",虽然完全符合语法规则,但是不符合语义要求,因而不能构成语言意义。

2.1.2 虽然不符合语法要求,但是符合语义要求,也有可能构成语言意义。如现在常把对一件事投入很多精力,说成"非常投入"或"很投入"。按照语法规则,动作动词一般不受程度副词的修饰。这个说法显然不符合语法要求,但却符合语义要求,因而能构成语言意义。语言意义有个约定俗成的问题。既然这个说法很流行,大家都这么说,就应该承认它。

2.1.3 如果既不符合语法要求,又不符合语义要求,就不能构成语言意义。如把"我的孩子正在上大学"说成"我正大学在上孩子",所以不能成为可被理解的语言意义,就是因为语法、语义都不符合要求。

2.2 语法形式总是适应语义表达的需要而产生,总是因不能满足语义表达的需要而消亡。汉语语法发展史充分说明了这一点。

2.2.1 汉语丰富的语法形式是随着汉语的发展而逐渐丰富起来的。由于社会的发展,人的思维形式也相应地日益严密,要求语言也相应地精密完善,新的语法形式也适应语义表达的需要不断地产生。如述补式,"在上古汉语是比较少见的"。"由使动用法发展为使成式,是汉语语法的一大进步。因为使动用法只能表示使某物得到某种结果,而不能表示用哪一种行为以达到这一结果。"为了适应这种语义表达的需要,"大约在汉代,使成式已经产生了,及物动词带形容词的使成式和及物动词带不及物动词的使成式都大量出现了"。"在原始汉语里,被动式是不存在的。在先秦的古书中,被动式还是少见的。汉代以后,被动式逐渐多起来;唐宋以后,被动式不但更多,而且更多样化。"至于"把"字句(即王力先生所说的处置式)约产于唐代。"处置式是汉语语法走向完善的标志之一。""由于宾语提前,宾语后面能有语音的停顿,使较长的句子不显得笨重。更重要的是:由于宾语的提前,显示这是一种处置,一种要求达到目的的行为,语言可更有力量。"(《王力文集》第十一卷第十九、二十、二十一章)正是这种使语言"更有力量"的语义表达需要,使新的语法形式不断产生并日益完善。

旧的语法形式的消亡,也是由于不能满足新的语义表达需要。如古汉语中最常见的虚词"之""乎""者""也"等,使用频率相当高。以《史记》为例,《史记》共 526500 字(《汉书·司马迁传》),其中"之"字 13662 个(其中有部分动词),"乎"字 923 个,"者"字 4327 个,"也"字 4569 个。这些使用频率远远超过现代汉语"的""了""吗""呢"的虚词,由于不能满足新的语义表达需要而先后消亡。其他如古汉语中曾盛行一时的宾语提前的疑问句、否定句,也由于同样原因逐渐消亡。

2.3 语法不包括语义。据介绍,国外语言学界对语法和语义的关系,"至少有三种观点:一是语义不属语法范围;二是语义属于语法范围;三是语义中有些属语法,有些不属语法"(徐烈炯《语义学》第143页)。国内语言学界在解放后受原苏联语言学理论影响较深。当时原苏联一位很有影响的语言学家维诺格拉多夫就曾发表这样的意见:"语法学就其本质而言是关于意义的学说,而词汇学只不过是语法学的字母索引罢了。"(《词的语法学说导论》第154页)国内虽没有明确提出这样的看法,但是在实际处理中,往往把语义问题当作语法问题来看待。例如:

①这部电影发生在解放战争时期。
②我们要铲除极"左"思想的流毒和影响。
③太阳升起在浩荡的平原上。

据分析,以上第①例是"主谓搭配不当",正确的说法应该是"这部电影的故事"。第②例是"述宾搭配不当",应改"铲除"为"肃清"。第③例被认为不符合语法规则,因为"浩荡"一般见于"浩荡的队伍""东风浩荡"等说法,不能说"浩荡的平原","平原"只能说"广阔""一望无际"等。其实,上述三个被认为不符合语法的句子,是完全符合汉语语法结构的。第①例,主语是名词,谓语是述补结构。第②例,述语是动词,宾语是名词性联合词组。第③例,定语是形容词,中心词是名词。三个例子从汉语语法观点来看,无一不符合语法要求。所谓的"主谓搭配不当""述宾搭配不当",其实是词义的选择不当或搭配不当。

2.4 语义也不属语法。词具有语法和语义两种属性,它既是语法单位,又是语义单位。汉语语言学界还没有人认为词的意义应属于词的语法形式。相反地,在汉语词类的大讨论中,不少人认为,依据汉语的特点,汉语词类的划分应采取多种标准,而其中首先考虑的是词义。公允的意见认为,应该把词的语法形式和意义两者结合起来考虑。

2.4.1 体现在词身上的语法和语义的关系如此,按常理推论,词组的语法形式和词组义、句子的语法形式和句子义也应该如此。可是,由词与词或词组与词组结合的时候,自然会产生它们之间的结合形式、结合关系问题。词或词组一经结合以后,往往很容易让人只看到结合后的语法关系,而容易忽视语义关系,因而把应该属于语义关系的问题也看成是语法关系。上面所举的误为语法不当的三个例子,实际上是语义选择不当。

2.4.2 把词以上的语义单位看成是语法范围以内的问题,可能与把语义仅仅看成是词义有关。有很长一个时期,语义和词义的关系经常混淆,甚至把语义等同于词义,把词义学等同于语义学。如新编《辞海》对"语义"的解释是:"也叫词义。指词语的意义。"对"词义学"的解释是:"也叫语义学。研究词语意义的学科。包括声音和意义的关系,词义构成的因素,词义演变的规律以及同音词、同义词、反义词、多义词等问题。"甚至在 20 世纪 80 年代出版的一些语言学专著还提出"语义学是词汇学中专门研究词的意义和意义变化的学科"(张永言《词汇学简论》),把语义学看成是词汇学的一部分。这种认识有意无意地把词组义、句子义排除在语义研究的范围之外,并把它们推到语法研究的范围里去。

2.5 20 世纪 80 年代初期,国内对语义的认识开始发生变化。这种变化,除反映在一些有关语义的文章中外,还反映在《中国大百科全书·语言文学》卷的有关条目中。如该百科全书不收"词义学"而收"词汇学"的条目。在"词汇学"这一条目中有如下的解释：

> 在语文学时期，是语言学的组成部分，曾经与语音学、语法学并列；在现代语言学里，一般认为音系学、句法学、语义学是语言学的三个组成部分，而词汇学是语义学的一支，也称词汇语义学。

这种新的三分法把词汇学看成是语义学中的一个分支，从而突出了语义在语言中的地位，扩大了语义研究的领域，并且还有可能使对语法和语义两者关系的认识产生变化。

2.6 语法与语义的关系需要重新认识。在把语义等同于词义的时期，语法在语言意义中占有突出重要的地位。要检验一个句子能否成立，是否符合语法是唯一的检验标准。这种看法应该或许正在改变。语义至少占有与语法同等重要的地位，甚至更为重要的地位。检验一个句子能否成立，不能单看它是否符合语法，而且还要看它是否符合语义；只有既符合语法，又符合语义，句子才能成立。上文已经论及，符合语法不一定符合语义；不能成立的句子中，多数是不符合语义但却符合语法，至少是在语法教科书中所举的例子是这样。

## 三 语法分析和语义分析

3.1 语法分析既不能代替语义分析，又不能离开语义分析，形态不丰富的语言，如汉语，更是如此。语义分析似乎还不存在代替语法分析的问题，但同样也不能离开语法分析。语法和语义，两者互为前提，相互依存，关系极为密切。

3.2 语言意义是由语法和语义和谐地统一而表示的。两者存在着共性。这种共性表现为两者的单位是等同的,两者的关系是一致的,两者在形成结构时都具有保持一致的选择。失去这种共性也就失去语言意义,或者说,语言意义无由表示。

3.2.1 语法和语义,两者可以分析的单位是等同的。如词既是语法单位,又是语义单位;词组既是语法单位,又是语义单位;句子既是语法单位,又是语义单位。两者单位等同,才能形成统一体,才能表示语言意义。分析这些单位的语法形式时,不能撇开相应单位的语义内容;分析这些单位的语义内容,也不能撇开相应单位的语法形式。

语法和语义,两者的单位不等同的情况是不存在的。在词典中,我们常常看到用词组义或句子义对词义进行解释。但这绝不是说可以把词组义或句子义装进词的语法形式中去。如"房子"一词,《现代汉语词典》解释为"有墙、顶、门、窗,供人居住或其他用途的建筑物"。解释用语用了两个词组义,但绝不能理解为"房子"这一名词语法形式里可以装进两个词组义。词义虽然可以被解释,但词义和解释义不是一回事。词本来存在于言语中,词义本来存在于句子义中。词典是有了文字而且是有了文字很久以后才有的。词典中的词是从言语中提取并汇总而成的。词典中的词义是从句子义中分解出来,然后从它的普遍用法中概括出最一般的意义。最好的词典对词义的解释也只是近似准确,与句子义中丰富多彩的词义总会有差距。同样道理,词组义和句子义虽然可以对词义进行解释,但绝不能理解为词义可以装进词组或句子的语法形式中去。

语法和语义在句子、词组、词的任何一级语言单位中都是等同的。这个看起来似乎极为简单的语言事实告诉我们,分析语义结构只能在相应的语法形式内进行。离开相应的语法单位,另立一套语义单位和分析办法,或者是离开相应的语法单位,进行纯符号式的分析,恐怕都是行不通的。

3.2.2 语法和语义,两者在共处时,关系总是一致的。如语法形式是名词,词义也应该是表示事物的名称;语法形式是动词,词义也该表示行为动态;语法形式是形容词,词义也应该是表示事物的性状;等等。两者如果发生变化,也必然是同步变化,变化以后两者的关系仍然是一致的。例如:

花红柳绿/花红了

Give me some paper/paper the walls of a room

"红"的一般语法属性是形容词,但在"花红了"中的"红"却成了动词,词义同时也由表示性状的"红"成为表示变化的"红"。"paper"的一般语法属性是名词,但在例中"/"后的"paper"却成了动词,词义也同时由表示纸张成为表示用纸裱糊。不能认为,词义是表示性状或名称,而语法属性却是动词。反之亦然。

同样道理,名词性词组的语法形式应该表示相应的名词词组义,动词性词组的语法形式应该表示相应的动词词组义,形容词词组的语法形式应该表示相应的形容词词组义。只有两者关系相一致时,才有可能表示语言意义。

3.2.3 语法和语义都有自己的结构形式。它们在形成结构时,对参与结构的成分都是有选择的,而不是随意的。如动词一般选择名词、副词组成结构,如"阅读报刊""不参加",可是,不及物动词一般不能选择名词作宾语组成结构。状态动词可以选择程度副词组成结构,如"非常喜欢""很讨厌",可是动作动词却不能选择程度副词与自己形成结构,如不能说"非常表演""很吃"。这种情况表明,凡是参与组成结构的语法形式都是有选择的,而且还非常严格,大类可选择的,小类不一定可以选择。

语义在形成结构时,选择的对象比较广泛而且相对来说也比较自由。如"看见"一词的词义,几乎举目所及,表示有形事物的词义都可与之形成结构。虽然比较广泛和自由,但是仍有所限制。如"看见"不能与表示抽象事物的词义形成结构,一般不能说"看见思想""看见哲学"。语义在选择结合对象时,一个最重要的限制还是类的限制,即受与语法选择保持一致的义类的限制。如表示事物名称一类的词义,总是选择与表示事物性状、动作行为一类的词义相结合,而不能与表示动作行为发生的范围、时间、频率一类词义相结合。如此等等。

3.3 语法和语义还存在着差异性。这种差异性表现为:语义是具体的、开放的、无限的;语法是概括的、封闭的、有限的。进行语法分析或语义分析,还应该注意到它们的差异性或者说个性。

3.3.1 语法形式和语音形式一样,具有概括、封闭、有限的特点。语言既然是一种重要的交际工具,总是要求用最经济的形式表达无限丰富的内容。语法形式就具有这种最经济的特点。

语法虽然具有概括、封闭、有限等特点,但是就汉语来说,还不见像语音形式一样,把语法形式精确量化。已经见到或即将见到的成果有范继淹"从成分分析的角度总结了十六种线性序列";陈建民把不同层次的上中下三位句型"加在一起,共得出句型一百三十多种";李临定"从研究的角度出发,着重在挖掘句型的格式","已在撰写一本雅俗共赏的《句型400种》"(龚千炎《中国语法史稿》附录的于根元的《在探索中前进》)。我估计,汉语纯语法的句型不会多到400种,其中可能有语义成分在内。但即使是400种,量还是有限的。

有限的语法形式和无限的语义内容相结合,就可产生丰富多彩的语言意义。成千上万的句子,有可能没有一句语言意义是完全相同的。如据初步查证,杜甫诗集收诗一千四百余首,约共有诗句九万句,多为五言和七言,但是没有一句是完全重复的。《中国大百科全书·语言文字》卷中"语法学"这一条说:"由词组成的句子可以有许许多多的变化——多到千百句里也可能没有两句完全相同"(476页)。其中所说的"由词组成句子"的"词"和"句子",我怀疑不是语法单位的词和句子,而是语义单位的词和句子。因为从语法分析的角度来看句子的变化,会"多到千百句里也可能没有两句完全相同",是不可思议的。

3.3.2 语义总是指称具体的客观对象。语义范围是和人的主观世界和被认识的客观世界同宽的。语义还与发展的主客观世界同步发展。因此,语义不可能有量的限制,是无限丰富的。语言中的语音系统和语法系统是封闭的,而语义系统则是开放的。

语言的交际职能决定它必须具有相对的稳定性,语言的组成部分语义也不能例外。上面所举的语义选择不当,就反映了语义也同样具有相对稳定的特点。但语义结构又具有潜在的及时反映新事物的灵活性。只要新事物一出现,就立即会有恰当的语义来反映新出现的事物。

新的语义常常用已有的语义来表示。如人造卫星升空是1957年的事,俄语就利用спутник(同伴)来表示这一新事物。我国目前的改革开放,新事物层出不穷,一些原有的语义结构用来表示新的意义。如用"下海",表示放弃原来的职业去从事商业活动,用"上船"表示企业进行适应市场经济的改革。

但是,也有不少新事物是用新词新语来表示。如有的工厂企业实行浮动工资,提高一级工资,说成"上浮一级工资";下降一级工资,说成"下浮一级工资"。"上浮"是已有的说法,"下浮"是不曾有的说法。因为"下""浮"两词的词义是相悖的。现在的报刊、电台还有这样的说法:"我们在品味美食时,不仅是吃食物,而且是吃文化。""吃文化"在以往是绝不会这么说的,但我看有可能被通过。像"吃"这样的词义,义域非常广阔,不仅经嘴品味的可以说"吃",赖以为生也可以说"吃"。如"靠山吃山,靠水吃水",现在延伸到"靠路吃路""靠边吃边""靠什么行当,吃什么行当"之势。目前不少新词新语词典的出版,正反映了语义具有开放性质的特点。

## 四 结语

4.1 **语言形式和语言意义同处在一个矛盾统一体中。**语言形式是语言的物质外壳,是语音;有了文字以后,也表现为记录语音的文字形式,因此是可以被听觉或视觉感知的。语言意义就是语言的内容,与语言形式须臾不能相离。

4.2 **语法和语义同处在一个矛盾统一体中。**语法是形式,语义是内容,两者统一。只有两者统一时,才能成为语言意义。语法和语义,两者也不能须臾相离。

4.3 **语法和语义,两者有统一的一面,又有矛盾的一面。语法分析或语义分析要兼顾两方面。**语法分析不能离开语义,更不能撇开语义不管;语义分析也不能离开语法,也不能撇开语法不管。

4.4 **如何进行语义分析还是一个有待研究和进一步讨论的**

问题。本文只是提出一个初步的想法。

(本文原载于《首都师范大学学报》
(社会科学版)1994年第3期)

# 古汉语同义词及其辨析方法

同义词的丰富,是语言发达的标志之一。古汉语中的同义词非常丰富,其中多数实际上是意义有同有异的近义词。如皮、革,都表示兽皮,但也有小异,"有毛为皮,去毛为革"(《左传·隐公五年》孔颖达正义)。恭、敬,《说文》同训为"肃",但也有小别,"恭在貌也,敬又在心"(《礼记·少仪》郑玄注)。追、逐,《说文》互训,但也有差异。追,多意在追及。"公使阳处父追之,及诸河,则已在舟中矣。"(《左传·僖公三十三年》)"追之",即把他追回。逐,可表示逐走。"姜与子犯谋,醉而载之以行。醒,以戈逐子犯。"(《国语·晋语四》)"逐子犯",即把子犯赶走。意义相同的部分,是确定同义词的依据。意义相异的部分,是辨析同义词的重点。

确定同义词应有一定的客观依据。一般说,属下列情况之一的,都可以认为是古汉语中的同义词:

(一)互训。如《说文》中的:

饥,饿也。饿,饥也。　　更,改也。改,更也。

呻,吟也。吟,呻也。　　逃,亡也。亡,逃也。

觉,寤也。寤,觉也。　　极,栋也。栋,极也。

(二)同训。如:

《说文》:"扶,佐也。""辅,佐也。"

《说文》:"省,视也。"《尔雅·释诂下》:"相,视也。"

《战国策·中山策》高诱注:"丽,美也。"

《淮南子·说林训》高诱注:"佳,美也。"

(三)同义递训。如:

《淮南子·本经训》高诱注:"变,更也。"《说文》:"更,改也。"《国语·鲁语下》韦昭注:"改,易也。"《淮南子·脩务训》高诱注:"易,革也。"变、更、改、易、革递相为训。

《说文》:"遭,遇也。""遇,逢也。"遭、遇、逢递相为训。

《说文》:"适,之也。"《尔雅·释诂上》:"之,往也。"适、之、往递相为训。

(四)互文。如:

《盐铁论·遵道》:"说西施之美无益于容,道尧、舜之德无益于治。"说、道互文。

《法言·五百》:"言可闻而不可殚,书可观而不可尽。"殚、尽互文。

《淮南子·氾论训》:"内不惭于国家,外不愧于诸侯。"惭、愧互文。

(五)异文。这里是指同一内容而且结构相同的句子,在不同的书中,相应的词互异(不包括同音假借)。如:

《左传·僖公二十三年》:"公子怒,欲鞭之。"《国语·晋语四》:"公子怒,将鞭之。"欲、将异文。

《史记·司马相如列传》:"会梁孝王卒。"《汉书·司马相如传》:"会梁孝王薨。"卒、薨异文。

又《史记·司马相如列传》:"故空借此三人为辞。"《汉书·司马相如传》:"故虚借此三人为辞。"空、虚异文。

《左传·文公元年》:"楚国之举,恒在少者。"《史记·楚世家》:"楚国之举,常在少者。"恒、常异文。

《韩非子·十过》:"昔者黄帝合鬼神于泰山,驾象车而六蛟龙。"《论衡·纪妖篇》:"昔者黄帝合鬼神于西大山之上,驾象舆。"车、舆异文。

以上所说的几种情况,都只是部分意义相同的同义词。即使是互训的词,意义也并不完全相同。如"饥""饿","饥者,不足于食也"(《诗经·陈风·衡门》郑玄笺),"饿,甚于饥也"(《正字通》),两词程度不同。《韩非子·饰邪》:"语曰:'家有常业,虽饥不饿;国有常法,虽危不亡。'"《淮南子·说山训》:"宁一月饥,无一日饿。""饥""饿"对用,更显出它们之间的差异。再如"更""改","更"含有变更以后仍保持连续性的意思,"更训改,亦训继,不改为继,改之亦为继"(《说文》"更"下段注)。"曲沃武公已即位三十七年矣,更号曰晋武公。"(《史记·晋世家》)"十四年,更为元年。"(《史记·秦本纪》)"更号",即改号;"更为元年",即改为元年;虽更号改元,但仍保持同一国君统治的连续性。当"更"用于修饰动词时,持续的意义更为突出。《淮南子·兵略训》:"夫五指之更弹,不若捲手之一挃;万人之更进,不如百人之俱至。""更弹",即交替地弹;"更进",即更替前进;都含有持续的意思。而"改",含有主动改变的意思。郑玄在《仪礼·士相见礼》中注"毋改"为"毋自变动",注"改居"为"谓自变动也"。因此,古书中对改正自己的错误一般都用"改"。如《左传·宣公二年》:"过而能改,善莫大焉。"《论语·学而》:"过则勿惮改。"《论语·卫灵公》:"子曰:'过而不改,是谓过矣。'"因为人的过错都需要"自变动"才能改过来。《说文》中互训的词,一般都不是等义词,它们之间都存在着这样那样的差别。

有些同义词所表示的概念相同,但仍然可能是意义有同有异的近义词。因为概念虽然是由语言形式,即词或词组来表示的,但两者并不能画等号。概念是构成词义的核心,而词义除了表示一定的概念以外,还包括意义的延伸、词义的色彩、词的地区性差别,对古汉语来说,还应包括时间性的差别;此外,词还有自己的语法属性。如"杀""弑",都表示致人于死,但存在着色彩的差别。《说文》:"杀,戮也。""弑,臣杀君也。"段玉裁注:"按:述其实则曰杀君,正其名则曰弑君。"新版《辞源》:"旧谓臣杀君、子杀父母曰弑。"从《说文》开始,都用"杀"解释"弑",这说明这两个词所表示的概念是相同的,但在这些用作解释的词语中,"杀""弑"两词不能互换,这说明它们的词义并不完全相同。一般说,下杀上也可用"杀",但上杀下却不能用"弑"。

再如"黎民""黔首",虽都表示老百姓,但它们不仅存在地区性的差别,而且还存在时间性的差别。《说文》:"秦谓民为黔首,谓黑色也;周谓之黎民。"这说明这两个词是不同时间地域对老百姓的称呼。"黎民"一词,春秋以前就有,《尚书》一书屡言"黎民"。战国中期的著作,如《孟子》中也习见"黎民"。而"黔首"一词,约在战国末期才进入全民语言,最早见于《吕氏春秋》《韩非子》《战国策》等著作。

同义词,一般说应该词性相同。有些词,虽然意义有相同部分,但是,如果词性不同也不能看作是同义词。如"柔",表示事物柔曲、柔和的性状,是形容词。"煣""揉",表示用火或手使物体柔曲,是动词。"鞣",表示使物体柔曲后形成的产品,即车的轮圈,是名词。这些词的意义,虽然在柔曲这一点上是相同的,但是分别属于不同的词性,不能认为是同义词。

同义词除了意义相同的部分外,还有相异的部分。辨析同义词,主要是辨析同义词之间的差异。同义词的差异,一般可从词的词汇属性和语法属性两方面来考虑。

词的词汇属性是指从属于语义系统的特性。词的意义不是孤立的,它必然要受语义系统的制约。词除了表示一定的概念外,还表示一定的色彩,还有意义的引申,还有与之相对应的词义,同时还有地区和时间特色。同义词的差异,往往在这些方面表现出来。一对或一组同义词,往往兼有多方面的差别。下面分开来谈。

(一)概念的差别。有些同义词所表示的概念有细微的差别,有的属概念的内涵不同,有的属概念的外延不同。内涵不同的如"饥""饿","饥"是指没有足够的食物吃,即吃不饱,而"饿"是指没有食物进嘴,在古书中多指濒临死亡的边缘。如《说苑》卷六:"赵孟宣将上之绛,见翳桑下饿人,不能动。"饿到不能动的地步,可见久已没有进食了。据《左传·宣公二年》所记载的同一件事,说这位"饿人""不食已三日矣"。

再如"观""察",虽都表示细致察看,但"观"偏重于目的性比较明确的观看,即观看值得观看的东西,而"察"则侧重于看问题的辨察力。如《左传·隐公五年》:"公将如棠观鱼者。臧僖伯谏曰:'凡物不足以讲大事,其材不足以备器用,则君不举焉。'"孔颖达正义:"其言猎之坐作进退可以教成陈,鳞甲不足备器用,人君不宜观之。"意思是,鱼不值得国君观看,所以臧僖伯谏阻鲁隐公"如棠观鱼"。《荀子·强国》中的"入其境,观其风俗""入其国,观其士大夫",其中的"观",也是指有目的地观看。《古今韵会举要》:"观,壮观、奇观,谓景趣壮丽,事端奇伟,有可观者。"也解释了"观"有值得观看的意思。因为"观"是观看值得观看的事物,所以,有意识地把事物让人观看也可叫观。如《左传·襄公十一年》:"诸侯之师观兵于郑东门。"《说文通训定声》总结这个用法说:"以此视彼曰观,故使彼视此亦曰观。"而"察"侧重于看问题的辨察能力。《礼记·礼器》:"无节于内者,观物弗之察也。"孔颖达正义:"察,犹分辨。"《淮南子·说林训》:"视之可察。"高诱注:"察,别也。"先秦的一些著作中,还把能明察事物的国相称"察相",有明辨能力的士人称"察士"。如《管子·小匡》:"则唯有明君在上,察相在下也。"《战国策·齐策五》:"彼明君察相者,则五兵不动而诸侯从,辞让而重赂至矣。"《韩非子·八说》:"察士然后能知之,不可以为令。"《吕氏春秋·不屈》:"察士以为得道则未也。"《贾子·道术》:"纤微皆审谓之察。"这个理解准确地概括了"察"这个词的内在含义。

外延不同的如"人""民"。"人"的处延包括不同阶级、不同地区、不同民族的所有的人,而"民"是指人中比较愚昧者。《说文》:"人,天地之性最贵者也。"《列子·天瑞》:"天生万物,唯人最贵。"《礼记·曲礼上》:"鹦鹉能言不离飞鸟,猩猩能言不离禽兽。今人而无礼,不亦禽兽乎?……故圣人作为礼以教人,使人以有礼知自别于禽兽。"这些说法都把人和万物,特别是和动物区别开来。《孟子·滕文公上》:"劳心者治人,劳力者治于人。"前一个"人"指被统治者,后一个"人"指统治者。可见,不同阶级、不同地区乃至不同民族,均可称人。而"民",被认为是人中比较愚昧的部分。《说文》:"民,众萌也。"《说文系传·通论》:"民者,氓也,萌而无识也。"《说文句读》:"萌、冥昧也,言众庶无知也。"古汉语中,"民"确实常用来表示愚昧无知的被统治者。如《论语·泰伯》:"民可使由之,不可使知之。"《商君书·更法》:"语曰:'愚者暗于成事,知者见于未萌。民不可与虑始,而可与乐成。'"上述例句中的"民",是指人中"萌而无识"的部分,都不能换成"人"字。《说文句读》注意到了这一点,指出:"特为贱者区别其词,许君主谓小民者,经典中此义为多也。"

再如"宫""室",都是房屋的通称。《尔雅·释宫》:"宫谓之室,室谓之宫。"郝懿行疏:"古者贵贱同称宫。"据近人研究,"宫""室"的初义都为穴室。但"宫""室"两词的外延并不相同。"宫"所表示的概念外延大,"室"所表示的概念外延小。《周礼·考工记·匠人》:"室中度以几,堂上度以筵,宫中度以寻。"孔颖达正义:"谓室中坐时凭几,堂上行礼用筵,宫中合院之内,无几无筵,故用手之寻也……云'室中举谓四壁之内'者,对宫中是'合院之内'。依《尔雅》宫犹室,室犹宫者,是散文宫室通也。"这就是说,"宫""室"的差别在于:"室"指房间,"宫"指院墙内的整个建筑。《说文通训定声》也认为,"周垣之内统名曰宫,正中曰堂,堂之后曰室"。这些解释都说明,室是宫的一部分。"秦汉以来,惟王者所居称宫焉。"(《尔雅·释宫》郝懿行疏)"宫"后来发展为王者所居的专称。

(二)色彩的差别。同义词中,有些同义词所表示的概念相同,只是词的色彩存在差别。如:

赐—予 这两个词可以互训。《说文》:"赐,予也。"《尔雅·释诂上》:"予,赐也。"郝懿行疏:"若单文,则赐亦为予,予亦为赐,赐、予互训,其义俱通。""赐""予"可以对用。如《墨子·号令》:"伤甚者令归治病,家善养,予医给药,赐酒日二升,肉二斤。"这表明,"赐""予"都表示给予,概念是相同的。它们之间的差别在于色彩不同。"赐",用于上给予下。《正字通》:"上予下曰赐。"《左传·隐公元年》:"公赐之食。"《韩非子·外储说左下》:"孔子御坐于鲁哀公,哀公赐之桃与黍。"《礼记·曲礼上》:"长者赐,少者贱者不敢辞。"以上各例中的"赐",都是地位或辈分、年寿高的给予低的。"予",是表示给予的通称。如《墨子·贵义》:"万事莫贵于义。今谓人曰:'予子冠履而断子之手足,子为之乎?'必不为。何故?则冠履不若身之贵也。"《韩非子·说林上》:"智伯索地于魏宣子,魏宣子弗予。"

告—诰 "告""诰"都是表示把事情或自己的意思说给别人知道。《释名·释书契》:"告,觉也,使觉悟知己意也。"《广雅·释诂一》:"告,语也。"诰,也是告的意思。《尔雅·释诂上》:"诰,告也。"《说文》:"诰,告也。"段玉裁注:"以言告人,古用此字,今则用告字。"从这些训释来看,"告""诰"都是表示"以言告人"。"告"和"诰"的区别,主要也是在于色彩的差别。《说文通训定声》:"诰者,上告下之辞;告者,下告上之辞。"这个解释概括了"告""诰"两词在色彩上的差别。《尚书》实际上是一部文告集,是"上告下之辞"。其中有的篇名就直接称诰。如《大诰》《康诰》《酒诰》等。汉武帝元狩六年,"初作诰",把"诰"作为正式告谕臣下的一种公文文体。"告",多用于下告上。如《国语·周语上》:"王怒,得卫巫,使监谤者。以告,则杀之。""以告",即把谤者上告给周厉王。《列子·汤问》:"操蛇之神闻之,惧其不已也,告之于帝。"《韩非子·内储说下》:"司马喜告赵王。"两例中的"告",也是下告上。《玉篇》:"告,请告也。"《广韵》:"告,报也。"也都突出了"告"主要用于下告上这一词义色彩。

词的色彩是多种多样的。本文只是指出古汉语的同义词中,有一些在词的色彩方面有差别,在辨析时应予注意。

(三)引申义的差别。引申义和本义密切相关。同义词由于从本义分化出细微的差别,它们的引申义相应地会有越来越明显的差别。辨析引申义的差别,不仅有助于认识词义的全貌,而且也有助于加深对原有差别的认识。

如"宫""室","宫"因包括"周垣以内",可以引申为围墙。《礼记·儒行》郑玄注:"宫为垣墙也。"可引申为围绕。《礼记·丧大记》:"君为庐宫之。"郑玄注:"宫为围障之也。"《尔雅·释山》:"大山宫小山霍。"郭璞注:"宫为围绕之。"郝懿行疏:"此文云大山绕小山为霍。""室",因指"四壁之内",为"夫妇所居"(《诗经·周南·桃夭》朱熹集传),可引申为家室。《孟子·万章上》:"男女居室,人之大伦也。"《白虎通·爵》:"一夫一妇成一室。"《盐铁论·散不足》:"古者夫妇之好,一男一女而成家室之道。"因有妻子才能成家室,"室"还可引申为妻子。《礼记·曲礼上》:"三十曰壮有室。"郑玄注:"有室,有妻也,妻曰室。"从《尔雅》"宫谓之室,室谓之宫"来看,两词似区别不大;但从它们各自的引申义来看,差别还不小。从这个意义来说,引申义有似放大镜,把某些同义词的细微差别放大了。

再如"际""隙",两词都有缝隙的意思。两词的差别只是:"际,自分而合言之;隙,自合而分言之。"(《说文》"隙"下段注)两词由各自的本义而引申出来的意义差别很大。"际"的引申义多为"两合"。"引申之,凡两合皆曰际。"(《说文》"际"下段注)两物相合可以说"际"。如《后汉书·张衡传》:"其牙机巧制,皆隐在尊中,覆盖周密无际。""覆盖周密无际",即张衡所造的地动仪,上下两部分覆盖严密,没有缝隙。两地相合之处也可说"际"。如《左传·定公十年》:"居齐、鲁之际而无事,必不可矣。"两时相合也可说际。如《列子·汤问》:"将旦昧爽之交,日夕昏明之际,北面而察之,淡淡焉若有物存。"人与人相合产生的关系也可说"际"。如《淮南子·齐俗训》:"义者,所以合君臣、父子、兄弟、妻子、朋友之际也。""隙"的引申义多为"自合而分"。"引申之,凡坼裂皆曰隙,又引申之,凡閒空皆曰隙。"(《说文》"隙"下段注)"引申之,凡有两边有中者皆谓之隙。"(《说文)"閒"下段注)山开裂成缝可以说"隙"。如《鬼谷子·抵巇》:"巇者,罅也;罅者,峒也;峒者,大隙也。"感情产生裂缝也可以说"隙"。《汉书·高帝纪》:"今者有小人言,令将军与臣有隙。"事情有漏缝给人以可乘之机,也可以说"隙"。如《新书·辨惑》:"齐人使优旃僊于鲁公之幕下傲戏,欲候鲁公之隙以执定公。"时间有缝隙也可以说"隙"。如《国语·周语上》:"蒐于农隙。"段玉裁所说的"际,自分而合言之;隙,自合而分言之",主要是对"际""隙"两词的引申义进行分析比较而后概括出来的。

(四)反义词的差别。反义词是指词义相对的词。有的词典在释义时,常常指出与该词相对的词义,以帮助理解。如《现代汉语词典》在解释"冷"时,指出"跟'热'相对";解释"寒"时,指出"跟'暑'相对";解释"好"时,指出"跟'坏'相对";解释"善"时,指出"跟'恶'相对"。这种指明相对的词义的方法,也适用于辨析同义词的差别。

有些同义词意义十分相近,但它们的反义词意义却相去很远。如"贫""穷",《左传·昭公十四年》:"分贫振穷。"孔颖达正义:"大体贫穷相类,细言穷困于贫。"但它们的反义词很不相同。"贫",是同"富"相对。如《论语·学而》:"贫而无谄,富而无骄。""穷",是同"达"或"通"相对。如《孟子·尽心上》:"穷则独善其身,达则兼善天下。"《庄子·让王》:"古之得道者,穷亦乐,通亦乐。""穷",表示政治上失意或处境困窘、生活穷困。

再如"之""往",都有表示到的意思。《尔雅·释诂上》:"之,往也。"段玉裁对《说文》用"之"而不用"往"去解释"适"表示看法说:"按:此不曰'往'而曰'之',许意盖以'之'与'往'稍别,逝、徂、往自发动言之,适自所到言之。""之"与"往"的细微差别,除如段玉裁所辨析的以外,还可从它们各自的反义词看出来。"之"和"去"相对,《战国策·秦策一》:"陈轸去楚之秦。"即陈轸离开楚国到达秦国。"往"和"来"相对,《礼记·曲礼上》:"礼尚往来。往而不来,非礼也;来而不往,亦非礼也。"

再如"轻""易",在表示轻忽、忽易的意义时是一对同义词。《淮南子·人间训》:"是故轻小害,易微事,以多悔。""轻""易"互文,表示忽视。"轻"的反义词是"重","易"的反义词是"难"。《战国策·齐策一》:"是故韩、魏之重与秦战,而轻为之臣也。""重"和"轻"对文,"重"表示难以,"轻"表示轻易。《史记·太史公自序》:"道家无为,又曰无不为。其实难行,其辞易知。""难""易"对文。

利用与上述同义词相对的反义词,可帮助我们辨析同义词的细微差别。

(五)地区性的差别。我国幅员辽阔,各地人民语言异声,自古而然。古汉语的同义词中,有一些是方言词汇进入全民语言而形成的。如"黔首",原是秦方言,到战国末期始进入全民语言,同"黎民""百姓"构成同义词。《方言》《说文》和一些古注也都保留了一些方言词汇材料。例如:

崽—子 《方言》卷十:"崽者,子也。湘沅之会,凡言是子者谓之崽,若东齐言子矣。"

舟—船 《方言》卷九:"舟,自关而西谓之船,自关而东谓之舟,或谓之航。"

逆—迎 《说文》:"逆,迎也,从辵屰声。关东曰逆,关西曰迎。"

蹪—蹎 《淮南子·脩务训》:"今以为学者之有过而非学者,则是以一饱之故绝谷不食,以一蹪之难辍足不行,惑也。"高诱注:

"蹎:蹏;楚人谓蹏。""楚人谓蹏",即"楚人谓蹏为蹎"(《淮南子·说山训》高诱注)。

我国历史悠久,各个历史时期的著作都保存了一些方言词汇资料,应该利用它们来辨析同义词的差别。

(六)时间性的差别。汉语历史悠久,词汇十分丰富。有不少同义词是在词义发展过程中发生联系而形成的。研究并分析这些同义词形成的历史因素,既有利于理解这些同义词的共同点,又有助于辨析它们之间的差别。

如"第""宅"是汉朝才形成的一对同义词。在先秦,"第""宅"两词的意义毫无关系。"第"的本义是次第。汉初,汉高祖按甲乙次第,建造各种等级的住宅赏赐相应的功臣,"第"字才开始有高级住宅的意思。《汉书·高帝纪》:"为列侯食邑者,皆佩之印,赐大第室。"颜师古注:"孟康曰:'有甲乙次第,故曰第也。'"《史记·外戚世家》:"武帝奉酒前为寿,奉钱千万,奴婢三百人,公田百顷,甲第以赐姊。""甲第",即最高级的住宅。汉以后,"第""宅"经常连用,表示王侯将相所住的高级住宅。《汉书·宣帝纪》:"以水衡钱为平陵,徙民起第宅。"《古诗十九首》:"王侯多第宅。"《洛阳伽蓝记》卷三:"居止第宅,匹于帝宫。"

又如"写"在西汉始表示书写,和"书"构成同义词;"错"于西汉末年或东汉初年始有过错的意义,和"谬"构成同义词;"回"于北齐末始有返回的意义,和"返"构成同义词;"信"于盛唐以后才有书信的意义,和"书"构成同义词等等。这种在词义发展过程中形成的同义词,只有在全面收集资料并研究使它们产生联系的历史因素后,才有可能比较确切地加以辨析。

词除了有词汇属性以外,还有语法属性。任何词都属于一定的语法分类,在句中表示一定的语法作用,并按照一定的语法关系和其他词结合。下面主要谈两点:词的句法功能的差别和词的结合能力的差别。

(一)词的句法功能的差别。同义词虽然意义相近,有的甚至所表示的概念相同,但是在句中的作用并不一定也相同。如"耻""辱"两词,《说文》中可以互训,古籍中也经常连用。《说文》:"耻,辱也。""辱,耻也。"《史记·滑稽列传》:"身贪鄙者余财,不顾耻辱,身死,家至富。"但是它们的句法功能却不完全相同。"耻""辱"都可活用为动词,在句中充当谓语。但是,"耻"用为动词时多为意动用法,"辱"用为动词时多为使动用法。据杨伯峻先生的《论语译注》统计,《论语》中"耻"用为动词共9次,都当"以为羞耻"讲,全是意动用法。如《论语·公冶长》:"敏而好学,不耻下问,是以谓之'文'也。""不耻下问",即不以下问为羞耻。而"辱"用为动词时多为使动用法。如《论语·子路》:"行己有耻,使于四方,不辱君命,可谓士矣。""不辱君命",即不使君命受到屈辱。《盐铁论·周秦》:"古者君子不近刑人,刑人非人也,身放殛而辱后世,故无贤不肖莫不耻也。""辱后世",即使后世蒙受耻辱。"莫不耻也",即莫不以为羞耻。当"辱"后的宾语是人时,仍然是使之受辱的意思。如《史记·廉颇蔺相如列传》:"我见相如,必辱之。""辱之",即使之受辱。

(二)词的结合能力的差别。这里所说的词的结合能力,是指词和词的搭配。词的搭配,既是一个语法问题,又和词义密切相关。如"变""易",意义十分相近。两词可以互训。《小尔雅·广诂》:"变,易也。"《国语·晋语八》韦昭注:"易,变也。"两词还常互文。如《淮南子·泰族训》:"变习易俗。"《史记·张仪列传》:"变心易虑。"可见两词意义相近,不易区别。但从它们所搭配的词上却可看出它们之间的细微差别。如"变"可以和"化"搭配,构成"变化"。《易经·系辞上》:"在天成象,在地成形,变化见矣。""易"可以和"交"搭配,构成"交易"。《易经·系辞下》:"日中为市,致天下之民,聚天下之货,交易而退,各得其所。"从变和化的结合中,我们可以看出,变可以表示事物性质的改变;从易和交的结合中,我们可以看出,易可表示货物的交换。

"美""丽"两词的意义也很相近。《战国策·中山策》高诱注:"丽,美也。"两词都可作谓语,表示人的外貌美。如《史记·平津侯主父列传》:"状貌甚丽。"《汉书·楚元王传》:"状貌甚美。"但它们与其他词的结合能力并不相同。"美"可以修饰表示人的精神、行为方面的词,如美德、美俗、美言、美行、美意、美谈等,而"丽"却不能和这些词相结合。

古代的工具书或古注,一般是以词解词,用词义相近的词相释。这为我们确定同义词提供了比较可靠的依据。但它们一般不注意词义的区别。如果我们能广泛地考察词与词的结合或搭配,就有可能弥补工具书和古注的不足,辨析出同义词之间的细微差别。

(本文原载于《中国语文》1983年第6期)

# 《说文》中的音训

## ——兼谈"兮"字的用法

《说文》是一部集形训、音训、义训于一身的训诂学著作。音训也称声训,即用音义相同或相近的字解释字义。《说文》中的音训,数量相当大,据粗略统计,约在千条以上。从被训释的字和用来训释的字,两者的语音关系来看,有双声,有叠韵,有双声叠韵几种。对《说文》中的音训,段注一般都把它们的语音关系注出来。

双声的如:

《说文》:"旁,溥也。"段注:"按,旁读如滂,与溥双声。"

《说文》:"偏,颇也。"段注:"'颇,头偏也。'引申为凡偏之偶,故以'颇'释'偏'。二字双声。"

《说文》:"改,更也。"段注:"双声。"

《说文》:"祸,害也。"段注:"祸、害双声。"

《说文》:"禁,吉凶之忌也。"段注:"禁、忌双声。"

《说文》:"设,施陈也。"段注:"设、施双声。"

《说文》:"莫,日且冥也。"段注:"此于双声求之。"

以上后面的三个例子,是被训释字和训释语中的主训字存在双声关系。如禁为见母,忌为群母,同为喉音,只是清浊的不同;设、施同为书母;莫、冥同为明母。

叠韵的如:

《说文》:"天,颠也。"段注:"此以同部叠韵为训也。凡'门,闻也''户,护也''尾,微也'皆此例。"

《说文》:"书,箸也。"段注:"此琴禁、鼓郭之例,以叠韵释之也。"

《说文》:"士,事也。"段注:"士、事叠韵。"

《说文》:"祷,告事求福也。"段注:"祷、告、求叠韵。"

《说文》:"祳,社肉,盛之以蜃,故谓之祳。"段注:"蜃、祳叠韵。"

《说文》:"覯,遇见也。"段注:"覯与遇叠韵。辵部曰:'遘,遇也。'覯从见,则为逢遇之见。"

《说文》:"吏,治人者也。"段注:"治与吏,同在第一部,此亦以同部叠韵为训也。"

以上后面的四个例子,是被训释字和训释语中的主训字存在叠韵关系。如祷、求同属幽部,告属觉部,主要元音相同;祳、蜃同属文部;覯、遇同属侯部;治、吏同属之部。

双声叠韵的如:

《说文》:"八,别也。"段注:"此以双声叠韵说其义。今江浙俗语,以物与人谓之八,与人则分别矣。"

段注中注出双声叠韵的不多,而且这一例也不是很典型的。八、别(分别义)同为帮母,但韵部则不完全相同,八属质部,别属月部,主要元音相近,韵尾相同,都是-t。《说文》音训中的双声叠韵,当然不只是这一例。如《说文》"帝,谛也""礼,履也"等,都是双声叠韵。帝、谛同为端母锡部,礼、履同为来母脂部。段氏有的注为叠韵,有的没有注。这是段氏的疏忽。对一部历时三十一年才完成的鸿篇巨著,偶然有一些失误也是难免的。段氏本人就坦然地说过:"既乃櫽栝之成此注,发轫于乾隆丙申(1776年),落成于嘉庆丁卯(1807年)。剖析既繁,疵颣不免。召陵或许其知己,达者仍俟诸后人。"(《说文解字》后附许冲上书注)

由此可见,《说文》中的音训,是指被训释字和训释字之间的语音关系。以往,《说文》一般被认为是注重形训的训诂学著作,对于《说文》同时也是一部注重声训的著作这一点,在评介时也许说得不多,以致有的读者误以为《说文》段注中所说的"叠韵",是单就某个字所说的孤立的现象。《汉字文化》1995年第1期有篇《说"兮"》的文章就存在这样的误解。

文章根据《说文》"兮"字下的段注得出结论说:"'兮'在古代诗辞赋中应该作语气指示词,它的语法功能不是表示自身读法,而是指示读者在此应按'兮'所尾随的那个字的韵母叠韵,延长节奏,以表示强调和抑扬顿挫的语调。"这个说法显然是不合适的。且不说汉语的语法系统中不存在"语气指示词"这种语法现象,即以文章引以为主要证据的《说文》段注来说,理解也是错误的,甚至连标点都是错误的。文章原来的标点是这样的:

《说文解字》:"兮,语所稽也。"段玉裁注:"兮,稽,叠韵,稽部曰:留止也,语于此少驻也。"

其中,段注部分的正确标点应该是:"兮、稽叠韵。稽部曰:'留止也。'语于此少驻也。"因为段注的意思是,被训释字"兮"和训释语中的主训字"稽"是叠韵关系。"稽部曰:'留止也。'"是段注引《说文》本身的话来解释"稽"的意思。《说文》:"稽,留止也。""语于此少驻也",则是段氏紧接着在引《说文》解释"稽"的意思后,解释《说文》"语所稽"的意思是"语于此少驻也",这是段氏自己的话。看来,文章作者还不太懂《说文》段注的术语和体例。既然标点错了,段注的语意也理解错了,这条主要证据当然也就不能成立了。

至于文章所否定的《辞源》《辞海》《现代汉语词典》等对"兮"字所作的解释,倒是吸收并反映了迄今为止关于"兮"字的研究成果。"兮"不仅语法作用相当于现代汉语的"啊",而且读音也接近于现代汉语的"啊"。"兮"与"猗""侯"三字用作语气词时,音近义通。《尚书·泰誓》:"如有一介臣,断断兮无他伎。"《礼记·大学》引《泰誓》曰:若有一个臣,断断猗无他技。"《尚书》和《礼记》的异文"如若""介个""兮猗""伎技",均音近义通。《诗经·魏风·伐檀》:"河水清且涟猗。"《汉石经》作"河水清且涟兮"。"猗""兮"也音近通用。《史记·乐书》:"高祖过沛诗《三侯之章》,令小儿歌之。"司马贞索隐:"按:过沛诗《大风歌》也。其辞曰'大风起兮云飞扬,威加四海兮归故乡,安得猛士兮守四方'是也。侯,语辞也。《诗》曰'侯其祎而'者是也。兮亦语辞也。沛诗有三'兮'故云'三侯'也。"因为《大风歌》中有三个"兮",所以也称"三侯之章"。"兮""侯"也音近义通。"兮""猗""侯"三字的古音,主要元音相近。"猗"字,郭锡良先生的《汉字古音手册》构拟为[ɪa],与"啊"的语音十分接近。可是,文章却说,"兮"在具体的句子中,"既不读 xī 或者是 a,也不读 he,而是在句中无读,或者说是'尾读',随着那个字的韵尾读"。这更是越说越远了。"兮"既然是记录词的一个字,怎么会在具体句子中没有自己的读音呢?

(本文原载于《汉字文化》1995 年第 3 期)

# 词义发展研究的一些问题

## ——兼及《现代汉语规范字典》的义项处理

中国、希腊和印度是古代语言学的三个中心。由于各国的历史文化背景不同,语言学的起始点或侧重点也有所不同。中国传统语言学是从语义研究开始的。早在先秦时期,我国就产生了《易》《书》《诗》《礼》《乐》《春秋》等被奉为经典的一批著作。这些经典著作学各有师,口传耳受,代代相传,但也不敢自专。为了保证对经典共同而准确的理解,约在公元前3世纪前后,我国产生了第一部为解经服务并被称为传统训诂学鼻祖的词书《尔雅》。自此延绵两千多年,逐步形成并发展成为具有中国特色的传统训诂学。传统训诂学属语文学范畴。王力先生说:"语文学(philology)和语言学(linguistics)是有分别的。前者是文字或书面语言的研究,特别着重在文献资料的考证和故训的寻求,这种研究比较零碎,缺乏系统性;后者的研究对象则是语言本身,研究的结果可以得出科学的、系统的、细致的、全面的语言理论。中国'五四'以前所作的语言研究,大致属于语文学范围的。"(王力《中国语言学史·前言》)由于传统语言学偏重于对书面语言的微观研究,虽然在文字、音韵、训诂方面的研究是很有成绩的,但是我国具有悠久传统的语义研究与语言研究的其他领域相比,仍然是一个比较薄弱的环节。除了语义现象比较复杂、比较抽象、比较开放这一客观原因外,从主观原因来看,可能是由于还没有形成科学的研究手段、方法和成熟的理论有关。早在 20 世纪 50 年代,罗常培先生就已经明确提出:"对于语义研究,咱们不应该再墨守传统的训诂学方法;应该知道词义不能离开上下文而孤立,词书或字典里的解释是不可靠的;应该用古生物学的方法分析各时代词义演变的'累积基层';应该用历史唯物论的方法推究词义死亡、转变、新生的社会背景和经济条件。"罗先生还认为,语义研究还必须从语言材料本身入手,"研究的方法,一方面要由自上而下地从经籍递推到大众口语,另一方面还得根据大众的词汇逆溯到它们的最初来源"(《语言与文化》1989 年版第 95—96 页)。可是,近半个世纪来,我们无论是在方法方面,还是在理论方面,并没有取得多少进展。举例来说,方法方面的如:

收集并整理能反映各个历史时期词义面貌的断代的词汇语料,为对词义"向下递推"和"向上逆溯"做好资料准备;

联系各个历史时期的文化背景和经济条件分析该时期词的义域和词义变化、转移、新生的情况;

用历史比较的方法,对旧有或新生的词义进行分析比较;

考察旧词的死亡或转移,新词的产生,对相关词义的影响。

理论方面的如:

本义是"产生这个词的其他意义的基础"(《语言学纲要》第 134 页)。弄清词义发展脉络,首先应弄清楚词义赖以发展的本义是词的本义还是字的本义;

确定词的本义的依据;

汉语的词和汉字的一般关系与特殊关系;

汉语各个历史时期产生的新词新义的本义的确定;

词的本义和与之相对的传统语言学中的假借义;

词的本义和词义的引申;

词义引申的途径和方式;

词义引申的理据与语言环境;

词义引申的理据与文化、经济背景;

引申义的时代层次;

词义引申和词类活用;

引申义与汉字的关系;等等。

当然,上面这些都属于举例性质,并不是问题的全部。这些方法或理论问题现在都还处于探索阶段。单就上面提到的这些问题,在没有解决以前,弄清楚少量词的意义发展脉络或许是可能的,但要大面积地解决词义发展脉络是不现实的。即使这些方法问题和理论问题全都解决了,要大面积弄清汉语词义的发展脉络,由于任务的细致、复杂、艰巨和繁重,不仅需要集体的共同努力,甚至需要几代人的集体共同努力,也绝不是少数人三年五年、十年八年能解决的。

最近出版的《现代汉语规范字典》(以下简称《字典》),在规范方面是很有特色的。如果对词义的处理定位在"现代"上,还是一本适应读者需要,有实用价值的字典。令人不解的是,《字典》最终还是为自己加了一项勉为其难的任务——理清词义发展脉络,并在各个义项之间画出箭头,以示词义之间所存在的联系。其用心良苦,其用意可感,但其力不胜,势必自陷被动。下面就上面提到的一些方法和理论上的问题,结合该字典作为词义处理的典型例子,根据现有的研究资料和研究成果有选择地谈谈自己粗浅的看法。

叶　叶(葉)　yè　❶ 名 叶子▷落~|枝繁~茂。→❷

名 较长时间的分段▷明代中~19世纪末~。→❸ 名 像叶子的东西▷肺~。❹ 名 页▷活~文选。

《字典》吸收了《说文通训定声》的解释,认为义项❶和❷是本义和引申义的关系,并进而补充说:"古人常把祖先和子孙百代说成'本(树干)支(树枝)百世'……树枝可以比喻'世',比喻时段。枝和叶都是从树干分出来的,'叶'于是也可比喻'世',比喻时段。"最后还引林义光的《文源》:"(金文'世')当为'叶'之古文,像茎及叶之形。草木之叶,重累百叠,故引申为世代之世。字亦作叶。"以证其说"有更充分的理由"(见《〈现代汉语规范字典〉义项排列》,以下简称《义项排列》。《语文建设》1997年第11期)。这个说法看起来也的确是合情合理的,但验之于语言实际,未必尽然。金文中不仅有"世","像枝茎有叶",而且还有"枼"字,上像枝条带叶,下似树干之形。两字有的枝条带叶,有的不带叶。"世""枼",异形而同词,都用于世代义。用于枝叶义则一例未见。根据语言事实,"世"的最早意义当为表示世代,且在"叶"字产生之前;从文字的发展来看,也当先有"世",再有"世"下加木的"枼",然后才有"枼"上加艹的"葉",如果我们接受金文的研究成果,既然"世""枼"和后起字"葉"在表示世代义时是同一个词,就不能不承认表示世代义的"世",应早于表示枝叶义的"葉"。"《说文》木部,有从木世声之枼,葉字从枼,二字皆孳乳于世,谓其声义同原于世字,可也。"(周名煇《古籀考》卷下)如以"叶"为本字本义,以"世"为"叶"的引申义"是无疑的",难免给人以本末倒置的感觉。时间的长度义,非常抽象。先民可能是从自然现象中,树木的枝条带叶,与时枯荣并繁茂生长而产生联想,用以喻比较抽象的时段义。表枝叶义的"叶",则是表世代义的"世"的孳生字。我们在考察一个词的本义时,不能全凭字形,见"世"字的初文枝条带叶,就断定"世"为"本树叶之义"。这就像甲骨文中的"大",字形是正面舒臂叉腿而立的成年人形状,我们不能据字形认为本义是成年人;"小"的字形是三粒呈三角形排列的沙粒,我们不能据字形认为本义是沙粒一样。当然,我们也不能绝对排除"世"在金文时期也有可能用于枝叶义的假定,但我们在讨论词义发展问题时,总不能建立在假定的基础上。在讨论下面的问题时,我们也本着这个原则。即便是《说文》的解释,也应该受语言事实的检验。

还有"叶"的义项❹也让人产生疑问。《说文》中还有一个"枼"字。清代研究《说文》的大家,认为是"页"的本字。《说文》"枼"下段注:"今书一纸谓之一页,或作叶,其实当作此枼。"《说文通训定声》:"按:小儿书写,每一笘谓之一枼。字亦可以叶为之。俗用页。"(按:此按语在《说文通训定声》"枼"下,《义项排列》误为在"叶"下;"谓之一枼","枼",《义项排列》也误作"叶")其他研究者也持有相同意见。再进一步查证语言事实,因没有断代的词汇语料,我们还只能参考工具书。据查,"叶"用作书页义最早的书证是唐人的作品;"枼"不见书证,而唐宋时期的韵书却有释义。《广韵》:"枼,篇簿书。"《集韵·帖韵》:"枼叶,书篇名。或从艹"。《集韵》的体例,在数字并出时,第一个是本字,其后是异体字或假借字;而且《集韵》的收字原则,是"务从该广,经史诸子及小学书,更相参定。凡字训悉本许慎《说文》,慎所不载,则引他书为解"(《集韵·韵例》)。"枼",《集韵》共三见。其中,叶韵两见,一引《说文》,一引《博雅》,且字条都只有一个字;帖韵一见,枼、叶两字共条并释,既不引《说文》,也没有引其他字书。我们根据《集韵》的收字原则,"枼"的实际用法,编者是在"经史诸子"中见过的。通常的情况,字书或韵书中所收的释义,都是一个词的某个义项在社会上流行已久并比较固定时才会收入。"箂"收有书篇义,而"叶"《集韵》虽也三见,却不见书页义,这也应该可以说明,是"箂"先有书页义。但因"叶"更为常用,时人习书"箂"为"叶",后又写作"页"。在没有建立断代词汇语料库以前,我们至少应该暂时先相信唐宋时期的韵书和段、朱等人以及其他《说文》研究者的意见,或者不妨先存疑,而不宜贸然断定并以字典形式确认书页义是从"叶"直接引申而来的。

除　除　chú　❶ 名〈文〉台阶▷洒扫庭~|阶~。→❷ 动〈文〉更易(官职);授予(官职)▷~忠州刺史。❸ 动去掉▷~三害|~草|根~。⇒❹ 动进行除法运算,即一个数连续减去相同的数。⇒❺ 介表示不计算在内:~此之外。

《字典》所确定的"除"的词义发展脉络:台阶→更易→去掉,缺乏语言事实的支持。先秦作品中的"除",都是动词,都用于除去义或与除去义相近的意义,而不见名词台阶义。"除",《论语》《孟子》不见;《尚书》2见,《易经》1见,《诗经》4见,《周礼》26见,《仪礼》5见,《左传》45见,《国语》27见,《墨子》31见,《庄子》3见,《荀子》17见,《韩非子》28见,《礼记》52见,均为动词,而不见用于名词台阶义。他如《商君书》,翻阅一过,也没有发现台阶义。除,一般都是除去旧有的,因此同时也意味着开始新生的,因此,"除"有时往往可以两解。如《诗经·唐风·蟋蟀》:"今我不乐,日月其除。"又《小雅·小明》:"昔我往矣,日月方除。"两句中的"除",语言环境基本相同,但前一句,毛传:"除,去也。"后一句,毛传:"除陈生新也。"而且两字,陆德明俱音直虑切。从"除"在先秦时期的实际用法来看,除去义与除陈生新义的关系更为密切,把后者看成是前者的引申义,应该说更为合理。《义项排列》因囿守《说文》的解释,采用了宋人沈括《梦溪笔谈》的说法。沈括引用了《易经》中"除"的唯一一例用法"君子以除戎器,戒不虞"(见"萃卦"),释"除"为"以新易旧",并进而推论"阶谓之除者,自下而上,亦更易之义"。但这也只是众多解释中沈括的一己之见。"除",王弼无注,孔颖达疏:"除者,治也。"另据十三经注疏本《周易注疏·校勘记》卷九:"如字。本亦作儲,又作治……郑云:'除,去也。'蜀才云:'除去戎器,修行文德也。'"(按:郑为汉人,蜀才为魏晋时人)这是《易经》中唯一的一例"除",解释不一,或释为"治",或释为"去",且是异文,《义项排列》用以为立论依据,显得过于单薄而又脆弱。

"除"从"除陈生新"义引申为任免官员义(一般都用于免去旧职,任命新职),更符合语言事实,而且在《史记》的实际用例中得到验证。《史记》"除"共561见。其中用为任免义11见,用为台阶义2见,其余都用为除去义或与除去义近似的意义。且看《史记》中"除"用于任免义的两组例子:

一组是有古注的:

①诸买武功爵官首者试补吏,先除;千夫如五大夫。(《平准书》)

司马贞索隐:"官首,武功爵第五也,位稍高,故得试为吏,先除用也。"

此文又见《汉书·食货志》,颜师古注:"今则先除为吏,比于五大夫也。"

②当是时,丞相入奏事,坐语移日,所言皆听……权移主上。上乃曰:"君除吏已尽否?吾亦欲除吏。"(《魏其武安侯列传》)

此文又见《汉书·田蚡传》颜师古注:"凡言除者,除去故官就新官。"又《景帝纪》"列侯薨及诸侯太傅初除之官"下有相同注文。

一组是句式相同的:

①择郡国吏木讷于文辞,重厚长者,即召除为丞相史。(《曹相国世家》)

其后除为三老,举为亲民,出为三百石长,治民。(《田叔列传》)

②于是除千夫五大夫为吏,不欲者出马。(《平准书》)

此文又见《汉书·食货志》,颜师古注:"千夫、五大夫不欲为吏者,令之出马也。"

使孔仅、东郭咸阳乘传举行天下盐铁,作官府,除故盐铁家富者为吏。(《平准书》)

此文又见《汉书·食货志》,在"除……为吏"后,改《史记》"吏道益杂……"为"吏益多贾人矣"。

③赵隐王如意死……除诸侯丞相为相。(《汉兴以来将相名臣年表》)

第一组例子,是现今字书或词书中引用的最早书证。"除"单独用于表示任命义。古注还明确注出"除"是"除去故官就新官"义。《汉书》颜师古的注文是吸收了三国魏人如淳的注(见《汉书景帝注》)。第二组例子,例①是"除为"连用,可理解为"任命为"。例②是"除……为……"分用,可理解为"任命……为吏"。但是例③一般也可理解为"任命诸侯的丞相为相",不过,这里还涉及一个史实,不能排除也可理解为"去诸侯丞相为相"。汉初,"高祖时诸侯皆赋,得自除内史以下,汉独为诸侯置丞相,黄金印。诸侯自除御史、廷尉正、博士,拟于天子。自吴楚反后,五宗王世,汉为置二千石,去'丞相'曰'相',银印"(《五宗世家》)。据此可知,"去'丞相'曰'相'",是"吴楚反后"的事。而"赵隐王如意死"是在吴楚反之前,也曾有过"除诸侯丞相为相"。因此,这句话,理解时有可能出现两可情况:"除诸侯丞相为相",可理解为"去诸侯'丞相'曰'相'"[①];"去诸侯'丞相'曰'相'",也可理解为"除诸侯'丞相'为'相'"。可见,"除"的除去义与任免义关系殊为密切,而与"除"的台阶义似了不相涉。

现在我们再来看看"除"的台阶义和除去义的关系。到底是台阶义引申为除去义,还是除去义引申为台阶义,理解历来是有分歧的。段玉裁认为:"殿谓宫殿,殿陛谓之除,因之凡去旧更新皆曰除,取拾级更易之义也。"(《说文》"除"下注)以阐发段注为主并时有创见的徐灏,却提出完全相反的看法。他认为:"段以拾级更易为除旧更新义,殊缪。戴氏侗曰:'辟草移地为除。廷除之义取此。凡除治皆取此义。'灏按:辟草移地为除,虽未见古训,然由除治引申为阶除,其义为顺。《玉篇》亦曰:'去也;开也。'而后言'殿阶也。'"(《说文解字注笺》)而清代另一个研究《说文》的大家王筠则认为:"除"的台阶义是汉代才产生的。《说文句读》:"挚虞《决疑要注》:'凡大殿乃有陛,堂则有阶无陛也……'然则'除',亦汉名。以字从阜,故不用古义也。"王筠认为表示台阶义的"除",是"汉名",即汉代的名(字),是有道理的。我们还可以补充几条论据:

1. 先秦没有殿、堂之分,"殿"的宫殿义是秦汉时期才产生的。

---

[①] "为",有时用同"曰"。如《论语·为政》:"知之为知之,不知为不知,是知也。"《荀子·子道》:"故君子知之曰知之,不知曰不知,言之要也。"

《说文》:"除,殿陛也。""殿陛",即宫殿的台阶。又:"堂,殿也。"段注:"以殿释堂者,以今释古也。古曰堂,汉以后曰殿。"又:"殿,击也。"段注:"此字本义未见,假借为宫殿字。"

2. 阶陛的"陛",也是秦汉时期产生的。"'陛'字始见于《战国策》,盖秦语。"(见《说文句读》"陛"下)

3. 据此,可以认为,《说文》以"殿陛"所解释的"除",在先秦还不存在。

我们还可据此认为,表示除去义的"除"和表示台阶义的"除",很可能是共用一个文字形式的两个词。《集韵》也正是这样认为的。《集韵·御韵》:"除(迟据切),去也。《诗》:'日月其除。'"与《经典释文·毛诗音义》的音义同;又《集韵·鱼韵》:"除,陈如切。《说文》:'殿陛也。'一曰:去也。"与《说文》:"除,殿陛也。"下徐铉加注的《唐韵》读音同。除去义的"除",读去声;台阶义的"除",读平声,是两个同形而不同音义的词。

根据前人研究的成果和语言事实,至少可以说明这样几点:

1. 除去义在前,台阶义在后;

2. 除去义和任免义,两者的关系更为密切;

3. 除去义的"除"和台阶义的"除",可能是两个不同的词。

程 程 chéng ❶名古代长度单位,十程为一分;度量衡的总称。→❷名规矩;法度▷章~|规~|~式。→❸名(旅行的或物体行进的)距离▷行~|射~。⇒❹名(旅行的)道路;一段路▷登~|送了一~又一~。❺名事物发展的经历或步骤▷过~|疗~。⇒❻名指一段时间▷这~子。

义项❶"十程为一分",是《说文》的解释,但语言中从未见过应用;"度量衡的总称"的意义,确实在语言中一再应用过。最早见于《荀子》。近似的意义也见于两汉时期的作品。《史记·张丞相列传》:"若百工,天下作程品。"集解:"如淳曰:'若,顺也。百工为器物皆有尺寸斤两,使皆得宜,此之谓顺。'"《汉书·高帝纪下》:"天下既定,命萧何次律令,韩信申军法,张苍定章程。"颜师古注:"如淳曰:'程者,权衡丈尺斗斛之平法也。'"但《义项排列》说,这个意义,是由"十分为一程"的本义,扩大为"度量衡的总称"。这就是说,后者是应用过程中由前者引申而来的。现在我们来讨论"程"的引申义问题。

这里涉及一个理论性的问题,即一个只见于字典,从来未见应用,始终是处于静止状态的字义,能不能成为产生其他词义的基础? 能不能引申出新的词义? 答案应该是否定的。引申义是词义在应用过程中产生的词义现象,词义的引申过程是新的词义形成的过程,也就是词义发展的过程。词义的扩大、缩小、转移就是词义发展的三种情况。确定词义的引申,不能脱离语言实际,不能不受语言检验,而只凭主观理念的推断或想象。因此,引申义的产生,必须具备两个前提:一是所由引申的词义必须先在具体语言中应用过,一个从来没有应用过的词义,它本身是否存在过应用价值,尚且是一个疑问,岂能产生出新的引申义? 如果一个从未应用过的词义,从完全静止的状态,就直接扩大为新的词义,简直是不可思议的;一是引申义与所由引申的词义(本义或引申义)必须是相邻的,而且两者之间的意义联系能得到合理的并符合语言事实的说明。

义项❶的"十程为一分",虽然是《说文》的解释,但是从来未见应用,因而也就不可能成为产生其他词义的基础。《说文》的解释,对确定本义有重要参考作用,但必须经过语言的检验,而不能作为产生其他词义基础的唯一依据。说"度量衡的总称"是"程"的本义的扩大,缺乏语言事实的支持,不能成立。再看"度量衡的总称"和其后各义项的关系。由义项❶的"度量衡的总称"引申为"规矩;法度",符合语言事实。因为度量衡本身就是法定的人人必须遵守的单位,含有法规性质。《礼记·深衣》:"五法已施,故圣人服之。故规、矩取其无私,绳取其直,权、衡取其平,故先王贵之。"孙希旦集解:"(五法)谓规、矩、绳、权、衡也。"上面所引《汉书·高帝纪下》颜师古转引如淳对"程"是度量衡的具体解释后,自己又加注:"师古曰:'程,法式也。'"《汉书·律历志》关于度量衡与规矩、法式的关系还有专门的论述。可见,"程"的"度量衡总称"义和"规矩;法度"义,两者之间有着可以得到说明的关系并得到语言事实的支持。但是说"长度单位可以引申为空间距离",义项❶❸之间,即"十程为一分"与"距离"之间存在直接引申的关系,则值得讨论了。

上面已经论及,从未应用过的"十分为一程",不能作为词义引申的理据。从现有资料来看,"程"的程限义,与《字典》所说的"距离"义,两者之间的联系倒能得到更为合理且符合语言事实的说明。

第一,度量衡是法定的单位,计量有严格的要求和界限。据前人研究,"程"除引申为法式义外,还引申出限度义。《左传·宣公十一年》:"程土物。"杜预注:"为作程限。"《礼记·月令》:"陈祭器,按度程。"孔颖达疏:"按度程者,谓于按此器旧来制度大小及容受程限多少。"

第二,"程""限"常同义连用。除以上两例的注文外,另如《水浒传》第三六回:"便断配在他州外府,也须有程限,日后归来,也得早晚伏侍父亲终身。"清纪昀《阅微草堂笔记·如是我闻四》:"某迫于程限,委曲迁就。""程限",日期的限度,即期限。值得注意的是,在明清时期,"程限"一词,还经常出现在口语体作品中。

第三,"程"的程限义,可包括长度(兼包空间或时间的长度)、重量、容量的限度,自先秦、两汉一直沿用至隋唐时期甚至现代。《东观汉记·东平宪王苍传》:"苍到国后,病水气喘逆,上遣太医丞相视之,小黄门侍疾,置驿马传起居,以千里为程。"这是空间距离的限度。左思《魏都赋》:"晷漏肃唱,明宵有程。"李善注:"程,犹限也。"这是时间距离的限度。《汉书·刑法志》:"至于秦始皇……昼断狱,夜理书,自程决事,日县石之一。"颜师古注引"服虔曰:'县,称也。石,百二十斤也。始皇省读文书,日以百二十斤为程。'""为程",即为限。这是重量的限度。上引《礼记》的例子是容量的限度。现在所说的射程、疗程的"程"也仍然潜含限度义。射程,是指一定限度以内的空间射击距离;各种火器有不同的射程或有效射程。疗程,是指一定限度以内的治疗时间;根据病情和治疗方法不同,疗程的长短也有所不同。《字典》释疗程的"程"为过程,也不是十分准确的。

第四,因此,"程"的空间距离义,不是泛指的距离,而是指一定限度内的距离。开始可能多指驿站之间的距离。"程"所表示的距离义,都是可以计算的。玄应《一切经音义》:"里程……程犹限也。""里程",是以里计算一定距离内的道路限度。唐白居易《从陕至东京》诗:"风光四百里,车马十三程。"清人顾炎武《日知录》卷十:"凡陆行之程,马日七十里,步及驴五十里,车三十里。"白居易诗中所说的"四百里""十三程",正与顾炎武所说的"凡陆行之程……车三十里"大致相符。他如:宋欧阳修《与尹师鲁书》:"及来此,问荆人,云去郢止两程。"清魏源《圣武记》卷九:"改道便捷,较旧驿近七八程。"超过驿程的距离接着赶路的称兼程、倍程。如日夜兼程、星夜倍程,就是现在所说的"送了一程又一程",开始也是指有限度的距离,一般一程是指长亭之间的距离。长亭是古人送别的处所。有的词中的"程",限度义虽然已淡化,如路程、航程,但也不同于路途、航路,仍隐含有限度和可计算义。

由此我们还得到启发,能得到合理说明的引申义,不仅两个意义应该相邻,而且在时间上也应该能相衔接。因为引申义是在应用过程中产生的,不可能与它所由引申的词义,两者时期相隔很远。如果相隔很远,所由引申的词义,在新的引申义产生时早已废弃不用,如"十程为一分"的"程"与射程的"程",还说它们之间还存在语义联系,那只能是离开语言事实的纯主观推理了。

法 ❶名刑法;泛指国家制定的一切法规……→❷名标准;模式……⇒❸方法;方式……⇒❹动仿效;学习(别人的优点)……→❺形合法的;守法的……→❻名佛教的教义、规范;佛法……→❼名指僧道等画符念咒之类的手段……

这是《字典》"凡例"里的例子。我们先看义项❹的解释:"动仿效;学习(别人的优点)"。"法"用如动词很早,先秦时期就有。"法"的宾语,都是表示作为理想楷模的整体,而不是"别人的优点"部分。如《荀子》中常用的"法先王""法圣王",意思是效法先王、圣王。现在还说的"法古今完人",意思是效法古今完美无缺的人。从语法角度来看,这实际上是名词活用为动词,应理解为"以……为法"。"法先王",即以先王为法或以先王为楷模;"法古今完人",即以古今完人为法或以古今完人为楷模;绝不能理解为学习先王、圣王、古今完人(的优点)。而且"法"的宾语也不限于人。如"上则法尧舜之制,下则法仲尼子弓之义"(《荀子·非十二子》)。不论宾语是人还是事,都应理解为"以……为法"或"效法"。"法"主要用作名词,很少用如动词,古今都是如此。用如动词时带宾语的更少。《韩非子》中共用了400多个"法",带宾语的只有"不法常可"(《五蠹》)1例;《荀子》中带宾语的稍多一些,除了上引的4例外,也只有"法君子"(《非十二子》)、"法后王"(《儒效》)、"法其法"(《解蔽》),都可理解为"以……为法"或"效法"。"法"用如动词时,还未见过"学习(别人的优点)"的用例。《字典》所举的用例"师法古人",颇觉别扭,我怀疑是编者生造的。且不说"师法"不同于"法",即以"师法"而论,其基本意义仍是以为师、以为法,也即效法。可为师法的,一般是学术流派、演艺风格、技能工艺或道德文章、堪为楷模的个人等,且从现有辞书中收有动词义"师法"的书证来看,没有一例是带宾语的。《汉语大词典》的"师法"下虽有"效法,学习"的解释,但却没有可解释为学习的书证。所引鲁迅《华盖集·夏三虫》中的"殊不知便是昆虫,值得师法的地方也多着哪",仍应理解为仿效。有一门仿生学,就是专门研究昆虫和其他生物"值得师法的地方"。《汉语大词典》释"师法"为"学习"虽不妥,但也没有用括号注出所学习的是"别人的优点"。《字典》所以增释"法"的动词义为"学习(别人的优点)",可能是由于对"法"本义的理解不甚确切。

　　《字典》以"刑法"列为义项之首,恐怕是误解了《说文》所解释的意思。《说文》:"法,刑也。"有影响的《说文》研究者,都认为"刑"当作"荆"。段注《说文》,径改"刑"为"荆"。桂馥的《说文义证》也说:"刑也者,当从井为荆。本书'荆'下引《易》:'井,法也。'经典皆用刑字。《释诂》:'刑,法也。'(见《释诂上》,郝懿行疏:'刑,当作荆。')"

王筠的《说文句读》也认为"刑当作荆"。徐灏说得更明确:"刑,当作荆,谓法制也。法者,典则之义。"这些出自众《说文》研究家之口的看法,是可信的。《说文》本身也证实他们的意见是正确的。《说文》中从刀的"刑"和从井的"荆",是两个字。《说文》:"刑,剄也。""剄,刑也。""刑""剄"互训。而"荆",《说文》虽释为"罚罪也",但终觉未安,又补充说:"《易》曰:'井,法也。'"《一切经音义》引《易》曰:'荆,法也。'"清人徐灏还举例以证"荆"即"法":"《尧典》曰:'观其荆于二女。'《大雅·文王》篇:'仪荆文王。'《思齐》篇:'荆于寡妻。'《孝经》:'荆于四海。'皆法则之义。如训为罚罪,则不可通矣。"(《说文解字注笺》)《说文》释"法"为"刑也",《尔雅》释"刑"为"法也","刑""法"互训。在先秦时期,即便是法家笔下的"法",也是泛指国家制定的法令、法规,其中当然包括刑法。商鞅变法,是改变旧有的法度,而绝不是改变刑法。商鞅认为,"法者,所以爱民也"(《商君书·更法》)。另一个法家代表人物韩非认为:"法者,事最适者也"(《韩非子·问辨》)。"法"与"型""笵""模"还是同义关系。《说文》:"型,铸器之法也。""笵,法也。""模,法也。"其中,"刑""型"音义俱同,为同源关系;"法""笵"声近义同("法"为帮母叶韵,"笵"为并母谈韵,两词主要元音相同,声母、韵尾发音部位相同,只是发音方法不同),为同源关系。据此,"法"的最基本的意义应该是治理国家并规范社会行为的模式,也即法度。根据前人的研究和语言事实,《说文》所说的"刑"即"荆",是法度、法制、法则、典则的意思,也即现在所说的,是由国家制定的规范人们社会行为的一切法规,包括法律、法令、规章、条例甚至政策等,而非《字典》所说的"刑法";《字典》所说的"刑法",是与民法类相对,是惩治犯罪行为,用以量刑的强制性的法令条款,是法律的一部分,而非《说文》所说的"法,刑也"。

《字典》的"字头分合的处理"(《〈现代汉语规范字典〉对字头分合的处理》,以下简称《分合处理》,《语文建设》1997年第12期),也涉及词义的处理问题。一般说,字头的分合处理得当,对读者理解词义是有帮助的。但《字典》为体现"其自身的特点",对《现代汉语词典》(以下简称《现汉》)的字头分合作了调整。如《现汉》把动词"使"和名词"使",名词"被"、动词"被"和介词"被",虽同形但因词性不同而分立条目。从现代语言学的观点来看,它们已经是属不同词类的不同的词,分立条目应该说是合适的,有利于读者理解并掌握词义。《字典》却认为它们之间意义存在联系,应该合。《现汉》把词义有明显区别,并各自有相对的反义词的词,如与"死"相对的"生"、与"熟"相对的"生"、主要用于与"师"相对的"生"和用作某些副词的后缀的"生",分立条目。这样处理是有益于读者使用的,但《字典》也认为应该合。不过,该分不分,只是对读者理解和掌握词义不方便,一般不至于出错。但该合而分,则说不定会出问题。首先是《字典》所定的分立的标准就存在理论上的缺陷。《字典》分立字头的标准,"简单地说就是为假借义分立字头"(《分合处理》)。从现代语言学的观点来看,词是否存在假借义就是一个疑问。20世纪80年代就有学者提出,只有文字存在假借,词义不存在假借。传统语言学所说的假借字,相当于现在的写别字。谈假借,最好严格限止在文字上的假借。如把"早"写成"蚤",或者说"蚤"假借为"早",字形各异,但用在具体的语言中读出声来,音和义并没有区别,当然也就不存在词义假借问题。现代汉语词典或字典,不宜再立假借义。其次,汉语字和词的关系相当复杂,即使沿用传统的说法,通假字、假借字、古今字、同源字,它们之间的界限也不是十分清楚的。单以通假字而论,一个词的文字形式,往往有好多假借字;一个假借字,往往可以假借为好几个词的文字形式;有时甚至连本义与假借义也难以区别。由于这些原因,要区别《字典》所说的假借义,也不是一件容易的事。如以《字典》所分立字头的"表"为例,《分合处理》认为"表"的"本义是外衣,引申为外表、表示、表格、中表等。表又假借为'标'。标是标志用的木柱","因此,应分立表²"。根据是:《管子·君臣上》:"犹揭表而令之止也。"尹知章注:"表谓以木为标,有所告示也。"另引《汉书》颜师古的注,但颜注只是说:"表者,树木为之,若柱形也。"没有与"标"相联系。《字典》据此认为"表"假借为"标",应另立一个字头。这是沿用传统说法,假借义与本义相混的典型例子。

第一,如确认表"假借为'标'","标"就应该先有过"标是标志用的木柱"的用法,"表"才有可能假借为"标"。而语言实际并非如此。"表"在先秦时期就用于《字典》所说的"标志用的木柱"。如《周礼·夏官·大司马》:"虞人莱所田之野为表。"孙诒让正义:"树木为表,表识步数,以正进退之行列也。"《吕氏春秋·慎小》:"吴起治西河,欲谕其信于民,夜日置表于南门之外。"高诱注:"表,柱也。"又《察今》:"今水已变而益多矣,荆人尚犹循表而导之,此其所以败也。"又《自知》:"舜有诽谤之木。"高注:"书其过失以表木也。"后一例还以"表"释"木"。而"标",先秦用得很少。常见的典籍中,仅《墨子》有 3 见,《庄子》有 1 见,且都用于与本相对的末梢义。如《墨子·经说下》:"相衡则本短标长。"《庄子·天地》:"上如标枝。"说表"假借为'标'",没有根据。

第二,"表"不仅可以用于如《字典》所说的"标志用的木柱"义,还广泛用于表识(帜)义,即彰明醒目的徽帜或标志。"表"在先秦颇为习用。《尚书》6 见,《左传》12 见,《国语》5 见,《墨子》21 见,

《庄子》5见,《荀子》20见,《礼记》5见。其中用于表识义尤为常见。官署、车服可以称表。《国语·鲁语上》:"署,位之表也;车服,表之章也。"韦昭注:"署者,位之表识也。"疆界的标志也可称表。《左传·昭公元年》:"引其封疆而树之官,举之表旗而著之制令。"《春秋左传注》注引"杨树达先生读《左传》云:'表旗即后世界碑之类。'"报警的标志也可称表。《墨子·号令》:"居高便所树表,表,三人守之。比至城者三表,与城上烽燧相望。"例中的"表",就是城上守卫者报警的一种标志或信号。《说文》:"烽,燧,候表也,边有警则举火。"以"表"释"烽"。《史记·周本纪》:"幽王为烽燧大鼓,有寇则举烽火。"张守节正义:"昼日燃燧以望火烟;夜举火以望火光也。烽,土橹也;燧,炬火也;皆山上安之,有寇举之。"按这个注释,烽、燧,就是《说文》所说的可举的"候表"。王国维《敦煌汉简跋十三》:"盖浑言之,烽、表为一物,析言之,则燃而举之谓之烽,不燃而举之谓之表。"旗帜、酒帘也可称表。《国语·晋语五》:"车无退表,鼓无退声。"韦昭注:"表,旗也。"《晏子春秋·问上九》:"人有酤酒者,为器甚洁,置表甚长,而酒酸不售。"而"标"《字典》虽释为"标志用的木柱"的"表",但自身却从未用于"标志用的木柱"义。标,从现有的工具书来看,用于标志义,约始自魏晋时期。

第三,尹知章释"表谓以木为标",实际上是以今语释古语。尹知章是唐人。唐代,"标"大概已普遍用于标志义,其他唐人也习以"标"释"表"。《荀子·儒效》:"君子言有坛宇,行有防表。"杨倞注:"防,堤防;表,标。"《史记·河渠书》:"令齐人水工徐伯表。"司马贞索隐:"小颜(按:即颜师古)以为表者,巡行穿渠之处而表记之,若今之竖标。"尤应注意的是后一例,特意注出"若今之竖标",足以说明"标"是今语,即唐时的通行语;而且,尹也只是说"表谓以木为标",

并没有说表"假借为'标'"。

第四,《说文通训定声》在"表"下确实曾说假借"为标(末梢义)","又为㦄(徽帜义)";在"标"下又说假借为"㦄",即认为标志义的本字应为"㦄"。可能"㦄"在实际书面语言中用得很少,各大型工具书都不见书证。甚至连《说文》的各大注家也只是解释性的词语,而无书证。因此,即使想把徽帜义的"表"最后用书证形式落实到假借为"㦄",目前也没有这种可能,当然也没有这种必要。

总而言之,一部反映现代汉语词义面貌的字典,虽然以字为目,也不宜再立假借义,更不宜把"表"这样的词立为两个字头。

上面只是就《字典》作为词义发展脉络的典型例子有选择地进行了分析,而且所分析的还只是这些词的部分义项之间的关系。我想也足以说明,即使仅仅是弄清楚一个或少量词的词义发展脉络,在目前资料不足、理论不成熟的条件下,也是很难很难的,遑论弄清楚每个词的词义发展脉络了。我建议《字典》在重印时,最好把各种箭头统统取消。否则,是会起负面的误导作用的。

(本文原载于《汉字文化》1999年第3期)

# "按词义发展脉络排列词条义项"质疑

## ——评《现代汉语规范词典》兼及《现代汉语规范字典》

一

李行健先生主编的《现代汉语规范词典》(以下简称《词典》),已经隆重出版。其声势之大,前所未有。《词典》的确也有不少优点,其中最大的优点,是及时反映了当前产生的新词新语,如"按揭""暗箱操作""金曲"等一批词语;同时,还增补了一些词的新的词义内容,如"包装",一般词典只收有两个义项,而《词典》则增补了一个义项:"❸动比喻对人或事物进行形象设计,使美化和有特色。"如果《词典》完全定位在现代汉语上,不失为一部具有实用价值的词典。但令人遗憾的是,该《词典》竟然把"力图按词义的发展脉络排列义项"作为体现其"有特色的规范性词典"[①] 的四大特色之一,并试图借此提升为学术性词典。可是,正是在这一点上,《词典》编辑的指导思想走偏了思路。因此,与其说这是个"特色",还

---

① 《现代汉语规范词典·前言》,外语教学与研究出版社,语文出版社,2004年。

不如说是败笔。

　　字典或词典一般都具有字形、注音、释义三部分。形和音,都是封闭的,有限的,是相对稳定的,而且迄今为止,从宏观到微观都有可观的丰富而又成熟的研究成果,还有相关机构在此基础上制定的规定,都可资参考。一部字典或词典对字形和读音进行规范,不仅是必要的,而且是完全可能的;即使不声称"规范",在客观上也起到规范的作用。但是,一部反映现代汉语词义面貌的词典,按词义发展脉络排列义项,一是没有这个必要,二是没有这个可能,即使有可能,也是残缺不全的。词义的发展脉络是客观存在的。能理清词义发展脉络也的确是大家所向往的事,但是至少在目前来说,还不可能做到。这主要有两个原因:

　　一个是客观原因,这件事的本身至少从目前来看有着不可逾越的难度。汉语仅有着文字记载的历史就有近四千年,至于对语言研究最有价值的口语的历史则更长,到底多长,可能将永远是个未知数。而词又是语言中最为活跃,对社会的发展最为敏感,且经常处在变动之中的部分。不仅如此,词的意义又是开放的,无限的,抽象的;再说像汉语这样历史悠久的语言,每个词的初始意义也并不都是很清楚的;况且词义的发展引申还存在很大的随机性、偶然性,原有的意义和新产生的意义之间,并不都存在必然的逻辑联系。要真正理清每一个词的各个意义之间的联系,必须要有充分说明这种联系的语言事实和文化历史背景。就算从有文字记录的词研究起,并假定已有的文字资料完整地反映了各个时期的词义面貌,要对上下几千年、数以万计的词所曾经有过的无限丰富的词义,描写出它们的词义系统,并一一理清它们的发展脉络,绝不是凭美好的愿望和勇气所能做到的。况且现有传世的文字资料,并不是完整无缺地记录了汉语的词义面貌。由于上述客观存在的原因,要理清汉语每个词的词义脉络,不仅今天做不到,恐怕明天也很难做到。

一个是主观原因,即受当前词义研究理论水平的局限。词义研究仍是汉语研究中比较薄弱的环节。我国虽有词义研究的传统,但研究的对象主要是字,一般是从字的形体结构入手,参照古代的文献资料,分析字的意义,后也注意突破字形的束缚,探求语音和词义的联系。但从现代语言学的观点来看,"这种研究比较零碎,缺乏系统性",还没有形成"科学的、系统的、细致的、全面的语言理论"[1],总的来说,还属于语文学范畴。因此,尽管有着悠久的语义研究传统,尽管至今仍有不少学者在孜孜不倦于词义研究,但词义研究比较薄弱的情况并不见显著的改变。这主要表现在:还没有比较系统、比较成熟的汉语词义的理论,还没有一套比较科学的汉语词义的研究方法,甚至连对保存在历代文献中包括注疏在内的前人研究成果和文献所反映的词汇语料这些基础性的工作,也还没有系统的收集整理。这种研究现状,就决定了不可能大面积地清理每个词的词义脉络。从《词典》的释义来看,也能发现,编者对诸如何谓词义、何谓词义脉络这些问题的理论难度和实践难度,心中并不是很有数的。

何谓词义?还有待于深入讨论。但有一点是清楚的,词典中的义项不等于词义。一个词可分为形式和内容两部分,词的形式是语音(书面形式是文字),词的内容是意义,也即词义。词义是客观存在的。而词典的义项,则是编者对词义的解释。这种解释可能

---

[1] 王力《中国语言发展史·前言》,山西人民出版社,1981年。

对,也可能错。一部词典的质量如何,主要看它对词义解释的准确程度,看它所作的解释在多大程度上接近词义的原貌。认识这一点非常重要。否则,在释义时就会脱离语言实际,就会不可避免地产生主观随意性,以为只要自己在《词典》上所解释的就都是词义。《词典》凡例中作为规范用例的"释义"部分,就存在这种主观随意性:

法 fǎ ❶|名|国家制定的法律、法令的总称……→❷|名|标准;模式……❸|名|办法;方式……❹|动|仿效;学习(别人的优点)……

其中的义项❹"学习(别人的优点)"就是一个主观随意性的解释。按,"法",是一个名词,有模式、范式义,与"模""镕""笵""型"等是同义词。《说文》:"模,法也。""镕,冶器法也。""笵,法也。""型,铸器之法也。""法,刑也(按:与'型'同源)。"段玉裁注:"以木曰模,以金曰镕,以土曰型,以竹曰笵:皆法也。"(《说文》"模"下注)法,早在先秦就已用如动词。如"法先王",即"以先王为模式"。"法"的宾语先王,是作为理想楷模的整体,而非他的优点部分。如现在还说的"法古今完人",从语法分析来理解,是"以古今完人为法",译成今语是"以古今的完人为楷模";如理解为"仿效古今的完人",意思虽隔了一层,但还算挨近原义。如按《词典》的解释,理解为"学习古今完人的优点",岂不成了天大的笑语。编者可能会说,我前面还有一个"仿效"管着,那也无济于事,因为"法"用作动词时,根本就不存在"学习(别人的优点)"这个词义。客观存在的词义,只能如实描写,而不容许主观杜撰。古今一些有影响的字书辞书,所以没有收入"学习(别人的优点)"这一义项,原因只有一个,就是这个词义在古今的语言事实中并不存在。任何词典的解释,只能解释语言中客观存在的词义,不能杜撰一个词义。正因为词典的义项不等于就是词义,所以已故著名的语言学家罗常培曾说:"词典或字典的解释 是不可靠的。"[1]

至于词义脉络,则是一个更为复杂的问题。"词义脉络"并不是一个语言学术语,而只是对词义形态的一个比喻的说法。词义在发展中所形成的自然形态,一般认为,大致有辐射型和连锁型两类。但从汉语来看,单纯的辐射型或单纯的连锁型几乎是不存在的,一般都呈混合型。按王力先生的说法,词义的形态呈树枝型。他说:"词义的引申,并不一定是从一个树干生出许多树枝来,有时候是枝外生枝,连绵不断的。"[2] 王先生这个形象的说法,至少给我们如下几点启示:

1. 所有的枝丫必须是在同一棵树上。这个看起来是一个常识问题,但对汉语来看,当一个文字形式表示好多意义时,要确定是否是同一个词,有时候也存在相当的难度。

2. 要确定树干所长出的第一根树枝。如有几根树枝时,在确定哪根树枝在先,哪根树枝在后,即一个词存在好几个意义时,哪个意义是树干,哪个意义属树枝,哪个意义是最早长出来的树枝,在实践中也并不是很容易分辨的。

3. 当"枝外生枝"时,哪根枝从哪根枝出生,即哪个意义是从哪个意义产生,也不是凭想当然就能够确定的。

4. 词义形态虽然是客观存在的,但是并不像树枝那么形象,那么好分辨。但至少应该把握住一点,即每产生一个意义,总是旧

---

[1] 罗常培《语言与文化》第95页,语文出版社,1989年。
[2] 王力《汉语史稿》下册第564页,科学出版社,1958年。

义在先,新义在后,旧义新义之间,必须有符合时代顺序的语言事实作为依据,即相应的书证。如没有相应的书证,只是凭冥思苦想找出其中的逻辑联系,并把它们压缩在一个平面上,这样整理出来的词义脉络,看起来也有各种各样的箭头标志它们的发展,但不等于就是"词义发展脉络"。

## 二

很显然,只有何谓词义、何谓词义脉络的理论思路比较明确,又有符合时代顺序的语言事实作依据,才有可能理清一个词的词义脉络。如果这两点都还不成熟,所整理出来的词义脉络的可信度,就不言而喻了。下面举一些《词典》编者认为最成熟的或最常见的词来说明,《词典》所谓的"词义发展脉络",虽经编者刻苦努力,但仍然不可避免是冥思苦想出来的主观产物。

下面分问题来谈:

(一)误把两个词当成一个词或误把一个词当成两个词

先说误把两个词当成一个词。

以"除"为例。这个词是《词典》副主编刘钧杰作为词义脉络的样品所举的范例[1]。

除 chú ❶名〈文〉台阶→❷动〈文〉授予(官职)❸去掉;清除……(按:→是表示词义发展脉络的符号)

《词典》确定"除"这个词的本义应该是台阶,任免(官职)、去掉、清除等义都是从表台阶义引申而来的,这三者的关系是:❶→

---

[1] 《〈现代汉语规范字典〉义项的排列》,《语文建设》1997年第11期。

❷→❸。其根据有三:①"除,殿陛也"(《说文》)。②沈括《梦溪笔谈》的说法。③汉人的书证。我们如果认真检验语言事实和细致分析前人的研究成果,就不难看出,表示台阶的"除"和除去的"除",原是两个同形而不同音义的词。请看依据:

1. 除去义的"除"和台阶义的"除",是同形字,两者的读音和意义均不相同。除去的"除",本音是直虑反或迟据切,读 zhù;表示台阶的"除",本音是直鱼切或直余切,读 chú。

除去的"除"《广韵·御韵》:"除(迟倨切),去也。"《集韵·御韵》:"除(迟据切),去也。《诗》:'日月其除。'"《诗经·唐风·蟋蟀》:"日月其除。"毛传:"除,去也。"陆德明《经典释文·毛诗音义上》:"除,直虑反,注同。"又《小雅·斯干》:"风雨攸除。"陆德明《经典释文·毛诗音义中》:"除,直虑反,去也。"《小雅·小明》:"日月方除。"毛传:"除,除陈生新。"陆德明《经典释文·毛诗音义中》:"除,直虑反,如字。"

表台阶的"除"大徐本《说文·阜部》:"除,殿陛也。从阜余声。"直鱼切。《广韵·鱼韵》:"除,阶也。又去也。直鱼切。"《集韵·鱼韵》:"除,陈如切。《说文》:'殿陛也。'一曰:去也。"

2. 后两词的读音虽合流,但词义仍然没有联系。台阶义的"除"和除去义的"除",两词的意义划然可分。《集韵》把除去的"除"收在去声御韵,只有"去也"一个解释:把表台阶的"除",收在平声鱼韵,先引"《说文》:'殿陛也'",然后解释为"一曰:去也"。《集韵》中释义时所用的"一曰",是沿用《说文》首创的释义体例。《说文》中的"一曰",有三种情况:一种是同字而异义,一种是同字而异形,一种是同字而异音。《集韵》中的"一曰:去也",即沿用《说文》同字异义的解释体例。如《说文·口部》:"噲,咽也。从口會声。或读若快。一曰：嚖嚖也。"段玉裁注："此别一义……《集韵》作'一曰：嚖也'。"又："琱，治玉也。一曰：石似玉。"段注："此字义之别说。"又："踵，追也……一曰：往来皃。"又："欈，黄华木。一曰：反常。""一曰"后的解释，无一例外地都是不同于前面所解释的别的意义。《集韵》一本《说文》的体例，也是用"一曰"表示别义，如"儇，旬缘切。《说文》：'慧也。'一曰：利也。一曰：舞皃。""栓，《博雅》：'盂也。'一曰：钉也。""更，《说文》：'改也。'一曰：历也；偿也。""广，度广曰广。一曰：兵车也。"这也是《集韵》解释同字而异义的通例，无一例外。

《广韵》也分别把台阶义的"除"收在平声鱼韵、除去义的"除"收在去声御韵，并认为两义各不相属，只是表达方式不同。《集韵》用"一曰"，《广韵》则用"又"。如《广韵》解释"除"时，在"阶也"后，又用"又去也"加以区别。用"又"区别不同的词义，是《广韵》释义的通例。如《广韵·东韵》："工，官也。又工巧也。"又："豊，大也；多也；茂也；盛也。又酒器，豆属。"后一例更说明问题，"又"前的各个词义，如"多也；茂也；盛也"，与"大也"有联系；"又"后的词义，如酒器，豆属，则是与前义毫不相涉的另一个意义。

应该说，《广韵》和《集韵》都是反映当时最高水平的研究成果，所以也是清儒编著《康熙字典》时，被奉为最重要的参考依据。其可信度无疑要高于《词典》。

3. 两词存在着明显的时代差别，除去义的"除"在先，台阶义的"除"在后，时代绝不相混。在现有的传世文献中，先秦时期，但见除去义的"除"，而不见台阶义的"除"。台阶义的"除"，最早出现在汉代文献中，恐怕是首见于《史记》。《史记》中"除"共561见，用于台阶义仅2见(《魏公子列传》《日者列传》)。

清代研究《说文》的大家之一王筠就明确而肯定地认为,台阶义的"除",是汉代才产生的。《说文句读》:"挚虞《决疑要注》:'凡大殿乃有陛,堂则有阶无陛也……'然则'除'亦汉名。以字从阜,故不用古义也(按:指除去义)。"我们再分析《说文》的解释用语,也完全可佐证王筠的看法是正确的。《说文》:"除,殿陛也。"解释语中表示殿堂义的"殿",也是后起义,约始于秦汉年间。《战国策》"殿"共3见,均用于宫殿义。如《燕策三》:"秦法:群臣侍殿上者,不得持尺兵。诸郎中执兵,皆陈殿下,非有诏不得上。"《战国策·燕策》从所记载的历史事实看,应是汉人所作。此前,"殿"还不见用于殿堂义。《说文》:"堂,殿也。"段玉裁注:"以殿释堂者,以今释古也。古曰堂,汉以后曰殿。""殿陛"的"陛",也是秦汉年间的词。桂馥《说文义证》也引挚虞《决疑要注》,同意"陛"是秦汉年间的词(见"除"下)。王筠《说文句读》:"盖古名阶,后名陛,因而专为殿陛之名也。经文无'陛'字可见。"(见"阶"下)根据语言事实和前人从语言事实得出的看法,不仅表台阶义的"除"是汉代产生的,而且用来解释"除"的台阶义的"殿"(殿堂)、"陛"(殿的台阶),也是秦汉年间才产生的。

语言事实和前人依据语言事实所作的分析,已足以说明除去义的"除"和台阶义的"除",不存在本义和引申义的关系,而完全是各有其义的两个词。

再说误把一个词当成两个词。

以"表"为例。这是《词典》的另一位副主编赵丕杰文中作为样品所举的范例[①]。

---

① 《〈现代汉语规范字典〉对字头分合的处理》,《语文建设》1997年第12期。

《词典》把"表"分立为表¹、表² 两个字头,也即认为表¹、表² 是两个意义不同的词。表¹ 的义项❶是"外部";表² 的义项❶是"古代指作标记用的柱子";认为表¹、表²"之间没有引申关系",所以应该分立字头。其理由是:"表¹ 的本义是外衣,引申为外表、表示、表格、中表等";表² 是"表又假借为'标'。标是标志用的木柱",引申为古代计时的木杆、计时的器具、测定某种量的器具、标准等。这种说法,完全是脱离语言事实的一己设想。我们先引2000年6月出版的《王力古汉语字典》对"表"字的释义(书证除义项㈣外,余从略),然后再分析"表""又假借为'标'。标是标志用的木柱"的说法,是否正确。

《王力古汉语字典》:

表 ㈠穿在外面的衣服……又用作动词。加上或罩上外衣……㈡外。与"里"相对……特指人的外表,仪容……㈢中表,表亲……㈣标志,标。管子君臣上:"犹揭~而令之止也。"尹知章注:"表谓以木为标,有所告示也。"墨子备城门:"城上千步一~,长丈弃水者操~摇之。"荀子大略:"水行者~深,使人无陷;治民者~乱,使人无失。"杨倞注:"表,标志也。"……

不言而喻,《王力古汉语字典》认为,表¹、表² 是一个词,而且解释得很清楚。迄今为止,除了《词典》以外,所有的字典词典,都认为是一个词。那么,《词典》编者这个"新意"是否有过硬的依据呢?否。其全部立论依据,是认定"表又假借为'标'",然后就想当然地说"标是标志用的木柱"。让我们来看看这两点是否有道理。

1. 语言事实表明,"表又假借为'标'"根本就不存在。"表"的标志义,在先秦时期就已广泛使用。作为表(标志)的标志物也十分广泛,不仅有木,而且还有车服、官署、旗帜、烽火等。如果是"表又假借为'标'",按训诂学的常识,被假借的"标",即本字"标"应先有"标志用的木柱"义。可是查遍现存先秦作品,虽有"标"这个词,但都是表示其本义的树梢义,而标志义却连踪影也丝毫不见。

  据初步研究,"标"的标志义,约产生于汉末,最晚也不会晚于魏晋时期,而且早期用于标识义的"标",唐代的注释家还有以"表"相解释。如《昭明文选·郭璞〈江赋〉》:"标之以翠蘙,泛之以游菰。"李善注:"标,犹表识(zhì)也。"例中的标志物是翠蘙。又:"峨眉为泉阳之揭,玉垒作东别之标。"李善注:"揭、标,皆表也。"例中的标志物是峨眉、玉垒(都是山名)。按,郭璞,公元276—324年,西晋闻喜人。分析至此,一个荒诞的现象产生了:约公元前3世纪就已广泛用于标识义的"表",竟然能假借为公元后4世纪才用于标识义的"标"!也就是说,公元前3世纪"表"的标志义,竟然是从公元后4世纪才具有标志义的"标"借来的!

  2. 语言事实也表明,"标"的"标是标志用的木柱"这个词义也根本不存在。标志和用作标志的物,并不是一回事。标志是表明特征的记号;标志物是用作记号的事物,用作记号的事物也不仅仅限于木一种。经核查"标"的实际用法,"标"在用于标志义时,并不含木柱义;用于木柱义时,也不含标志义。所谓"标是标志用的木柱"这一词义,只是编者为了让相隔约七个世纪的"表"和"标"产生假借关系而杜撰的,而语言中并不存在。

  3. 从训诂学的角度来看,"标"用作标记义时倒是名副其实的借字,本字应为"幖"。《说文》:"幖,帜也。"段注:"《通俗文》曰:'徽号曰幖。'……凡物之幖识(zhì),亦曰徽识。今字多作标榜。标行而幖废矣。""标"的本义则是树梢。《说文》:"标,木杪末也。"段注:

"杪末,谓木之细者也。古谓本末曰本标。"《管子·霸言》:"大本而小标。"尹知章注:"标,末也。"可见,用作标记义的"标",是假借为"幖"。对于"标"这一文字现象,主编和主要副主编都共同的《现代汉语规范字典》《词典》却出现了两种处理方式:前者遵循编者自己所定的假借义分立字头的原则,分为标¹、标² 两个字头,承认"标"的树梢义和标记义不是同一个词义脉络,而是假借关系;而后者又合为一个字头,并在"标"的义项❶树梢;末端→❷事物的枝节和表面→❸标记;记号……画上表示词义发展脉络的箭头,又认为是同一个词。但这个修正却捉襟见肘,顾此失彼,《词典》一面仍坚持本来是一个词的表¹、表² 看成是两个词,但一面又把分明应该是两个不同的词标¹、标²(标¹ 为本义,标² 为假借义)合而为一。如此随心所欲的分分合合,其所声称的"按词义发展脉络排列义项"的可信度,由此可见一斑。

(二)误把引申义当作本义

本义是产生这个词的其他意义的基础。要理清词义引申的脉络,对于历史悠久的汉语来说,首先要弄清楚词的本义。本义如同网上的纲,纲立而目张。如误以引申义为本义,则所谓的词义脉络,是否是真正的词义脉络,就可想而知了。由于编者不注重语言事实,在确定一个词的本义时存在相当程度的盲目性,特别是一些《说文》中没有的词更是如此。例如:

塘 《字典》《词典》的义项排列,首列"水池",依次是→"堤岸;堤坝"→"室内生火的坑"。

按:"塘"的本义是堤坝,字初写作"唐"。《说文》无"塘"字,但在说解语中写作"唐"。《说文·阜部》:"隉,唐也。"段注:"唐、塘,正俗字。唐者,大言也。假借为陂唐,乃又益之土旁作'塘'矣。"《说文句读》:"桂氏曰:《淮南·说山训》:'坏唐以取龟。'《汉书·地理志》:'会稽钱唐县。'并作唐。"《吕氏春秋·尊师》:"治唐圃。"高诱注:"唐,堤也,以壅水。"大徐本《说文》新附字收有"塘"字,释为"堤也"。《玉篇·土部》:"塘,堤塘也。"《庄子·达生》:"被发行歌而游于塘下。"成玄英疏:"塘,岸也。"《淮南子·兵略训》:"威之所加,若崩山决塘,敌孰能当?"《后汉书·许杨传》:"杨因高下形势,起塘四百余里,数年乃立。"李贤注:"塘,堤堰水也。"

池塘的"塘",则是后起义。《广雅·释地》:"塘,池也。"汉刘桢《赠徐幹》诗:"细柳夹道生,方塘含清源。"前蜀李珣《南乡子》词:"乘彩舫,过莲塘,棹歌惊起睡鸳鸯。"

《字典》《词典》的"塘"以水池为本义,以堤坝为引申义,是本末倒置。再如:

低　《字典》《词典》的义项排列次序是:❶形矮;由下往上的距离短(跟"高"相对,❸—❺同)→❷动俯下;向下垂→❸形(地势)注下❹形在一般状况之下❺形等级在下的

按:"低"的本义是低头,与"仰"相对。《说文》无"低"字。《玉篇·人部》:"低,丁泥切,垂也。"大徐本《说文》新附字:"低,下也。"下,下垂,是动词,非形容词。"低",《说文》说解语中或如字,或作"氐",均为动词下垂义。《说文》:"瞗,低目视也。"低目,垂目。又:"趆,低头疾行也。"又:"頯,低头也。"又:"骧,马之低仰也。"低仰,低头昂首。又:"眷,氐目谨视也。"氐目,同低目。《汉书·食货志》:"封君皆氐首仰给焉。"颜师古注:"氐首,犹俯首也。"

王力先生生前曾说:"编写一部字典,这是我的宿愿。"[①] 所以

---

① 《王力古汉语字典·序》,中华书局,2000年。

要编写一部字典,其中有一个目的,"就是纠正字典辞书的错误"。他一共举了46个纠错的字例,"低"是其中的一例:

(六)低。

辞源:下,与"高"相对。

按,"低"的本义是低头(动词),与"昂(仰)"相对。庄子·盗跖:"据轼低头。"楚辞远游:"服偃蹇以低昂兮。"司马相如大人赋:"低卬夭蟜据以骄骜兮。"潘岳西征赋:"轨踦𨆝以低昂。""低"字都用作动词。杨恽报孙会宗书:"奋袖低昂。"也都是低头的意思。高低的"低"是低头的引申义,是后起义。

而《字典》《词典》却无视语言事实和王先生的纠错,依然照搬《辞源》,以"矮"为本义,认为是"跟'高'相对"的形容词,列为第一义项。

(三)引申义的排列,不按时序,不分先后

《词典》如果不声称自己是"按词义发展脉络排列义项",这并不是一个问题。但一按词义发展脉络来要求,就发现时序失次,先后倒置,犹如一团乱麻。这方面的问题最为突出,不胜枚举。

《字典》《词典》所谓的"按词义发展脉络排列义项",实际上只是把词义之间的关系画上箭头,然后不分词义产生的先后,统统压缩在一个平面上。例如:

抄 《词典》:

抄¹ ❶动照着原文或底稿写。→❷动抄袭①(把别人的作品 或语句抄录下来算作自己的)。

抄² 动查抄并没收(财产等)。

"抄"是否需要分为抄¹、抄²,暂置不说。认为抄的抄袭义是由抄的"照着原文和底稿写"引申而来,就大有问题。按,抄的古字是

"钞",《说文》有"钞"无"抄"。大徐本《说文》:"钞,叉取也。"臣铉等曰:"今'钞'还有'勦''剿'等好多写法。俗别作抄。"《集韵·爻韵》:"钞、剿、抄,《说文》:'叉取也。'或作剿、抄。"又《效韵》:"抄、钞、勦、剿,楚教切,略取也。或从金,亦作勦、剿。"钞、抄,基本意义是取。《礼记·曲礼上》:"毋勦说。"汉郑玄注:"谓取人之说,以为己说。""勦",即"钞"之假借。《说文》"钞"下段玉裁注:"《曲礼》曰:'毋剿(勦)说。'剿即钞之假借也。今谓窃取文字曰钞。俗作抄。"清徐灏《说文解字注笺》:"段氏谓窃取文字,即掠取之义。因之,凡写文字谓之钞。"抄袭,也写作钞袭、勦袭、剿袭。清戴名世《与白蓝生书》:"互相钞袭,恬不为耻。"明吴应箕《与刘舆父论古文诗赋》:"虽好子建、渊明、子美之集,亦未尝勦袭其词。"清戴名世《闽闱墨卷序》:"当是时人人自为机杼,不相剿袭。""钞""抄",用于抄写义,约始于魏晋时期。晋葛洪《抱朴子》中,"钞"字2见,"抄"字1见。《抱朴子·登涉》:"按《玉钤经》云,欲入名山,不可不知遁甲之秘术……余少有入山之志,由此乃行学遁甲书,乃有六十余卷,是不可卒精,故钞集其要,以为《囊中立成》。"又《论仙》:"夫作金皆在神仙集中,淮南王抄出,以作《鸿宝枕中书》。"从用例中可以看出,"钞""抄"的基本用法有两个语义特点:①所抄写的作品,均为他人所有;②抄写以后,成为自己所有。这个意义,与今抄袭义相当,只是古人没有著作权之争而已。现在"抄"的用法,还基本保持这个意义,如抄笔记、抄答案、抄语录、抄文章等。单纯用作誊写义的,倒并不普遍。因此,《字典》《词典》把抄袭义列为"照着原稿或底稿写"的引申义,完全是本末倒置。再如:

醒 《词典》:

❶动酒醉、麻醉或昏迷后恢复常态。→❷动结束睡眠状态。→❸动尚未入睡。→❹动觉悟;认识由糊涂到明白。❺形明显;清晰。

从《词典》对释义所画的箭头来看,这五个义项,依次是引申关系,即所谓的词义脉络,而义项❶则是其他义项的总源头。我们且来看看,是不是如此。

先看义项❶。酒醉后、麻醉后、昏迷后恢复常态,原是三个独立的意义。"醒",本义是酒醒。麻醉后醒过来,开始是由表示睡醒义的"寤"担任。这也是可以理解的。因为人处于麻醉状态时,就如熟睡一般,而与酒醉的状态迥异。如《三国志·魏书·华佗传》记载华佗动手术时,"便饮其麻沸散,须臾便死无所知……人亦不自寤"。"醒"用于麻醉后恢复常态还是近代的事,况且,当时连"麻醉"一词也还未产生。昏迷后醒过来,本来是由"苏"担任。如《左传·宣公八年》:"晋人获秦谍,杀诸绛市,六日而苏。""苏",南北朝时期又写作"甦"或"稣"。"醒"表示苏醒义,约在唐宋时期。总之,义项❶的这三个意义原是各自独立的,其中的麻醉、昏迷后恢复常态与义项❷❸❹❺毫无关系。

再看义项❷。在现存的古籍中,"醒"的酒醒义最早见于《左传》《国语》两书(约成书于春秋晚期或战国初期,约公元前5世纪),而睡醒义则约在唐代初期(约公元7世纪)才产生。期间约1200年的这段时间内,睡醒义一直由"寤""觉"担任。只是由于语言的经济原则,"醒"在使用中兼并了"觉"的睡醒义,并淘汰了专职表示睡醒义的"寤"。而且这个时间,要比《词典》排在其后的义项❸的醒悟义晚好几百年。

再看义项❹。"醒"的醒悟义,无论是与"醒"的本义,还是从两个词义的时代衔接来看,应该是最接近的。汉韩婴《韩诗外传》卷六:"古谓知道者曰先生,犹言先醒也。"汉贾谊《新书·先醒》:"先醒,辟犹俱醉而先发也。"后一用例,不仅把"醒"的醒悟义与酒醉联系起来,而且还是挨着先秦的西汉初期。据此可知,"醒"的醒悟义比睡醒义约早将近十个世纪,而《词典》却把它排在义项❹,中间还隔了"尚未入睡"的义项❸。如此排列义项,何"词义发展脉络"[①]之有?

## 三

《词典》所谓的"词义发展脉络"所存在的问题,并不是"在具体处理中会存在某些错误的问题"[②],也绝不是个别的问题,而是整体性的问题。上述各例,只是举一隅而反三隅,由一斑而窥全豹。主要问题有:

(一)不注重历史观点,不注重词义发展的层次性。《词典》的义项排列,或本末倒置,或先后失序,与该词意义的发展过程不相符合。词义的发展不仅仅只是古和今的差别,而且还呈现着清晰的时代层次。如果对词义发展的层次性缺乏认识,根本就不可能"按词义发展脉络排列义项"。

(二)不注重语言事实。词义只存在于语言中。词典中的义项,是对该词在语言中某个用法的概括解释。要做到"按词义发展

---

① 着重号为原文所有。
② 《现代汉语规范词典·前言》,外语教学与研究出版社,语文出版社,2004年。

脉络排列义项",必须以反映该词各种用法的历代语言事实为基础,经过整理分析然后才有可能。不全面占有反映该词的历代语言事实,仅仅凭参考几部工具书,就轻言能"按词义发展脉络排列义项",听起来仿佛有点儿像天方夜谭。其实,从《词典》对义项的排列和取舍来看,似连历代有影响的工具书及其研究成果也没有仔细看过,更遑论迄今为止有影响的有关词义的论文。

(三)总的来说,还是《词典》的编者对理清一个词的词义脉络的理论难度和实践难度,似不甚了然。以为单凭少数人的一己之力,花上十年八年,也能做到把数以万计的词义脉络理清楚。这个想法本身就表明,《词典》的编者们对自己所从事的工作难度还缺乏清醒的认识。

事实愈辩愈清,真理愈辩愈明。如果《词典》编者认为有必要而且也愿意就词义脉络,无论是具体的某个词,还是相关的理论展开讨论,我将无任欢迎。

(本文原载于《首都师范大学学报》
(社会科学版)2006年第1期)

# "闻"的初义及其具体用法

关于"闻"的词义,20世纪60年代初期,《中国语文》曾发过一组文章进行讨论。1960年第1期张永言先生的《词义演变二例》,认为"'闻'这个词的本来意义是'听到'或'听见',到了现代汉语里,'闻'却只有'嗅'的意思,词义从听觉方面转移到嗅觉方面来了"。文章还纠正了日人大田辰一所说的这个变化产生在六朝时代的看法,认为"'闻'的这个新意义的产生不是在六朝,而是远在西汉"。同年第5期殷孟伦先生的《"闻"的转用法时代还要早》,把"闻"的嗅觉义又推早到战国时代。1962年第5期又刊登张永言的《再谈"闻"的词义问题》。作者在接触了新的语言材料后,修正了原先的看法,认为"我们很难说'闻'的听觉义和嗅觉义究竟孰先孰后,至少不能说后者是晚起的新义";同时对"闻"的这一词义现象提出了三种可能的解释。这三种可能是:"第一,'闻'的意义最初兼包听觉和嗅觉两方面,以后才专用于听觉方面","再后又从听觉转到嗅觉","中间经历了两个不同的阶段。""第二,在近代以前,'闻'的听觉和嗅觉之间的关系乃是一种共时的交替而非历史的演变。""第三,指听觉的'闻'和指嗅觉的'闻'来源不同。"同年第10期傅东华先生的《关于"闻"的词义》,认为"这个问题不仅仅是有关于一个具体的词的词义,而是有关于汉语语源学的根本方法问题"。文章认为"闻"字"始终都'兼包听觉和嗅觉两方面',并没有

'以后'的'专用于听觉'和'再后'的'转到嗅觉'两个阶段"。文章在逐一否定了张文提出的三种可能的解释以后,提出了自己对"闻"的语源的看法。傅文根据"闻"的古文为"睧",认为"闻"的原始读音的声母应为ç。文章说:"我们推求'闻'字的义源,应该从它的原始音×(ç)–出发……'睧'字本以昏为声,它的语源之中当然也兼包'熏'和'喧'两个成分……《书·酒诰》的'腥闻在天',就犹之乎我们现在说'臭气熏天';《诗·小雅·鹤鸣》的'鹤鸣于九皋,声闻于天',就犹之乎我们现在说的'锣鼓喧天'。"同年第11期殷孟伦先生的《"闻"的词义问题》比较细致地论述了"闻"的听觉义和嗅觉义的关系。文章认为,"同一个词包含有甲乙两个语义,不论是相近或相远,假如有人认为一开始就已经表现了两个全然不一致的概念,这是错误的"。"不能说'闻'字在语言一产生的最早阶段(最初)兼包听觉和嗅觉义两方面"。文章认为"闻"先是表听觉,然后在运用过程中"派生出'知道''传到''达到'等意义。至于转用而为嗅觉义,是较为后起的事了"。这组讨论文章,随着讨论的逐步深入,已涉及词的初义及其具体用法,但是总的来说,主要还是讨论"闻"的听觉义和嗅觉义的关系问题。考虑到"闻"是古汉语中最常用的词之一,对"闻"的词义的理解,分歧也依然存在,我觉得进一步探讨"闻"的初义和它在具体用法中的确切含义,还是有必要的。

"闻"的本义,大徐本《说文》解释为"知闻"。汉人也习以知训闻。如《吕氏春秋·异宝》:"名不可得而闻。"高诱注:"闻,知也。"又如《重言》篇:"谋未发而闻于国。"高诱注:"闻,知。"《战国策·齐策三》:"孟尝君曰:'人事者吾已尽知之矣。吾所未闻者,独鬼事耳。'"高诱注:"闻,知。"《礼记·檀弓下》:"吾三臣者之不能居公室也,四方莫不闻矣。"郑玄注:"言邻国皆知吾等不能居公室,以臣礼事君也。"以"皆知"训"莫不闻"。古注中有时还以闻训知。如《国语·楚语上》:"夫为台榭者,将以教民利也,不知其以匮之也。"韦昭注:"知,闻也。"这些训释表明,"闻""知"两词,意义相近。《说文》所解释的"知闻",实际上就是"知"。《说文》的释语中,被解释的词和同它意义相近的词连用不乏其例。仅《说文》心部就有"悔,悔恨也""憪,憪诐也""㦛,㦛抚也""筒,筒存也"等例。对这种现象,段玉裁率以"复举字之未删者""讹字"或某字形近而误来解释,看来未免有武断之嫌。

但是,由于在古书中,"闻"的最经常的用法是表示听觉,即耳闻,《玉篇》《说文系传》《广韵》《一切经音义》等都改《说文》的"知闻"为"知声"。段注《说文》也从"知声"的说法,并注道:"往曰听,来曰闻。"《说文通训定声》也释为"知声"。《正字通》释"闻"为"耳受声"。自此以下,现代的辞书字典也都以"知声"为第一义项。影响所及,恐怕可以说,以"知声"为"闻"的本义的人,为数不少。

最近出版的《说文解字约注》,没有囿于传统的理解,坚持认为"闻"的本义应为"知",兼包知声音和知气味两义。《说文解字约注》"闻"字下"舜徽按:闻之言分也,谓声音气臭之分布,有接于人之耳鼻也。声通于耳谓之闻,臭触于鼻亦谓之闻。昔人所云:'如入芝兰之室,久而不闻其香;如入鲍鱼之肆,久而不闻其臭。'今俗语独称以鼻嗅物曰闻矣。此篆说解,疑作知也,大徐本衍'闻'字,小徐本衍'声'字,皆非原文。而《篇》《韵》及《音义》所引,已作'知声',则其增字旧矣。闻虽从耳,其义实包声、臭二者。声通于耳,臭触于鼻,皆知觉之事,故许书以知训闻。"这个说法,不仅得《说文》训"闻"为"知闻"的真意,而且还以"知"为经,疏通了"闻"的听觉义和嗅觉义的关系。古汉语中的"闻"确实兼"包声、臭二者",只不过是用于感知声音的居多,用于感知气味的较少。多少是量的问题,不能因为量少而怀疑甚至否定"闻"的表嗅觉义自古有之。如果把"闻"的表示感知气味的意义放到一定历史阶段中去考察,不仅可以看到这种用法自古有之[①],而且还可以看到这种用法的连续性。例如:

①庶群自酒,腥闻在上。(《尚书·酒诰》。孔安国传:"纣众群臣用酒沈荒,腥秽闻在上天。")

②罔有馨香,德刑发闻惟腥。(《尚书·吕刑》。孔颖达疏:"上天下视苗民,无有馨香之行,其所以为德刑者,发闻于外惟乃皆腥臭,无馨香也。")

③共王驾而自往,入其幄中,闻酒臭而还。(《韩非子·十过》)

④王强问之,对曰:"顷尝言恶闻王臭。"(《韩非子·内储说下》)

⑤龚王驾而往视之,入幄中,闻酒臭而还。(《吕氏春秋·权勋》)

⑥郑袖曰:"其似恶闻君王之臭也。"(《战国策·楚策四》)

⑦与小人游,贷乎如入鲍鱼之室,久而不闻,则与之化矣。(《大戴礼记·曾子疾病》)

⑧故香饵非不美也,鱼龙闻而深藏。(《盐铁论·褒贤》)

---

① 语言的发展是一个渐变过程,非常缓慢。说"自古有之",不等于说"闻"这个词一产生就用于表示感知气味。虽然从绝对的时间概念来说,"闻"的表听觉和表嗅觉义,总有一个先用,一个后用,但是从这两个词义都是从"知"引申出来来看,应该说两者是共时的关系。

⑨罗襦襟解,微闻芗泽。(《史记·滑稽列传》)

⑩故鼻闻臭,口食腐,心损口恶,霍乱呕吐。(《论衡·四讳篇》)

⑪今目见鼻闻,一过则已,忽亡辄去,何故恶之?(《论衡·四讳篇》)

⑫变神非一,发起殊处,见火闻臭,则谓丁、傅之神,误矣。(《论衡·死伪篇》)

⑬发棺时,臭憧于天,洛阳丞临棺,闻臭而死……臭闻于天。(《论衡·死伪篇》)

⑭播余香而莫闻。(张衡《思玄赋》)

⑮馨,香之远闻者。(《说文》卷七上)

⑯不欲奢侈芬香闻四远也。(《吕氏春秋·去私》"香禁重"下高诱注)

⑰芳馨不上闻于神。(《国语·周语上》"馨香不登"下韦昭注)

⑱馨香,芳馨之升闻者也。(《国语·周语上》"其德足以昭其馨香"下韦昭注)

⑲馨,香之远闻。(《左传·僖公五年》"黍稷非馨"下杜预注)

⑳与善人居,如入芝兰之室,久而不闻其香,即与之化矣。(《孔子家语·五仪解》)

魏晋以后,"闻"用于表示感知气味渐趋普遍。语言事实表明,"闻"的表听觉义和表嗅觉义是同时存在的,只不过是古人多用"闻"表示知声音,今人多用"闻"表示知气味罢了。

但是,"闻"所表示的"知",还不仅仅限于知声音和知气味。清人王筠曾提出"闻"是"心之官"。《说文句读》:"《孟子》'闻其乐而知其德',《大学》'听而不闻',是知听者耳之官,闻者心之官,故《广雅》曰:'闻,智也。'"这个说法很有启发意义。古人认为,"心之官则思"(《孟子·告子上》),"以治五官"(《荀子·天论》),对五官处于支配地位。因此,"心不在焉","听而不闻"(《礼记·大学》),"心不使焉","雷鼓在侧而耳不闻"(《荀子·解蔽》),"闻"必须"心在"或"心使"。"闻"作为"心之官",看来还应该包括知事物之理。如《论语·里仁》:"子曰:'朝闻道,夕可死矣。'"杨伯峻《论语释注》对译为"早晨得知真理"。《论语·公冶长》:"子贡曰:'夫子之文章,可得而闻也;夫子之言性与天道,不可得而闻也。'"例中两"闻",也宜理解为知。《左传·庄公十四年》:"(原繁)对曰:'先君桓公命我先人典司宗祏……若皆以官爵行赂劝贰而可以济事,君其若之何?臣闻命矣。'乃缢而死。"《左传·僖公十年》:"(里克)对曰:'不有废也,君何以兴?欲加之罪,其无辞乎?臣闻命矣。'伏剑而死。"两例都是在说完"臣闻命矣"以后,紧接着就自杀而死。"闻命",理解为知命,上下语意才能连贯。

但是,"知"看来还不是"闻"的初义。"闻"的具体用法中,有很多不能用"知"来解释。如《史记·吴王濞列传》中的"吴楚反书闻","闻"既不能理解为"声通于耳",也不能理解为"臭触于鼻"。就连上文作为"臭触于鼻"的引例中,如例⑬的"臭闻于天",例⑮的"馨,香之远闻者",例⑯的"不欲奢侈芬香闻四远也",例⑱的"馨香,芳馨之升闻者也"等,"闻"也不能用知气味来解释。如强以知声音或知气味解释,即使增字补出语法成分,仍是于理不顺。

甲骨文研究的深入,为我们进一步探求"闻"的初义提供了可能。古文字学家唐兰先生在论及文字发展过程时,提出有一些字

"是由整个图形分析成两半的",并举例说"🈳当即🈳字",下面用小字注明"乃闻之本字"(《古文字学导论》下编)。后董作宾循此深入研究,证成唐兰的说法,认为"此字由契文🈳演变而来,确为闻之本字"。他在分析了甲骨文的形体结构,并参照甲骨卜辞和古代文献中"闻"字的具体用法以后,提出"'闻'原为报告奏事之专字"。"闻之义,一为闻知,一为达闻。此二义殷代已并用之。此字最初之意义,当为奏报上'达'之'闻',犹《淮南子·主术训》'而臣情得上闻'之'闻'。接受此奏报者必有所闻,故同时亦有'知'之义。"(《殷历谱》下编卷三。按:转引自《甲骨文字集释》,引文中的标点除引号为原有的以外,其余均为引文者所加)这个理解,妙悟精思,深得"闻"字的初义。"闻"兼达、知两义,正如"受"兼受、授两义,"学"兼学、教两义一样,是古汉语早期的词所特有的词义现象。义虽有兼,但"闻"字"最初之意义,当为奏报上'达'之'闻'"。稽诸古籍,奏报上闻,下情上达,确习用"闻"字表示。例如:

㉑矧曰:"其尚显闻于天。"(《尚书·康诰》。孙星衍疏:"况曰:'其上能明达于天乎?'"以达训闻。)

㉒故令尹诛而楚奸不上闻。(《韩非子·五蠹》)

㉓故季氏之乱成而不上闻。(《韩非子·难三》)

㉔农不上闻,不敢私籍于庸,为害于时也。(《吕氏春秋·上农》。陈奇猷《吕氏春秋校释》:"'上闻'之本义,原为闻达其事于上之意。")

"闻"字本身就表示上达。如"闻"前没有"上"修饰,仍是上达的意思。例如:

㉕淮南王至雍,病死,闻,上辍食,哭甚哀。(《史记·袁盎晁错列传》)

㉖事既闻,汉公卿请捕治建。(《史记·五宗世家》)

㉗彼此之情不闻乎主上。(《潜夫论·劝将》)

古汉语中的"以闻",就是下情上达的习用语。介词"以"后面省略的宾语,就是上文提及的上达内容。例如:

㉘楚令闻之大悦,具以闻。(《新书·退让》)

㉙当道者曰:"吾欲有谒于主君。"从者以闻。(《史记·赵世家》)

㉚何闻信亡,不及以闻,自追之。(《史记·淮阴侯列传》)

㉛至建元六年,闽越击南越。南越守天子约,不敢擅发兵击而以闻。(《史记·东越列传》)

㉜吾当先斩以闻。(《史记·袁盎晁错列传》)

㉝有冤失职,使者以闻。县乡即赐,毋赘聚。(《汉书·武帝纪》)

㉞敞惶惧,移病,以语延年。延年以闻,桀等伏辜。(《汉书·杜周传》)

㉟今卿最幸,大臣所敬,何不风大臣以闻太后。(《汉书·燕王刘泽传》)

㊱臣谨按军法曰:"正亡属将军,将军有罪以闻,二千石以下行法焉。"(《汉书·胡建传》。颜师古在"以闻"下注:"言军正不属将军。将军有罪过,得表奏之。")

㊲宣帝时,凤皇下彭城,彭城以闻。(《论衡·验符篇》)

如果下情是以奏书形式上达,也可用"书闻"表示。例如:

㊳陵未没时,使有来报,汉公卿王侯皆奉觞上寿。后数日,陵败书闻,主上为之食不甘味,听朝不怡。(《报任安书》)

㊴书闻,上悲其意,此岁中亦除肉刑法。(《史记·扁鹊仓

公列传》)

㊵时相以下具知之,欲以伤梁长吏,书闻。天子下吏验问,有之。(《汉书·文三王传》)

㊶反书闻,上乃赦赫,以为将军。(《汉书·黥布传》)

"闻"可从下情上达引申为一般意义的达。声音由此达彼,也可用"闻"表示。如《诗经·小雅·鹤鸣》:"鹤鸣于九皋,声闻于天。"新《辞源》"闻"字的第四个义项解释为"声所至,传布",并引此例说明。"声所至,传布",也即达。如《战国策·楚策四》:"骥于是俛而喷,仰而鸣,声达于天。""声达于天"和"声闻于天"同义。"达"和"彻"同义。《国语·鲁语上》:"烟彻于上。"韦昭注:"彻,达也。"古籍中,"闻""彻"有时异文。如《韩非子·十过》:"音中宫商之声,声闻于天。"《论衡·纪妖篇》为"音中宫商之声,声彻于天。"他如《淮南子·主术训》:"夫疾呼不过闻百步。"《汉书·五行志上》:"声隆隆如雷,有顷止,闻平襄二百四十里。"《晋书·五行上》:"声闻数十里。""闻"都是表示声音由此达彼。气味由此达彼也可用"闻"。如"臭闻于天""不欲奢侈芬香闻四远也""芳馨不上闻于神"。消息由此达彼也可用"闻"。如《韩非子·存韩》:"是我兵未出而劲韩以威擒,强齐以义从矣。闻于诸侯也,赵氏破胆,荆人狐疑。"《吕氏春秋·察传》:"国人道之,闻之于宋君。"名声由此达彼也可用"闻"。如《国语·晋语八》:"今君嗣吾先君唐叔,射鹿不死,搏之不得,是扬吾君之耻也。君其必杀之,勿令远闻。"《史记·滑稽列传》:"故西门豹为邺令,名闻天下,泽流后世。"《史记·季布栾布列传》:"季布名所以益闻者,曹丘扬之也。"《史记·项羽本纪》:"项羽已杀卿子冠军,威震楚国,名闻诸侯。"

"闻"兼达、知两义,当为先上达,后闻知,有达才有知。因此,

"闻"所表示的知,一般都是被动感知的。段玉裁因受研究资料的局限,认为"闻"的初义应为"知声",这是失当的。但是他的注文"往曰听,来曰闻",却是从"闻"的大量具体用法中概括出来的。"往曰听",是说主动地去感知声音;"来曰闻",是说感知传来的声音。主动感知声音,只能用听。如《韩非子·内储说上》:"齐宣王使人吹竽,必三百人……宣王死,湣王立,好一一听之。"《礼记·曲礼上》:"立必正方,不倾听。"孔颖达疏:"立宜正向一方,不得倾头属听左右。"尽管"闻"也表示听觉,但例中的"听"绝不能换成"闻"字。当"听"和"闻"对用时,"往曰听,来曰闻"的区别更为明显。如《老子》第十四章:"听之不闻名曰希。""不闻",实际上是因为没有声音可感知。"闻"表示感知气味时,也只是感知传来的气味。如上文所举的①到⑳诸例,除例⑬"臭闻于天"等表示气味自身散发以外,其余都是闻知外界传来的气味。现代汉语中的"闻",可以表示主动用鼻去嗅一嗅有没有气味,而古汉语中的"闻"没有这个用法。古汉语用鼻主动去感知气味以"齅"表示,俗写作"嗅"。《说文》:"齅,以鼻就臭也。"《说文解字注笺》:"今字作嗅。皇侃疏曰:'嗅谓鼻歆翕其气也。'"《王篇》:"齅,《说文》云:'以鼻就臭也。'《论语》曰:'三齅而作。'亦作嗅。"《广韵》:"齅,以鼻取气。亦作嗅。"《正字通》:"嗅,鼻审气也。"如《庄子·人间世》:"子綦曰:'此何木也哉!此必有异材夫……嗅之,则使人狂酲三日而不已。'"《韩非子·外储说左下》:"树桔柚者,食之则甘,嗅之则香。"殷孟伦先生在《"闻"的词义问题》一文中也论及到这一词义现象。他说:"严格说来,'闻'之有嗅觉义也和'以鼻就嗅'(按:'嗅'似应作'臭')的情况两样。"他认为,"嗅"和"闻"的"对比使用","一直持续了很长时期,可以说在宋代末期,才一般用"闻"代替了'以鼻就臭'的'臭'的作用,于是成为现代汉语这一词义的来源"。

从甲骨文"闻"的初文来看,"闻"所表示的上达和闻知,是面对面的。虽然有先达后知之分,但几乎是同时的。随着"闻"字的应用范围扩大和词义的引申发展,不是面对面的上达和闻知也用"闻"。久而久之,"闻"字又由此形成新的词义特点。"闻"在表示闻知时,所闻知的往往不是眼前的事物。有的存在空间距离。如《荀子·儒效》:"闻之不如见之。"《汉书·赵充国传》:"百闻不如一见。"《论衡·案书篇》:"远不如近,闻不如见。"有的存在时间距离。如《尚书·毕命》:"我闻曰。"孔安国传:"特言'我闻',自古有之。"《尚书·君陈》:"我闻曰。"孔安国传:"所闻之古圣贤之言。"古汉语中,"吾闻之""臣闻之"等,所闻内容多为历史遗训。

根据以上分析,"闻"的词义有这样一些特点:

1. "闻"的初义兼上达、闻知两义。

2. 声音、气味、名声等由此达彼等意义,是从上达引申出来的。感知声音、气味、事理等意义,是从闻知引申出来的。知声音和知气味是横向关系,不是纵向关系。

3. "闻"所表示的知声音和知气味都是被动感知的。

4. 闻知者与所闻知的事物,两者之间往往有一段空间或时间的距离,而且可能是较大的距离。

(本文原载于《古汉语研究》,中华书局,1996年11月)

# "姓""氏"辨析

"姓"和"氏"是两个既有联系,又有区别的字。先秦时期,"姓""氏"各有所指,两汉以后,两字的用法逐渐相混。

先秦时期,"姓"和"氏"的区别主要有三点:

第一,"姓"用于妇女,"氏"用于男子。郑樵《通志略·氏族》:"三代之前,氏姓分为二:男子称氏,妇人称姓。"顾炎武所著的《日知录》也肯定了这个说法。从"姓"的形体结构看,"姓"字从女生,也是指妇女。《说文》:"姓,人所生也,古之神圣人,母感天而生子,故偁天子。因生以为姓,从女生。"《说文》对"姓"字的解释,反映了我国上古曾经历过不知有父的母系社会。这可从古籍中得到佐证。

《诗经》中的《玄鸟》《生民》等诗篇,在追溯商和周的祖先时,都但知有母,不知有父。《诗经·商颂·玄鸟》:"天命玄鸟,降而生商。"郑玄笺:"降,下也。天使鳦下而生商者,谓鳦遗卵,娀氏之女简狄吞之而生契。"《诗经·大雅·生民》:"厥初生民,时维姜嫄……履帝武敏歆,攸介攸止,载震载夙,载生载育,时维后稷。"郑玄笺:"帝,上帝也;敏,拇也。介,左右也。夙之言肃也。祀郊禖之时,时则有大神之迹,姜嫄履之,足不能满,履其拇指之处,心体歆歆然,其左右所止住,如有人道感己者也。于是遂有身,而肃戒不复御,后则生子而养长之,名之曰弃。"孔颖达正义:"笺曰必名此经之民为始祖者,以人之为人,皆有始生之时。如此诗言始生,欲明自此已前,未有周家种类,周之上元始生于此,故言周之始祖,解其言'厥初'之意也。"这两首诗都表明,商、周在寻根溯源,追怀并歌颂自己的先祖时,由男系祖先往上追溯,追溯到母系时,便再也无法往上追溯了。《史记》则明确认为商、周的始祖是"无父而生"的。《史记·三代世表》:"《诗》《传》曰:'汤之先为契,无父而生。契母与姐妹浴于丘水,有燕衔卵堕之,契母得,故含之,误吞之,即生契……文王之先后稷,后稷亦无父而生。后稷母为姜嫄,出见大人迹而履之,知于身,则生后稷。'"其他古籍也有类似的记载。《说文》解释"姓"字所说的"母感天而生子",看来就是依据这些记载。

《说文》共有九千多字,但明确解释为姓的字并不多,一共只有十个,而且都是从女的。如《说文》女部:"姜,神农居姜水,因以为姓。""姞,黄帝之后伯鯈姓也。""姬,黄帝居姬水,因水为姓。""嬴,帝少皞之姓也。""姚,虞舜居姚虚,因以为姓。""妘,祝融之后姓也。""姺,殷诸侯为乱,疑姓也。""㜣,人姓也。""嫩,姓也。""娸,人姓也。"而且这些表示姓的字,解释得比较具体的,都是传说中史前时期人物的姓。《说文》中还有两字也解释为姓,如"㚤"字和"𡣪"字,但段玉裁认为是"妄人以许书无其姓为耻而窜入之""乃妄人所增"。南宋史学家郑樵在论述"妇人称姓"时,也没有忽视对"姓"字的形体结构分析。《通志略·氏族》:"于文,女生为姓,故姓之字多从女,如姬、姜、嬴、姒、妫、姞、妘、姺、姶、嫪之类是也;所以为妇人之称,如伯姬、季姬、孟姬、孟姜、叔姜之类,并称姓也。"

妇女称姓,顾炎武认为,一般有这样几种情况:"称女冠之以序,叔隗、季隗之类是也;已嫁也,于国君则称姓冠之以国,江芈、息妫之类是也;于大夫则称姓冠之以大夫之氏,赵姬、卢蒲姜之类是也;在彼国之人称之,或冠以所自出之国若氏,骊姬、梁嬴之于晋,颜懿姬、鬷声姬之于齐是也;既卒也,称姓冠之以谥,成风、敬嬴之类是也;亦有无谥而仍其在室之称,仲子、少姜之类是也。"(见《亭林文集》卷一《原姓》篇)顾炎武分析的这几种情况具有很大的概括性,只有少数情况例外。如《左传·文公四年》:"君子是以知出姜之不允于鲁也。"杜预注:"文公薨而见出,故曰出姜。""见出",是指被送回娘家。"出姜",是对已婚妇女的贬称。《诗经·大雅·大明》:"挚仲氏任,自彼殷商,来嫁于周……大任有身,生此文王。"毛传:"挚国任姓之中女也。"郑玄笺:"挚国中女曰大任。"孔颖达疏:"以文势累之,任,姓;仲,字;故知挚为国也。以下言'大任',妇人称姓,故知任为姓。仲者,中也,故言之中女。此言仲任,下言大任者,此本其未嫁,故详言其国及姓字;下言已嫁,以常称言之。礼,妇人从夫之谥,故颂称大姒为文母。大任,非谥也。以其尊加于妇,尊而称之,故谓之大姜、大任、大姒,皆称大,明皆尊而称之。唯武王之妻,《左传》谓之'邑姜',不称'大',盖避大姜故也。""大",表示对已婚有美德的妇女的尊称,不是表示谥法。"大任""大姜""大姒"都是对已婚妇女的褒称。这样的称法不多,顾炎武没有概括进去,但妇女称姓,确是先秦通例。

"氏"一般用于男子的通称。《左传》所记载的历史时期,早已进入父系社会。男子在社会政治活动中占主导地位。这反映在文字上,"氏"字的使用频率与"姓"字和表示姓的字相比,占压倒的多数。《左传》中"氏"字共663见,其中用于表示"××氏"的有654次(包括重复的),绝大多数是指男氏。而"姓"字才56见,表示姓的字,据顾炎武统计,也只有妫、姒、子、姬、风、嬴、己、任、姞、祁、芈、曹、妘、董、姜、归、曼、熊、隗、漆、允等22个。顾炎武在分析了《左传》中"氏"和"姓"的用法后,用设问的语气写道:"考之于《传》,二百五十五年之间,有男子称姓者乎? 无有也。女子则称姓。"(《日知录》卷二十三)男子没有称姓的,不等于说,女子没有称氏的。《春秋》《左传》有时也称妇女为氏。如《春秋·隐公二年》:"十有二月,乙卯,夫人子氏薨。"《左传·隐公元年》:"左公寤生,惊姜氏,故名曰'寤生'。但是,这种情况并不多。

第二,"姓"表示同宗共祖,"氏"表示"姓"的旁支别属。《史记·五帝本纪》"姓姬氏"下裴骃集解注引郑玄《驳许慎〈五经异义〉》:"姓者,所以统系百世,使不别也。氏者,所以别子孙之所出。故《世本》之篇,言姓则在上,言氏则在下也。"《魏书·官氏志》:"姓则表其所由生,氏则记族之所由出。"《左传·隐公八年》"因生以赐姓,胙之土而命之氏"下唐人孔颖达疏:"姓者,生也。以此为祖,令之相生,虽下及百世,而此姓不改。族者,属也,与其子孙相连属。其旁支别属,则各自立氏。"段玉裁《说文》"氏"字下注:"姓者统于上者也,氏者别于下者也。"因此,一般说,同姓即同祖。如《诗经·唐风·杕杜》:"不如我同姓。"毛传:"同姓,同祖也。"后因"姓""氏"混用,表示同祖的姓,也称正姓或本姓。如《礼记·大传》:"系之以姓而弗别。"郑玄注:"姓,正姓也。始祖为正姓。"孔颖达疏:"始祖为正姓者,若炎帝姓姜,黄帝姓姬,周姓姬,本于黄帝;齐姓姜,本于炎帝;宋姓子,本于契:是始祖为正姓也。"《论衡·诘术篇》:"古者有本姓,有氏姓。陶氏、田氏,事之氏姓也;上官氏、司马氏,吏之氏姓也;孟氏、仲氏,王父字之氏姓也……以本姓用所生,以氏姓则用事、吏、王父字。"这里所说的"本姓",即"表其所由生"的姓;所说的"氏姓",即"记族之所由出"的氏。

"氏"一般是表示姓的分支。《左传》中提到授予氏的称号的情况,据《通志略·氏族》归纳有五种:"然左氏所明者,因生以为姓,胙(赐)土命氏及以字(指祖父的名或字)、以谥(谥号)、以官、以邑五者而已。"这五种情况所授予的氏,都是姓的分支。其中最能说明问题的是用祖父的字命氏。《白虎通德论·姓名》:"或氏王父字,何?所以别诸侯之后,为兴灭国,继绝世也。诸侯之子称公子,公子之子称公孙,公孙之子,各以其王父字为氏。故鲁有仲孙、季,楚有屈、昭、景,齐有高国、崔('崔'下原有'立氏三'三字,疑为衍文),以知其为子孙也。"《礼记·大传》孔颖达疏:"诸侯赐卿大夫以氏,若同姓,公之子曰公子,公子之子曰公孙。公孙之子,以其亲已远,不得上连于公,故以王父字为氏……若子孙不为卿,其君不赐族,子孙自以王父字为族也。氏、族对之为别,散则通也。"可见"氏王父字",实际上就是同一祖父的子孙。《新唐书》有《宗室世系》和《宰相世系》,其中在述及"姓"和"氏"时,"氏"是"姓"的分支这一观念非常明确。《宗室世系》开头就说:"昔者周有天下,封国七十,而姬姓居五十三焉,后世不以为私也,盖所以隆本支,崇屏卫。"古时"以国为氏",五十三个封国,就是五十三个氏。封那么多的国,目的是"隆本支"。同篇还提到"李氏出自嬴姓"。《宰相世系》多次提到某氏出自某姓。如:"房氏出自祁姓,舜封尧子丹朱于房,朱生陵,以国为氏。""陈氏出自妫姓,虞帝舜之后……九世孙厉公他生敬仲完,奔齐,以国为姓。既而食邑于田,又为田氏。""杜氏出自祁姓。""窦氏出自姒姓。""裴氏出自风姓。""萧氏出自姬姓。""杨氏出自姬姓"等。

第三,"姓"的作用主要是别婚姻,"氏"的作用主要是别贵贱。《白虎通德论·姓名》:"人所以有姓者何?所以崇恩爱,厚亲亲,别婚姻也。""所以有氏者何?所以贵功德,贱伎力。或氏其官,或氏其事,闻其氏即可勉人为善也。"《通志略·氏族》篇说得更明确:"姓所以别婚姻,故有同姓、异姓、庶姓之别。氏同姓不同者,婚姻可通;姓同氏不同者,婚姻不可通。""氏所以别贵贱,贵者有氏,贱者有名无氏。"

"姓"有"别婚姻"的作用,可能在女系社会即将解体时就已存在,但到了父系社会则更加强调。从《左传》《国语》等书来看,当时认为同姓不能通婚的理由,主要是影响繁衍后代。《左传·僖公二十三年》:"男女同姓,其生不蕃。"《国语·晋语四》:"同姓不婚,恶不殖也。"《礼记》则侧重于从礼义道德来解释。《礼记·坊记》:"子曰:'取妻不取同姓,以厚别也。'"《礼记·曲礼上》:"取妻不取同姓,故买妾不知其姓则卜之。"郑玄注:"为其近禽兽也。"孔颖达疏:"《郊特牲》:'无别无义,禽兽之道。'此不取同姓,为其近禽兽故也。"很可能这两种原因兼而有之。因此古人婚娶,必须"男女辨姓"。《左传·昭公元年》:"男女辨姓,礼之大司也。"如果同姓通婚,会受到舆论的谴责。春秋时,鲁昭公娶吴女为夫人。因鲁、吴同姓,《礼记》等书,都把它看作是违礼的典型事例。《礼记·坊记》:"故买妾不知其姓则卜之,以此坊民。鲁《春秋》犹去夫人之姓曰吴,其死曰孟子卒。"郑玄注:"吴,太伯之后,鲁同姓也,昭公取焉,去姬曰吴而已。至其死,亦略云'孟子卒',不书夫人某氏薨。"孔颖达疏:"鲁《春秋》犹去夫人之姓曰吴者,依《春秋》之例,如夫人齐女,即云'姜氏至自齐'。以例言之,此吴女亦当云'夫人姬氏至自吴'。鲁则讳其姬姓而不称'夫人姬氏至自吴',是'去夫人之姓曰吴'也……其死曰'孟子卒'者,哀十二年称'孟子卒'。若其不讳,当云'夫人姬氏薨',以讳取同姓而云'孟子卒'。'孟子'是夫人之且字,没其氏,书其且字;没其薨,而书卒而已,皆为同姓讳之。"《春秋经》《左传》《公羊传》《榖梁传》《论语》都提及此事。

在春秋时期,"姓"和"氏"还是一种特权的标志,当时只有贵族才有"命姓受氏"(《国语·周语下》)的权利。授予者必须代表政权机构的天子或诸侯国国君。作为特权的标志,姓要高于氏。天子可以"赐姓赐氏,诸侯但赐氏,不得赐姓,降于天子也"(《礼记·大传》"同姓从宗"下孔颖达疏)。因此,"百姓"一词,开始是百官的意思。如《尚书·舜典》:"百姓如丧考妣。"孔安国传:"言百官感德思慕。"《国语·周语中》:"百姓兆民。"韦昭注:"百姓,百官也。官有世功,受氏姓也。"随着"姓"的作用主要用来别婚姻,"氏"别贵贱的作用就日益突出。

上文提到,"氏"的授予情况,《左传》只提到五种。但汉人所著的《风俗通·姓氏篇》已增至九种:"或氏于号,或氏于谥,或氏于爵,或氏于国,或氏于官,或氏于字,或氏于居,或氏于事,或氏于职。"宋人郑樵所著的《通志略》则分为三十二类。不论分多少类,总的说,都是根据其地位或特权授予的。"贵者有氏,贱者有名无氏"。至于"无名姓号氏于天地之间,至贱乎贱者也"(《春秋繁露·顺命》)。

不过,由于社会的发展变化,大约在春秋末期开始,"姓""氏"逐渐失去其标志特权的作用。《左传·昭公三十二年》:"君臣无常位,自古以然。故《诗》曰:'高岸为谷,深谷为陵。'三后之姓,于今为庶。"孔颖达疏:"从周而上,故数此三代。三代子孙自有为国君者,言其贱者为庶人也。"《左传》用"高岸为谷,深谷为陵"这两句形容自然界巨大变化的诗,形象地说明"三后之姓,于今为庶",社会尊卑贵贱的巨大变化。《孟子·离娄下》也提到"君子之泽,五世而斩"。为数不少曾荣获"命姓受氏"待遇的贵族降为平民,"姓"开始失去其作为特权标志的作用。早期表示百官的"百姓",在战国时期的著作中,也演变为平民的意思。"三代之后,姓、氏合而为一,皆所以别婚姻,而以地望明贵贱"(《通志略·氏族》)。"姓""氏"只保留"别婚姻"的作用,"明贵贱"是根据"地望",即地位名望,出身门第。

"姓""氏"明显混用,一般认为,是从西汉开始。《通志略·氏族序》:"秦灭六国,子孙皆为民庶,或以国为氏,或以姓为氏,或以事为氏,姓、氏之失从此始。"《日知录》卷二十三:"姓、氏之称,自太史公始混而为一。《本纪》于秦始皇则曰姓赵氏,于汉高祖则曰姓刘氏。"《史记》中"姓""氏"确实混用。他如《刘敬叔孙通列传》:"于是上曰:'本言都秦地者娄敬,娄者乃刘也。'赐姓刘氏,拜为郎中,号为奉春君。"《外戚世家》:"钩弋夫人,姓赵氏,河间人也。"《汉书》也"姓""氏"混用。如《卫青传》:"青有同母兄卫长君及姊子夫,子夫自平阳公主家得幸武帝,故青冒姓为卫氏。"《燕刺王刘旦传》:"王莽时,皆废汉藩王为家人,嘉独以献符命封武美侯,赐姓王氏。"自此以后,除了一些续谱系的著作,还区分姓氏以外,一般都不论姓氏,通称为姓。顾炎武说:"战国时人,大抵犹称氏族,汉人通谓之姓。"(《日知录》卷二十三)上文曾提及,《左传》共用"氏"字 663 次,其中称某氏的共 654 次,如不计重复的也有 178 次。《左传》中称氏的,如鲍氏、徐氏、齐氏、韩氏、孔氏、施氏等等,汉以后一般习称为姓。姓、氏混用,曾存在很长一个时期。往往同一个人同一部作品,姓、氏不分。如上面提到的《新唐书·宰相世系》,有时说"以国为氏",有时说"以国为姓"。唐人颜师古在注《急就篇》时也姓、氏互用。如"宋延年"下注:"微子,纣之庶兄。周武王克商,封之于宋。其后以国为姓,遂有宋氏。"同书同卷相邻的"郑子方"下注:

"郑桓公友,周厉王之子,宣王母弟也,封之于郑。其后或以国为氏。"(见《急就篇》卷一)上说"以国为姓",下说"以国为氏"。《太平御览》卷三六二转录《风俗通·姓氏篇序》:"盖姓有九:或氏于号,或氏于谥,或氏于爵,或氏于国,或氏于官,或氏于字,或氏于居,或氏于事,或氏于职。"也是前用姓,后用氏。

但是应该注意的是,姓、氏两字,只是在表示家族的称号这一意义上相混,而它们的语法功能是不相同的。姓、氏都可用作动词,但用法不同。"姓"的宾语常常是表示姓号的字或被赐予姓号的人。如《史记·项羽本纪》:"项氏世世为楚将,封于项,故姓项氏。""姓"后的"项",是表示姓号的字。《史记·三代世表》:"契生而贤,尧立为司徒,姓之曰子氏。""姓"后的"之",指代契,是被赐予姓号的人。

"氏"用作动词的情况不多。"氏"后如带有宾语,一般是名词的意动用法,"氏"后的宾语,是赐予姓氏的依据。如《白虎通德论·姓名》中"或氏其官,或氏其事",即"以其官为氏,以其事为氏"。"氏"后也可不带宾语,用介词"于"介绍出赐予姓氏的依据。如《风俗通·姓氏篇序》中的"或氏于号,或氏于谥"等,也可理解为或以号为氏、或以谥为氏。

"氏"的意义在发展中还有一个有趣的变化,即"氏"从最初的用于表示男子,逐渐演变为多用于表示妇女。如汉人刘向所著的《列女传》,传目共列妇女124人,其中除称姓(如定姜、卫姬、乘姒、仲子、伯嬴等)以外,或称某后、或称某妃,或称某母,或称某妇,或称某妻,或称某夫人,或称某姊,或称某女,但没有一个称氏的。而《明史》中的《列女传》,列入传目的有二百多人,除极少数称妇、称娥外,绝大多数都称氏。明清的其他著作或民间习俗,也习称妇女为氏。

(本文原载于《语言文学论丛》第一辑,<br>北京师院出版社,1985年5月)

# 古汉语同义词辨析举例

古汉语中有着大量的同义词。辨析同义词之间的细微差别，应该是古汉语词汇教学中不可缺少的一个内容；同时也是提高学生阅读古书能力的重要途径之一。下面只是就古汉语中常见的一些同义词进行辨析。辨析的重点在于同中求异，"同"讲得少一些，"异"讲得多一些。

## 人 民 氓 甿

这四个字都是指人。《左传·成公十三年》杜预注："民者，人也。"《说文句读》："民亦人之通称。"先秦的著作中，人、民就经常连用。如《韩非子·五蠹》："上古之世，人民少而禽兽众，人民不胜禽兽虫蛇。""氓""甿"和"民"同义。《说文》："氓，民也。"《说文》："甿，田民也。"段玉裁注："民部曰：'氓，民也。'此从田，故曰田民也。唐人讳'民'，故'氓之蚩蚩'，《周礼》'以下剂致氓'，石经皆改为甿。"

这四个字在词义上存在细微的差别。人，表示万物的主宰者，是万物之灵。《说文》："人，天地之性最贵者也。"《列子·天瑞》："天生万物，唯人最贵。"这些说法都强调把人和万物，特别和动物区别开来。因此，人包括不同等级、不同民族的所有的人。如《孟子·滕文公上》："劳心者治人，劳力者治于人。"前一个"人"，指被统治者；

后一个"人",指统治者。又:"今也南蛮鴃舌之人,非先王之道。""南蛮鴃舌之人",是对当时南方部族的贱称。

民、氓、甿,是被认为人中愚昧无知的人,《说文》:"民,众萌也。"《说文系传·通论》:"民者,氓也,萌而无识也。"《说文句读》:"萌,冥昧也,言众庶无知也。"据郭沫若先生考证,"民"的初义为奴隶。其字在金文中"均作左目形而有刃物刺之","今观民之古文,则民盲殆是一事。然其字均作左目,而以为奴隶之总称"(《甲骨文研究·释宰臣》)。"民"在古书中常用来表示愚昧无知的被统治者。如《论语·泰伯》:"民可使由之,不可使知之。"《史记·滑稽列传》:"民可与乐成,不可与虑始。"上两例中的"民"不能换成"人"。《说文句读》也注意到这一点,指出"(民)特为贱者区别其词,许君主谓小民者,经典中此义为多也。"

"民"和"氓"的意义小有区别。民,泛指愚昧无知的人,常用于被统治者;氓,是指从外地迁入的民。《说文通训定声》朱骏声按:"自彼来此之民曰氓。"《孟子·公孙丑上》:"廛(这里指居住区域)无夫里之布(夫布,指劳役税;里布,指住宅税),则天下之民,皆悦而愿为之氓矣。"焦循正义:"按此则氓与民小别。盖自他归往之民则谓之氓。"

"氓"与"甿"的区别是,"氓"字从亡,表示从外地迁入的民;"甿"字从田,表示种田为生的人,即农民。《说文》:"甿,田民也。"《史记·秦始皇本纪》:"陈涉瓮牖绳枢之子,甿隶之人而迁徙之徒也。""甿",即农民。

由于"人"和"民"等字的意义微有差别,它们在和别的字搭配时也有所不同。如"人"可以受"圣""贤""贵""大"等字的修饰,构成"圣人""贤人""贵人""大人"(具有很高道德修养的人)等词。因为这些词都是表示有道德、有才能、有地位的人,处在上层社会,其中的"人"绝不可换成"民"字。"人"虽然可以包括被统治者,"庶民"也可写成"庶人",但"吏民""臣民""君民""黎民"中的"民",或因和"吏""臣""君"表示统治者的字对举,或因专指被统治者,都不能换成"人"字。

## 百姓 黎民 黔首

这三个词都是指平民。《孟子·梁惠王下》:"今王与百姓同乐,则王矣。"赵岐注:"若与民同乐,则可以王天下也。"用"民"解释"百姓"。《孟子·梁惠王上》:"黎民不饥不寒,然而不王者,未之有也。"朱熹注:"黎民,黑发之人,犹秦言黔首。"用"黔首"解释"黎民"。《广雅·释诂四》:"黔首、氓,民也。"《吕氏春秋·振乱》:"当今之世浊甚矣,黔首之苦不可以加矣。"高诱注:"民人之苦毒不可复增加。"用"民""民人"解释"黔首"。《六臣注昭明文选·劝进表》:"黔首几绝,必将有以继其绪。"注:"黔首,百姓也。"又用"百姓"解释"黔首"。

这是一组形成于不同历史时期的同义词。"百姓""黎民",约形成于春秋末期。"百姓""黎民""黔首"都当平民讲,则形成于战国末期。

在春秋末期以前,"百姓""黎民"两词虽同时存在,但词义相距较大,不是同义词。"百姓"是百官或贵族的意思,"黎民"才是平民的意思。《诗经·小雅·天保》:"群黎百姓,遍为尔德。"(意为群众百官,都普遍学习您的美德)毛传:"百姓,百官族姓也。"陈独秀《实庵字说》:"《小雅·天保》亦'群黎''百姓'对举。'百姓'与'民'在古初有主奴贵贱之别,官吏为百姓,俘民以之助牧畜耕种而已。"《国语·周语中》:"百姓兆民。"韦昭注:"百姓,百官也。官有世功,受氏姓也。""百姓"还可当贵族讲。《礼记·郊特牲》:"大庙之命戒百姓。"郑玄注:"百姓,王之亲也。"孔颖达疏:"姓者,生也,并是王之先祖所生。"

"百姓"演变为平民的意思,约在春秋战国之交。在上古,只有贵族才享有"命姓受氏"(《国语·周语下》)的权利。后来随着世事的变迁,阶级关系的变化,原来的贵族降为平民。《左传·昭公三十二年》:"故《诗》曰:'高岸为谷,深谷为陵。'三后之姓,于今为庶,王所知也。"杜预注:"三后,虞、夏、商。"孔颖达疏:"自周而上,故数此三代。三代子孙,自有为国君者,言其贱者为庶人也。"《左传》的引诗,以自然界的沧海桑田来说明社会关系的变化,"三代子孙"中有少数"为国君",而多数沦为"贱者",成为"庶人",即一般平民。于是,"百姓"一词的意义也就随之演变为平民。春秋战国之交的著作,如《论语》,其中用"百姓"五次,一般均理解为平民。如《论语·宪问》:"修己以安百姓,尧、舜其犹病诸?"疏:"百姓,谓众人也。"

"黎民"这个词出现较早,初义就是平民,多见于《尚书》《诗经》。王念孙认为,"黎民之称不自周始矣"(《广雅·释诂四》"黔首"下疏证),周以前,就有黎民这个词了。不过,《论语》《墨子》《庄子》等书不见用"黎民",而多用"百姓",《孟子》中有"黎民",虽仅三见,但与"百姓"并用。根据现有的语言材料来看,"百姓""黎民"两词虽早就存在,而且在《尚书》中还并用,但形成同义词约在春秋战国之交。

"黔首"一词约产生于战国末期。战国末期的一些著作,如《韩非子》《战国策》《吕氏春秋》等始见"黔首"。

"黎民"和"黔首"还存在方言的差别。《说文》:"黔,黎也,从黑今声。秦谓民为黔首,谓黑色;周谓之黎民。"秦始皇二十六年(公元前221年),秦统一中国,"分天下为三十六郡,郡置守、尉、监(三种官职名),更名民曰黔首"(《史记·秦始皇本纪》),正式把秦方言"黔首"用作全民语言。

## 布衣　匹夫

"布衣""匹夫"都是指老百姓。《论语·子罕》:"三军可夺帅也,匹夫不可夺志也。"邢昺疏:"匹夫谓庶人也。""匹夫"可以解释"布衣"。《吕氏春秋·行论》:"人主之行与布衣异。"高诱注:"布衣,匹夫。""布衣""匹夫"可以对用或连用。《荀子·大略》:"古之贤人,贱为布衣,贫为匹夫。"《史记·三代世表》:"夫布衣匹夫安能无故而起王天下乎?"

"布衣""匹夫"虽同当老百姓讲,但词义来源不同。"布衣"是因穿麻织的布服而得名。古时候,一般平民,除老年人以外,只能穿麻织品所做的衣服。《盐铁论·散不足》:"古者庶人耋耄而后衣丝,其余则麻枲而已,故曰布衣。""匹夫"的"匹",是匹配、配偶的意思。《白虎通·爵》:"庶人称匹夫者,匹,偶也,与其妻为偶,阴阳相成之义也。"《论语·子罕》:"匹夫不可夺志也。"邢昺疏:"匹夫谓庶人也……士大夫以上有妾媵,庶人无妾媵,惟夫妻相匹。其名既定,虽单亦通谓之匹夫、匹妇。"

"布衣""匹夫"词义上微差主要有两点:

第一,"匹夫"的身份一般说要低于士,相当于庶人。这从"匹夫"一词的来源可以看出来。古人对"匹夫"一词的注释,几乎都提到要低于士。《左传·桓公十年》:"周谚有之:'匹夫无罪,怀璧其罪。'"孔颖达疏:"士大夫以上则有妾媵,庶人惟夫妻相匹。其名既定,虽单亦通,故《书》《传》通谓之匹夫匹妇也。"而"布衣"则常用于没有做官的士。《战国策·魏策四》:"秦王曰:'布衣之怒,亦免冠徒跣,以头抢地尔。'唐雎曰:'此庸夫之怒,非士之怒。'"把"布衣"和"士"看成是同义词。"布衣"甚至可以用于没有担任官职的贵族。《史记·范雎列传》:"秦昭王闻魏齐在平原君所,欲为范雎必报其仇,乃详为好书遗平原君曰:'寡人闻君之高义,愿与君为布衣之友,君幸过寡人,寡人愿与君为十日之饮。'"

第二,"匹夫"有一夫、独夫的意思。《孟子·梁惠王下》:"夫抚剑疾视,曰:'彼恶敢当我哉!'此匹夫之勇,敌一人者也。"赵岐注:"此一匹夫之勇,足以当一人之敌者也。"杨伯峻《春秋左传注》注"匹夫匹妇"为"指庶民中的个人"。而"布衣"用于表示个人的身份,而不含数的概念。

"布衣""匹夫"和"百姓""黎民""黔首"也微有差别:

第一,古人常分别以"布衣""匹夫"或以"百姓""黎民""黔首"相训或连用。后者连用的如《淮南子·主术训》:"百姓黎民,憔悴于天下。"《风俗通·怪神》:"哀哉黔黎,渐染迷谬。"余例见上。

第二,"布衣""匹夫"可以表示社会地位低下。《孟子·万章下》:"是天子而友匹夫也。"孙奭疏:"云匹夫者,盖舜本耕于历山,但侧微(卑贱)之贱者也,故云匹夫。"新《辞海》解释"布衣交"为"贫贱之交"。而"百姓""黎民""黔首"主要用于被统治者。《史记·高祖本纪》:"镇国家,抚百姓。"《孟子·梁惠王上》:"黎民不饥不寒。"《战国策·魏策二》:"先王必欲少留而扶社稷,安黔首也。"例中的"百姓""黔首""黎民"都不能用"布衣""匹夫"替换。

## 饥 饿

饥、饿都有"肚子空,想吃东西"(《现代汉语词典》)的意思。《说文》中这两个字互相解释:"饥,饿也。""饿,饥也。"这说明它们是一对同义词。

但这两个字在古汉语中,饿的程度有差别。饥,表示没有足够的食物吃,即没有吃饱。《诗经·陈风·衡门》:"可以乐饥(可以乐道忘饥)。"郑玄注道:"饥者,不足于食也。""不足于食",即吃不饱。

饿,表示什么食物也没有进口,即肚子完全空。因此,在古书中"饿"多表示濒临死亡的边缘。如《说苑》卷六:"赵孟宣将上之绛,见翳桑下饿人,不能动。"饿到至于不能动的地步,可见已经多日没有进食了。这段话,《左传·宣公二年》的原文为"(赵宣子)见灵辄(人名)饿,问其病,曰:'三日不食矣'"。已经"三日不食","不能动"自然可以理解了。所以"饿"常同"死"字连用。如《韩非子·十过》:"灵王饿而死乾溪之上。"《战国策·楚策四》:"下比近代,未至擢筋而饿死。"古书中常常看到"饿死"连用,却很少看到"饥死"连用。从这里也反映出"饿""饥"在饿的程度上的差别。

理解了"饥""饿"这对同义词的差别以后,碰到古书中"饥""饿"两字对用时,就不会觉得不好懂了。如《韩非子·饰邪》:"家有常业,虽饥不饿。"意思是,家里有固定的行业,虽然吃不饱,也不至于饿死。"《淮南子·说山训》:"宁一月饥,无一日饿。"高诱注:"饥,食不足;饿,困乏。"意思是,宁可一个月吃不饱,也别一天没有东西吃。

## 际　隙

"际""隙"都是表示缝隙。《说文》:"际,壁会也。""壁会",即两壁接合处的缝隙。段玉裁注:"两墙相合之缝也。"《说文》:"隙,壁际也。""壁际",即墙壁上开裂的缝隙。如《商君书·修权》:"隙大而墙坏。"高亨注:"(隙)即墙上的裂缝或孔洞。"这里的"隙"用的是本义。

"际""隙",虽然都表示缝隙,但是意义并不完全相同。两者的区别是"际,自分而合言之;隙,自合而分言之"(《说文》"隙"字下段玉裁注)。意思是,"际",是指从两墙接合处的缝隙而说的;"隙",是指从墙裂开成缝隙而说的。因为"际"和"隙"词义存在着差别,所以它们各自的引申义也因而不同。

"际"是"两墙相合之缝也。引申之,凡两合皆曰际"(《说文》"际"字下段注)。两物相合可以说"际",如《后汉书·张衡传》:"其牙机巧制,皆隐在尊中。覆盖周密无际。""覆盖周密无际",是说张衡所造的地动仪,上下两部分覆盖严密,没有缝隙。两地相合也可说"际",如《左传·定公十年》:"居齐、鲁之际而无事,必不可矣。""齐、鲁之际",即齐、鲁两国相交接的地方。两时相接也可说"际",如《史记·太史公自序》:"唐、虞之际。"意思是,唐、虞两朝相交的时候。两人相合所产生的关系也可说"际",如《史记·外戚世家》:"夫妇之际,人道之大伦也。"

"隙"是"自合而分言之","引申之,凡坼(chè)裂皆曰隙,凡闲空皆曰隙"(《说文》"隙"字下段玉裁注)。"坼裂",就是破裂而产生的缝隙,古书中常来表示关系或感情有裂缝。如《汉书·萧何传》:

"(曹)参始微时,与萧何善。及为宰相,有隙。""有隙",即两个感情原先很好,后来"有了裂缝",所以颜师古注道:"参自以战功多,而封赏每在何后,故怨何也。"《史记·项羽本纪》:"今者,有小人之言,令将军与臣有郤。""郤",假借为"隙"。时间有闲空也可以说"隙",如《左传·隐公五年》:"故春蒐(sōu)、夏苗、秋狝(xiǎn)、冬狩,皆于农隙以讲事也。"蒐、苗、狝、狩,都是各个季节田猎的名称。这句话是说,各个季节的狩猎都在农闲进行,以作军事训练。由于"际"是"自分而合",愈严实愈好,一般不透光;"隙"是"自合而分",开裂成缝,一般都透光。如《淮南子·说山训》:"受光于隙照一隅。"意思是,从缝隙透过来的光线能照亮一角。《庄子·知北游》:"若白驹之过隙。"形容时间如白驹过隙瞬息而过。

(本文"饥　饿"之上原载于《中学语文教学》1983年第7期;
　　　　　以下原载于《语文学刊》1983年第1期)

# 说"宫、室""房、屋"

## 宫　室

宫、室两词可以互训。《尔雅·释宫》:"宫谓之室,室谓之宫。"郭璞认为,宫、室是"同实而两名"(见《尔雅·释宫》注)。古时候,"贵贱皆称宫室"(《尔雅·释宫》郝懿行义疏),帝王的住宅也可称室,平民的住宅也可称宫。如《孟子·梁惠王下》:"孟子谓齐宣王曰:'为巨室,则必使工师求大木。'"赵岐注:"巨室,大宫也。"《吕氏春秋·骄恣》:"齐宣王为太室,大益百亩,堂上三百户,以齐之大,具之三年而未成。"这里的"室",也是指王者的住宅。《孟子·滕文公上》:"且许子何不为陶冶,舍皆取其宫中而用之?""宫",指许行的住宅。《墨子·号令》:"父母妻子皆同其宫,赐衣食酒肉。"这里的"宫",也指平民的住宅。

宫、室两词的初义都有穴室的意思。据近人研究,甲骨文中的"宫"字,作 吕 作 吕 作 宫,象半陷在地面下的穴室。罗振玉《增订殷虚书契考释》:"宫从吕从吕,象有数室之状,从吕,象此室达于彼室之状,皆象形也。"郭宝钧的《辉县发掘中的历史参考资料》,从实地发掘中考察出早殷时期有广大的圆穴和连环穴,"连环穴的形状与甲骨文字吕、宫字相仿。这三种建筑都是掘地为穴,半陷在地平面下的,尚未脱离穴居野处的习惯。一直到了殷代,才有版筑堂基上栋下宇的建造,才从地面下高升到地面上。"(《新建设》1954年3月号)"室"的初义也是穴室。《诗经·唐风·葛生》:"百岁之后,归于其室。"郑玄笺:"室,犹冢圹。""冢圹",即墓穴。王力先生认为,"在远古时代,室就是穴,穴就是室。到了殷代,有了版筑堂基上栋下宇的建造,室和穴才有了分别"(《汉语史稿》下册第511页)。古汉语中,室和穴虽然是两个不同意义的词,但是在先秦的著作中仍能看到这两个词在意义上的内在联系。如《墨子·备蛾傅》:"掘下为室。""室",即穴室。《左传·昭公二十七年》:"光伏甲于堀室而享王。"杜预注:"掘地为室。""室",也指穴室。《左传·襄公三十年》:"郑伯有耆酒,为窟室,而夜饮酒,击钟焉。朝至,未已。朝者曰:'公焉在?'其人曰:'吾公在壑谷。'"杜预注:"壑谷,窟室。""壑谷""窟室"两词在这里同义,都是指穴室。

在先秦著作的一些记载中也表明,初期的宫室,是穴室自地下的高升和扩大。《易经·系辞下》:"上古穴居而野处,后世圣人易之以宫室,上栋下宇,以待风雨,盖取诸大壮。"韩康伯注:"宫室壮大于穴居,故制为宫室,取诸大壮也。"可见,宫室仅仅是大于穴居的一种地面建筑。《墨子·节用中》:"古者人之始生,未有宫室之时,因陵丘掘穴而处焉。圣王虑之,以为堀穴,冬可以辟风寒,逮夏,下润湿,上熏烝,恐伤民之气,于是作为宫室。"这说明,宫室是避免穴居潮湿而高升到地面的建筑。

宫、室除表示住宅的通称以外,意义也有差别:

(一)两词所表示的概念外延有所不同。宫所表示的概念外延大,室所表示的概念外延小。宫可以包括围墙以内的整个建筑,室是指四周有壁的房屋,是宫的一部分。段玉裁认为,"宫言其外之围绕,室言其内"(《说文》"宫"字下注)。王念孙也认为,"《尔雅》宫室虽可互训,然以其制言之,则自户牖以内乃谓之室。宫为总名,室为专称"(《广雅·释宫》疏证)。《周礼·考工记·匠人》:"室中度以几,堂上度以筵,宫中度以寻。"孔颖达正义:"谓室中坐时凭几,堂上行礼用筵,宫中合院之内,无几无筵,故用手之寻(按:指两手左右伸开的长度)也……云'室中举谓四壁之内'者,对宫中是'合院之内'。依《尔雅》宫犹室,室犹宫者,是散文宫室通也。"《左传·成公十八年》:"师逃于夫人宫。"军队能逃入宫中,说明宫包括"合院之内"或"周垣之内"。《庄子·让王》:"原宪居鲁,环堵之室,茨以生草,蓬户不完,桑以为枢而瓮牖。"《论语·先进》:"由也升堂矣,未入于室也。"这说明,室指"四壁之内","堂之后曰室"。

(二)两词的引申义不同。宫,因指"合院之内"或"周垣之内",所以可引申为垣墙、围墙。如《仪礼·觐礼》:"诸侯觐于天子,为宫方三百步。"郑玄注:"宫,谓墙土为垟,以象墙壁也。"《礼记·儒行》:"儒有一亩之宫,环堵之室。"郑玄注:"宫为垣墙也。"孔颖达疏:"墙方六丈,故云一亩之宫。宫,谓垣墙也。"《论语·子张》:"譬之宫墙,赐之墙也及肩,阙见家室之好;夫子之墙数仞,不得其门而入,不见宗庙之美,百官之富。"杨伯峻《论语译注》:"'宫墙'当系一词,犹如今天的'围墙'。"(见该书212页)

室,因指"四壁之内",为"夫妇所居"(《诗经·周南·桃夭》朱熹集传),可以引申为家室。如《孟子·万章上》:"男女居室,人之大伦也。"《白虎通·爵》:"一夫一妇成一室。"《盐铁论·散不足》:"古者夫妇之好,一男一女而成家室之道。"因有妻子才能成家室,可以引申为妻子。《礼记·曲礼上》:"三十曰壮有室。"郑玄注:"有室,有妻也,妻曰室。"孔颖达疏:"妻居室中,故呼妻为室。"《孟子·滕文公下》:"男子生而愿为之有室。""室",即妻室。

(三)两词的色彩不同。这是在词义发展中产生的区别。先秦时期,宫、室是住宅的通称,不别贵贱。秦汉以后,宫开始专用于表示帝王的住宅。《尔雅·释宫》郝懿行疏:"古者贵贱同称宫,秦汉以来,惟王者居称宫焉。"这说明,宫自秦汉以后词的色彩起了变化,而室仍是贵贱同称,词的色彩没有变化。

宫、室两词,自秦汉以后,不仅词的色彩发生差异,而且词义也渐趋缩小。宫,不再是住宅的通称,而是专指帝王的住宅。室,也逐渐专用于"四壁之内"的意义,很少用于泛指住宅了。

(四)两词活用为动词以后意义不同。宫,因包括"周垣之内",含有围绕的意义,活用为动词后表示围绕、环绕的意思。如《礼记·丧大记》:"君为庐宫之。"郑玄注:"宫为围障之也。"意为国君居丧的庐屋用帷幕围起来。《尔雅·释山》:"大山宫小山霍。"郭璞注:"宫谓围绕之。"郝懿行疏:"此文云大山绕小山为霍。"室,因有妻室的意思,活用为动词表示娶妻。《国语·鲁语下》:"公父文伯之母欲室文伯。"韦昭注:"室,妻也。""欲室文伯",即打算给文伯娶妻。《韩非子·外储说右下》:"下令于民曰:'丈夫二十而室,妇人十五而嫁'。""室""嫁"对文,"室"表示娶妻。

(五)两词所搭配的词不同。宫,因指"周垣之内"和帝王的住宅,所以可组成宫垣、宫墙、宫人、宫女、宫池、宫车、宫廷、宫庭、宫馆、宫观、宫阙、宫殿、后宫、朝宫等词。室,因指"四壁之内"或"夫妇所居",可以构成室家、室妇、家室、妻室、蚕室、屋室、幽室等。上述各词中的宫、室,一般不能互换。有时候,宫、室虽和同一个词搭配,但意义却不相同。如"宫女",是指宫中供役使的女子。《汉书·贡禹传》:"古者宫室有制,宫女不过九人,秣马不过八匹。""室女",

指未出嫁的女子。《盐铁论·刑德》:"室女童妇,咸知所避,是以法令不犯,狱犴不用也。"

## 房　屋

房、屋都泛指居处。两词同训为居。《说文》:"屋,居也。"《国语·晋语四》韦昭注:"房,居也。"两词也可同训为舍。《广雅·释宫》:"房、屋,舍也。"

两词的主要区别有:

(一)语源不同。房和旁同源,音义俱近,同属並母阳韵(见王力《同源字典》371页)。《释名·释宫室》:"房,旁也。"《韵会》:"阿房,秦宫名,房犹旁也。"《史记·秦始皇本纪》:"先作前殿阿房,东西五百步,南北五十丈,上可以坐万人,下可以建五丈旗。"张守节正义:"房,白郎反。"司马贞索隐:"此以其形名宫也,言其四阿旁广也。"

屋与幄同源。《同源字典》:"'屋'的本义是幄,后来'屋'指房屋,另造幄字。这是典型的同源字。"《说文》:"㡣,行屋也。"段玉裁注:"行屋,所谓幄也……帐有梁柱可移徙,如今蒙古包之类。"《释名·释床帐》:"幄,屋也,以帛衣板施之,形如屋也。"王先谦注:"幄之制,必先立板,而后帛有所傅,自有幄已然。"《说文解字注笺》:"古宫室无屋名。古之所谓屋,非今之所谓屋也。《大雅·抑》篇:'上不愧于屋漏。'毛传:'屋,小帐也。'《周礼》:'幕人掌帷、幕、幄、帟、绶之事。'郑注:'帷、幕皆以布为之,四合象宫室曰幄,王所居之帐也。'盖屋即古幄字,相承增巾旁。字又作㡪。《说文》:'㡪,木帐也。'"邵瑛《群经正字》:"详许君第一义,屋乃帷屋之本字,第二义方是屋室之屋①,故《说文》别无幄字。按:尸,所主也;至,所止也;屋从至会意,谓人至止居之所也。后世始以屋为屋室之屋,遂别制巾旁为帷幄字,屋乃专谓屋室矣。"

(二)概念内涵不尽相同。房,指正室两旁的房室。《说文》:"房,室在旁也。"段玉裁注:"凡堂之内,中为正室,左右为房,所谓东房西房也。"《说文通训定声》:"凡堂之后一架,以墙间之,中曰室,左右曰房。"《释名·释宫室》:"房,旁也,室之两旁也。"《礼记·丧大记》:"妇人髽,带麻于房中。"郑玄注:"妇人之髽,带麻于房中,则西房也。天子、诸侯有左右房。"杨伯峻《春秋左传注》于襄公十年"晋侯惧而入于房"一语下注道:"正室东西两旁之室曰房。"可见,古书中所说的房,一般是指正室两旁的东房或西房。

屋,除表示屋室以外,还含有屋顶、顶盖的意思。萧道管《说文重文管见》:"'㞒,古文屋',上象屋脊之形。"《说文》:"广,殿之大屋也。"段注:"覆乎上者曰屋。"《说文》:"庚……一曰无屋也。"段注:"'无屋',无上覆者也。"《说文》:"宸,屋宇也。"段注:"屋者以宫室上覆言之,宸谓屋边。"因此,古书中的"屋"字,有的应理解为屋顶。如《诗经·豳风·七月》:"亟乘其屋。"毛传:"乘,升也。"孔颖达疏:"乘车是升其上,其乘屋亦升其上,故为升也。""乘屋",即登上屋顶。《诗经·召南·行露》:"谁谓雀无角,何以穿我屋?……谁为鼠无牙,何以穿我墉?"屋、墉对文,屋指屋顶。《墨子·号令》:"诸灶必为屏,火突高,出屋四尺。""出屋四尺",即(烟囱)高出屋顶四尺。《孔子家语·在厄》:"颜回、仲由炊之于坏屋之下,有埃墨堕饭中,颜

---

① 《说文》:"屋,居也,从尸,尸,所主也。一曰尸象屋形,从至,至,所止也。屋、室皆从至。""一曰"以后为第二义。

回取而食之。""坏屋",即朽坏的屋顶。《颜氏家训·序致》:"魏晋以来所著诸子,理重事复,犹屋下架屋,床上施床耳。""屋下架屋",指屋顶下又架一屋顶,喻事理重复。

(三)引申义不同。古时房多为妾媵所居,可引申为妾媵、姬妾。《烈女传·赵衰妻颂》:"不妒偏房。"《晋书·石崇传》:"后房百数,皆曳纨绣,珥金翠,丝竹尽当时之选。"房因左右分布罗列,可引申为蜂巢。如《淮南子·氾论训》:"而蜂房不容鹄卵,小形不足以包大体也。"《昭明文选·左思〈蜀都赋〉》:"蜜房郁毓被其阜。"李周翰注:"蜜房,蜜巢房也。"可引申为形似房的祭俎。《诗经·鲁颂·閟宫》:"笾豆大房。"郑玄笺:"大房,玉饰俎也。其制足间有横,下有柎,似堂后有房然。"屋,因含有屋顶的意思,可引申为顶盖。徐灏《说文解字注笺》:"引申之,凡覆盖于上者皆谓之屋。"《史记·项羽本纪》:"纪信乘黄屋车,傅左纛,曰:'城中食尽,汉王降。'"张守节正义:"李斐云:天子以黄缯为盖里。"新《辞海》释"黄屋"为"古代帝王所乘车上以黄缯为里的车盖。"《史记·南越列传》:"自今以后,去帝制黄屋左纛。""黄屋",即黄盖车。

(四)语法功能不同。屋,有时可用作动词,表示掩盖、遮盖。如《礼记·郊特牲》:"丧国之社屋之。""屋之",即掩盖之。类似的内容,《公羊传·哀公四年》为"亡国之社揜盖之"。段玉裁在《说文》"廷"下注:"古外朝、内朝、治朝、燕朝者皆不屋,在廷,故雨霁服失容则废。""皆不屋",即都没有屋顶遮盖。

(本文原载于《天津师大学报》1984年第1期)

# "种、树、艺""振、拯、救"辨析

## 种 树 艺

【同】

"种""树""艺",都可以表示种植,即把种子埋在土里或把幼苗栽到土里。

〔种〕《说文》写作"穜"。《说文》:"穜,埶也。""穜",在古籍中又多写作"種(种)"。例如:

今其民皆种麦,无他种矣。君若欲害之,不若一为下水以病其所种。下水,东周必复种稻。(《战国策·东周策》)

田者择种而种之,丰年必得粟。(《说苑·杂言》)

粟者,民之所种,生于地而不乏。(晁错《论贵粟疏》)

〔树〕《急就篇》卷三颜师古注:"树,殖也。"《广雅·释地》:"树,种也。"

例如:

孟夏之昔,杀三叶而获大麦,日至,苦菜死而资生,而树麻与菽。(《吕氏春秋·任地》。高诱注:"树,种也;菽,豆也。")

益树莲菱,以食鳖鱼。(《淮南子·本经训》。高诱注:"树,种也。")

今霜降而树谷,冰泮而求获,欲其食则难矣。(《淮南子·人间训》。"泮(pàn)",溶解。)

所食之粟,伯夷之所树。(《论衡·刺孟篇》)

〔艺〕《说文》写作"埶"。《说文》:"埶,穜也。从丮(jí,握持)坴(liù,土块),丮持穜之。《诗》曰:'我埶黍稷。'"段玉裁注:"《齐风》毛传:'蓺犹树也。'树、种义同。""埶",古籍中多写作"蓺"或"藝(艺)"。例如:

蓺麻如之何?衡从其亩。(《诗经·齐风·南山》。毛传:"蓺,树也。横猎之,从猎之,种之然后得麻。"孔颖达疏:"此云'蓺麻',后稷生民云'蓺之荏菽',大司徒云'教稼穑树蓺',则树、蓺皆种之别名,故云:树,犹蓺也。""衡从"《经典释文》注引《韩诗外传》"东西耕为横","南北耕曰由"——《韩诗》"从"作"由"。)

王事靡盬,不能蓺稷黍。(《诗经·唐风·鸨羽》。"靡盬(gǔ)",没有休止。)

今也农夫之所以蚤出暮入,强乎耕稼树艺,多聚叔粟,而不敢怠倦者,何也?(《墨子·非命下》)

后稷教民稼穑,树艺五谷。(《孟子·滕文公上》。赵岐注:"树,种;艺,殖也。")

"种""树""艺",有时可连用或对用。例如:

其游戏,好种树麻、菽,麻菽美。(《史记·周本纪》。"种""树"连用。)

二曰树艺。(《周礼·地官·大司徒》。郑玄注:"树艺谓园圃毓草木。""树""艺"连用。)

孔安国曰:"二水已治,二山可以种蓺。"(《史记·夏本纪》

集解。"种""艺"连用。)

居之一岁,种之以谷;十岁,树之以木。(《史记·货殖列传》。"种""树"对用。)

【异】

(一)语源不同。"种"和"種""种(zhǒng)"同源。《说文解字注笺》:"种植之字本作种,亦作種,初无二义。播种谓之种,之用切(zhòng);所种者谓之种,直勇切(zhǒng);引申为穜稑之穜,直龙切(tóng)。《豳风·七月》篇:'黍稷重穋。''重'又作'种',《鲁颂·閟宫》同。《周礼·内宰》注引作'穜'。是重、种、穜三字古通……古籍及金石文字,种植字皆作种,不可枚举。《广雅》云:'彙、穜,类也。'是穜亦种也。"

种植的"种"和种子的"种",字形虽然相同,但语音不同,应该看成是同一语源的两个不同的词。"种者,以谷播于土,因之名谷可种者曰种,别其音之陇切。《生民》曰:'种之黄茂。'又曰:'实种实褎。'笺云:'种生不杂也。'"(段玉裁于《说文》"穜"字下注)"穜",是先种后熟的谷物,也是"谷可种者"。《说文》:"种,先穜后孰也。"段玉裁注:"此谓凡谷有如此者。《邶风》传曰:'后孰曰重。'《周礼·内宰》注:'郑司农云:先种后熟谓之穜。'"

"树"和"尌""侸""竖"同一语源。《说文》:"尌(shù),立也。"《正字通》:"按:树立、树艺皆借尌,会植立意,义通;非树专指木类,树立、树艺必用尌也。"《说文》:"侸(shù),立也。"段玉裁注:"侸读若树,与尌、竖者义同。"《说文》:"竖,立也。"商承祚《殷虚文字类编》:"案:树与尌当是一字。树之本义为树立,盖植木为树。引申之,则凡树他物,使植立,皆谓之树。石鼓文'尌'字从又,以手植之也。此从力(按:指甲骨文),树物使之立,必用力,与又同意。许书凡含树立之谊者,若尌、若侸、若竖,其字皆为树之后起字。"

因"尌""侸"两字古书中很少用,所以《同源字典》只收"树""豎"两字。《同源字典》:"zjio 树:zjio 豎(同音)'树'的本义是种植,引申为树立,故'豎'得与'树'同源。《说文》:'树,生植之总名。'段注:'植,立也。假借为尌豎字。'庄子逍遥游:'犹未树也。'释文:'树,立也。'荀子富国:'如是,则人有树事之患,而有争功之祸矣。'注:'树,立也。'汉书扬雄传下:'皆稽颡树颔,扶服蛾伏。'师古曰:'树,豎也。'《说文》:'豎,立也。'广雅释诂四:'豎,立也。'后汉书灵帝纪:槐树自拔倒豎。'"

"艺(藝)"和"埶""蓺""势(勢)"同源。《说文》只有"埶"字,而不收"蓺""藝(艺)""势"。这些字都是因"埶"字兼职过多而新造的。段玉裁《说文》"埶"字下注:"唐人树埶字作蓺,六埶字作艺,说见《经典释文》;然蓺、艺字皆不见于《说文》。周时六艺字盖亦作埶,儒者之于礼、乐、射、御、书、数,犹农者之树埶也。又《说文》无'势'字,盖古用埶为之。如《礼运》'在埶者去'是也。"《说文通训定声》:(埶)字亦作蓺、作艺,又作势。"这些说法都表明,"蓺""艺""势"等字都是从"埶"字派生出来的。

于省吾认为,表示种植的"埶",和才艺的"艺"在词义上有密切的联系。他说:"埶"字(按:指金文中的"埶"字)隶变作埶,典籍作蓺或艺。埶之本义为种植草木而加以扶持。种植草木需一定的经验和技艺,故引申之,则为技艺之艺和艺术之艺的通义。"(《略论西周金文中六自和八自及其屯田制》,《考古》1964年第三期)这正如段玉裁所说的,所谓技艺"犹农者之树艺也。"所以,在古籍中,"艺"除用于表示种植外,还用于表示技艺。例如:

(孔子)曰:"求也艺,于从政乎何有?"(《论语·雍也》。何晏集解:"孔(安国)曰:'艺谓多才艺'。")

是故德成而上,艺成而下。(《礼记·乐记》。郑玄注:"艺,才技也。"孔颖达疏:"艺成而下者,言乐师、商祝之等,艺术成而在下(位)也。")

不兴其艺,不能乐学。(《礼记·学记》。郑玄注:"艺谓礼、乐、射、御、书、数。")

尚技而贱车,则民兴艺。(《礼记·坊记》。郑玄注:"技犹艺也。"用"艺"解释"技"。"车",车服,这里指代礼仪。)

势力的"势"也是从"埶"引申发展来的。因为"艺植用力最劳"(《说文通训定声》),所以逐渐引申出势力、势位的意思。"势"的基本意义还是力。《淮南子·脩务训》:"各有其自然之势。"高诱注:"势,力也。"《说文》新附字:"势,盛力权也。从力埶声。经典通用埶。"古籍中"势"多写作"埶",有的古书中的"势",几乎都作"埶"。如《荀子》一书,共用"势"字84次。其中83次写作"埶",只有1处写作"势"(据1891年(光绪十七年)王先谦《荀子集解》刊本)。

(二)本义不同。"种",是指把谷物的种子播入土里。"种者,以谷播于土,因之名谷可种者曰种。"(《说文》"穜"字下段注)《说文解字注笺》:"播种谓之种,之用切;所种者谓之种,直勇切。"因此,"种"可用于直接播种种子。例如:

泽草所生,种之芒种。(《周礼·地官·稻人》。郑玄注:"郑司农云:泽草之所生,其地可种芒种。芒种,稻、麦也。")

田者择种而种之,丰年必得粟。(《说苑·杂言》。"之",指代选出来的种。)

"种"用于种各种作物时,仍然是播种作物种子的意思。例如:

(仲秋之月)乃命有司趣民收敛,务畜菜,多积聚,乃劝种麦,毋或失时(《礼记·月令》。"趣(cù)",催促。"种麦",即播种麦种。)

下水,东周必复种稻。(《战国策·东周策》。"种稻",即播种稻种。)

种谷必杂五种,以备灾害。(《汉书·食货志上》)

"种"与"稼"的意义相近。古注习用"种"训释"稼"。例如:

不稼不穑,胡取禾三百廛兮?(《诗经·魏风·伐檀》。毛传:"种之曰稼,敛之曰穑。")

一曰稼穑。(《周礼·地官·大司徒》。孔颖达疏:"一曰稼穑者,种之曰稼,敛之曰穑。")

稻人掌稼下地。(《周礼·地官·稻人》。郑玄注:"以水泽之地种谷也。谓之稼者,有似嫁女相生。")

"稼"专用于种植谷物,而且与"嫁"同源,取其播种,"似嫁女相生"。这更有助于理解"种"的本义,确为播种谷物的种子。

"树"的本义是植树。《增订殷虚书契考释》:"树之本谊为树立,盖植木为树。"《殷虚文字类编》:"树之本义为树立,盖植木为树。"《方言》卷七:"树,植立也。"《周礼·地官·大司徒》:"二曰树艺。"孔颖达疏:"二曰树艺者,树为植木,谓若'树之榛栗'。"《说文系传》:"树之言竖也。"表示种植的字虽然有"种""树""艺",等,但古籍中植树一般都用"树"。例如:

五亩之宅,树之以桑,五十者可以衣帛矣。(《孟子·梁惠王上》。赵岐注:"树桑墙下,古者年五十乃衣帛矣。")

树之榛栗,椅桐梓漆。(《诗经·鄘风·定之方中》。郑玄笺:"树此六木于宫者,曰其长大可伐以为琴瑟。")

居之一岁,种之以谷;十岁,树之以木。(《史记·货殖列

传》)

　　欲致鸟者先树木。(《淮南子·说山训》)

应该注意的是,先秦两汉,"树"虽然也可用作名词,当树木讲,但是"种""树"连用时,"树"仍是动词,"种""树"为同义词连用。例如:

　　所不去者,医药卜筮种树之书。(《史记·秦始皇本纪》)

　　岁劝农民种树……且吾农民甚苦,而吏莫之省,将何以劝焉?(《汉书·文帝纪》)

"艺",是指栽植农作物。树艺的"艺",初文是"埶"。《说文》的解释是"丮持种之"(段注本),即手持禾苗栽种。"埶",甲骨文作🌱,象双手持草木种植。于省吾先生认为,"埶之本义为种植草木而加以扶持。"《金文诂林》编者张日升说:"金文不从坴,坴乃坴之形讹。其字本象双手持屮,种植草木。后更于屮下增土,其意更显。"高田忠周《古籀篇》三十六:"古文别有作埶者,人手持木种土上,会意而实象形也。古文木以兼草,以草代木,通用不拘。要之作埶者,意在耕土播种,作埶为莳植之意,少异而实同。"从以上各家的解释可以看出,"艺"的本义相当于今天的栽种。

古注还常常把"艺"解释为莳。例如:

　　以教稼穑树艺。(《周礼·地官·大司徒》。郑玄注:"艺犹莳也。")

　　道无列树,垦田若艺。(《国语·周语中》。韦昭注:"发田曰垦。艺犹莳也,言其稀少若艺物。")

"莳"就是栽种、移栽的意思。《说文》:"莳,更别种。"段玉裁注:"《方言》曰:'莳,立也;莳,更也。'……今江苏人移秧插田曰莳秧。"《说文通训定声》:"按:分秧匀插为莳。"从"艺"和"莳"的意义相近,也可看出"艺"的本义应该是栽种。

(三)引申义不同。"种"可以从播种(谷物)引申为传播善的德行。例如:

> 皋陶迈种德。(《尚书·大禹谟》。孔安国传:"迈,行。种,布……皋陶(gāoyáo,人名)布行其德,下治于民,民归服之。"孔颖达疏:"种物必布于地,故为布也。""布"和"播"音近义通。《说文》:"播,种也。")

> 三代种德而王。(《淮南子·人间训》)

> 陈义以种之。(《礼记·礼运》。孔颖达疏:"陈义以种之者,农夫耕田即毕,以美善种子而种之,圣王以礼正人情既毕,用此善道而教之。")

"树"可以从植树引申为所植的树。在古籍中,"树"除用作动词表示植树外,还可用作名词表示树木。例如:

> 吾有大树,人谓之樗。(《庄子·逍遥游》)

> 树欲静而风不止。(《韩诗外传》卷九)

"树",还可以从树木引申为计算树木数量的量词。如《史记·货殖列传》:"安邑千树枣;燕秦千树栗,蜀、汉、江陵千树桔;淮北、常山以南,河、济之间千树萩。"

"树"还可以从植树使立,引申为树立其他事物,包括抽象事物。例如:

> 终身之计,莫如树人。(《管子·权修》。"树人",树立人,即培养人。)

> 内自虚而外树怨于诸侯,求国无危,不可得也。(李斯《谏逐客书》。"树怨",树立怨仇,即结怨。)

> 故有人先谈,则以枯木朽株树功而不忘。(《史记·鲁仲连

邹阳列传》。"树功",立功。)

　　敢犯颜色以达主义,不顾其身,为国家树长画。(《史记·太史公自序》。"树长画",建立长远规画。)

　"树"的引申义很广,有时要结合所树的对象进行随文而异的解释,但它的基本意义都是立。

　"艺",因已经从树艺的"艺"引申为技艺的艺,作为树艺的"艺",在表示种植方面的引申义,已为"种""树"的引申义所包括,所以不再有新的引申义。因为词义是一个系统,一个词词义范围的大小,要受邻近的词义范围的制约。

　(四)词义的搭配不同。"种",因表示把种子埋入土内,所以可和"播"搭配,构成"播种"。"树",因表示植立,可与相应的词搭配,构成"树立""建树"等词。"艺",因引申为技能,可与相应的词搭配,构成"技艺""才艺""艺术"等词。

## 振 拯 救

【同】

　"振""拯""救",都可以表示拯救别人,使脱离危急或灾难。"振""拯"可同训为救。《国语·鲁语上》:"陷而不振。"韦昭注:"振,救也。"《广韵》:"拯,救也。""振""拯"都可和"救"连用。例如:

　　古者天灾降戾。于是乎量资币,权轻重,以振救民。(《国语·周语下》。韦昭注:"振,拯也。""降戾",降临。)

　　建平、元寿之间,大统几绝,赖陛下圣……德振救……国命复延。(《汉书·王莽传上》)

　　岁比灾害……已诏吏虚仓廪,开府库拯救,赐寒者衣。

(《汉书·元帝纪》。"比",频繁。)

故少府丞令请建酒榷以赡边,给战士,拯救民于难也。(《盐铁论·忧边》。"酒榷",酒税。)

【异】

(一)本义不同。"振",是解救别人的贫困饥饿。颜师古《匡谬正俗》卷七:"许慎《说文解字》曰:'振,举救也。'诸史籍所云振给、振贷,其义皆同,尽当为'振'字。今人之作文书者,以其事涉货财,辄改'振'为'赈'……言振给、振贷者,并以其饥馑穷厄,将就困毙,故举救之。"在早期古汉语中,"振"主要用于这一意义。例如:

分贫振穷。(《左传·昭公十四年》。杜预注:"分,与也。振,救也。"孔颖达疏:"大体贫穷相类,细言穷困于贫。贫者家少财货,穷谓全无生业。分财货以与贫者,授生业以救穷者。")

天子布德行惠,命有司发仓廪,赐贫穷,振乏绝。(《礼记·月令》。郑玄注:"振,犹救也。"孔颖达疏:"蔡氏云:'谷藏曰仓,米藏曰廪,无财曰贫,无亲曰穷,暂无曰乏,不续曰绝。'皇氏云:'长无谓之贫穷,暂无谓之乏绝。'")

三曰振穷。(《周礼·地官·大司徒》。郑玄注:"振穷,拼捄(按:同'拯救')天民之穷者也。穷者有四:曰矜(通'鳏',年老无妻),曰寡,曰孤,曰独。")

是其为人也,哀鳏寡,恤孤独,振困穷,补不足,是助王息其民者也。(《战国策·齐策四》)

出仓之粟,以振饥者。(《新书·喻诚》)

天下旱,蝗。帝加惠:令诸侯毋入贡……发仓廪,以振贫民。(《史记·孝文本纪》)

## "种、树、艺""振、拯、救"辨析

鲁朱家者,与高祖同时……振人不赡,先从贫贱始。(《史记·游侠列传》)

"拯",是拯救溺水者。《说文》:"拯(篆文作抍),上举也,出休(按:同'溺')为拯(按:这四个字段玉裁加的)。"《方言》卷十三:"抍(按:同'拯'),拔也,也休为抍。"例如:

目于眢井而拯之。(《左传·宣公十二年》。"眢(yuān)井",废井。杜预注:"出溺为拯。")

孔子观于吕梁……见一丈人游之,以为有苦而欲死也,使弟子并流而拯之。(《庄子·达生》)

子路拯溺者,其人拜之以牛,子路受之。孔子曰:"鲁人必拯溺者矣。"(《吕氏春秋·察微》)

两人相溺,不能相拯,一人处陆则可矣。(《淮南子·说山训》)

是故追亡者趋,拯溺者濡。(《盐铁论·论儒》)

"拯"的基本意义是表示举,拯救溺水者,也就是把溺水者升出水面。因此,"拯",除《说文》写作"抍"以外,还可写作"承""撜""丞"(这些字都含有升的意思)。《集韵》:"抍、承、撜、拯、丞,抍……马壮言,或作承、撜、拯、丞。"五形同字。例如:

孔子观乎吕梁……见一丈夫游之,以为有苦而欲死者也,使弟子并流而承之。(《列子·黄帝篇》。张湛注:"承,音拯。《方言》:'出溺为拯。'诸家直作拯,又作撜。")

子路撜溺而受牛谢。(《淮南子·齐俗训》。高诱注:"撜,举也。抍出溺人,主谢以牛也。")

土事不饰,木功不雕,丞民乎农桑。(扬雄《羽猎赋》。《文选》注引《声类》曰:"丞,亦拯字也。")

"救"的本义是止。《说文》:"救,止也。"段玉裁注:"《论语》:'子谓冉有曰:女弗能救与?'马曰:'救犹止也。'马意救与止稍别。许谓凡止皆谓之救。"《说文通训定声》:"《诗·溱洧序》'莫之能救'郑笺、《孝经》'匡救其恶'王注、《论语》'女弗能救与'马注,皆训止。""救",就是止住危急或灾难。例如:

> 五族为党,使之相救。(《周礼·地官·大司徒》。郑玄注:"救,救凶灾也。"孔颖达疏:"五族为党,使之相救者,五百家立一下大夫为党正,民有凶祸者,使民相救助,故云'使之相救。'")

> 凡民有丧,匍匐救之。(《诗经·邶风·谷风》。郑玄笺:"匍匐,言尽力也。凡于民有凶祸之事,邻里尚尽力往救之,况我于君子家之事难易乎?固当黾勉,以疏喻亲也。")

> 失火而取水于海,海水虽多,火必不灭矣,远水不救近火也。(《韩非子·说林上》)

(二)词义的搭配不同。"振",因表示给予人以财粮,解救别人的贫困,可与相应的词搭配,构成"振贫""振困""振穷""振乏绝""振施""振给""振贷"等词语。

"拯",因本义是拯救溺水者,常与"溺"搭配,构成"拯溺"。如《盐铁论·大论》:"是犹迁延而拯溺,揖让而救火也。"《论衡·自纪篇》:"救火拯溺,义不得好。"

"救",因表示援助别人制止灾难,除经常同救助的对象搭配(如救人、救郑、救国等)外,还同表示灾难的词搭配,构成"救火""救凶""救死""救病""救喝""救失""救淫""救急""救危""救灾""救患""救恶""救经(解救自缢者)""救难""救凶""救饿""救害"等词语;还可同表示救助的词相搭配,构成"营救""援救""匡救"等词语。

(本文原载于《北京师院学报》1985年第2期)

# 程度副词"颇"的语义特点

从现存的图书资料来看,程度副词"颇"最早见于《史记》,《史记》中"颇"字共166见,其中用作人名共90见,用作形容词偏颇义共3见,用作程度副词共73见。其中,修饰动词的有:"有(13次)""采(7次)""闻(4次)""受(3次)""通(2次)""得(2次)""见""著""言""连""遁""用""败""忘""予""泄""中""及""食""置""被""觉""知""恐""起""推""征用""捕斩""能"等,共54见;修饰助动词的有:"能(3次)""可(2次)""得"共6见;修饰介词的有:"与(4次)""以(2次)""用"等,共7见;修饰副词的有:"不(3次)";修饰形容词的有:"异""坏""秘",共3见。所修饰词类各占的比例为:动词82%强(包括助动词),介词9%强,副词4%强,形容词4%强。这与同书中其他程度副词相比,形成极大的反差。如表示程度很高的用作副词的"至",所修饰的词有:"大""尊""高""厚""盛""微""备""欢""贵倨""微浅""富贵""困约""浅鲜""紧小""不才"等,全都是形容词或形容词性词组。再如"极",也是表示程度高的副词,所修饰的词有:"难""幽""忠""烦""大""博""愚""贵""短""惨""罢(疲)""哀""简易""知(智)""知"等,绝大多数是形容词,只有个别表认知的动词。因此,从"颇"的语法功能来看,可以说,并不是一个很典型的程度副词。"颇"何以有如此不同的独特的语法功能以及如此集中地首次(?)出现在同一部著作中,这些都是值得研究的问题。

但本文主要讨论"颇"的语义特点。弄清"颇"的语义特点,也许可能有助于认识"颇"的语法特点。

如果把程度副词分为表示程度高或深、低或浅两类,那么,"颇"应该属于表示程度低或浅的一类。支持这种看法的理由主要是语言事实本身;其次是早期的词典和古注以及前人的理解;而且语言的一般理论也支持这种看法。

## 一 语言事实

(一)程度副词"颇"来源于形容词"颇"。"颇"的本义是偏颇。《说文》:"颇,头偏也。"段玉裁注:"引申为凡偏之称。《洪范》曰:'无偏无颇,遵王之义。'人部曰:'偏者,颇也。'以'颇'引申之义释偏也。俗语曰颇多、颇久、颇有,犹言偏多、偏久、偏有。""颇"或"偏",是说程度在原有基础上稍有提高,而不是大有提高。古汉语中的程度副词,一般都由形容词、名词、动词演变而来,与所自演变的词义密切相关。这应该说是一条规律。如"殊",原是形容词,有殊异、特殊义,用作程度副词时,是异常、非同一般的意思。例如:

良尝从容步游下邳圯上,有一老父,衣褐,至良所,直堕其履圯下。顾谓良曰:"孺子,下取履!"良鄂然,欲殴之。为其老,强忍,下取履。父曰:"履我!"良业为取履,因长跪,履之。父以足受,笑而去。良殊大惊,随目之。(《史记·留侯世家》)

"良殊大惊",即张良非常惊异。再如程度副词"极",由名词演变而来。"极"有屋脊、栋梁义。屋脊、栋梁是房屋的最高点,用作程度副词时,也含有达到顶点的意思。例如:

居顷之,豫让又漆身为厉,吞炭为哑,使形状不可知,行乞于市……其友为泣曰:"……何乃残身苦形,欲以求报襄子,不亦难乎!"豫让曰:"既已委质臣事人,而求杀之,是怀二心以事其君也。且吾所为者极难耳! 然所以为此者,将以愧天下后世之人为人臣怀二心事其君者也。"(《史记·刺客列传》)

"且吾所为者极难耳",就是指"漆身为厉,吞炭为哑"这种常人一般不可能做到的极端困难的事。再如"绝",原是动词,有断绝义,用作程度副词时,也含有绝无仅有的意思。例如:

平王使无忌为太子取妇于秦,秦女好,无忌驰归报平王曰:"秦女绝美,王可自取,而更为太子取妇。"平王遂自取秦女而绝爱幸之,生子轸。(《史记·伍子胥列传》)

"秦女绝美",意思是,秦女有稀世之美。"绝爱幸之",意思是,平王爱幸秦女达到世所罕见的程度。这既然是规律性的语言现象,"颇"也不能例外。形容词"颇"演变为程度副词后,也仍含有有所偏的意思。正如段玉裁所理解的,颇多,就是偏多;颇久,就是偏久;颇有,就是偏有。

(二)从《史记》中用作程度副词的"颇"来看,确实是表示程度低或浅。下面举几个例子:

①自大宛以西至安息,国虽颇异言,然大同俗,相知言。(《史记·大宛列传》) 按:"颇"只有理解为稍或少,才能与下文的"相知言"相一致。

②至于序《尚书》则略,无年月,或颇有,然多阙,不可录。(《史记·三代世表》) 按:"颇"只能理解为稍。如理解为很或甚,则与下文相抵触。

③汉定,伏生求其书,亡数十篇,独得二十九篇,即以教于齐、鲁之间。学者由是颇能言《尚书》。(《史记·儒林列传》)

按:在秦焚书坑儒以后,《尚书》亡佚,篇卷不全。虽然经重新收集整理,但失传已有时日,显然只能是"稍能言《尚书》"。

④独梁王所欲杀大臣十余人,文吏穷本之,谋反端颇见。(《史记·梁孝王世家》) 按:既然是端(端倪),当然只能理解为稍见。

⑤廷尉乃言贾生年少,颇通诸子百家书。(《史记·屈原贾生列传》) 按:贾生不仅年少,而且在秦焚书以后,理解为稍通,才合于情理。

(三)由于"颇"是一个表示程度低或浅的副词,当它所修饰的动词,宾语是表示目的或范围时,可以理解为一些或有些。例如:

⑥李园既入其女弟,立为王后,子为太子,恐春申君语泄而益骄,阴养死士,欲杀春申君以灭口,而国人颇有知之者。(《史记·春申君列传》) 按:"而国人"句,意思是,国人中有一些知道这件事。

⑦故夏、殷、周之礼所因损益可知者,谓不相复也,臣愿颇采古礼与秦仪杂就之。(《史记·刘敬叔孙通列传》) 按:"颇采古礼",采一些古礼。

⑧郡国颇被灾害,贫民无产业者,募徙广饶之地。(《史记·平准书》) 按:"郡国"句,意思是,郡国中有些地区遭受灾害。

⑨如丘子明之属,富溢贵宠,倾于朝廷。至以卜筮射蛊道,巫蛊时或颇中。(《史记·龟策列传》) 按:"时或颇中",意思是,有时候有些被射中。

⑩臣意曰:他所诊期决死生及治已病众多,久颇忘之,不能尽识,不敢以对。(《史记·扁鹊仓公列传》) 按:"久颇忘

之",意思是,时间久了有些已经忘了。

(四)当"颇"用于肯定自己或与自己有关的人时,含有自谦的意思。例如:

⑪仆虽怯懦,欲苟活,亦颇识去就之分矣,何至自沈溺缧绁之辱哉?(司马迁《报任安书》)

⑫近李翱从仆学文,颇有所得,然其人家贫多事,未能卒其业。(韩愈《与冯宿论文书》)

⑬儿子过(名字)颇了事,寝食之余,百不知管。过亦颇力学长进也。(苏轼《答徐得之》)

⑭他客既以奔军见弃,又不与之往还,因此遂绝。颇得专意读书,学作文字,性虽甚愚戆,亦时有所发明。(秦观《与苏公先生简》)

⑮近来乃于一切应务不敢避过,始觉败露渐多。然一番败露,则一番锻炼,从此工夫颇为近实。(唐顺之《答周七泉通判》)

(五)"颇"有时与表示程度浅的副词"稍"连用。《汉书·地理志》:"宾客相过,以妇侍宿,嫁取之夕,男女无别,反以为荣。后稍颇止,然终未改。"可能还有,但我只见到一例。虽然只有一例,但是也很说明问题。

## 二　早期的词典和古注

(一)《广雅·释诂三》:"颇,少也。"王念孙疏证:"颇者,略之少也。《史记·叔孙通传》云:'臣愿颇采古礼,与秦仪杂就之。'"钱大昭疏义:"颇者《文选·天监三年策秀才文》:'九流七略颇尝观览。'

李善注引此文。"慧琳《一切经音义》卷二十二、二十三、四十三分别引《广雅》曰:"少也。"

(二)唐人注解:

⑯《史记·儒林列传》:"孝惠、吕后时,公卿皆武力有功之臣。孝文时颇征用,然孝文帝本好刑名之言。"唐张守节正义:"言孝文稍用文学之士居位。"

⑰《汉书·高帝纪》:"代地居常山之北,与夷狄边……难以为国,颇取南太原之地属代。"唐颜师古注:"少割以益之,不尽取也。颇音普我反。后皆类此"。按:这是"颇"在《汉书》中第一次出现。颜师古又注义又注音,并且强调"后皆类此"。这就是说,颜师古认为,《汉书》中的"颇",都是表示少的意思。

⑱扬雄《解嘲》:"是以颇得信其舌而奋其笔。"李周翰注:"颇,少也。"

⑲曹丕《与吴质书》:"顷何以自娱,颇复有所造述否?"吕向注:"颇,少也。"

⑳陈琳《为曹洪与魏文帝书》:"故颇奋文辞,异于他日,怪乃轻其家丘谓为倩人,是何言欤!"张铣注:"颇,少。"

㉑皇甫谧《豪士赋序》:"借使伊人颇览天道,知尽不可益,盈难久持。"张铣注:"假使成功之人,少览天道,知运尽不可更益也,盈而不可持久也。"

㉒庾亮《让中书令表》:"朝士百僚,颇识其情;天下之人,何可门到户说?"张铣注:"颇,少也。"

㉓陶渊明《读山海经》:"穷巷隔深辙,颇回故人车。"吕向注:"颇,少。"

㉔任彦升《天监三年策秀才文》:"九流七略颇尝观览,六

艺百家庶非墙面。"李善注引《广雅》:"颇,少也。"

此外,《说文》的作者许慎在行文时也把"颇"作为表示少的意思来应用。《说文·叙》:"斯作《仓颉篇》,中车府令赵高作《爰历篇》,太史令胡毋敬作《博学篇》,皆取史籀大篆,或颇省改,所谓小篆者也。"清代文字训诂学家段玉裁注:"'或颇省改'者,言史籀大篆则古文在其中,大篆既或改古文,小篆复或改古文大篆,或之云者,不尽省改也,不改者多,则许所列小篆,固皆古文大篆。"段玉裁的这段注文,实际上也等于给《汉书·艺文志》"文字多取《史籀篇》,而篆复颇异,所谓秦篆者也"作了注解。因为这句说的语意和许慎所说的"皆取史籀大篆,或颇省改,所谓小篆者也"是完全一致的:都是取自"史籀";"所谓秦篆",也就是"所谓小篆"。许慎生于公元30年,班固生于公元32年,两人几乎同年。他们对小篆的看法,反映了当时学者对小篆来源的共同看法;同时,也反映了他们在用"颇"字时,两人的理解也是一致的。

## 三 理论依据

(一)语法具有概括性、规律性、简明性等特点。一种语法现象在产生之初,不太稳定是可能的,但只要承认是语法现象,都应该是概括的、有规律的、简明的。"颇"的副词用法在刚刚产生时,就出现既表示程度低或浅,而同时又表示程度高或深的两可现象,是不可能的。日本汉学家太田辰夫在被朱德熙先生誉为研究汉语历史语法重要著作的《中国历史文法》里也说:"'颇'被解释为'甚也''稍也',但是,同时表示强度和弱度这是不可能的。"(蒋绍愚、徐昌华译,北京大学出版社,1987年7月,第256页)上面所提到的语言事实和前人的理解,无疑支持了太田辰夫的看法。

(二)语言现象在发展过程中,一般都遵循平衡的法则。某些语言现象当它已不能适应语言交际的需要时,就会逐渐消亡;与此同时,某些新的语言现象为了满足语言交际的需要会逐渐产生。因此,语言在发展过程中所产生的新的语言现象,总是补充不能满足需要的部分。语法现象更是如此。程度副词在先秦并不丰富。大约在战国末期有了明显的发展。到汉初,在《史记》中,表示程度高或深的副词已经非常丰富,如甚、极、至、绝、殊、良、最、尤、太、愈、益、滋等,但表示程度低或浅的副词却非常少,可以说只有"颇"一个。其他如"稍"含有渐渐的意思(《刺客列传》:"其后秦……稍蚕食诸侯。");"略"主要是粗略、大略义,而且都是修饰动词,勉强可理解为表示程度低或浅的副词只有一例(《项羽本纪》:"于是项梁乃教籍兵法,籍大喜,略知其意,又不肯竟学");"少"和"大"一样,只是一个兼职副词。在两者严重失衡的情况下,为了满足语言对交际的需要,理应增添新的表示程度浅的副词,怎么会在负担已经很重的"颇"上,再让它增添与自己原义截然相反并且本来已经十分丰富的表示程度深的用法呢?

关于"颇"的副词用法,早期的一些有影响的语法或虚词著作,有的含糊其词,如《马氏文通·状字》:"以上所引句内,'盖''厚''薄''连''财''几''危''垂''微''直''专''颇''寝''虑''稍''更''毕'诸字,或言其事之多少,或言其事之厚薄。"有的明确认为表示程度浅,如《词诠》:"颇,表态副词,略也,少也。"只有这一个义项。既明确指出"颇"字是表示"不足",又明确反对把"颇"字理解为"甚也"的是王力先生。王先生在《中国语法理论》第三章"语法成分"一节,有一段十分精彩的论述:

> "颇"字自古就是不足的表示(《史记·儒林传》:"延颇能,未善也。")。当其修饰述语的时候,是和"稍"的意思相同的(《史记·叔孙通传》:"臣愿颇采古礼,与秦仪杂就之。")。当叙述语包含目的位的时候,它很像是修饰这目的位的范围的:"颇采古礼"等于"采一些古礼"。不过有时候它还能用于描写句里,如"颇佳",就只等于英语的 good enough(不是 very good),和法语的 assez bon(不是 tres bon)了。《正字通》把"颇"解释为"甚也",这是很不妥当的解释。依数千年的语言习惯,"颇"字的用意只是不满或谦逊,决不像"甚"字那样用于夸饰。

王先生的意见是对的。一定的语言形式所表示的语言意义,是使用这种语言的社会成员"数千年的语言习惯",是约定俗成的。从我们上面所介绍的语言材料中可以清楚地看到,"颇"字自两汉到唐宋,一以贯之,都是表示程度浅、范围小或自谦义。但是,令人不解的是,近半个世纪出版的一些语法专著和工具书,都强调"颇"表示程度高或深的意思。关于专著,我手头见到的就有两本,而且所引的例,都是《史记》中的。一例是《袁盎晁错列传》:"及绛侯免相之国,国人上书告以为反,征系清室,宗室诸公莫敢为言,唯袁盎明绛无罪。绛侯得释,盎颇有力。"[1] 一例是《河渠书》:"其后漕稍多,而渠下之民颇得以溉田矣。"[2] 我们来分析一下这两例中的"颇",是否表示程度深。

先看前一例。《史记》中的"有"受"颇"修饰的共 13 例。其中,

---

[1] 周秉钧《古汉语纲要》第 375 页。
[2] 杨伯峻等《古汉语语法及其发展》第 275 页。

"颇有力"就有两例。还有一例是《郦生陆贾列传》："及诛诸吕,立孝文帝,陆生颇有力焉。"据《史记》记载,在诛灭诸吕的过程中,最有功、最出力的是太尉周勃、丞相陈平。"及吕太后崩,平与太尉勃合谋,卒诛诸吕,立孝文皇帝,陈平本谋也。"(见《陈丞相世家》)此外,在《绛侯周勃世家》中,司马迁赞誉周勃:"诸吕欲作乱,勃匡国家难,复之乎正"。在《吕后本纪》《孝文本纪》中还提到其他有功人员朱虚侯、平阳侯等,甚至自以为"诛吕氏吾无功"的东牟侯兴居也提到了。至于陆生虽然在诛诸吕前,曾给陈平出过点子,让陈平"交欢太尉(周勃),深相结"(见《郦生陆贾列传》),从而减缓了吕氏夺权的图谋。但总的说来,与陈平、周勃等人相比,也只是稍稍出了点力。这个"颇"显然不是表示程度高或深。与此例从词语到语言结构都完全相同的"绛侯得释,盎颇有力","颇"怎么可能会表示程度高或深呢?语言作为人类最重要的交际工具,一个最基本的前提是,社会成员对语言符号有共同一致的理解。同是出于一个作者之手的"颇有力",不可能表示截然相反的两种意思。实际上"盎颇有力"的"颇",仍然是表示程度低或浅。因为绛侯根本就没有罪,只是"宗室诸公莫敢为言,唯袁盎明绛无罪","盎颇有力",也只是"盎偏有力",而不是"盎甚有力"。

再看后一例,"颇"仍然是表示程度低或浅。"漕"是一种人工河道,用以水运货物,兼有灌溉之利。这句话的意思是,后来水运河道渐渐增多了,水渠附近的老百姓才稍稍得以用渠水来灌溉田地了。

程度副词所表示的程度深或浅都是相对的,同是一个表示程度深或浅的副词,到底深或浅到什么程度,理解也往往因人而异。因此,社会必然要求语言对表示程度深或浅有一个可资区别的词语形式。如果离开可资区别的词语形式,离开对词语形式的共同理解,认为"颇"表示"程度深的用法,结合上下文义并不难辨别"(《古汉语语法及其发展》第286页),恐怕是会遇到困难的,至少是所得出的判断不一定是可靠的。如《辞源》《汉语大词典》在"颇"的"甚、很"义项下,共同举了《论衡·明雩篇》"雨颇留,湛之兆也;旸颇留,旱之渐也"为书证。这是两本辞书的工作人员在众多书证中,经过筛选整理,共同认定的,理应不成问题。其实大谬不然。因为离开词语形式,单凭上下文看,不可避免地会带有主观成分。或由于疏忽,或由于材料不足,或由于受古文水平的限制,或由于其他主客观原因,都会影响对语义的正确理解。上述两本辞书所引的书证,可能是最说明问题的例子。书证中的两个"颇"理解为"甚、很",显然是不妥当的。这个例句的上下文是:

> 变复之家,以久雨为湛,久旸为旱。旱应亢阳,湛应沉溺。或难曰:"夫一岁之中,十日者一雨,五日者一风。雨颇留,湛之兆也;旸颇久,旱之渐也。湛之时,人君未必沉溺也;旱之时,未必亢阳也。"

例中的"颇"只能理解为稍或偏。如果把"颇"理解为"甚、很","雨颇留"即"雨甚留","旸颇久"即"旸甚久",久雨、久旸,已经造成水、旱灾害,怎么会仅仅是水旱灾害的兆头呢?《论衡》中一共用了24个"颇",全都用作表示程度浅的副词。现略举两例:

> ㉕《程材》《量知》,言儒生、文吏之材不能相过,以儒生修大道,文吏晓簿书,道胜于事,故谓儒生颇愈文吏也。(《谢短篇》) 按:《程材》《量知》都是《论衡》的篇名,两篇紧挨着,就在《谢短篇》的前面。这三篇文章都是评论"儒生"和"文吏"的,认为他们各有短长,"不能相过",但从"道"这一大处着眼,

儒生还是略胜于文吏。

㉖涉浅水者见虾,其颇深者见鱼鳖,其尤甚者观蛟龙,足行迹殊,故所见之物异也。(《别通篇》) 按:"浅水""颇深""尤甚",程度逐渐加深。

从三国魏张揖编撰的《广雅》到清人魏维新的《助语辞补》[①],都认为"颇"是少或微偏的意思;唐人对《史记》《汉书》和《昭明文选》的注释,也都明确注为稍或少;那么,"颇"究竟从什么时候开始被认为具有甚或很的意思呢?据王力先生研究,是从《正字通》开始的。他说:"《正字通》把'颇'字解释为'甚也',这是很不妥当的解释。"经查,《正字通》是这样解释的:"颇 普火切,坡上声,头偏也。凡物微偏皆曰颇。又与叵同。差多曰颇多,良久曰颇久,多有曰颇有。"《正字通》所解释的"差""良""多",其中"差"与"甚也"相去甚远。《汉语大字典》可能注意到这一点,在引《正字通》的解释时,略去了"差多曰颇多"。这是很不严肃的态度。其实,《正字通》这个解释是吸收了《字汇》的解释。《字汇》:"颇 普火切,坡上声。差多曰颇多,良久曰颇久,多有曰颇有。"以《字汇》《正字通》为蓝本的《康熙字典》关于"颇"的副词用法是这样解释的:"《释名》:'少也。'(按:疑为《广雅》之误)又差多曰颇多,良久曰颇久,多有曰颇有。"兼收了《广雅》和《正字通》的解释。这表明《字汇》《正字通》和以《正字通》为蓝本的《康熙字典》,都没有明确把"颇"解释为"甚也"。王力先生在《中国语法理论》第三章"语法成分"有这样一段注文:"《辞源》引《后汉书》:'颇念阴阳不和,必有所害。'以证《正字

---

① 清魏维新《助语辞补》:"凡物微偏者皆曰'颇'。"见王克仲《助语辞集注》第148页。

通》之说。纵使这里的'颇'有'甚'意,也只是个例外。"不仅是《辞源》,而且比《辞源》晚出的《辞海》,在"颇"下也收有"甚也"的义项。并且也引证了《正字通》的解释。其实,《辞源》所释的"甚也"并例句,恐怕都是采自《助字辨略》的解释。该书卷三在"颇"字下共有三个义项。第一个义项是"略也,少也";其次是"尽悉之辞。颇本训略,而略有尽悉之义,故转相通也。尽悉,则是遂事之辞";最后一个义项是"甚也",并有《后汉书》中的两个例证:"《后汉书·五行志》引《风俗通》云:'龙从兄阳求腊钱,龙假取繁数,颇厌烦之。'又云:'丞相邴吉以为道路死伤,既往之事。京兆长安,职所穷逐,而住车问牛喘吐舌者,岂轻人而贵畜哉!颇念阴阳不和,必有所害。'此颇字,犹云甚也。"可见,是《助字辨略》第一个释"颇"为"甚也"的,而且是第三个义项,第一个义项仍然是"略也,少也"。现在大中型字典词典,可能依据现代人的语感,都接受了《助字辨略》第三个义项的解释。如《现代汉语词典》:"〈书〉很;相当地:~佳|~为费解|~感兴趣|~不以为然。"应该承认,"颇"从汉代产生至今,语义确实已经有了变化,主要表现为表示程度的幅度有所加深。但是否已加深到"很""甚"的程度,仍然还是一个尚待深入研究的问题。我初步的意见,这种变化是从唐宋或更晚一些时候开始的,即使到现在,"颇"也还没有变化到能和"很""甚"完全相当的程度。仍然是稍或偏的意思,仍然是在程度上留有分寸的肯定或否定。"颇为费解"不等于"甚为费解","颇感兴趣"不等于"很感兴趣","颇不以为然"不等于"很不以为然"。

(本文原载于《古汉语语法论文集》,
语文出版社,1998年6月)

# 谦词、敬词、婉词概说

谦词、敬词和婉词是礼貌语言之一，即在礼貌方面规范人的语言行为。汉语是世界上历史最悠久、语汇最丰富的语言之一。我国人民在人际交往中十分讲究谈吐文雅，举止有礼。历代以来，积累了大量的有广泛群众基础的谦词、敬词和婉词。不仅在文人中广为使用，而且在被称为村夫俗子的粗人中也广为使用。请看摘自反映下层社会生活的小说中的几段对话：

> 虞候道："无甚事，闲问则个。适来叫出来看郡王轿子的人，是令爱吗？"待诏道："正是拙女，止有三口。"虞候又问："小娘子贵庚？"待诏应道："一十八岁。"再问："小娘子如今要嫁人，却是趋奉官员？"待诏道："老拙家寒，那讨钱来嫁人？将来只是献与官员府第。"（《京本通俗小说·碾玉观音》）

"令爱"是敬称对方的女儿；"贵庚"是敬问他人的年龄；"拙女"是谦称自己的女儿；"老拙"是老年人谦称自己。再引一段对话：

> 徐信道："我徐信也是一个慷慨丈夫，有话不妨尽言。"那汉方才敢问道："适才妇人是谁？"徐信道："是荆妻。"那汉道："娶过几年了？"徐信道："三年矣。"那汉道："可是郑州人，姓王小字进奴麽？"徐信大惊道："足下何以知之？"……徐信闻言，甚踽踽不安，将自己虞城失妻，到睢阳村店遇见此妇始末，细细述了："当时实怜他孤身无依，初不晓得是尊阃，如之奈

何?"……徐信亦觉心中凄惨,说道:"大丈夫心腹相照,何处不可通情?明日舍下相候。足下既已别娶,可携新阃同来,做个亲戚,庶于邻里耳目不碍。"(《京本通俗小说·冯玉梅团圆》)

这一段对话也用了不少谦、敬词。"荆妻"是谦称自己的妻子;"小字"是谦称自己或自己亲人的姓名字号;"舍下"是谦称自己的住所;"尊阃""新阃"是敬称对方的妻子;"足下"是敬称对方。《水浒传》中被称为绿林好汉的英雄人物,看起来很粗鲁,但初次相见时,对话也颇文雅:

戴宗问道:"壮士高姓大名?贵乡何处?"那汉答道:"小人姓石,名秀,祖贯是金陵建康府人氏,自小学得些枪棒在身,一生执意,路见不平,就要去相助,人都称呼小弟作'拼命三郎'……既蒙拜识,当以实告。"戴宗道:"小可两个来此间干事,得遇壮士,如此豪杰,流落在此卖柴,怎能够发迹?不若挺身江湖去,做个下半世快活也好。"(《水浒传》第四四回)

对话中的"小人""小可""小弟"是谦称自己;"壮士",是敬称对方;"蒙",是敬称受人眷顾;"拜识",是敬称受人赏识;"高姓大名",是敬问对方姓名;"贵乡",是敬问对方籍贯。

《京本通俗小说》和《水浒传》都是以当时的话本为基础整理而成的。话本是一种在市井茶楼酒肆中说唱的民间文学形式,对象多为人民大众。可见这些谦、敬词的使用有相当广泛的群众基础。

## 一 谦、敬词

汉语谦、敬词的使用由来已久。早在先秦时期,人们在交往中就已广为使用。开始见于统治阶级内部。王侯常用"孤""寡""不穀"谦称自己。"孤""寡"是谦称自己少善寡德,"不穀"是谦称自己不善。这些谦称多见于当时的史书《左传》和《国语》。据统计,《左传》用"寡人"90次,用"孤"32次,用"不穀"19次;《国语》用"寡人"42次,用"孤"28次,用"不穀"14次。当时的天子、诸侯国国君在外交场合或君臣对话时,这些谦词是作为第一人称谦称自己。与此同时,敬词也开始出现。如《左传》《国语》习以"执事"敬称君王。"执事",原意是办事人员。敬称君王为办事人员,是表示自己不敢直接指称君王,只配与君王手下的人打交道。《左传》共用"执事"39次,《国语》共用"执事"4次。现在书面语言中还用的"足下",最早见自《战国策》。如《战国策·燕策一》:"(武安君)谓燕王曰:'臣,东周之鄙人也。见足下身无咫尺之功,而足下迎臣于郊,显臣于廷。'"起初常用于对国君的敬称,现已广泛用于对平辈或朋友间的敬称。

　　谦、敬词的产生,是适应文明社会人际交往的需要。《礼记·曲礼上》:"夫礼者,自卑而尊人。""自卑",自己谦卑;"尊人",对人尊敬。这就是说,在人际交往中,"自卑而尊人"是礼的基本原则。谦、敬词可以说是礼的原则在语言中的体现,是礼貌语言之一。谦词,是用谦卑的言词谦称自己或与自己有关的人和事;敬词,是用尊敬的言词敬称他人(主要是对方)或与他人有关的人或事。因此,用作谦词的词,多为卑、贱、愚、拙、贫、寒、微、小、浅、薄等含有谦意的词;用作敬词的词,多为令、尊、敬、谨、贤、高、大、宝、玉、芳、华、圣、雅、清、拜、奉等含有敬意的词。在一般情况下,谦、敬词是不难区别的。如"家母"是谦称自己的母亲,"令堂"是敬称他人的母亲;"拙著"是谦称自己的著作,"大著"是敬称他人的著作;"贱庚"是谦称自己的年龄,"贵庚"是敬称他人的年龄;"愚见"是谦称自己的见解,"高见"是敬称他人的见解;等等。以上介绍的是一些常用的谦、敬词。

　　谦词和敬词,前者是用谦卑的词语表示,后者是用尊敬的词语表示,而且谦词是谦称自己,敬词是敬称他人,两者的界限一般是清楚的。但是由于用谦词是为了表示对人尊敬,用敬词是为了表示自己谦卑,有时候两者的界限也容易相混。相混的原因主要有两个。一个是有些敬词,含有双向的意思,从字面上看不出谦卑或尊敬的色彩。如"屈""辱""枉""曲"等,是表示自己地位卑下,他人施加于自己的行为,对于他人来说,是降低了身份,是一种屈辱。但是由于这些词后面的动词所表示的是他人的行为,如"屈临""辱临""辱到""枉驾""枉顾""曲临",都表示对方屈尊光临,与敬称他人来到的"惠顾""惠临""光临""光顾""驾临""驾到""荣顾"等语义是完全一致的。既然是称他人的行为,当然应该理解为敬词。谦词只能谦称自己,敬词只能敬称他人。这是谦、敬词在用法上很重要的区别。但辞书在处理这些具有双向意义的词时,颇感困惑,一般释"辱""枉"为谦词,释"屈""曲"为敬词。另一个原因是有些谦、敬词是同一个词。如"下""老"。"下",也含有双向的意义。既可以表示自己在下位,也可以表示对方在上位。用作谦词时,是表示自己身处下位,后面一般是表示称谓或事物的名词。如"下官",男子谦称自己;"下妾",女子谦称自己;"下家",谦称自己的家;"下忱""下怀""下悃",谦称自己的诚意或心意。"下"用作敬词时,是表示对方居高临下,后面一般是表示对方行为的动词。如"下爱",敬称对方对自己的关怀或爱护;"下顾""下降",敬称对方光临;"下问",敬称对方有问于己。"老"用作谦词时,是老年人谦称自己或与自己有关的人或事。如"老朽""老拙""老鄙",老年男子谦称自己;"老妾",老年女子谦称自己;"老僧""老衲",老年僧人谦称自己;"老荆",老年人谦称自己的妻子。"老"用作敬词时,有两种情况:一种是和实际年龄无关,如《红楼梦》第六回:"你老拔一根寒毛,比我的腰还粗呢!""老"是敬称才十八九岁的凤姐;一种是与尊老义有关,如"老人家""老伯伯"等。

谦、敬词中虽然有一些容易相混,但是绝大多数,两者的界限还是很清楚的。如果遇到某些界限不甚清楚的谦、敬词时,主要可从用法上区分:是用于自称,还是用于他称?自称应该是谦词,他称应该是敬词。

谦词,从意义和用法上大体可分为如下几类:

### 1. 家 舍

这一类谦词主要谦称自己的亲属。"家"可用在称谓词前,谦称自己亲属中的长辈或同辈。谦称自己长辈的,如"家祖",谦称自己的祖父;"家父""家严""家尊",谦称自己的父亲;"家母""家慈",谦称自己的母亲等。谦称自己同辈的,如"家兄",谦称自己的兄长;"家姐",谦称自己的姐姐。"家"的用法要注意两点:(1)用于谦称自己的同辈时,只能谦称同辈中的年长者。谦称同辈中的年幼者,不能用"家",应该用"舍",如"舍弟""舍妹"。这大概是唐以后形成的通例,魏晋时期不拘此限。(2)称他人的亲属不能冠以"家"字,如不能说"你的家父""他的家父"。称他人的亲属应该用敬词。

"舍"虽然也用于谦称自己的亲属,但有别于"家"。(1)"舍"只能用于谦称同辈亲属中的年幼者,不能用于亲属中的长辈或同辈中的年长者,如不能说"舍父""舍兄"。(2)可谦称自己的亲戚,如"舍亲"。(3)"舍"可在方位词前,谦称自己的家,如"舍下""舍间"。

### 2. 孤 寡 不穀 愚 拙 蒙 不才 不肖 不佞 不敏

### 椁材

这一类谦词主要谦称自己寡德少善、愚昧无能。其中"孤""寡""不榖"专用于王侯的谦称,其他为一般的谦称。"愚""拙"两个谦词,现在还用,在用法上有些应该注意的地方。"愚"用作谦词比较早,战国时期就已用作谦词。如《韩非子·存韩》:"今以臣愚议:秦发兵而未名所伐,则韩之用事者以事秦为计矣。"又:"臣斯愿得一见,前进道愚计,退就菹戮,愿陛下有意焉。""愚议""愚计"就是谦称自己的谋虑。

汉代时,除用于自己的谋虑外,还可用于谦称自己。《史记》中就有三例。如:

①冯驩曰:"非为客谢也,为君之言失。夫物有必至,事有固然,君知之乎?"孟尝君曰:"愚不知所谓也。"(《孟尝君列传》)

②使者曰:"苟如此,子何欲而然?"式曰:"天子诛匈奴,愚以为贤者宜死节于边,有财者宜委输,如此而匈奴可灭也。"(《平准书》)

③上使刘敬复往匈奴,还报曰:"两国相击,此宜夸矜见所长……愚以为匈奴不可击也。"(《刘敬叔孙通列传》)

以上三例,例①是孟尝君对自己的门客称"愚";例②是卜式对天子的使者称"愚";例③是臣下对天子称"愚"。这表明,"愚"早期用作谦称时,还没有受"以上对下、以尊对卑、以长对幼"的限制。唐宋以至晚清仍然如此。同辈或晚辈都可自谦为"愚"。如:

④余山三兄大人阁下:……愚弟高翔麟顿首上。(高翔麟《致裕泰》)

⑤承香亲家仁弟大人阁下:……姻愚兄陈嵩庆顿首。(陈

嵩庆《致承香》)

⑥敬启者:侨依珂里,时接霁光,渥蒙曲体关垂,无微不至,五中感泐,子墨难宣……愚侄从吉季念诒谨启。(季念诒《致徐宗干》)

上面几个例子都选自《清代名人书札》。当时,同辈或晚辈自谦为"愚",还是相当通行的。一个明显的例子是,同一写信人写给同一对象,同辈年幼者有时自谦为"愚弟",有时自谦为"小弟";晚辈有时自谦为"愚侄",有时自谦为"小侄"。如:

⑦芗翁仁兄大人阁下:……愚小弟时乃风顿首。(清时乃风《致刘含芳》)

⑧芗翁仁兄大人阁下:……小弟乃风顿首。(清时乃风《致刘含芳》)

⑨丹老年伯中堂阁下:……年愚侄徐树钧顿首。(清徐树钧《致阎敬铭》)

⑩丹老年伯中堂阁下:……年小侄徐树钧顿首启。(清徐树钧《致阎敬铭》)

正如"足下"初用于敬称国君,经历了一段时期,后演变为广泛用于同辈之间一样,"愚"作为自谦的泛称,后逐渐演变为"以上对下、以尊对卑、以长对幼的所谓'谦词',平辈之间是不能用的"(《语文建设》1995年第6期,第40页),这大概是在晚清以后到解放前一段时期内完成的。收有三千余封信的《汪康年(按:汪康年1860—1911年)师友书札》,同辈之间的年幼者,谦称自己为"愚弟",还颇为习见。

"拙"用作谦词,只能用在相关的名词前,不能单用。现在还用的可分两种情况:一种情况是谦称自己的亲属,主要是谦称自己的妻子,如谦称自己的妻子为"拙妻""拙荆""拙室";也有谦称自己的丈夫为"拙夫"的,只是用得比较少。一种情况是用于谦称与自己有关的物,主要是谦称自己的作品,如"拙著""拙作""拙笔"等。除此以外,"拙"还可与相关的形容词连用,表示自谦,如"拙薄",谦称自己性拙才薄;"拙讷""拙呐",谦称自己笨嘴拙舌,不善言辞。这些用法,也可偶从报刊上看到。

### 3. 仆 走 妾 奴

这一类谦词,谦称自己是供役使或驱使的人,属名词或名词性词语,且都能单独使用。仆,是男性奴隶;妾,初义是提供性服务的女性奴隶。《说文》:"妾,有罪女子给事之得接于君者。"《释名·释亲属》:"妾,接也,以贱见接幸也。"王先谦疏引《一切经音义》:"以色事人得幸者也。"走,走使之人,意义相当于仆。《玉篇·走部》:"走,仆也。"《字汇·走部》:"走,仆也。今人自谦曰走,犹言隶仆驰走之人。"这三个词用作谦词较早。妾,在战国时期就用作女子自谦。战国楚宋玉《高唐赋》:"昔者,先王尝游高唐,怠而昼寝,梦见一妇人曰:'妾,巫山之女也。'""仆"和"走"用作谦词不会晚于西汉。例如:

⑪且仆楚人,足下亦楚人。仆游扬足下之名于天下,顾不重邪?何足下距仆之深也!(《史记·季布栾布列传》)

⑫太史公牛马走,司马迁再拜言。(《昭明文选·司马迁〈报任少卿书〉》) 李善注:"走,犹仆也。言己为太史公掌牛马之仆,自谦之词也。"

"走"首见于西汉司马迁的《报任少卿书》,以后一直沿用,唐宋时期还颇为习见。唐白居易《因继集重序》:"微之,微之,走与足下和答之多,从古未有。"宋范仲淹《与韩魏公书》:"西事之责,在公与走。""奴"用作女子的谦称较晚,唐五代时,为男女通称。女子自称为"奴",约始于宋代,起初是女子美称。清钱大昕《十驾斋养新录》卷十九:"妇人自称奴,盖始于宋时……贵近之家,其女其妇,则又自称曰奴。是宋时妇女,以奴为美称。"《宋史·忠义传六·陆秀夫》:"杨太妃垂帘,与群臣语,犹自称奴。"大约在元明时期,演变为女子的自谦之称。明孔尚任《桃花扇·拒媒》:"奴是薄福人,不愿入朱门。"《西游记》第二七回:"只得将奴招了一个女婿,养老送终。"

**4. 卑 鄙 贱 贫 寒 敝 下 小 微 末 浅 薄 菲 陋 寸**

这一类谦词,或谦称自己地位卑贱,或谦称自己家道贫寒,或谦称自己才学浅薄,或谦称自己心意微薄。它们之间有着共同点:(1)都是形容词或用如形容词的词;(2)不能单用;(3)在修饰意义相同或相近的词时,用法也基本相同。如"卑人""鄙人""敝人""小人",都是男子谦称自己;"贱生""小生",都是读书人谦称自己;"贱妾""小妾""下妾",都是妇女谦称自己;"贫舍""寒舍""敝舍""小房",都是谦称自己的家宅;"卑意""鄙意""鄙见""末见""陋见",都是谦称自己的意见;"贱恙""贱疴""微恙""微疴",都是谦称自己的疾病;"鄙躯""贱身""贱躯""微身""微躯""薄身""薄躯""陋身""陋躯"都是谦称自己的身躯或自谦;"鄙心""微意""寸心""寸意"都是谦称自己的心意;"鄙见""浅见""微管"都是谦称自己的见识;"薄才(材)""菲才(材)""陋才"都是谦称自己的才学;等等。

**5. 辱 叨 忝 猥 枉 曲 屈**

这一类谦词是表示对方加于自己的行为,使对方蒙受了屈辱。这几个谦词有一些共同的特点:(1)在词义上都有屈辱、枉曲的意思。《一切经音义》卷二十一:"叨,忝也。"《尔雅·释言》:"忝,辱也。"《汉语大字典》:"猥,谦词。含有'辱'意。""枉""曲""屈"都有屈曲义。(2)都是副词性谦词,主要用于修饰动词,如所修饰的动词意义相近,谦称的语意也基本相同。如"辱临""辱到""猥临""屈临""枉驾""枉顾""曲临"等,都是敬称对方屈尊光临。

这类谦词当然也有相异点:(1)虽然以修饰他词为常,但是有的,如"辱""枉"有时能单用。苏轼《次韵高要令刘湜峡山寺见寄》:"喜有新诗辱。"柳宗元《答贡士元书》:"前时所枉文章。""辱""枉",后面虽然没有所修饰的动词,但是仍含有"辱赐"的意思。(2)"叨""忝"以修饰动词为常,但有时也可修饰名词,如"叨位""叨尘""忝官""忝职",这几个谦称意义相近,都是谦称自己愧居其位或愧任其职。

### 6. 其他

还有一些谦词,最初是出自某个典故,如谦称自己的妻子为"贱荆""拙荆""荆妻""荆室""荆布""荆妇""荆人",就是出自东汉梁鸿的妻子孟光荆钗布裙的典故。谦称自己的病为"负薪""采薪",是出自《礼记·曲礼上》:"君使士射,不能,则辞以疾,言曰:'某有负薪之忧。'"谦称自己的情意或所献微不足道为"芹意""芹诚""芹献""芹敬""芹曝""献曝""献芹",出自《列子·杨朱篇》中的一个故事。说一个农民把自己认为最味美的胡豆、草果推荐给富人品尝。富人"取而尝之,蛰于口,惨于腹。众哂而怨之,其人大惭"。后用以谦称自己所献的微不足道,且不一定中对方的意。谦词中像这类出自典故的也不少。

敬词,在数量上要比谦词多得多。在人际交往中,自谦也是为了对他人表示敬意。如果直接用敬词,当然能更好地表达出自己的敬意。这恐怕是敬词要多于谦词的一个重要原因。

为了叙述方便,我们把敬词分为通用敬词和专用敬词两大类进行介绍。通用敬词是指在一般交往中所使用的敬词,当然也不排除在专用场合使用;专用敬词主要介绍书信中所用的敬词。

(一)通用敬词

敬词在产生初期,所敬称的对象或用法上一般是有所规定的。但随着时间的推移,适用范围逐渐扩大。如先秦时期,"执事""足下"用于敬称君王。"钧""台",约产生于唐宋时期,"钧"用于敬称帝王,"台"用于敬称中央内阁级官员。但在实际使用中,敬称对象的社会地位有逐渐扩大并下移的趋势。"执事""足下"在唐宋时期已普遍用于敬称官员或平辈亲友。"钧""台"在北宋时期就开始用于地方官员或自己所敬仰的人士。当时大概离"钧""台"产生时期不远,被敬称者往往会感到不安。北宋黄庭坚《与王元直书》:"每承诸贤,见目以'钧''台',甚不安也。凡名皆须宜称耳。若常行,唯执政可呼'钧候''钧旨';两制及大两省、三独坐,可呼'台候''台旨';如司谏、正言、三院御史修撰、直阁大卿监,皆不呼'台候''台旨'也。因见诸公,为道此,皆改之。孔子所谓君子名之必可言也。不尔,不唯不肖得罪,诸贤亦不免为识者所讥笑耳!"黄庭坚在当时文坛颇负盛名,很有影响,号称"苏门四学士",但只担任过地方官员,所以对他人以"钧""台"敬称自己时,深感不安。"大""老"是两个现代还用的敬词,用者自用,谁也不会去辨别哪一个表敬色彩更重一些。但起初是有区别的。《聊斋志异·夏雪》:"大王忽附人而言曰:'如今称老爷者皆增一大字,其以我神为小,消不得一大字也。'众悚然,齐呼大老爷。雪立止。"又:"异史氏曰:'世风之变也,下者益谄,上者益骄。即康熙四十余年中,称谓之不古,甚可笑也。举人称爷,二十年始;进士称老爷,三十年始;司院称大老爷,二十五年始。昔者,大令谒中丞,亦不过老大人而止……若缙绅之妻呼太太,裁数年耳。昔惟缙绅之母,始有此称……唐时,上欲加张说大学士。说辞曰:学士从无大名,臣不敢称……窃意数年以后,称爷者必进而老,称老者必进而大,但不知大上造何尊称。'"

通用敬词大致可分如下几类:

## 1. 令 尊 贵 贤 高 宝 大 太 上 老 玉 芳 华 清 雅 圣 明 钧 台

这一类敬词有两个共同特点:(1)用不同色彩的敬词,从不同的角度敬称他人。一般不能单用,主要用在相关的名词前,敬称他人或与他人有关的人或事。(2)如果所修饰的名词词义相同或相近,那么敬称的语意也基本相同或相近。如:

令慈、令堂、令萱、尊慈、尊堂、尊萱——敬称他人的母亲;

令妻、令室、令阃、令阁、尊阃、尊阁、尊嫂、尊夫人,贤室、贤阃、贤阁、贤内——敬称他人的妻子;

贵姓、贵名、贵号,尊姓、尊名、尊号,大名、大号,高姓,上姓,雅号、雅篆,芳名,台甫、台讳——敬称他人的姓名字号;

大著、大作、大篇、大笔,高制、高篇,华篇、华章、华编——敬称他人的著作;

大札、大函,宝札,玉札,华函、华笺、华缄,芳函、芳翰、芳缄——敬称他人的信函;

尊容、尊颜、尊仪、尊范,玉容、玉颜、玉貌,芳颜,清颜,台颜——敬称他人的容颜仪态;

贵庚,尊庚、尊齿,高寿、高龄,芳龄——敬问他人的年龄;

宝宇、宝坊、宝刹、宝台,上刹、上院——敬称佛教寺院;

尊恙,贵恙,清恙——敬称他人的疾病。

## 2. 公 子 君 卿 贤

这一类敬词,用于敬称男子,都可单用,有的可和姓氏连用。

"公"用于敬称,不受尊卑限制。《史记·范雎蔡泽列传》:"雎详死,即卷以箦,置厕中……雎从箦中谓守者曰:'公能出我,我必厚谢公。'"这是范雎在难中称看守的人为"公"。又《刘敬叔孙通列传》:"高帝至广武,赦敬,曰:'吾不用公言,以困平城。吾皆已斩前使十辈言可击者矣。'"这是汉高祖称臣下为"公"。"公"前如著有姓氏,也是表示对人敬称。《汉书·艺文志》:"汉兴,鲁申公为《诗》训诂,而齐辕固、燕韩生皆为之传……又有毛公之学,自谓子夏所传,而河间献王好之,未得立。""申公",名培;"韩生",名婴;"毛公",名苌。同是为《诗经》训诂,《汉书》作者对辕固径称其名,对韩婴称韩生,而对申培、毛苌敬称之为申公、毛公。

"子",单用或用在姓氏前后,表示敬称老师或男子。《论语·学而》:"子曰:'学而时习之,不亦说(悦)乎!'""子",这是学生对老师的敬称。"子"前著姓氏,也是表示对人的敬称,如"孔子""孟子""老子""墨子"等。有时,为了表示对老师的尊敬,在姓氏前后都加"子"。如《墨子》一书,是墨子弟子和再传弟子对墨子言行的集录,书中一般称墨子为"子墨子",凡达数百处之多。

"子"也泛用于敬称对方,相当于现在"您"的用法。《韩非子·难势》:"以子之矛陷子之盾,如何?"《史记·张仪列传》:"子亦知子之贱于王乎?"

"君"主要用于敬称对方。一般单用,相当于"您"。在对话时,上下都可敬称对方为"君"。《史记·张丞相列传》:"上曰:'君勿言,吾私之。'"这是上敬称下为"君"。《战国策·齐策四》:"狡兔有三窟,仅得免其死耳。今君有一窟,未得高枕而卧也。"这是下敬称上为"君"。"君"前著有姓氏或后附有"家"字,仍表示敬称。《史记·范雎蔡泽列传》:"须贾因问曰:'秦相张君,公知之乎?'"《续资治通鉴·宋宁宗嘉泰三年》:"我与君家是白翎雀,他人鸿雁耳。""君家"相当于"您"。

"卿",用作对男子的敬称,以前面著有姓氏为常。《史记·刺客列传》:"荆轲者,卫人也。其先乃齐人,徙于卫,卫人谓之庆卿。"司马贞索引:"轲先齐人,齐有庆氏,则或本姓庆……卿者,时人尊重之号,犹如相尊美亦称'子'然也。"《汉书·儒林传》:"孟喜字长卿,东海兰陵人也。父号孟卿,善为《礼》《春秋》,授后苍、疏广。"颜师古注:"时人以卿呼之,若言'公'矣。"

"贤",除用在称谓词前表示敬称以外,还可单用,表示敬称对方,相当于"君"或"您"。《一切经音义》卷二十二:"贤,士之美称也。"宋苏轼《李行中秀才醉眠亭》诗:"诗中对客眠何害,须信陶潜未若贤。""贤"后还可加"每""门""瞒"或"家",表示复数,还是用作敬称。

### 3. 惠 光 幸

这几个敬词,是副词性敬词,用在动词前,表示对方施加于己的行为,对自己是一种恩荣。在用法上,和谦词"辱""叨""忝"等大致相对。如敬称对方来临的"光临""光顾""光贲""惠顾""惠临""幸临",正和"辱临""辱贲""辱到"相对;敬称受人眷顾的"幸承""幸蒙""惠蒙""光膺",正和"辱荷""辱蒙""叨承""叨膺""忝受"相对;敬称对方馈赠的"惠赐""惠贶",正和"辱赐""辱贶"相对。比较起来,这三个敬词,以"惠"最为常用。

### 4. 承 蒙 荷

这三个敬词,一般用于感谢他人对自己的眷爱和照顾。多用在主谓结构前面。唐薛用弱《集异记·王维》："岐王曰：'承贵主出内,故携酒乐奉宴。'"《古今小说·葛令公生遣弄珠儿》："(申徒泰)禀道：'承恩相呼唤,有何差使？'"但是,它们后面的主谓结构,主语常常隐去。如"承热情招待",即承(你们)热情招待；"蒙不吝赐教",即蒙(先生)不吝赐教。

"荷"的用法与"承""蒙"基本相同,但以主语隐去为常。唐韩愈《答刘正夫》："辱笺教以所不及,既荷厚赐,且愧其诚然,幸甚幸甚！""既荷厚赐",即既荷(您)厚赐。《清代名人书札·徐树铭致阎敬铭》："丹老年伯中堂阁下：曹司奔走,久荷栽培,偃蹇南归,孤负大德,感激愧恨,匪言可宣。""久荷栽培,"即久荷(您)栽培。"荷"还有一特殊的用法,就是用在"为""是"的后面,以表示请求眷顾的心情。这种用法多见于书信中,且与"请""望"一类词相照应。《清代名人书札·许振祎致阎敬铭》："各处前定之规条,恐均不足为凭,署司只好退听,求寄语玉山同年鉴亮苦衷为荷。"又《刘崐致全庆》："字草草而文法亦多不顺,请意会为荷。"《花月痕》第三回："席设宝髻坊荔香仙院,务望便衣造临是荷。"

### 5. 伏 仰 俯 垂

这一类也属副词性敬词,用于下对上。从它们的用法来看,可分为两组："伏""仰"为一组,"俯""垂"为一组。"伏",低头俯伏；"仰",仰脸向上；"伏""仰"后面的动词是用敬词者自己的行为,表示自己身处下位。如"伏读",(自己)俯伏拜读；"伏闻",(自己)俯伏闻知；"伏奏",(自己)俯伏上奏；"伏奉",(自己)俯伏接奉等。"仰烦",(自己)向上烦劳；"仰攀",(自己)向上攀附；"仰酬",(自己)向上酬答等。因此,"伏""仰"看起来是两个意义相反的词,但在修饰意义相同的词时,所表达的语意却是一致的。如"伏乞""伏祈""仰乞""仰祈",都是表示祈求的敬词。所不同的只是表敬方式不同:前者是俯伏低头,后者是仰脸向上,当然只是意念上如此,一种形象的说法罢了。

"俯",俯身;"垂",往下;表示因自己处在下位,对方施加于自己的行为,需俯身往下。因此,与"伏""仰"正好相反,"俯""垂"后面的动词,是表示对方的行为。如"俯察",敬称对方俯身下察;"俯念",敬称对方俯身下念;"俯就",敬称对方屈身低就;"俯纳",敬称对方俯身采纳。"垂鉴",敬称对方下察;"垂问",敬称对方下问;"垂教",敬称对方对下教诲;"垂听",敬称对方俯身下听等。

### 6. 敬 谨 恭 奉 拜 请

这一类是直接用含有敬意的词用作敬词。当它们和相关的词搭配,所表示敬意常常是相同的。如:

敬贺、敬祝,奉贺、奉祝——表示祝贺的敬词;

敬迓,拜迎,奉迓——表示迎候的敬词;

敬白、敬启、敬告,谨白、谨启、谨告,奉白、奉告——表示告语的敬词;

敬请,恭请,拜请,奉请——表示邀请的敬词;

拜央、拜求、拜恳,奉央、奉求——表示请求的敬词;

恭候,奉候——表示等候的敬词;

敬呈、敬上,谨呈、谨上,奉呈、奉上——表示递上的敬词。

"请"的用法比较复杂一些,归纳起来,主要有两种:一是请求他人允许自己做某件事,一是请求他人为自己做某件事。前者如:

⑬对曰:"忠之属也,可以一战,战则请从。"(《左传·庄公十年》)

⑭颜渊曰:"回虽不敏,请事斯语矣。"(《论语·颜渊》)

⑮楚王曰:"善哉!吾请无攻宋矣。"(《墨子·公输》)

⑯不韦虽贫,请以千金为子西游,事安国君及华阳夫人,立子为适嗣。(《史记·吕不韦列传》)

后者如:

⑰太公道:"师父请吃些晚饭,不知肯吃荤腥也不?"(《水浒传》第五回)

⑱正是无聊的很,贾兄来得正好。请入小斋,彼此俱可消此永昼。(《红楼梦》第一回)

现代汉语中,前一种表敬用法已基本消亡,后一种用法仍普遍使用。如"请进""请坐""请用茶""请稍等"等。

## 7. 先 灵

这两个敬词的特点,是用于敬称死者或与丧事有关的事物。但也有分工,"先"表示敬称自己已故的亲属,"灵"表示敬称与丧事活动有关的事物。如"先父""先严""先君""先考""先公",敬称自己已故的父亲;"先母""先慈""先媪""先妣",敬称自己已故的母亲;"先舅""先姑",敬称自己丈夫已故的父母;"先祖",敬称自己的祖先等。

"灵位""灵牌",敬称为死者暂时所设的木牌;"灵柩""灵榇",敬称死者已入敛的棺材;"灵帐""灵帷""灵帏",敬称灵堂内设置的帐幕;"灵座""灵几""灵桌""灵筵",敬称供奉灵位的几筵;"灵车""灵舆""灵驾",敬称载运灵柩的车子等。

"灵"除表示与丧事有关的事物外,还可用于敬称佛、仙、道等有关神灵的事物。如:

灵寺、灵刹、灵宫、灵观、灵庙——敬称寺庙道观;

灵塔、灵图——敬称佛塔;

灵居、灵室、灵洞——敬称仙人居住的洞府;

灵篇、灵章、灵诰——敬称道教经文。

### 8. 其他

敬词中有一些也来自典故。如"荆州",原是一个地名。在唐代时,韩朝州出任荆州长史,极为时人所推重。当时著名诗人李白《与韩荆州书》中,就曾用赞扬的口气写道:"白闻天下谈士相聚而言曰:'生不用封万户侯,但愿一识韩荆州。'"后"识荆州"或"识荆",成为初次认识为自己所推重的人的敬词。《汪康年师友书札·邹道南致汪康年》:"南曾奔走五洲间,中外士大夫谈震旦人杰,至明公首屈二指,南尝心窃慕之,不获一识荆州以为憾。"明王玉峰《焚香记·相决》:"久闻先生风鉴,未曾识荆。"

### (二)书信敬词

书信是日常交往中最常见的形式之一,既使在现代社会电讯技术高度发达的时代,书信作为一种重要的交际形式也不能被完全取代。在文明社会里,哪里有交际活动,哪里就有礼貌语言。我国书信交往的历史,至少已有两千多年。留存于世且被作为名篇广为传诵的书信,就有战国时期乐毅的《报燕惠王书》,秦汉时期李斯的《谏逐客书》、李陵的《答苏武书》、司马迁的《报任少卿书》等。其中就不乏谦、敬词。如:

⑲臣不佞,不能奉承先王之教……而又害于足下之义。故遁逃奔赵,自负以不肖之罪,故不敢为辞说。(《战国策·燕策二》)

⑳臣闻吏议逐客,窃以为过矣。(《史记·李斯列传》)

㉑少卿足下:曩者辱赐书,教以慎于接物,推贤进士为务,

意气勤勤恳恳,望仆不相师,而用流俗人之言。(《汉书·司马迁传》)

以上所摘引的,虽然只是短短的几句话,就有不少谦、敬词。如例⑲中的"不佞""不肖""不敢",例⑳中的"窃",例㉑中的"辱""仆"都是谦词;例⑲中的"奉承""足下",例㉑中的"足下""赐""教"等都是敬词。

由于我国用书信进行交际的历史悠久,谦、敬词几乎已经形成套语,但并未失去表敬色彩。下面分上款、来信、知悉、达览、问候五类进行介绍。

### 1. 上款

用作上款的敬词,一般都用在称谓词后。基本上可分两类:一类是表示处所或表示服务人员的词,一类是敬请收信人看信的词。前者表示不敢直接指称尊上。用表示处所的词,是表明自己只能站在底下或旁边;用表示服务人员的词,则表明自己只能与尊上手下的人打交道。两者的用意都在"因卑达尊"。汉蔡邕《独断》卷上:"陛下者,陛,阶也,所由升堂也……谓之陛下者,群臣与天子言,不敢指斥天子,故呼在陛下者而告之,因卑达尊之意也。上书亦如之,及群臣庶士相与言殿下、阁下、足下、侍者、执事之属,皆此类也。"书信交往中也是如此。

书信中常用的阁下、足下、钧座、台座、座右、座下、座前、台下、台席、道席、函席、耆席、杖席、礼席、讲席、著席、撰席、史席、文席、吟席、道右、麾下、节下、侍前、侍右、尊前、尊右等,就是属于表示处所的词;执事、侍者、侍史、书侍等,属于表示服务人员的词。

还有一类是敬请收信人看信。常用的有"鉴""览""察"等。这些词前又可受各种表敬的词的修饰,如钧鉴、台鉴、勋鉴、尊鉴、道鉴、赐鉴、垂鉴、惠鉴、大鉴、台览、青览、赐览、惠览、安览、台察、青察、赐察、惠察等。

### 2. 来信

在书信交往中,常常要提及对方的来信。和面对面交谈一样,对对方的来信也有习用的敬称。如称来信为钧谕、钧函、尊谕、尊示、尊函、尊翰、尊缄、尊札、赐谕、赐书、贶书、贶毕、惠示、惠教、惠书、惠函、惠札、惠笺、惠毕、函教、笺教、台函、台教、教赐、教简、教言、大教、大函、大札、谕示、谕书、瑶章、瑶函、玉缄、华教、华翰、手谕、手诲、手教、手示、来诰、来谕、来示等。

称对方的复信为钧复、钧答、赐复、惠复、还翰、还云、环谕、环章、环书、环示、复谕、复示、复书、复函、复缄等。

### 3. 知悉

用书信方式交往的,一般都身居两地。或报平安,或通情况,或托办事,都希望对方能及时获悉自己所输送的信息。因此,一方在收到信件后,总要告诉对方信上所说内容已全部获悉,让对方放心。这几乎成为书信中的一种通例。常用的习语有:敬悉一切、敬悉一是、敬悉一一、敬聆一切、敬聆种切、谨悉一一、祗悉种种、悚领一切、备聆一切、具聆一切、拜悉一一、领悉一切、聆悉一一、诵悉种切、读悉种切、具谂种切等。表示全部内容的"一一""一切""一是""种切""种种"等,可用在"敬悉"等词的任何一个词的后面。

### 4. 达览

如果寄信人前此已给对方写过信,一般都有预计对方已经收阅的套语。主要是在"鉴""览""察"等词前面加有关敬词或动词,进行表述。

用"鉴"构成的有:台鉴、钧鉴、慈鉴、青鉴、藻鉴、入鉴、鉴及等;

用"览"构成的有:台览、钧览、青览、清览、垂览、省览、赐览、达览、登览、澈览、入览、收览等;

用"察"构成的有:青察、垂察、鉴察、入察、察阅、察收等。

在行文时,在这些词前一般还需加"荷""蒙""谅""想"一类词语。如"当蒙钧鉴""计荷垂察""谅登览""想均察览"等。

### 5. 问候

书信中的敬词,最丰富的莫过于问候语。问候语一般以表示平安、吉祥、幸福的"安""绥""祺""祉""福""禧""嘉"等构成。写信人可以根据需要,在这些词前,加上适当的敬词、时间词或有关职业性质的词,表示向收信人问候。

由"安"构成的问候语有:钧安、台安、勋安、尊安、崇安、道安、升安、金安、慈安、懿安、侍安、万安、福安、德安、善安、大安、元安、文安、吟安、著安、撰安、砚安、纂安、鉴安、铎安、研安、辩安、捷安、筹安、财安、怡安、平安、潭安、邸安、寓安、俪安、双安、妆安、痊安、行安、旅安、游安、新安、年安、岁安、节安、春安、夏安、暑安、秋安、冬安、炉安、近安、日安、刻安、时安、早安、晨安、午安、晡安、晚安等;

由"绥"构成的问候语有:台绥、道绥、尊绥、升绥、教绥、文绥、戎绥、撰绥、公绥、政绥、潭绥、旅绥、岁绥、时绥、日绥、双绥等;

由"祺"构成的问候语有:台祺、勋祺、崇祺、慈祺、升祺、公祺、文祺、著祺、撰祺、纂祺、教祺、研祺、学祺、公祺、礼祺、曼祺、侍祺、潭祺、履祺、行祺、旅祺、痊祺、摄祺、新祺、岁祺、年祺、节祺、春祺、夏祺、暑祺、秋祺、冬祺、近祺、刻祺、双祺等;

由"祉"构成的问候语有:元祉、升祉、嘉祉、吉祉、礼祉、著祉、纂祉、文祉、侍祉、潭祉、俪祉、双祉、坤祉、聪祉、新祉、岁祉、年祉、节祉、春祉、秋祉、近祉、日祉等；

由"福"构成的问候语有：著福、撰福、文福、万福、曼福、潭福、阃福、坤福、双福、幸福等；

由"禧"或"喜"构成的问候语有：新禧、新喜、岁禧、年禧、年喜、节禧、节喜、春禧、秋禧、时禧、近禧、午禧、福禧、大喜、鸿喜、痊禧等；

由"嘉"构成的问候语有：撰嘉、筹嘉、俪嘉、时嘉等。

从上面的介绍可以看出，"安"所能接受的修饰语最多。但这只是说明写信人习用"安"向对方问候，而不是说，其他问候词不能接受"安"所能接受的那些修饰词。就以受时间词修饰为例，能修饰"安"的"年""岁""节""春""夏""秋""冬""时""刻""日"等，同样也应该能修饰"绥""祺""祉""禧"等问候词。介绍不全的原因，除了写信人习用"安"以外，是受书证的限制。作者虽然翻阅了近万封信，但毕竟是其中极小的一部分。

## 二 婉词

婉词也是文明礼貌语言的一种。社会生活十分复杂，无所不包。在人际交往中，所交谈的内容涉及社会生活的各个方面。有时候一些听起来不太文雅、不太吉利的话，需要表达而又不便于直接表达，只好选用间接、委婉而又能为人所理解的话来代替。如在公众场合有人要上厕所，"厕所"这个词不能登大雅之堂，因而不直接说"上厕所"，而说"上洗手间"或"净手"；"死"是一个不吉利的字眼，称人去世常用"仙逝""长辞""作古"来表示。这种替代不文雅、不吉利的词语，一般称为婉词或委婉语。

我国自古以来,在语言实践中,创造并积累了丰富多样的婉词。所涉及的也是多方面的,其中最为丰富的还是人去世的婉词,竟达三四百个之多。下面主要介绍人去世的各种婉称。人去世的婉称,大体可从词义和用途上分为两类。

从词义上来看,又大致可分为如下几类:

(一)离家远行

现代汉语中,也常用"走""出门"一类词,婉称自己的亲人去世。如有的老年人说"自己的老伴已先走了";有的母亲不忍心把丈夫去世的消息告诉孩子,当孩子问起时,便婉称:"你爸爸出门了,到很远很远的地方去了。"从现代汉语来看,死亡的"亡",几乎同"死"一样,已经是专职表示死亡的词,但开始也是一个婉词。《说文》:"亡,逃也。"段玉裁注:"亡之本义为逃。今人但谓亡为死,非也……孝子不忍死其亲,但疑亲之出亡耳。"其他如"逝""徂""往",也常用作人去世的婉称。这三个词实际上是一组同义词。《说文》:"逝,往也。""徂,往也。""徂"引申出去世义后,又新造一个今字"殂",专职表示去世义。"亡""逝""徂""往"等词,可与相关的词搭配构成表示人去世的婉称,如:亡没、亡泯、亡化、亡故、亡逝、逝世、逝没、逝殂、长逝、溘逝、奄逝、徂背、徂逝、徂落、徂谢、徂迁、往化、往逝等。

(二)仙升而去

这反映了生者对已故亲友的良好祝愿。这一组婉词主要由"仙""升""迁(迁有升义)""登""上"等词构成。如:

由"仙"构成的有:仙化、仙去、仙逝、仙游等;

由"升"构成的有:升天、升仙、升遐等;

由"迁"构成的有:迁化、迁逝、迁形、迁神等;

由"登"构成的有:登仙、登真、登遐等;

由"上"构成的有:上仙、上天、上西天等。

(三)捐弃人生

这一类婉称主要由"捐""弃""委""谢""背"等词构成。如:

由"捐"构成的有:捐身、捐躯、捐骸、捐客、捐生、捐世、捐背、捐馆、捐舍、捐馆舍、捐宾客等;

由"弃"构成的有:弃世、弃代、弃身、弃躯、弃捐、弃背、弃禄、弃养、弃天下、弃群臣等;

由"委"构成的有:委世、委离等;

由"谢"构成的有:谢世、谢时、谢事、谢宾客、谢臣缘等;

由"背"构成的有:背世、背弃等。

(四)泯没于世

这一类词由从"水"的"没""泯""沦""灭"等词表示或构成。意思是人去世,就像沉没于水中一样,从世上消失了。王力《同源字典》:"按,古文以沉没比喻死亡,'没'是死亡的委婉语。"后来,又改"没"的的偏旁"氵"为"歹",另造一个"殁"字,专职表示死亡。

"没""殁""泯""沦""灭",既可单独表示死亡,也可与其他词搭配婉称人去世。如:没世、殁世、没化、没地、没陈,泯没,沦没、沦逝,灭化、灭没、灭度、灭陨等。

## （五）山崩星陨

这一类词是以重大的自然现象比拟人的去世。如"崩""薨"就是以山的轰然崩塌比拟帝王的死亡。《说文》："崩，山坏也。"段玉裁注："引申之，天子死曰崩。"由"崩"构成的婉词有：崩徂、崩背、崩薨、崩逝等。古人认为，"崩"是山体崩塌所造成的壮观气势比拟帝王的死亡，"薨"是山体崩塌的巨大声音比拟诸侯的死亡。《释名·释丧制》："诸侯曰薨。薨，(山)坏之声。"由"薨"构成的婉称有：薨徂、薨落、薨陨、薨殁、薨逝、薨谢、薨奄、薨背等。

"陨"，天体从太空陨落。用以比拟重要人物的死亡，犹如星辰陨落，并从太空中消失。"陨"引申出死的婉称义后，又另造一个"殒"字，专职表示死亡。《同源字典》："'陨'和'殒'的关系，跟'没'和'殁'的关系是一致的。'殁'和'殒'都是死的委婉语。"由"陨"或"殒"构成，表示死的婉称的有：星陨、陨仆、陨世、陨身、陨没、陨命、陨背、殒缺、陨队、陨隧、陨越、陨落、陨丧、陨零，殒没、殒逝、殒谢等。

## （六）事感突然

人有着丰富的感情世界。一旦听到亲友中有人去世的噩耗，即使是寿终正寝，享尽天年，也会令人感到突然。如婉称人去世为"溘然长逝""奄然登遐"，其中的"溘然""奄然"，就是突然的意思。由于"溘然""奄然"经常用于修饰表死亡的动词，以表示在心理上突然受到刺激的心情，后来渐渐产生以"溘""奄"构成的婉称。如：

由"溘"构成的有：溘然、溘逝、溘丧、溘尽、溘谢、溘死等；

由"奄"构成的有：奄然、奄忽、奄沦、奄弃、奄隔等。

表示死的婉称,多数是双音词。以上的分类是按主要词素的意义划分的,比较粗略。除此以外,有的一时还难以归类,如物故、故世、就木、过背、作古、早世、即世、呜呼等等。不过,以上粗略的分类,也可以反映出汉民族对死亡这一人生大事的文化视角和心理视角。

从死的婉称的用途来看,除一般用途,如逝世、仙逝、长辞、溘谢等外,还有一些专称。大致可分为如下几类:

(一)对王侯去世的婉称

除上面介绍的"崩""薨"和由"崩""薨"构成的词语以外,还有晏驾、晏归、晚驾、驾崩、驾薨、晚出、弃朝、弃天下、弃群臣、大讳、升遐、厌代、尤讳、万世之后、千秋之后、千秋万世之后、百岁后、百年等。

"百岁之后""百年之后"后演变为泛指死的婉称。

(二)对官员、士大夫或贤者去世的婉称

官员、士大夫都有一定的俸禄或社会地位,婉称官员去世有弃禄、不禄、捐馆舍、捐馆、捐宾客、捐宾、弃堂帐等;旧时常以玉、兰喻贤者行为高洁,婉称贤者去世有玉折、玉摧、玉碎、兰摧玉折等。

(三)对僧、道去世的婉称

佛教、道教对人生的看法有着自己不同于世俗的理解。他们认为,人去世以后将会到达另一个世界,因此对人的死亡看得比较超然,反映在对死亡的称谓上也不同于世俗。当然,他们关于死亡的称谓也是避免直接说出"死"这个不吉利的词眼。

僧尼对于去世的婉称,一般有涅槃、圆寂、灭度、灭化、就化、寂灭、示灭、示寂、迁化、迁形、迁神、顺世、归真等。其中,涅槃是佛教修行所达到的最高理想境界。这个境界是一个去除一切烦恼,渡越茫茫苦海的境界,是一种极乐世界。示灭、示寂,是指高僧坐化而死。意思是,寂、灭只是视觉所示现的现象,而并非真寂、真灭。

道教认为,道徒去世,只是躯壳留在人间,而其神则已仙化而去。因此,道教对死的婉称有别于僧尼,一般有蜕、蜕化、遁化、解形、尸解、水解、兵解、木解、解首、遗世、遗形、羽化、登仙、仙化等。

(四)对未成年去世的婉称

人生一世,享尽天年而离开世界,这是人们所共同具有的愿望。但是,在实际生活中,人在成长过程中夭折而死的情况,即使在当今科技先进、医疗发达的时代,也是不能完全避免的。古人对未成年而死,用一个很形象的"夭"字表示。"夭"的本义是夭屈。《说文》:"夭,屈也。"段玉裁注:"像首夭屈之形。"如植物在生长过程中,屈而折之,就夭折而枯死,故用以喻人未成年而死为夭。一般说,古书中用"夭"构成表示死亡的词,都是指未成年而死,如夭亡、夭折、夭没、夭殂、夭柱、夭促、夭昏、夭疾、夭疫、夭瘥、夭丧、夭短、夭绝、夭寿、夭邃、夭遏、夭谢、夭札、夭殇等。

古汉语中还有一个专职表示未成年而死的词是"殇"。《说文》中有非常具体的解释。《说文》:"殇,不成人也。人年十六至十九死为长殇,十五至十二死为中殇,十一至八岁死为下殇。""殇"和"伤"是同源词。因未成年而死,令人哀伤,所以利用哀伤义的"伤",另造一个与"伤"同音的"殇"字。《释名·释丧制》:"未二十而死曰殇。殇,伤也,可哀伤也。"《仪礼·丧服》"长殇、中殇"下郑玄注:"男女未成年而死,可哀伤者。"

### (五)对年轻女子去世的婉称

一般以"香""玉""珠"等常喻女子的词构成,如香消玉碎、香消玉损、香消玉殒、玉碎香销、玉碎珠沉、珠沉玉陨、珠沉玉碎、瑶台倾等。

### (六)为正义事业而献身的婉称

从事正义事业,一般都具有崇高的理想或信念,而且有牺牲身家性命的思想准备。一旦需要,便不惜献出自己的生命。常用的婉称有捐身、捐躯、捐骸、成仁、牺牲、就义、阵亡、取义等。这些词前,常常有含有褒义的修饰词语。如英勇就义、壮烈牺牲、杀身成仁、为国捐躯、舍身取义等。

### (七)其他

享尽天年而死的,如终、终没、寿终、老、老去等。
饥饿而死的,如捐瘠、殍、殍殠、殍馑等。

谦词、敬词、婉词因属于礼貌语言,还与汉民族的文化心理有着密切联系。深入研究并普及谦、敬词和婉词,不仅有助于提高语言修养,促进社会的文明礼貌,而且还有助于了解汉民族的文化观、生死观和心理禁忌,并为研究这方面的问题提供有价值的参考资料和线索。

(本文原载于《首都师范大学学报》
(社会科学版)1998年第5期)

# 古今字概述

由于汉字在发展中新字的不断产生,由于"秦之季世,焚《诗》《书》,阬术士"(《史记·儒林列传》),图书典籍遭到极大的破坏,在西汉时期经过重新收集整理的古籍,往往古今异字,同词而异形,成为授受经学的障碍。这种现象引起当时的经学大师的注意。大约在西汉末年,他们就曾收集经书中的古今异字,并整理成卷。《汉书·艺文志》中的"孝经家"部分,就著录有《古今字》一卷。古今字这一术语,恐怕最早就出自此书。清人段玉裁认为,《古今字》中所收的古今异字,就是训诂学中的古今字。因此,他不同意把《古今字》一卷列入孝经家。他说:

> 刘歆作《七略》,班固述《艺文志》,学者所奉为高山景行者也。而《六艺略》中,以《孝经》《尔雅》《小尔雅》《古今字》为孝经家,以《史籀》《八体》《仓颉》《凡将》《急就》《元尚》《训纂》《别字》《仓颉传》《仓颉训纂》《仓颉故》为小学家……刘、班之以《尔雅》《小尔雅》《古今字》别于《史籀篇》《仓颉篇》及释《仓颉篇》者,盖谓《尔雅》《小尔雅》所言者六经古字古义,《仓颉传》《仓颉训纂》《仓颉故》所言者今字今义,实有不同;不知古今非有异字,《尔雅》《小尔雅》所列之字,未尝出《史籀》十五篇、《仓颉》《凡将》等篇外也,但同此字古今用者不同,假借依托致繁,故又有说古今字之书。班既以《古今字》一卷附于《尔雅》矣,

则应合诸小学家显然矣。(《说文》附许冲上书注)

从经学家的观点来看,《古今字》中所收的都是六经(汉人称《易》《诗》《书》《礼》《乐》《春秋》为六经)中的古今异字,刘、班把《古今字》一卷列为孝经家,不能说不合理;但是从语言文字学的观点来看,我们应该赞同段玉裁的意见。因为古今异字虽然出现在经书中,但毕竟是文字现象。既然《汉书·艺文志》中列有小学家,显然应该把《古今字》列为小学家,于理方合。

《古今字》一卷惜已失传。在古书注释中,现在所能见到的最早使用这一术语的是东汉人郑玄。《诗经·小雅·鹿鸣》:"视民不恌。"郑笺:"视,古示字也。"《礼记·曲礼下》:"予一人。"郑注:"余、予古今字。"郑玄是个经学大师,他"囊括大典,网罗众家"(《后汉书·郑玄传》),遍注群经,对后世影响很大。郑玄以后的训诂学家,一般都沿用郑玄的训释体例,或称某为某的古字,或径称某某为古今字。

自汉人提出古今字这个术语以后,古籍中古今异字的现象,引起训诂学家的普遍关注。三国时魏人张揖除编著《广雅》外,还继汉代的《古今字》一卷以后,编过一本《古今字诂》。《隋书·经籍志》著录有张揖编撰的《古今字诂》三卷。《旧唐书·经籍志》虽也有著录,作者也为张揖,但书名为《古文字诂》。《新唐书·艺文志》著录有《古文字训》,但没有撰者姓名,有人疑即张揖的《古今字诂》。《隋书》完成于唐高宗显庆元年(公元656年),《旧唐书》成书于后晋开运二年(公元945年),《新唐书》成书于北宋嘉祐五年(公元1060年)。从以上三部史书中的《经籍志》《艺文志》来看,在唐代编撰《隋书》时,《古今字诂》还完整无损。但时隔近三百年后,在编撰《旧唐书》时,卷帙已残缺不全,原有三卷,已只存二卷,而且书名也由《古今字诂》误为《古文字诂》。又过一百余年,到编撰《新唐书》时,该书已经失传。书名、卷数、作者都已搞不清楚。

《古今字诂》在南北朝和隋唐时期曾受到普遍重视。当时的一些文字训诂学家都曾引用该书解释古今异字中的一些疑难问题。如北齐学者颜之推在读到《庄子》中的"魆二首"(按:今本《庄子》不见)一语时,对其中的"魆"字"茫然不识此字何音,逢人辄问,了无解者","后见《古今字诂》",才知"此亦古之'虺'字也。积年凝滞,豁然雾解"(《颜氏家训·勉学》)。隋唐时的训诂学家也曾引用该书注释古籍。如《汉书·扬雄传上》:"衿芰茄之绿衣兮。"颜师古注:"茄亦荷字也,见张揖《古今字诂》。"《后汉书·张衡传》:"百卉含蘤"李贤注:"张揖《古今字诂》曰:'蘤,古花字也。'"《文选·长杨赋》:"其廑至矣。"李善注:"《古今字诂》曰:'廑,今勤字也。'"但可惜原书已经失传,我们已无法一睹该书的原貌。

但现在还能见到《古今字诂》辑佚本。清人任大椿、顾震福及近人龙璋等从散见于各书的注释和古代字书中,辑有《古今字诂》。从各家辑佚本的条目数量和编辑次序看,彼此出入很大,面貌已非昔日之旧。如清人任大椿所辑的《古今字诂》共收古今字五十九条,民国时期龙璋所辑的《古今字诂》共收古今字八十二条。两者所辑条目数量不一致,而且条目编排次序也不相同。尽管如此,我们仍可从这些辑佚本中约略看出原书所收古今字的范围和作者对古今字的理解。

宋人娄机在淳熙年间编撰的《班马字类》也收有一些古今字。古今异字的现象广泛地被注意,那还是在清代。不过,清人对于古今异字的研究,除段玉裁写过《〈曲礼〉"君天下曰天子"至"余、予古今字"》(见《经韵楼集》卷十一)的单篇文章外,他们的见解多散见于有关的论述中。如戴震在论述六书的转注、假借时,提到"况古字多假借,后人始增偏旁"(《戴东原集》卷三《答江慎修先生论小学书》)。这涉及古今字的产生问题。王念孙在《广雅疏证》卷三下,谈到"予""与"这两个字的关系时说:"盖古今异字,必以此释彼而其义始明。予之训与,亦犹是也。"这涉及古今异字的训释,必须以今字释古字,"其义始明"。清人提到或论及古今字最多的,还是一些研究《说文》的著作。如段玉裁的《说文解字注》《汲古阁说文订》、王筠的《说文释例》《说文句读》、徐灏的《说文解字注笺》、陈瑑的《说文引经考证》《说文引经互异说》、毛际盛的《说文解字述谊》、李富孙的《说文辨字正俗》、王煦的《说文五翼》、柳荣宗的《说文引经考异》、潘奕隽的《说文解字通正》、高祥麟的《说文字通》等。其中有的对古今字的产生、古字和今字的关系以及古今字的含义等问题,提出了自己的看法。下面主要介绍段玉裁、王筠、徐灏等人关于古今字的一些说法。

段玉裁十分重视古今异字的现象。他在为《说文》作注时,很注意对古今异字的注释。或分注某为古字,某为今字,或径称某某古今字。其中直接用古今字这一术语来注释的,约有二百多处。段玉裁还特别强调辨别古今异字对阅读古书的重要性。他说:"凡读经传者,不可不知古今字。"(《说文》"谊"字下注)

段玉裁关于古今字的观点,归纳起来,主要有以下四点:

一、古今字是古今用字不同。

他说:"古今人用字不同,谓之古今字。"(《说文》"今"字下注)他还说:"凡言古今字者,主谓同音而古用彼,今用此,异字。若《礼经》古文用'余一人',《礼记》用'予一人'。'余''予'本异字异义,非谓'予''余'本即一字也。"(《说文》"余"字下注)

二、古今字的古和今,是相对而言的。

段玉裁认为,"古今无定时,周为古则汉为今,汉为古则晋宋为今。随时异用者谓之古今字"(《说文》"谊"字下注)。因此,他认为古今字的关系不是固定的,而是经常更换的。他说:"张揖(《古今字诂》作者)已后,其为古今字又不知几更也。"(《说文》"今"字下注)

三、古今字不是字的形体演变。

他认为,应把字的形体演变排除在古今字以外。他说,古今字"非如今人言古文、籀文为古字,小篆、隶书为今字也"(《说文》"谊"字下注)。他认为,汉人郑玄所说的古今字也是这个意思。他说:"凡郑言古今字者,非如《说文解字》谓古文、籀、篆之别,谓古今所用字不同。"(《经韵楼集》卷十一《〈曲礼〉"君天下曰天子"至"余、予古今字"》)

四、古今字没有造字相承的关系。

段玉裁认为,在古字形体上增加偏旁,另造出来的新字,都是俗字。如他认为"队、坠正俗字,古多作'队',今则'坠'行而'队'废矣"(《说文》"队"字下注)。写、泻,他也认为是正俗字。他说:"凡倾吐曰'写',故作字作画皆曰'写'。俗作'泻'者,'写'之俗字。"(《说文》"写"字下段注)段玉裁还不大赞成这种增加偏旁另造新字的做法。他说:"古有'欲'字,无'慾'字。后人分别之,制'慾'字,殊乖古义。"(《说文》"欲"字下注)

段玉裁师承汉学,他关于古今字的观点,因囿于对郑玄"余、予古今字"的理解,含义并不十分明确,而且与他自己的训诂实践也往往自相矛盾。因为"古今人用字不同",不一定是古今字,也可能是通假字或异体字。如果段氏的本意,古今字包括通假字或异体字,就应该说清楚,而且似乎也没有单独提出来强调的必要。从

《说文》段注所提到的几百处古今字来看,段氏的本意又确实没有认为古今字也包括通假字或异体字。这样,"古今人用字不同,谓之古今字"的观点,就势必陷入没有一个可资依据的客观标准的境地。因为"古今人"非止一人,甲可能这个字用在先,乙可能那个字用在先,如果古今字本身不存在古今的差别,单凭"古今人用字不同"确定古今字,至少是说不清楚。如段玉裁在解释为什么"余、予古今字"时,就颇费口舌,但最终还是没有说清楚。他在《说文》"余"下注:"《诗》《书》用'予'不用'余',《左传》用'余'不用'予'。"按用字先后来确定古今字,《诗》《书》在先,古字应为"予";《左传》在后,"余"应为今字。可是下文段氏绕开矛盾,又说"若《礼经》古文用'余一人'《礼记》用'予一人'",所以应确定"余、予古今字"。在《经韵楼集》关于古今字的单篇论文中,他又说,"周初盖用'余',故《礼经》古文用'余'",因"左氏特好古","左丘明述《春秋》亦用'余',《诗》《书》则会萃众篇而成,多用'予'","郑意'余'为古字,'予'为今字,非可以互易之也"。这里至少有两点还没有交代清楚:(一)《诗》《书》所会萃的"众篇",是何篇卷,何以确定这些篇卷一定是在《礼经》之后呢? (二)《诗》《书》"多用'予'",是否也有时用"余"(今本《诗经》中"余"字一见)? 如果并用,怎样来确定它们的古今关系? 至于"随时异用,谓之古今字",更没有一个可资依据的客观标准了。

可能是由于段注"发轫于乾隆丙申(公元 1776 年),落成于嘉庆丁卯(公元 1807 年)"(《说文·后叙》注),前后历时三十一年而成,其间观点可能有所变化;也可能是由于段氏在训诂实践中,不能不尊重文字本身古今异字的事实,他在《说文》注释中所注明的古今字,与他所表明的观点常常不一致。如他曾几次表明,古文、籀文和小篆、隶书之间不存在古今字的关系,而在具体注释中却说它们存在古今关系。他在"圂"字下注:"然则缗、圂古今字,一古文,一小篆也。"在"潒"字下注:"潒者,古文为漾水字,隶为潒瀁字,是亦古今字也。"再如段曾一再称另增偏旁所造的字是俗字,但又往往把这类正俗字称做古今字。如《说文》没有"倒"字,许慎的说解语中,"倒"字写作"到"。如"尾,微也,从到毛,在尸后。""匕,变也,从到人。""去,不顺忽出也,从到子。""県,到首也。"以上说解语中的"到"字,段并注为"到者,今之倒字"。段氏在注释中所注明的古今字中,还有相当不少明显存在着另增偏旁、造字相承的关系。如共供、或國惑、牙芽枒、比笓、虚墟、卒猝、显顯、毋贯、州洲、保堡、介界、涂塗、宁貯等。段氏关于古今字的观点所以与他所注明的古今字有矛盾,正说明古今字是客观存在的,不同于通假字或异体字等文字现象,所以他在具体的注释中对自己的观点不断进行修正。

段玉裁在为《说文》所作的注中,所涉及的古今字非常多。这部分材料对如何正确认识古今字有参考作用。

由于段注所涉及的古今异字现象十分广泛,虽然其中注明为古今字的字,与段氏的观点并不完全一致,但是却给其他《说文》研究者留下了问题,并引起他们对古今字研究的兴趣。其后的王筠、徐灏,就是在段氏研究的基础上,提出了有关古今字的新的见解。

王筠,约比段玉裁晚半个世纪。他没有囿于汉人关于古今字的见解,也没有因袭段玉裁的说法。他在分析了古字和今字的关系以后,提出了分别文的说法。分别文的说法,很可能是受段玉裁"古有'欲'字,无'慾'字。后人分别之,制'慾'字,殊乖古义"这句话启发的。不过,他没有认为这是"殊乖古义",而是把它看作是文字发展的正常现象,并且从中总结出文字发展的某些规律。他说:

"字有不须偏旁而义已足者,则其偏旁为后人递加也。其加偏旁而义遂异者,是为分别文。其种有二:一则正义为借义所夺,因加偏旁以别之也;一则本字义多,既加偏旁,则分其一义也。"(《说文释例》卷八)

王筠所说的分别文的两种情况,很带有概括性,基本上能把古字和今字的关系概括进去。像"云作雲,匡作筐",属于"正义为借义所夺,乃于正文加偏旁以定之"(《说文释例》卷六)。像"知智、取娶、责债、景影"等,属于"本字义多,既加偏旁,则只分其一义"的情况。王筠在行文中也称分别文为分别字。如说"婚为昏之分别字。""《易》曰:'象也者,像也。'乃以中古分别字释上古之假借字。"(均见《说文释例》卷八)

王筠在创立分别文这一术语的同时,仍沿用古今字这一术语。如他说:"迹、跡,古今字也。"(《说文释例》卷六)"李注即引《易》'妙万物而为言',是眇、妙为古今字。"(《说文句读》)卷十五补正)"'萆'下云:雨衣,一曰衰衣……《玉篇》云:'雨衣,一曰蓑。'以'蓑'易'衰',乃以今字易古字。"(《说文释例》卷十)"《荀子·臣道》:'边境之臣处,则疆垂不丧。'注:'垂与陲同。'按,此以今字释古字也。"(《说文句读》卷十三"垂"字下注)不过,从王筠所提及的古今字来看,他把古今字的范围一般缩小为分别字。这样的古今字,古字和今字,不是"随时异用",而是关系固定,且今字在形体上有明显区别于古字的特征。

王筠在提出分别文的同时,还提出了累增字这一相关的术语。据他自己的解释,"其加偏旁而义仍不异者,是谓累增字"。另外,他还在标题"累增字"下用小字注解:"此亦异部重文,以其由一字递增也,别辑之。"(引文均见《说文释例》卷八)依据王筠自己的解释,累增字似乎是异体字。但从他为累增字所举的例字中来看,有不少与分别文的情况相同。如《说文释例》卷八:"段氏注'止'曰:《士昏礼》'北止',郑注:'古文止为趾。'许同郑,从今文,故不录'趾'字,如从今文'名',不录古文'铭'也。又谓'趾''铭',为后出之古文,'止''名',转为最初之古文。其说皆确。"《说文句读》卷十五补正:"'俊'下段氏所引书,作'傑'者三,作'桀'者亦三,则傑亦桀之累增字。"

徐灏,比王筠稍晚,也是卓有成就的说文学家。他所编著的《说文解字注笺》,就是直接针对《说文》段注进行补充或匡正。他在《说文解字注笺》中也广泛论及古今字,在段、王的基础上,对古今字提出了新的见解。他说:"古今字有二例:一为造字相承,增偏旁;一为载籍古今本也。"(《说文解字注笺》"祜"字下笺)徐灏所说的二例,前一例明显采用王筠的"加偏旁以别之"或"分其一义"的说法。所不同的是,徐灏明确提出古今字是"造字相承"的关系;后一例是把段氏的"古今人用字不同"修正为"载籍古今本"。

徐灏虽然提出了"古今字有二例",但从他在《说文解字注笺》中对古今字的分析来看,主要倾向于前一例,即把"造字相承,增偏旁"的看作是典型的古今字。如在"牟"字下笺:"盖目珠子谓之眸子,实周秦间语,而古无是名,故其始假'牟'为之,后乃增加目旁。"在"氏"字下笺:"氏即根柢本字,相承增木旁为柢。"在"驷"字下笺:"车恒驾四马,故四马谓之一乘。相承增马旁作'驷'。"他如"亭停""包胞""回迴""辟避""熏薰""介界""盧鑪""族鏃""童僮"等所举的古今字例字中,都是有"造字相承,增偏旁"的关系。

关于"载籍古今本"的古今字,徐灏一般采用笺引段注的说法。如"于"字下笺:"《释诂》《毛传》曰:于,於也。凡《诗》《书》用'于'

字,《论语》用'於'字。盖'于''於'二字,在周时为古今字,故以今字释古字也。""联"字下笺:"周人用'联'字,汉人用'连'字。"所笺引的都是段注原文。如有不同意段注说法的地方,则明确表示自己的意见,进行修正。如"谊"字下笺:"笺曰:威仪字,古通作义,段说是也。其所谓仁义字,周时作'谊',汉时作'义',则殊不然。"

其实,由于现存的典籍,或"本经失传,口以传说"(《隋书·经籍志》),或"传写既久,肴杂难辩"(《说文》"义"字下段注),面貌已非古昔之旧,要据以判断古今字,是有困难的。如"于""於"两字用作介词时,《诗经》《尚书》主要用"于"字,但同时也有为数不多的"於"字(《尚书》用作介词的"於"有7个,《诗经》用作介词的"於"有18个);《左传》"于""於"并用,两者数量不相上下(用"于"1474次,"於"1770次);《论语》一般用"於",只是引用《诗经》《尚书》时,仍保留原书的"于";战国时期诸子的著作一般用"於"。段玉裁认为,"'于''於'二字,在周时为古今字",虽有依据,但嫌不足。如果不能排除《诗经》《尚书》中的"於"字是经后人改动的,此说难以成立。如果再联系段氏为了肯定郑玄所说的"余、予古今字",说"左氏特好古","《诗》《书》则会萃众篇而成",那么"凡《诗》《书》用'于'字,《论语》用'於'字,盖'于''於'二字在周时为古今字"(《说文》"于"字下注)的说法,更令人难以信服了。因此,徐灏所说的"古今字有二例",其价值只存在于"造字相承,增偏旁"一例。

自古今字这一术语提出以来,在近两千年的时间里,历代文字训诂学家在使用这一术语时,虽然古今异字这一点是共同的,但是各人的理解并不完全相同。有的理解,古今字包括通假字,如《汉书·食货志》:"竭天下之资财以奉其政,犹未足以澹其欲也。"颜师古注:"澹,古赡字也。""澹""赡"是通假字。有的理解,古今字包括异体字,如《后汉书·光武帝纪上》:"今若破敌,珍琉万倍。"李贤注:"琉,古寶字。"有的理解,古今字包括现在所说的同源字,如《国语·吴语》:"吴师大北。"韦昭注:"北,古之背字。"王筠所说的分别字、累增字和徐灏所说的"造字相承,增偏旁",也都是同源字。随着通假字、异体字等术语的相继出现,随着对古今字研究的逐渐深入,古今字的含义和范围,有逐渐缩小和明确的趋势。

20世纪60年代初期,王力先生主编的《古代汉语》出版。该教材收有古今字的内容。在介绍古今字时,虽然没有给它一个明确的定义,但从所举例字和对例字的说明来看,是把古今字限定在分别字的范围以内。该教材认为,古今字的产生,是由于古字"'兼职'多",后起的今字只是分担其中一个职务。并举"责债""舍捨"为例说:"'责''舍'是较古的字,'债''捨'等是比较后起的字。我们可以把'责债''舍捨'等称为古今字。""'责''舍'所移交给'债''捨'的只是它们所担任的几个职务中的一个。"(《古代汉语》上册第一分册,第153—154页)王力先生在《同源字典》中的"序"和所收的一些论文里,还把古今字和同源字联系起来。他在序中说:"王筠讲分别字、累增字,徐灏讲古今字,其实都是同源字。"在《同源字论》一文中说:

> 还有一类很常见的同源字,那就是分别字(王筠叫做"分别文")。分别字历代都有。背东西的"背",晚近写作"揹",以区别于背脊的"背"。尝味的"尝",晚近许多人写作"嚐",以区别于曾经的"尝"。这些字曾行用过一个时期,汉字简化后,才又取消了。有些近代产生的分别字,至今还没有取消。例如阻挡的"挡",本来写作"当"(螳臂当车),近代造了一个分别字"挡",以区别于应当的"当"。《说文解字》一书中,就有许多分

别字。例如祡祭的"祡"本来写作"柴",后来为了区别于柴薪的"柴",就另造一个"祡"字。懈怠的"懈",本来写作"解",后来为了区别解结的"解",就另造一个"懈"字。存殁的"殁"本来写作"没",后来为了区别于淹没的"没",就另造一个"殁"字。说文写作"殁",以"殁"为重文。这些字我们都当作同源字看待。

王力先生在同一篇文章中论及从词义方面分析同源字时,又提到分别字。他把分别字分为"(甲)说文已收的分别字,即早期的分别字",和"(乙)说文未收的分别字,即后期的分别字"两类。这种对分别字的分类和他所主编的《古代汉语》中古今字的分类是完全一致的。该教材说:

古今字很多,现在再举一些例子(古字在前,今字在后,今字不见于《说文》的归 A 组,见于《说文》的归 B 组)如下:

A. 大太  厭饜  弟悌  間閒  说悦  竟境  赴讣
冯憑  贾價  属嘱

B. 共供  辟避  知智  昏婚  田畋  戚慼  反返
错措

我们有理由认为,王力先生在《同源字论》中所说的分别字,就是他主编的《古代汉语》中所说的古今字,即"很常见的同源字"。

古今字的含义逐渐缩小并明确化,是科学术语适应标准化的客观要求,也是对古今字深入研究的必然结果。随着学科的发展,认识的深化,同一个术语所表示的范围或概念发生相应的变化,是学科发展史中正常的现象。如传统训诂学中所说的虚字,把代词和副词也包括在内。可是从《马氏文通》开始,虚字的范围和概念不断得到重新的界定。《马氏文通》把虚字界定为"无解而惟以助实字之情态者",并把虚字的范围限定为介字、连字、助字、叹字四类,把代词和副词排除在外。传统训诂学中所说的"助字",相当于虚字,如清人刘淇的《助字辨略》就是一部虚字著作。而《马氏文通》把助字限定在"凡虚字用以结煞实字与句读者",把助字看成是虚字中的一小类,相当于现在古代汉语中所说的语气词。其他如代词、介词、数词等语法术语,它们的外延和内涵都经历过变化。相反地,如果这些术语至今一成不变,倒可能是不正常的。

研究表明,古今字不同于通假字、异体字,甚至也不完全等同于同源字,是一种客观存在的文字现象。明确古今字的外延和内涵,不仅可以把它和通假字、异体字、同源字等术语区别开来,而且还可以开拓视野,扩大古今字的研究领域,并有助于对汉字发展变化的认识。如果继续停留在传统的理解上,只能跟着古人,人云亦云:只能知道古人已经说过的古今字,古人没有说过便无从判明,而且还会影响对通假字、异体字等已经明确了的术语的认识。我们认为,只要把古今字的历史说清楚,为了反映古今字的客观存在和研究成果,明确古今字这一术语的内涵和外延,不仅是必要的,而且是可能的。

(本文原载于《北京师范学院学报》
(社会科学版)1992年第3期)

# "预""豫"的异同

"预""豫"两字,有异有同。从现代汉语的观点来看,异大于同;从古代汉语的观点来看,同大于异。我们先看《现代汉语词典》对这两个字的解释:

预¹　yù　预先;事先:~备|~测|天气~报|~祝成功|勿谓言之不~。

预²　yù　同"与"(yù)。

豫¹　yù　〈书〉❶欢喜;快乐:面有不~之色。❷安适:逸~亡身。

豫²　yù　同"预¹"。

豫³　yù　河南的别称。

"预"字的两个义项,最常用的是预¹"预先;事先";预²"同'与'",只用在双音词中,如干预、参预。豫¹的义项是书面语上的文言词语,口语中已经不用。豫²的义项"同'预¹'",仅仅是反映"豫"的古义,只是在一些古词语中还用,如"凡事豫则立,不豫则废",一般也不用。尽管《现代汉语词典》收有这个义项,但如果有谁把"天气预报"写成"天气豫报",我想不仅不会有人认为他的古文修养高,而且十之八九会认为他写了错别字。"豫"字在现代汉语中真正还用的义项只有一个,即河南的别称。经过比较,预、豫两字在现代汉语中,意义已没有联系,有联系的只剩下语音,就像和欲、愈、遇等字一样,仅仅是同音字的关系。当然,如果分析字的形体结构,两字都是形声字,而且有相同的声符,都是从"予"得声。

但从古代汉语的观点来看,两字大同小异,几乎可以看作是异体字。我们来看看古人是怎么理解这两个字的关系的。

《说文》:"豫,象之大者。贾侍中说:'不害于物。'从象予声。"段玉裁注:"此豫之本义也,故其字从象也。引申之,凡大皆称豫。故《淮南子》《史记·循吏传》《魏都赋》皆云'市不豫价'。《周礼·司市》注云:'防诳豫。'皆谓卖物者大其价以愚人也;大必宽裕,故先事而备谓之豫,宽裕之意也;宽大则乐,故《释诂》曰:'豫,乐也。'《易》郑注曰:'豫,喜豫说乐之貌。'亦借为'舒'字,如《洪范》'豫恒燠若',即'舒恒燠若'也;亦借为'与'字,如《仪礼》古文'与'作'豫'是也……俗作'预'。"

《玉篇》:"豫,弋庶切。怠也,安也,叙也,佚也,早也,逆备也。或作预。"

大徐本《说文》新附字:"预,安也。案:经典通用'豫',从页未详。"

清郑珍《说文新附考》:"按:'豫'乃'预'之本字。《说文》:'豫,象之大者。贾侍中说:不害于物。'许盖称师说以明豫安之义。不害于物则相安无事,此豫安、逸豫之称所由出也。然后游豫、豫怠、豫厌、豫先诸义相逮生焉。《众经音义》屡引《苍颉篇》:'预,安也。'又:'先办也,逆为之计故曰预。'此非《苍颉》有'预'字,元应改'豫'作'预',以就经文。卷十又云:'预,古文作豫。先办也,豫犹备也,逆为之具,故曰豫。'《苍颉篇》本文如是。又卷六云:'预,古文作与。'《华严音义》卷下引《珠丛》云:'凡事相及曰预,古作与。'则'预'亦为'与'及干与字之俗。"

上面所引的材料说明,"预""豫"两字原是一个字的两种写法,是正俗字或异体字关系,"豫"是正字或正体字,"预"是俗字或异体字。从字的形体结构看,两字又都是形声字,所不同的仅仅是形符:"豫"字的形符是象,"预"的形符是页。为什么要改象为页?并由此还引发出另外两个问题:什么时候改的?为什么会喧宾夺主,俗字"预"反而成为正字了呢?

"豫"从象予声,《说文》是分析过的,认为是"象之大者"。"预"从页予声,大徐本《说文》存疑,说"从页未详"。此后,似还不见有人分析过。但我们可以从"预"的另一个异体字"忬"得到启发。《一切经音义》卷五十:"古文预、忬二形,今作预,同余据反。"《集韵》:"预、忬:先也,安也。或从心。通作豫。"在古籍中,"豫"经常用于喜乐、安逸义。《现代汉语词典》豫[1]的义项就是"欢喜;快乐",并举"面有不豫之色"为例。"预"的形符页,表示人的头部。从页的字一般都和头部有关,其中包括脸部。如颜(脸色)、颂(容貌)、颐(面颊)、颠颔(面容枯槁难看)。人在高兴的时候,有时喜形于色,表现在脸上;有时喜在心头,表现在内心。形符"页""心"在表示心理状态时,有时可以相通,如颠颔,也写作憔悴,改页为心。"面有不豫之色",也即面有不悦之色。我们有理由推想,古人认为"豫"的形符不足以表示喜乐、安逸义,想用更能表示字义的形符"页"或"心"来取代形符"象"。这种推想还有一个有说服力的旁证。《左传》的注家杜预,字元凯。古人的名和字,一般都选择意义相同或相近的字。字"凯"的意义就是喜乐、安康,与名"预"相同。《说文》无"凯"字,"凯"即"恺"字。《说文》中"恺"字重出:一在心部,解释为"乐也";一在岂部,解释为"康也"。这两个解释正好是

"豫"字的常用义。可见,当时新造"预"字的本意,就是想取代"豫"字。

说"豫""预"两字,"豫"字在前,"预"字在后,这不会有问题。问题是"预"字是从什么时候开始有的?清人王鸣盛认为"魏晋间人别造'预'字,而杜预遂以为名,字元凯"(见《蛾术篇》)。这个说法是令人怀疑的。检诸古籍,先秦可以确定没有"预"字。虽然《左传·隐公元年》《庄子·应帝王》各有一处异文写作"预",但正文仍写作"豫"。异文"预",是后人改动的。《战国策》中有"预"字,但该书是西汉末年刘向据战国时期资料编订的,还不足以说明战国时期就已经有"预"字。不过,《史记》中确实已有"预"字,共6见。另外,比《史记》作者稍早的贾谊,在他的《长沙赋》中也有两个"预"字。即使不能排除这些"预"字是经后人改动的,初步认定西汉已有"预"字还是可以成立的。东汉时期,王充的《论衡》中,"预"字共4见。班固的《幽通赋》中有1见。《汉书》由于手头没有引得或索引,不敢说有还是无。但有一点大致可以说:"预"字虽说在两汉时期就已经产生,但在相当长的一段时期里,在实际使用中似还不能与"豫"抗衡,使用频率远不如"豫"高。如《昭明文选》选入了从先秦到南北朝时期的作品,共六十卷,近五百篇诗赋散文。其中"预"字才9见,而"豫"字却有75见。难怪清人从经验出发,以为"预"字是"魏晋间人别造"的。

"豫"是正字或正体字,"预"是俗字或异体字,可是经历了至少1500年以后,"豫"字的喜乐、安逸等义实际上已经消失,预先、预备义则完全让位于"预",只留下一个表示地名的意义。这种文字现象值得我们思考。其原因我看不外乎下面三点:

(一)文字系统内部的自我调整。汉字系统与词义系统一直保持着一种平衡和协调的关系,在一定的时期内,字量有所控制。当汉字不能满足记录词义需要时,就会产生新的文字,如佛教东渐以后,产生了诸如梵、塔等字;当汉字所记录的词义已经消亡或记录同一词义的字过多时,相应的汉字就会消亡或缩减所记录的词义。"豫"就属于记录同一词义过多的情况。汉字中表示喜乐、安逸的字相当多。如表示喜乐的有喜、忭、弁、快、怡、愉、怿、欢、乐、悦、般、欣、忻、耽、湛、懋等;表示安逸的有安、逸、佚、晏、宴、康等。为了使文字系统内部平衡协调并以最经济的数量满足记录词汇的需要,必然会淘汰某些字或缩小某些字的使用范围。

(二)"豫"字的理据不充分。汉字的理据主要由形符体现。"豫"字从象,喜乐、安逸义何由产生?历来所作的一些分析都比较勉强。这样的字一般都不容易被接受,接受了在发展过程中也会改变或充实理据。如抄家、抄写的"抄"原来也是俗字,本写作"钞",现定形为"抄"。很多单纯双音词,如科斗(蝌蚪)、丁宁(叮咛)、阿那(婀娜)等,本来其中的字只是表示音节,但在发展过程中,由于理据不足,都加上了形符。"预"字从页,"页"可表示脸部的表情,在理据上显然要胜于"象"。

(三)"页"比"象"的楷书笔画少。楷化以后的"象"有12笔,繁体的"页"只有9笔,简化以后更少,只有6笔。从现代汉语的观点来看,豫$^1$的义项已经消亡,豫$^2$的义项已完全被"预$^1$"取代,《现代汉语词典》可以不收。

(本文原载于《语文建设》1997年第7期)

## 用"长",还是用"常"?

某报一篇关于辨析"长""常"相混的文章说:"时下报刊上登了不少美容美发或厨师、缝纫等短期培训学习班的广告中有'长年招生'字样,'长年'用字是对的。但也有报刊却出现'常年招生'字样……那些培训班短者十天半月,长则两三个月,一茬结业又招一茬,一年到头举办,还是'长年招生'准确。"又说:"为了把户口所在地长期居住的较固定居民和由外地来的没本地户口的非固定人员相区别,就有了'长住人口'与'非长住人口'的词语。可是有的报刊却印成'常住人口'甚至'常驻人口',这是很不当的。"我看这两个说法,尽管出自辨析者之口,也还是有问题的。

"长"和"常",古籍中可以通用。杜甫《宇文晁尚书之甥、崔彧司业之孙、尚书之子重泛郑监前湖》:"郊扉俗远长幽寂,野水春来更接连。"注引颜延年赠王太常的诗,认为前一句诗是从"郊扉常昼闭"化来的。这是"长"通用为"常"。《史记》中"长流"也写作"常流"。《屈原贾生列传》:"宁赴常流而葬乎江鱼腹中耳。"司马贞索隐:"常流犹长流。"这是"常"通用为"长"。"长年"和"常年"在表示成年累月时,也是相通的。如"他长年在野外工作"和"他常年在野外工作",说的是一个意思。以上情况的"长""常"混用,不存在当和不当的问题。

表示成年累月的"长年""常年",都是现代汉语语词,只见于

《现代汉语词典》,不见于《辞源》《辞海》。"长""常"两词有的用法上虽然意义相近,但并不完全相同。《现代汉语词典》释义一般比较严谨准确。该词典对"长年"的解释是"一年到头;整年";对"常年"的解释是"终年;长期"。一般的培训部门招生虽然灵活,但都具有终年、长期的特点,而并非一年到头,哪一天或整年都招生,当然应该用"常年招生"。凡是具有终年、长期意义的事,都应该用"常年"。如"常年提供服务""常年法律顾问"等。

至于"常住人口",已经是一个有特定内涵的专用术语。新编《辞海》立有专门条目进行解释:

> 经常居住在某一地区的人口。常住人口中包括常住该地而临时外出的人口,但不包括临时寄住人口。确定常住人口,是计算劳动力资源、进行选举工作、编制建筑住宅、设立学校等计划的参考资料;也是计算出生率、死亡率等的依据。我国的全国人口调查登记,以常住人口为调查对象。

"常住人口"不应写作"长住人口",看来是不容争辩的。所以不容争辩,不仅仅是因为它已经是一个专用术语,而且还因为这里只能用"常"。"常"有经常的、固定不变的意思。"常住人口"是指在某地有相对固定经常居住的户口,与当地没有户口的"临时寄住人口"相对。在当地有户口的,即使是成年累月外出,也是"常住人口"。在当地没有户口,即使临时寄住几年,也是"临时寄住人口"。"常住人口",一般来说,都是长期居住在某地的人,但不能由此而作为应该用"长住人口",用"常住人口"是"很不当的"的依据。凡是含有固定的、在一定时期内不变意思的用词场合,都应该用"常",如"常驻联合国代表""常设机构"等。"常驻"是与临时派驻相对,"常设"是与临时设置相对。尽管"常驻""常设"从时间上来看,也总是比较长的,但如果写作"长驻""长设",那倒可能"是很不当的"。

(本文原载于《语文建设》1994年第3期)

# 抱·抛·炮

这三个字,从现代汉语的观点来看,已没有什么联系了;但从古代汉语的观点来看,不仅有联系,而且还反映了社会的发展对文字的影响。

"抱"虽古已有之,但《说文》的正体字中不收,而是作为"捊"的重文列在"捊"下,原义应是聚集、聚拢。可是,"抱"在古籍中并不用于这个意义,而是常用于怀抱义或抛弃、抛掷义。用于怀抱义是"褒"的借字,用于抛弃义,据清人惠栋的意见,可能是方言,读音为pāo(也有人认为,读如"抛"的"抱"是"摽"的借字)。《史记·三代世表》:"姜嫄以为无父,贱而弃之道中,牛羊避不践也;抱之山中,山者养之。"裴骃集解:"抱,普茅反。"司马贞索隐:"抱,普交反。"这两个反切切出来的音正是今"抛"字的读音。"抱之山中",应理解为把他抛弃在山中。《尉缭子·制谈第三》:"将已鼓,而士卒相嚣,拗兵、折矛、抱戟,利后发战,有此数者,内自败也。""抱戟"与"拗兵""折矛"对文,应为"抛戟",即弃戟的意思。上两例的"抱"是抛弃义。抛掷义如《战国策·魏策三》:"以地事秦,譬犹抱薪救火也。薪不尽则火不止。""抱薪救火",只能理解为抛掷柴薪去救火。如果理解为抱着柴薪去救火,不但会引火烧身,自身性命难保,而且"薪不尽则火不止"也无法理解了。《史记·李将军列传》:"广详死,睨其旁有一胡儿骑善马,广暂腾而上胡儿马,因推堕儿,取其弓,鞭马南驰十余里。"这句话中的"因推堕儿",《汉书·李广传》改为"因抱儿"。《史记会注考证》引《汉书》中相应的话后说:"'抱'读为'抛',与'推堕'义同。"

《集韵》已注意到"抱"的抛弃义和怀抱义有着不同的读音,分别把它们收在不同的韵目下。表示抛弃的"抱",作为"抛"的异体字收在平声爻韵,并与"抛"放在一起,解释为"弃也,或作……抱。"表示怀抱义的"抱"收在去声皓韵,解释为"怀也"。但经重新修订的《辞海》《辞源》在"抱"下都不收"抱"的抛弃、抛掷义。后出的《汉语大字典》《汉语大词典》在"抱"下都增添了这个义项,且书证也比较丰富。

"抛"字产生较晚,从现有的古文献资料来看,不会早于魏晋时期。《说文》中没有"抛"字。宋人徐铉校定的《说文》新附字收有"抛"字,解释为"弃也"。南朝顾野王编撰的《玉篇》,是现存的继《说文》之后的第一部楷书字典,也收有"抛"字,解释为"掷也"。"弃"和"掷"正好是"抱(pāo)"曾用过的两个意义。在现存的古文献中,"抛"字最早可能始见于《后汉书》。《后汉书·安成孝侯赐传》:"赐与显子信卖田宅,同抛财产,结客报吏,皆亡命逃伏,遭赦归。"清人研究《说文》新附字的学者,首用这条书证。《辞海》《辞源》《汉语大字典》《汉语大词典》也用这条书证。看样子,到目前为止,还没有看到比《后汉书》更早的书证,估计在《后汉书》中使用频率也不高。

我国古代很早就有利用机械装置抛石以击敌的作战工具。《左传·桓公五年》:"旝动而鼓。"孔颖达疏:"贾逵以旝为发石,一曰飞石。引《范蠡兵法》作飞石之事以证之。《说文》亦云'建大木,置石其上,发其机,以追(槌)敌'。与贾同也。"到了汉末,又发明了一种固定在车上的抛石装置,当时称为发石车或飞石车。因为在发射时声震如雷,又称霹雳车。《后汉书·袁绍传》:"操乃发石车击绍楼,皆破,军中呼曰'霹雳车'。"唐李贤注:"以其发石声震烈,呼为'霹雳',即今之抛车也。"《三国志·魏书·袁绍传》也有着与《后汉书》完全相同的记载。

"抛"字也正好产生于这个时期。从文字的发展规律和现存资料来看,"抛"字先有一个应用于抛石义的过程,然后才产生与"抛"形音义相近的"軳""礟"等字。依据有如下三点:

(一)从字的读音看,《集韵》把"抛"的抛弃义和抛掷义的读音明确区别开来。抛弃义的"抛"收在平声爻韵;抛掷义的"抛"收在去声皓韵,并与"軳""礟""砲"等字同一小韵。《集韵·韵例》:"凡经典,字有数读,先儒传授,各欲名家,今并论著,以稡群说。"可见,《集韵》的音读都是有据的。

(二)从字的形体看,"軳""礟""砲"是以"抛"字的形、音为基础而新造的区别字。"軳"改"抛"的形符"扌"为"车",突出了抛石车的特点。"礟"的形符"石"则突出了抛石的特点。声符则换了同声字"毂"(或"毃");"礟"还有一个写法为"砲",只是改变了"抛"的形符,但没有流行。"砲"应该是"抱(pào)"的区别字,而不是"礟"的省写。理由留待后面再说。区别字中有一部分就是改变原字的偏旁而造成的,如创疮、颞鰓、燦揉、箱厢等;有很小一部分是依据原字的音义而造的,如濒滨、饰拭、志识、亦腋等。

(三)从意义来看,"軳""礟"等字与"抛"有着密切联系。《集韵·皓韵》:"軳,飞石车。""飞石",也就是发石或抛石。《正字通》:"軳,按,軳车本作抛车。或作'礟'。""軳"用于飞石车或抛车,在现有的字书或辞书虽不见书证,但在古籍中使用过应该是没有疑问的。《集韵·韵例》:"凡字训,悉本许慎《说文》。许慎所不载,则引它书为解。凡古文见经史诸书可辨识者取之,不然则否。"足见《集韵》的注音释义都是有所本的。

"礮"的初义即为抛石。《玉篇·石部》。"礮,礮石。""礮石"即抛石。潘岳《闲居赋》:"礮石雷骇,激矢蝱飞。"李善注:"礮石,今之抛石也,皆匹孝切……《范蠡兵法》:'飞石重二十斤,为机发,行三百步。'""礮""砲"音义均同。三国魏曹叡《善哉行·我徂》:"发砲若雷,吐气成雨。"黄节注:"诗所云'发砲',即飞石也,其来甚古。"从现有辞书来看,"礮"字首见于潘岳的《闲居赋》,整部《文选》中只有潘岳《闲居赋》中一个"礮"字;"砲"字首见于曹叡的《善哉行》。曹叡(公元205—239年)比潘岳(公元249—300年)年长四十余岁,似"砲"字在先,"礮"字在后。如果确实如此,合理的推断,"砲"应是"抱(pào)"的区别字,而不是"礮"的省写。如果再进一步推断,"抛"应是"抱(pào)"的区别字。

"砲"和"炮",在很长一段时期里,是音义均异的两个不同的词。"炮"字自古有之。《说文》解释为"毛炙肉也",音薄交反(páo)。意思是用泥裹肉连毛烧烤。虽然我国自公元7世纪就已发明火药,但火炮的"炮",一直由"礮""砲"表示。而"炮"字长期以来一直用于烧烤或和烧烤相关的意义。《康熙字典》中的"炮"还不见有火炮义。《辞源》收词到公元1840年为止,但"炮"也只有烧烤义的书证。最后一个义项虽释为火炮,也只是说:"礮,亦作砲。自有火炮,亦作炮。详'礮'。"不仅释义简单,且无书证,显然以"礮"为正字。1968年台湾出版的《中文大字典》,收词一般以字为据。在"火"的词头下,也只收有"火砲""火礮",而没有"火炮"。1990年开始陆续出版的《汉语大词典》在"火礮"一词下,收有一例出自

《说岳全传》的"火炮"书证。《说岳全传》系清人钱采所撰写,生卒年不详。看来,清代已有"火炮"一词,但使用并不广泛。解放前,"炮"虽也用于火炮义,但书刊上更经常使用的还是"礟"和"砲"。解放后,配合文字改革,进行异体字整理,大概参加整理者考虑到"炮"字的偏旁更能反映火炮义,而且笔画也最少,就正式废弃"礟""砲"两字,确定"炮"为火炮的正体字。"炮"的烧烤义仍然保留,如"炮制"的"炮",读音仍为 páo。这样,"炮"就正式有了两个读音、两个意义而得到规范。

(本文原载于《语文建设》1995年第12期)

# "劝"字辨析

张文熊同志《释"劝"》(《中学语文教学》1980年第7期)一文,从《劝学》的"劝"谈起,把"劝"字作"鼓励"讲的"通行解释",当作"古书中有些顶熟的字,常常容易讲错"的"典型例子"来批评。文章认为,"劝"字的本义应该是"勤奋、努力","《劝学》的'劝'正是用的本义"。其理由有二:(1)"'劝'字当'鼓励'讲,在《荀子》里边,我没有找到这样的用例。"(2)《颜氏家训》中的《勉学》篇,"'勉学'即'勤学'"。《荀子》中正好也有"勉学"两字,"'勉学'也是'勤学'之意"。

这两个理由,一个也不能成立。

请先看一看古代一些有影响的工具书对"劝"字的解释。《说文》:"劝,勉也。"段玉裁注:"《广韵》曰:'奖,勉也。'按:勉之而悦从亦曰'劝'。"《小尔雅·广诂》:"励,劝也。"《小尔雅·广言》:"励,勉也。"《玉篇》:"励,劝也。""劝,勉也。"《广韵》:"励,劝勉。""勉,劝也。""劝,勉也。"《说文》:"勉,强也。"段玉裁注:"凡言勉者,皆相迫之意。自勉者,自迫也;勉人者,迫人也。"这些工具书对"劝""勉""励"三个字,或互训,或同训,或递训。这表明这三个字是意义相同或相近的。段玉裁的注"勉之而悦从亦曰'劝'"则概括了这些工具书所解释的基本意义。

现在,再让我们来检查一下是否如文章所说的那样,《荀子》里边"没有这样的用例"。

经查,《荀子》中的"劝"字,除1处因版本不同存疑而外,一共用了10次。其中有一处杨倞有注。其余的虽没有注,但可以从先秦其他著作相类的文字中找到他们的注释。现择要举例如下:

①劝教化。(《王制》)——杨倞注:"劝之使从教化。"

②是以为善者劝,为不善者沮。(《强国》《君子》)——《左传·襄公二十八年》:"赏罚无章,何以沮劝?"孔颖达疏:"罚有罪,所以止人为恶;赏有功,所以劝人为善。今赏罚无章,何以得为止劝?"

③故赏不用而民劝。(《君道》《强国》)——《吕氏春秋·上德》:"不赏而民劝。"高诱注:"劝,善也。"

④而化善者劝勉矣。(《富国》)——《论语·为政》:"举善而教不能则劝。"邢昺疏:"此章明使民敬忠劝善之法……言君能用善人,置之禄位,教诲不能之人,如此则民相劝勉为善也。"

⑤劝学。(《荀子》篇名)——《左传·闵公二年》:"敬教劝学。"孔颖达疏:"劝学,劝民学问也。"

以上各例,按照前人的注文,例①应是"勉励他们悦从教化",例②应是"为善者受到鼓励"(注意:这个"劝"的意思同"沮"相对),例③应是"赏不用而人民自勉为善",例④应该是"被善所化的人都相劝勉为善",例⑤应该是"勉励人学习问难"。这些不同时代的注释家,没有一人用"勤奋、努力"来注释"劝"字。他们的注文,虽因上下文而异,但基本意思都是"勉之而悦从"。

另外,《荀子》中的《乐论》和《赋》两篇中,各有一句"弟子勉学"。其中一处,杨倞有注。《赋》:"弟子勉学,无不忘也。"杨倞注:"言天道福善,故曰不忘。恐弟子疑为善无益而懈怠,故以此勉之。"按照注文,"弟子勉学",应该是"弟子须勉励自己学善"。"勉"有"自勉""勉人"两义,这里是指自勉学善。

至于《颜氏家训》中的篇名《勉学》,是勉励子弟读书学习的意思。这个意思,《勉学》篇开宗明义,第一句话就交代得清清楚楚:

"自古明王圣帝,犹须勤学,况凡庶乎?此事遍于经史,吾亦不能郑重(按:指重复噜唆),聊举近世切要以启寤汝耳。"

作者在这里,明明是用古代"明王圣帝"尚且"勤学"的事例以"启寤"自己的子弟(即文中的"汝")。《勉学》篇通篇文章都是说明读书学习的重要性,反复告诫子弟"父兄不可依",要自己努力读书,求得"薄伎在身"。而《释"劝"》的作者却说:"'勉学'即'勤学',这是作者自己的解释,不容争议的。"读了不觉为之愕然。

其实,"劝学"和"勤学",两者的意思有很大的区别。"劝学"是劝勉别人学习,总是用于对人的。自己勤奋学习,不能说"劝学"。"劝学"作为篇名,除《荀子》以外,还有《吕氏春秋》《新书》。另外,白乐天、王安石、朱熹等人还作过《劝学文》,司马光还写过《劝学歌》。这些文章无一不是劝勉别人好好学习。而"勤学"则是指学习的人本身说的。《颜氏家训·勉学》篇中,除上面已提到的"自古明王圣帝,犹须勤学"以外,还有三处"勤学"。如:"何惜数年勤学,长受一生愧辱哉!""古人勤学。""亦是勤学之一人。"都是指学习的人本人勤于学习。《太平御览》卷六一一,专门有一栏"勤学"的内容,约共收录了六十个勤学事例,都是指学的人本人勤于学习。"勤学"的这个用法,一直沿用到现在。

至于文章提到"劝"字的使动用法问题,这看来是作者为了弥补自己解释的缺陷而想出来的一个理由。"劝"字的基本意义是"勉励",是一个及物动词,没有使动用法。它的后面,一般要求有宾语。如果不带宾语，不是词义有引申，就是句法有变化。要是把"劝"后带宾语说成是使动用法，那么，像"惩恶而劝善"(《左传·成公四年》)这样一类十分常见的用法，又该怎么理解呢？

根据以上分析，有理由认为，"劝"当"鼓励"讲，虽然不是很确切，但基本上接近本义；而文章所认为的"勤奋，努力"是"劝"的本义，则是不符合语言事实的。

(本文原载于《中学语文教学》1981年第2期)

# "可三《二京》,四《三都》"释疑

《世说新语·文学》:"庾仲初作《扬都赋》,成,以呈庾亮。亮以亲族之怀,大为名其价,云'可三《二京》,四《三都》'。于此人人竞写。都下纸为之贵。"其中的"三《二京》,四《三都》",有人不了解《二京》即张衡的《二京赋》,《三都》即左思的《三都赋》,误以为是"三二京,四三都","三二""四三"为相近的数词连用。有人撰文以辨其非,认为"三""四"是用作动词,"可三《二京》,四《三都》"应理解为"可三倍于《二京赋》,四倍于《三都赋》"。后又有人撰文指出,辨非的理解也是错误的,正确的理解应该是"《扬都赋》可与《二京赋》并列而为三,可与《三都赋》并列而为四"。所说虽当,但语焉不详。

"三《二京》,四《三都》"的语法结构和语义功能与章炳麟《秦政记》中的"借令秦王长世……虽四三王、六五帝,曾不足比隆也"相类,是从"三王不足四,五帝不足六"演化而来的。最早见于战国末期的著作。《战国策》一共出现两次:

  王若能持功守威,省攻伐之心,而肥仁义之诚,使无复后患,三王不足四,五帝不足六也。(《秦策四》)高诱注:"言'不足',小畜之也。"

  王若能为此尾,则三王不足四,五伯不足六。(《秦策五》)高诱注:"尾,后也。言王为策讨之始,得之矣,如能终卒没,则王伯之道立也,故曰'三王不足四,五伯不足六'。"

"三王""五帝"或"五伯",在当时被看作是政治上达到最高成就的代表人物。"三王不足四,五帝不足六",是说三王不足以加一王而为四王,五帝不足以加一帝而为六帝,政治上可以达到连"三王五帝"都无以复加的最高成就。高注所说的"小畜之",就含有连"三王五帝"也不在话下的意思。后一句的"三王不足四,五伯不足六",是说政策能始终如一,功业就可与"三王""五伯"相媲美。

类似的结构,《吕氏春秋·观世》篇也有一例:

> 虽幸而有,未必知也;不知与无贤同。此治世之所以短,乱世之所以长也。故王者不四,霸者不六,亡国相望,囚主相及。

"王者不四,霸者不六",即三王不四,五霸不六。意思是,三王那样的"王者"没有再出现第四个,五霸那样的"霸者"没有再出现第六个。以此说明上文"治世之所以短,乱世之所以长"的原因。"三王""五霸"仍被奉为最高典范,只是语义是从消极方面说的。

大约汉以后,这种结构词序上有所变动。"四""六"仍作谓语,但"三王""五帝"却由主语换到宾语的位置上。例如:

> 夏扶问荆轲,何以教太子?轲曰:"将令燕继召公之迹,追甘棠之化,高欲令四三王,下欲令六五霸,于君何如也?"(《燕丹子》)

> 方四三皇、六五帝,曾何周、夏之足言?(何晏《景福殿赋》)《文选》六臣注:"时明帝方齐于三皇,是为四皇;齐于五帝,是为六帝,则周文王、夏禹何足言于今也。"

《世说新语》中的"可三《二京》,四《三都》",结构和语义与"四三王,六五霸"等相同,只是所比较的最高典范不同,一是典范人物,一是典范作品。应该一提的是,《二京赋》和《三都赋》确实被当时的文人奉为最高典范,这些作品的艺术成就甚至被认为已超过《诗经》。《抱朴子·叙世篇》:"《毛诗》者,华彩之辞也,然不及《上林》《羽猎》《二京》《三都》之汪涉博富也。"庾亮因为"亲族之怀",对庾仲初所作的《扬都赋》"大为名其价",有意抬高这篇作品的地位,认为可与当时享有盛誉的《二京赋》《三都赋》媲美,已经是溢美之辞,如把《扬都赋》理解为"可三倍于《二京赋》,四倍于《三都赋》",从语义上说,也是于理不合的。

这个约产生于战国末期的语法结构及其语义功能有如下一些特点:

从结构上看,主语或宾语必须是"数·名"结构,谓语常见的数词有"三""四""六",且可受副词"不"或助动词"可""不足"修饰。

从语义上看,主语或宾语都是被奉为最高典范的人或事,谓语的数词都是比主语或宾语的"数·名"结构多一,如"三王不足四""四三王","五帝不足六""六五帝",以表示可与最高典范相并列、相媲美;如数词谓语受"不"修饰时,则表示不会出现最高典范。

正是这个结构的语法和语义特点,使自己和数词连用(如《汉书·张敞传》:"久者不过三二年。")或表示倍数的系数结构(如鲍照《中兴歌》:"三五容色满,四五妙华歇。""三五",指十五岁;"四五",指二十岁)区别开来。

(本文原载于《汉字文化》1991年第1期)

# 《鸿门宴》中"东向坐" "参乘"两词的解释

"东向坐"和"参乘",是涉及古代文化常识的两个词语。弄清楚这两个词语的确切含义,有助于分析人物思想性格和理解课文思想内容。

## 东向坐

司马迁在《史记》中提及宴饮时,一般不叙述座次,唯独在《鸿门宴》中详细地叙述了各人的座次排列:"项王、项伯东向坐,亚父南向坐……沛公北向坐,张良西向侍。"这个司马迁为刻画项羽、刘邦的性格而描写的细节,由于古今礼仪习俗的变化,往往容易为人所忽略。

古代的礼节,君臣议事于朝廷之上,以向南的座位为尊。《汉书·五行志》:"其于王者,南面乡(同'向')明而治。"因此在古代汉语中,常常以"南面"(即"面南")来指代帝王。如"齐无南面之心"(《史记·鲁仲连邹阳列传》),意思是齐没有称帝之心。

但在宾主之间,一般以向东的座位为尊。《新序》卷一:"秦使者至,昭奚恤曰:'君,客也,请就上位东面'。"因为向东的座位是上位,古人常常以请人"东向坐"来表示对人的尊敬。《史记》中就屡有这样的记载。如《史记·田单列传》写"燕既尽降齐城,唯独莒、即墨不下",齐将田单声言:"当有神人为我师。"想借此鼓舞士气。这时有一个士卒说了一声:"臣可以为师乎?"说完扭头便跑。田单马上把他请回来,让他"东乡(同'向')坐,师事之"。再如《史记·淮阴侯列传》,写韩信生俘广武君李左车后,亲自"解其缚,东乡坐,西乡对,师事之",以表示对广武君的敬佩。可见,在古代,向东的座位是上位。

其次是向南的座位。《史记·魏其武安侯列传》:"(武安侯)尝召客饮,坐其兄盖侯南乡,自坐东乡,以为汉相尊,不可以兄故私挠。"武安侯田蚡,自"以为汉相尊",而"自坐东乡",让其兄坐在次于东乡的南乡。《史记》认为这是失礼的行为,所以说他"由此滋骄"。

再其次是向北的座位,最末位是向西的座位。项羽是贵族出身,对这一套当时盛行的礼节是完全懂得的。后来,当刘邦的力量日益强大,"还击项籍"时,项羽想争取新投刘邦的王陵,"取(王)陵母置军中。陵使至,则东乡坐陵母,欲以招陵"(《汉书·王陵传》)。

按照当时的礼节,项羽既然"留沛公与饮",理所当然地应该请刘邦"东向坐",以尽宾主之礼。可是他却一反常礼,自己"东向坐",傲然居于尊位之上。这就如一幅画,十分形象地勾勒出项羽依仗军事优势而不可一世的骄横神态;同时也揭示出项羽政治上迟钝的弱点,他只是满足于对刘邦的一时凌辱,而没有认识到眼前忍气吞声的刘邦,正是将来与自己争夺天下的敌人。对比之下,刘邦却清醒地看到了自己危险的处境,他认识到"小不忍则乱大谋",对项羽施加的种种凌辱,曲意承受,表现出一个有头脑的封建政治家的气度。《鸿门宴》是刘项在力量众寡悬殊的情况下的第一次政治较量。司马迁通过一些细节的描写,暴露了项羽的弱点,并预示着"夺项王天下者,必沛公也"的必然趋势。

## 参乘

从课文《鸿门宴》看,随从刘邦赴宴的除张良外,还有樊哙、夏侯婴、靳强、纪信等人。当"项庄拔剑起舞",欲"击沛公于坐",情况十分危急时,"张良至军门,见樊哙",而不找别人;樊哙见事"甚急","即带剑拥盾入军门","侧其盾以撞,卫士仆地",力气竟这么大;当樊哙撞入军营,"瞋目视项王",项羽知道他是刘邦的"参乘"以后,对樊哙的莽撞行为,不仅没有发怒,反而夸他为"壮士"。这些细节描写,都同"参乘"这个词语有关。

"参乘",也写作"骖乘"。颜师古在《汉书·文帝纪》:"乃令宋昌骖乘"下注道:"乘车之法,尊者居左,御者居中,又有一人处车之右,以备倾侧。是以戎事则称车右,其余则曰骖乘。"颜师古的注,讲清了"车右"和"骖乘"的共同含义,又讲明了两者的区别,即兵车上的叫"车右","其余则曰骖乘"。

古时候的马车是单辕的。参乘或车右,除在车的右边保持车的平衡,以防倾侧外,还担任警卫,以防不测的事情发生。《榖梁传·成公五年》:"使车右下而鞭之"下面注道:"凡车,将在左,御在中,有力之人在右,所以备非常。"樊哙是刘邦的参乘,负有保卫刘邦安全的责任,所以张良在情况危急时,立即出军门找樊哙,而没有找别人。

参乘或车右,因担负警卫工作,一般都由"有力之人"担任。《公羊传·宣公六年》:"赵盾之车右祁弥明者,国之力士也。"《韩非子·外储说左下》:"少室周(人名)为襄主骖乘,至晋阳,有力士牛子耕,与角力而不胜,周言于主曰:'主之所以使臣骑(应为'骖')乘者,以臣多力也。今有多力于臣者,愿进之。'"《史记·商君列传》:"君之出也……多力而骈胁('骈胁',指身强力壮)者为骖乘。"这些记载都说明参乘或车右,都必须由"有力之人"担任。因此,当樊哙想进入军门,"交戟之卫士欲止不内,樊哙侧其盾以撞",卫士立即倒在地上,这就不足为奇了。这里要补充的一点是,盾一般是由皮革或木头做的。《释名·释兵》:"以犀皮作之曰犀盾,以木作之曰木盾。"而樊哙的盾却是铁制的。《史记·樊哙列传》:"樊哙在营外,闻事急,乃持铁盾入到营,营卫止哙,哙直撞入。"铁制的盾无疑要比皮或木制的重得多,这也说明樊哙确实是个"有力之人"。

参乘因担负警卫,负责保卫尊者的安全,与尊者的关系十分密切,经常不离尊者的左右,因而也是尊者的亲信。《汉书·董贤传》就用"出则参乘,入御左右"来形容董贤与汉哀帝关系的密切。由于"鸿门宴"不是在关系对等的情况下举行的,所以"独沛公与张良得入坐"(《史记·樊哙列传》),樊哙迫于形势,留在营外,但时刻关心营内的动静。因此,当樊哙闻事"甚急",就不顾卫士的阻挡,怒气冲冲地撞入营内时,项羽开始很警惕"按剑而跽",空气十分紧张。但听到张良说这是"沛公参乘樊哙",觉得这是合乎他身份的举动,空气立即缓和下来,并且还邀樊哙入座就饮。

刘邦所以能在"鸿门宴"脱险,樊哙起了很大的作用。《史记·樊哙列传》说,"是日,微樊哙奔入营,诮让项羽,沛公事几殆。"《史记·高祖本纪》也特意提到樊哙在"鸿门宴"中的作用,说:"沛公以樊哙、张良故,得解归。"很显然,樊哙之所以能起作用,也是同他的参乘身份分不开的。

(本文原载于《中学语文教学》1979 年第 6 期)

# 对《曹刿论战》某些词语的解释

《曹刿论战》是一篇传统的古典作品。文章篇幅很短,文字也不艰深,注释却很详尽。可能正是由于这些原因,其中一些古今微有差别的词语,往往容易为人所忽略。下面仅就管见所及,对某些词语加以辨释。

## 公将战

"将",应该是能愿动词,相当于"欲",对译为现代汉语,是"打算"的意思。由于"打算"中的行为,都没有成为现实,要成为现实,那也是将来的事,由于当能愿动词讲的"将"和当副词讲的"将",在句中的位置一样,都在动词之前,因此,一般都笼统地把"将"当时间副词处理。"将"可作"欲"解释这一点,几乎没有人提及。

其实,一些古今工具书都收有"将"可作"欲"的解释。《广雅·释诂一》:"将,欲也。"《玉篇》:"将,欲也。"《词诠》卷六在引用《广雅》的解释后,加"按"说:"即今语之打算。此种用法,含有意志作用。"新编《辞海》"将"字的第❻义项:"欲,打算。"并举《左传·隐公元年》:"君将若之何?"为例。

"将""欲"有时还可在同一句话中互用。《国语·晋语四》中"公子怒,将鞭之",《左传·僖公二十三年》为"公子怒,欲鞭之"。《左传·僖公二十三年》中"将行,谋于桑下",《国语·晋语四》为"欲行,而患之,与从者谋于桑下"。

《曹刿论战》中的"公将战",从下文看,还在谋划之中。这个"将",既包含意志作用,又表示还在谋划阶段,我认为以理解为"欲"较好。下文的"公将战""公将驰之"中的"将","含有意志作用"十分明显,也应该看作是能愿动词。

用作时间副词的"将",只表示行为将要发生,不"含有意志作用",一般说,用于行为已经决定但还未实现的时候。如果用于对客观事物的推论,一般预示着行为必将发生。如"子封曰:'可矣,厚将得众'。"(《左传·隐公元年》)"宋有富人,天雨墙坏,其子曰:'不筑,必将有盗。'"(《韩非子·说难》)

## 肉食者谋之

"肉食者",杜预注释为"在位者"。现在的注本,一般先解释"肉食者"为"吃肉的人",然后再指出,"这里是指有权势的人"。似乎"肉食者"的通常用法是"吃肉的人",只是在《曹刿论战》里才有"有权势的人"这一特殊用法。

在《左传》里,"肉食者"是专指享有"食肉之禄"(见《左传·昭公四年》)的"在位者"。"在位者"包括从君王到卿大夫。关于这一点,前人对《左传》有关部分的注释说得很清楚。

杜预在"食肉之禄"下注道:"食肉之禄,谓在朝廷治其职事就官食者。"孔颖达疏:"正义曰:在官治事,官皆给食,大夫以上乃有肉,故鲁人谓曹刿曰:'肉食者谋之'。又说子稚、子尾之食,云'公膳日双鸡',是大夫得肉食也。传言'食肉之禄',禄即此肉也。"《左传·襄公二十八年》：“公膳日双鸡。”杜预注：“卿大夫之膳食。”《经典释文》卷十八，对"公膳"两字解释说：“公膳，谓公家供卿大夫之常膳。”可见，"在官治事，官皆给食"，是当时的一种制度。“肉食者”，就是"在朝廷治其职事就官食者"的专称。在《左传》中，不见"肉食者"用于泛指"吃肉的人"。

唐代训诂学家颜师古在提及"肉食者"时，从行文来看，也理解为"卿大夫"的专称。《匡谬正俗》卷四：“庄十年，曹刿之乡人谓刿曰：'肉食者谋之，又何间焉？'对曰：'肉食者鄙，未能远谋。'此乡人见刿欲论军，所以谏云：'卿大夫自当谋之，非卑浅者所当关预。'刿即答云：'当今卿大夫识见鄙薄，未能远谋，我所以须见君论之耳。'”

## 小大之狱，虽不能察，必以情

在先秦典籍中，涉及狱讼的"情"字，一般都指情实或讼情。有的注本解释为"情理"，不甚贴切。最近有人解释为"争讼之辞"，更值得商榷。"情"和"辞"，用于狱讼时，是两个互有联系，但又有区别的词。《礼记·大学》：“子曰：'听讼，吾犹人也。必也，使无讼乎？'无情者不得尽其辞，大畏民志。”郑玄注：“情，犹实也。无实者，多虚诞之辞。圣人之听讼，与人同耳。必使民无实者，不敢尽其辞……”从郑玄的注释来看，"情"和"辞"，显然是有区别的。《尚书·吕刑》提到诉讼中的"单辞""两辞"。孔颖达疏：“单辞谓一人独言，未有与对之人。讼者多直己以曲彼，构辞以诬人。单辞特难听……狱之两辞，谓两人竞理，一虚一实，实者枉屈，虚者得理，则此民之所以难治也。民之所以得治者，由典狱之官，其无不以有中正之心,听狱之两辞,弃虚从实。实者得理,虚者受刑。虚者不敢更讼,则刑狱清而民治矣。孔子称:'必也,使无讼乎?'谓此也。"如果把《曹刿论战》中的"情"解释为"争讼之辞",而"争讼之辞"有虚有实,有的甚至"构辞以诬人",怎么能据以判明案情的真相呢?

至于《周礼·小宰》:"以叙听其情。"郑玄注:"叙,叙次也,谓先尊后卑也,治功状也,食禄之多少。情,争讼之辞。"注中所说的"争讼之辞",实际上是指狱讼之情。在郑玄的注下,贾公彦疏:"情谓情实,则狱讼之情,受听断之时,亦先尊后卑也。""以叙听其情",是说要按讼者的官位高低来安排听狱的次序,而不是说判案,同"必以情"中的"情"联系不上。贾公彦的疏:"情,谓情实。"和郑玄《礼记·大学》注:"情,犹实也。"则是完全一致的。

有人觉得,如把"情"理解为"情实",就会和上文的"察"相矛盾。其实,不仅不矛盾,而且还会产生积极的修辞效果。《说文》:"察,覆审也。"覆审,就是反复审辨的意思。《新书·道术》:"纤微皆审谓之察。"当时,对审理案件,要求做到"五听",以"求民情"(见《周礼·秋官·小司寇》)。所谓"五听",即辞听、色听、气听、耳听、目听。这就是说,审理案件,不仅要听取讼者的诉辞,而且还要从讼者的神色、呼吸、声调、眼神等各种表现来判断讼辞的虚实。鲁庄公承认自己作为一个国君,不能做到这样"纤微皆审"的程度,所以他说,对于大大小小的狱讼,虽然不能反复审辨,但一定依据案件的实际情况来断案。这样说,显得非常得体,而且还包含着自谦的精神。

## 可以一战

这句话,一般都注释为"可以凭这一战"或"可以用来一战"。这样注释是准确的。需要补充说明的是,古代汉语中的"可以",在一般情况下,都可理解为"可以用来"。早期语法学家马建忠认为,"可"是助动词,"以"是介词。他说:"助动词之后,往往介以'以'字,而直接所助之动词,明其所以助也。""'可'后'以'字,其司词(按:即宾语)非其起词(按:即主语),即其前文,故不重书也。'可以'两字,经籍习用如此者。"(《马氏文通》卷四)马建忠的这个说法,概括了"可以"在古汉语中的基本用法。一般说,古代汉语的"可",相当于现代汉语的"可以";古代汉语的"可以",相当于现代汉语的"可以用来"。下面是"可"和"可以"同时出现在一段话中,而用法却有明显区别的例子:

> 知吾卒之可以击,而不知敌之不可击,胜之半也。知敌之可击,而不知吾卒之不可以击,胜之半也。知敌之可击,知吾卒之可以击,而不知地形之不可以战,胜之半也。(《孙子兵法·地形》)

但这只是就"可以"的一般用法而言的。语言是发展的。早在先秦两汉,"可以"就开始有发展为现代汉语"可以"用法的趋向。《战国策·西周策》:"案兵而勿出,可以德东周,西周之宝可尽矣。"《史记·周本纪》为"西周之宝可以尽矣"。"可"后加了一个"以"字。但在古代汉语中,相当于现代汉语"可以"的意思,主要还是用"可"来表示。如《左传》中共有"可"字 622 个,其中同介词"以"连用的只有 127 个。《论语》中有"可"字 155 个,其中同介词"以"连用的只有 33 个。辨别古代汉语中"可"和"可以"的用法,有助于准确地理解文章的意思。

(本文原载于《教学与研究》1980 年第 5 期)

# 《中山狼传》中的暗典

古人写文章很注意用典。用典有两种：一种是明典，一种是暗典。明典是援用古人的话和事，来加强自己论点的说服力。这种典一般用于论说文。如《论积贮疏》一开头就说："管子曰：'仓廪实而知礼节。'"《捕蛇者说》末了一段，援引孔子的话说："孔子曰：'苛政猛于虎也。'"这就是《文心雕龙·事类》篇所说的"据事以类义，援古以证今者也"。

暗典是把古书中的话融化在自己的语言中，"不啻自其口出"（《文心雕龙·事类》），使人觉察不出来是用典，只有对古书很熟的人才看得出这些话的来历出处。这种典一般用于诗赋和叙事散文。《中山狼传》用的主要是这种暗典。

《中山狼传》的作者对古籍非常熟悉，他常常把古书里的话熔铸在自己的文章里，浑然一体，让人看不出是在用典。中学课本对其中某些典，如"毛宝放龟""随侯救珠""脱颖而出""大道以多岐亡羊""守株缘木""摩顶放踵""天之未丧斯文也"等作了注释。但也还有不少典没有作注释。如：

人立而啼（见《左传·庄公八年》）

肃慎之矢（见《国语·鲁语下》）

乌号之弓（见《淮南子·原道训》《史记·封禅书》）

生死而肉骨（见《左传·襄公二十二年》《左传·昭公二十五

年》《国语·吴语》)

前虞跋胡,后恐疐尾(见《诗经·豳风·狼跋》)

是羿亦有罪焉(见《孟子·离娄下》)

蝟缩蠖屈(见皮日休《吴中苦雨》和《易·系辞下》)

由于这些典都融化在作者自己的语言中,知道是用典,固然更好;不知道是用典,也并不妨碍对文意的理解。除了上述基本上用的是古书中原话的典以外,还有一些典,是作者概括了古书中某些话的意思,变成自己的话说出来的。如果不知道这些典的出处,不仅会影响对文意的理解,甚至对字面的意思也可能产生误解。课文中"从井以救人,解衣以活友",就属于这样的典。这两个典所包含的意思,既是作者写这篇文章的指导思想,又是对这篇文章的最后归纳。因此,很有必要把它弄清楚。

先说"从井以救人"。这个典出自《论语·雍也》宰我问曰:"仁者虽告之曰:'井有仁焉。'其从之也?"一语。《论语》是儒家的经典著作之一,注家很多。每个注家对这句话的理解出入很大,对其中"仁""从"等字的注释也有分歧。那么,作者用这个典是取用哪一家的说法呢? 从文意和作者的情况来看,显然是采用了朱熹的集注。朱熹是这样注的:

> 刘聘君曰:"'有仁'之'仁',当作'人'。"今从之。从,谓随之于井而救之也……盖身在井上,乃可以救井中之人。若从之于井,则不能复救之也。此理甚明,人所易晓。仁者虽切于救人,而不私身,不应如此之愚也。

从文意看,"从井以救人"这个典正是从朱熹的注文中概括出来的。作者对"从井以救人,解衣以活友"是采取批判态度的。他认为,下井救人,脱衣服去救活挨冻的朋友,结果招致自己"就死地",这是"愚亦甚矣"的行为。"仁陷于愚,固君子之所不与也"这个看法,完全承袭了朱熹"仁者虽切于救人而不私身,不应如此之愚也"的观点,甚至连语言都非常近似。

从作者的情况来看,专取用朱熹的注文也是很自然的事。作者马中锡是明代人。据《明史·马中锡传》记载:"中锡举成化乡试第一。明年,成进士,援刑部给事中……历陕西督学副使……弘治五年,召为大理右少卿……正德元年,入历兵部左右侍郎。"从这些记载看,作者是科举出身,历任明朝政府的官员。明朝政府规定,朱熹编的《四书集注》,是各级学校的必读教科书。不仅如此,明朝政府还改革了唐宋的科举考试项目,"专取四子书(按:即朱熹编的《四书集注》)及《易》《书》《诗》《春秋》《礼记》五经"(《明史·选举志》)。"洪武十七年三月颁科举定式:初场四书义三道,每道二百字以上……四书主朱子集注"(《续文献通考》卷三十五)。不论是各级学校讲课,还是科举考试,对四书的理解,均以朱熹的《四书集注》为标准答案。因此,有理由认为,尽管对《论语·雍也》中"井有仁焉"这句话,有各种各样的理解,但是,作者取用的是朱熹的注文。

如果这个分析能够成立,"从井以救人"这个典的字面意思,也可以落实下来。"从井以救人",是随从落井者下井去救人的意思。"从",应该是动词,不是介词。因为如果理解为介词,救的人在井上,就不会有"就死地"的危险,当然也就不能说"愚亦甚矣"。有人把"从井"理解为"纵身入井"的意思,于文意并无不合,但从古注中找不到根据,而且从语言上看,古汉语中也没有这样的省略法。古本《论语》"从"虽作"纵",但汉、魏以来一些有影响的注家都认为是"从"字。而且如上分析,作者用的这个典,不是直接从《论语》中的原话,而是从朱熹的注文中概括出来的。因此,即使是旧注中有解

"从"为"纵"的,这里也应遵从作者的原意,而不应把对原文的不同理解搬用到这里。

再说"解衣以活友"。这个典所包含的解衣与人而自己冻死的意思,最早见于《吕氏春秋·长利》中的一段话。现把这段话摘引如下:

> 戎夷违齐如鲁。天大寒而后门(按:指天黑城门已闭)与弟子一人宿于郭外。寒愈盛,谓其弟子曰:"子与我衣,我活也;我与子衣,子活也。我,国士也,为天下惜死;子,不肖人也,不足爱也。子与我子之衣。"弟子曰:"夫不肖人也,又恶能与国士之衣哉!"戎夷太息曰:"嗟乎,道其不济夫!"解衣与弟子,夜半而死。弟子遂活。

"解衣以活友"这句话中,有三个字——解、衣、活——出自这段文字,而意思基本也一致。所不同的只是,一个是弟子,一个是友。《列士传》中也有一段与此类似的话:

> 左伯桃与羊角哀为死友,闻楚王贤,往见之。道遇雨雪,计不俱全,乃为角哀曰:"我所学不如子,子往矣。"乃併衣粮与角哀,自入空树中死。

《列士传》中这段话,虽没有典中的"解""活"等字,而且给友的不只是衣,还有粮,但是,给的对象却是友。据此看来,"解衣以活友"这个典,很可能是作者融合了《吕氏春秋》和《列士传》两段话的意思。

从课文的意思来看,"从井以救人"一个典已足以说明问题。"解衣以活友",语意重复,实际上只起着使语言结构两两相对和在意思上陪衬的作用。

这两个典在文章的最后,起着概括全文的作用。如果不知道这两个典的出处,连字面意思也拿不准,很有可能在语意含糊中结束这篇课文。知道了这两个典的出处以后,读起来语感就大不一样,并且产生一种辞意隽永、耐人咀嚼的修辞效果。

(本文原载于《教学与研究》1980年第7期)

# 中国及其别称考源

"中国"一词,自古有之。从现有传世的文献来看,可追溯到周初周武王统治时期(约公元前11世纪)。这表明,早在周初,即三千多年前,中国作为一个地域概念已基本形成。不过,在形成之初,中国,既是一个地域概念,也是一个文化概念、政治概念、民族概念。因为中国在古代只是指黄河中下游流域的中原地区,这个地区是华夏文化的发源地,全国政治统治中心的所在地,中华主体民族汉族的居住地。随着我国历史的进程向前推进,"中国"一词不仅仅是标志其地域的逐渐扩大,而且其内在涵义也日益丰富和扩大,其中,包含着文化的渐趋认同,语言的渐趋统一,政治的渐趋一统,民族的渐趋融合。约到了汉代,"中国"一词的含义,虽然仍有其丰富的文化内涵,但是逐渐开始稳定在有着有效的统一政治、有效的行政疆域的含义上。今天,有着共同的传统文化,统一的语言文字,公认的共同疆域,正向现代化迈进的强大的中国,就是由约五千年的历史发展所形成的。

## "中国"考源

"中国"一词最早见自《尚书·周书·梓材》(《尚书》中仅1见)和《诗经·大雅》的《桑柔》等诸篇(《诗经》中共7见)。《尚书·梓材》:"皇天既付中国民,越其疆土,于先王肆。"孔安国传:"大天已付周家治中国民矣,能远拓其界壤,则于先王之道遂大。"孔颖达疏:"……君天下者当如此。今大天已付周家治九州之中国民矣,周家之王,若能为政用明德以怀万国,远拓其疆界土壤,则先王之道遂更光大。"《梓材》是一篇对康叔的文告。康叔是周武王同母的少弟。据《史记·周本纪》记载,周公是在平定管叔、蔡叔的叛乱后,"颇收殷余民,以封武王少弟封为卫康叔"。在传世的文献中,最早出现的8处"中国",都在有关周代的记载中,由此我们可以认定,"中国"一词,最早出现在周初。

中国,最初是一个词组,当然是一个固定词组。中,中心;国,区域。或、域、国,是古今字的关系。"国(國)"的初文为或。"國",甲骨文写作口,是用戈、口(wéi)两字组成,意为以戈守卫领地。《说文·戈部》:"或,邦也。从口,戈以守其一,一,地也。域,或,或从土。"段玉裁注:"邑部曰:'邦者,国也。'盖或、国,在周为古今字,古文只有或字,既乃复制国字。以凡人各有所守皆得谓之或……(或)既从口从一矣,又从土,是为后起之俗字(指'域'字)。"因此,中国的初义,是指天下的中心区域。但区域范围并不十分确定,有时指京师,即首都,有时指文化发达的中原地区。《诗经·周颂·民劳》:"惠此中国,以绥四方。"毛传:"中国,京师也;四方,诸夏也。"孔颖达疏:"中国之文与四方相对,故知中国谓京师,四方谓诸夏。若以中国对四夷,言诸夏亦为中国,言各有对,故不同也。"

在古人的观念里,天下,是指天之所覆,地之所载的所有地方;古人还认为,普天之下所有的地方,是最高统治者天子所理所当然的统治领域,即所谓"溥(普)天之下,莫非王土"(《诗经·小雅·北山》)。天下的周边地区,即离中心很远的地区,荒远偏僻,文化相对落后,被称为四海或四夷;黄河中下游流域的中原地区,与四海或四夷相对,是处在天下的中心,又是当时文化最发达的地区,称之为中国;与中国相对,中心的中心,即中央政府所在地,帝王所都,即京师,也称中国。《荀子·大略》:"欲近四旁,莫如中央,故王者必居天下之中。"中国用于京师义,除上文所引《诗经·周颂·民劳》的"惠此中国"外,在其他古籍中也时有所见。如《孟子·万章上》:"夫然后之中国践天子位焉,而居尧之宫,逼尧之子,是篡也。"孙奭疏:"所谓中国,刘熙云:'帝王所都为中,故曰中国。'"

中国,与四海或四夷相对时,是指政治中心和文化中心,也是当时精神文明和物质文明高度发达的区域。《战国策·赵策二》:"中国者,聪明睿智之所居也,万物财用之所聚也,贤圣之所教也,仁义之所施也,《诗》《书》《礼》《乐》之所用也,异敏技艺之所试也,远方之所观赴也,蛮夷之所义行也。"而四海或四夷,则是指荒漠僻远,暗于礼仪的地区。《荀子·王制》:"北海则有走马吠犬焉,然而中国得畜使之;南海则有羽翮齿革曾青丹干焉,然而中国得而财之;东海则有紫紶鱼盐焉,然而中国得而衣食之;西海则有皮革文旄焉,然而中国得而用之。"杨倞注:"海谓荒晦绝远之地,不必至海水也。""海"与"晦",声近义通,有僻远荒晦,晦于礼仪的意思,古籍中的"四海之内"或"海内","四海之外"或"海外",其中的"海",一般都是这个意思。四夷与四海在荒远这一意义上可以说是同义语。《论语·颜渊》:"四海之内,皆兄弟也。"孔颖达疏:"东夷西戎南蛮北狄,四海之内,九州之人,皆可以礼亲之为兄弟也。"《尔雅·释地》:"九夷、八狄、七戎、六蛮,谓之四海。"郝懿行疏:"四海者,《御览》卅六引舍人云:'晦冥无识,不可教诲,故曰四海。'《曲礼》正义引李巡注:'四海,远于四荒。'余同舍人。《诗·蓼萧》正义引孙炎曰:'海之言晦,晦暗于礼义也。'"

因此,"中国"这一词语在古籍中兼含文化发达的意义,并常常与四夷或夷、狄一类词对用。《国语·楚语上》:"蛮、夷、戎、狄,其不宾也久矣,中国所不能用也。"《左传·成公七年》:"中国不振旅,蛮夷入伐,而莫之或恤。"杨伯峻注:"中国,当时华夏各国之总称。"《孟子·梁惠王上》:"然则王之所大欲可知已,欲辟土地,朝秦楚,莅中国,而抚四夷也。"《史记·秦本纪》:"缪公怪之,问曰:'中国以诗书礼乐法度为政,然尚时乱,今戎夷无此,何以为治,不亦难乎?'"《穀梁传·昭公元年》:"晋荀吴帅师败狄于大原。"《传》曰:"中国曰大原,夷狄曰大卤。号从中国,名从主人。"《淮南子·要略》:"齐桓公之时,天子卑弱,诸侯力征,南夷北狄,交伐中国,中国之不绝如线。"

中国与四夷,随着我国历史的发展,文化的认同,其地域也不断地变化。总的趋势是,中国所包含的区域渐趋扩大,四夷所包含的区域渐趋缩小,最后两者的区域界限逐渐模糊,趋向一致,中国就成为全国统一的称谓。"传称禹会诸侯于涂山,执玉帛者万国。成汤受命,其存者三千余国。武王观兵有千八百国,东迁之初尚存千二百国。迄获麟之末,二百四十三年,诸侯更相吞灭,其见于《春秋经传》者凡百有余国,而会盟征伐,章章可纪者约十四君。"(《历代疆域表》)及至战国,仅存"万乘之国七,千乘之国五",后秦始皇"乘六世之烈,以蚕食六国,兼诸侯而并有天下"(刘向《战国策·序》)。这个从"执玉帛者万国"到"兼诸侯而并有天下"的过程,就是一个民族大融合、文化大认同、政治大一统的过程。这其间,虽然也有用武力相兼并,但从全过程来看,主要还是依靠中国地区的文化优势和政治文明,吸引并同化四夷前来归附。据记载,在商、周时期,四夷渴慕中国文化,争先恐后归附中国,其急切的心情犹如大旱之盼云霓。《孟子·梁惠王下》:"《书》曰(见《尚书·仲虺之诰》):'汤一征自葛始,天下信之。东面而征西夷怨,南面而征北狄怨,曰:奚为后我?'民望之,若大旱之望云霓也。"《荀子·王制》:"故周公南征而北国怨,曰:'何独不来也?'东征而西国怨,曰:'何独后我也?'"征、正同源,意为使之正。所以例中的"征",含有文化征服的意思,所以才会发生商汤、周武王的王者之师、仁义之师所到之处,能受到四夷,即边远民族如同大旱之遇甘霖般的热烈欢迎;那些王师还没有到达的地区,则纷纷抱怨,为什么不先让我早日享有中国的文化呢?

在秦"并有天下"以前,天下的含义相当于今天所说的全国,而从夏禹的"万国",经过不断的兼并、融合,到战国时期的"万乘之国七,千乘之国五",其中的"国",是指从属于一个天子统治的诸侯国,而中国,只是中原地区的一部分诸侯国,后来也扩展到长江流域的诸侯国,因此,中国也称诸夏或诸华,如楚、吴、越等本来也被称为蛮夷,但到春秋时期已成为称霸中国的五个诸侯国中的三个。春秋战国时期,周室衰微,大权旁落,但周天子名义上还是最高的统治者。在秦并有天下、统一中国、建立中央集权统治以前,国与国的交往,相当于现今的省与省的交往。在先秦时期,古人还没有像今天所理解的与中国相对的外国的概念,当时连"外国"这一词语也没有。虽偶尔可见"异国",也只是指别的诸侯国。

"外国"这一词语首先出现在《史记》,并且有时与中国对用,这意味着"中国"一词的意义已开始发生变化。秦"平定天下,海内为郡县,法令由一统",结束诸侯割据,并"分天下以为三十六郡"(《史记·秦始皇本纪》),建立了一个真正统一的中央集权政府。虽然秦政权存在的时间很短,但汉承秦业,推翻了秦以后,仍保持其高度统一的中央集权统治。虽也分封同姓子弟为诸侯王,但采取强本弱枝的政策,确保中央集权统治。"中国"一词的含义也因而开始产生变化。在《史记》中,叙述历史事实时,"中国"仍是与"四夷"相对的中原地区义。如《史记·吴太伯世家》:"自太伯作吴,五世而武王克殷,封其后为二:其一虞,在中国;其一吴,在夷蛮。十二世而晋灭中国之虞。中国之虞灭二世,而夷蛮之吴兴。"

但与当时周边国家交往时,"中国"则表示汉王朝有效统治的整个区域,自称中国,称他国为国或外国。如《史记·大宛列传》:"天子既闻大宛及大夏、安息之属皆大国,多奇物,土著,颇与中国同业,而兵弱,贵汉财物。"又:"而汉发使十余辈至宛西诸外国,求奇物,因风览以伐宛之威德,而敦煌置酒泉都尉;西至盐水,往往有亭。而仑头有田卒数百人,因置使者护田积粟,以给使外国者。"例中的"大国""外国"都是称中国以外的国家。中国有时还与外国对用。如《史记·天官书》:"其出西失行,外国败;其出东失行,中国败。"

语义是一个系统,一个词或词组的语义发生变化,往往会引起相关语义的变化。随着"中国"一词的语义变化和"外国"这一词语的产生,"夷""狄""天下"等语义也相应地开始发生变化。"夷""狄"一类词语从国内边远地区少数民族义,扩大为边缘国家或外国义。《旧唐书·韩愈传》:"伏以佛者,夷狄之一法耳。自后汉时始流入中国,上古未尝有也。"例中"夷狄"指今印度。晚清时的文籍,常称外国人为夷人,如称日本人为日夷或倭夷,称英国人为英夷等。"天下"也从原来的只表示全国义,扩大为表示全世界义。《汉语大词典》虽然收了"天下"的全世界义,但没有书证。如"天下"的义项"❷指全世界。如：我们的朋友遍天下。"其实，《明史·外国七》里就有非常典型的书证："意大利亚，居大西洋中，自古不通中国。万历时，其国人利玛窦至京师，为《万国全图》，言天下有五大洲。第一曰亚细亚洲，中凡百余国，而中国居其一。""言天下有五大洲"的"天下"是全世界的意思，"中国"则是天下五大洲中属亚细亚洲的一个国家。

## 中国的别称

由于中国是一个历史悠久的文明古国，在不同时期为了适应各种场合表达的需要，中国还相应地有很多别称。这些别称可分两类：一类是与中国的意义相近，一般用于自称；一类是在与各国交往中，他国对中国的称呼。兹分别介绍如下。

前者有华夏、华、夏以及由华、夏分别组成的诸华、中华、诸夏、中夏、神州、赤县等。这一组别称，既包含中原地区，又包含文化发达两层含义。

华夏，首见于《尚书·武成》篇，原也是指文化发达的中原地区，后泛称整个国家。《尚书·武成》："华夏蛮貊，罔不率俾恭天成命。"孔安国传："冕服采章曰华，大国曰夏。"孔颖达疏："冕服采章，对被发左衽则为有光华也。《释诂》：'夏，大也。'故大国曰夏，华夏，谓中国也。"《三国志·蜀书·关羽传》："（关）羽威震华夏，曹公拟徙许都以避其锐。"

华，是华夏的简称，也称诸华。《左传·定公十年》："裔不谋夏，夷不乱华。"孔颖达疏："夏，大也。中国有礼仪之大，故称夏；有服章之美谓之华；华、夏，一也。"《旧五代史·外国列传二》："安禄山之乱,肃宗在灵武,悉召河西戍卒收复两京,吐蕃乘虚取河西、陇右,华人百万皆陷于吐蕃。"《元史·外夷一·日本》:"昉然善隶书,不通华言。问其风土,但书以对,云其国中有五经书及佛经、《白居易集》七十卷。"

诸华,泛指中原文化发达的诸侯国。诸,是表示多数的不定指示代词。《左传·襄公四年》:"劳师于戎,而楚伐陈,必弗能救,是弃陈也。诸华必叛。"杜预注:"诸华,中国。"

中华,是中国和华夏相合的简称。《中文大辞典》:"我国昔时多就黄河流域建都,因称其地曰中华。中者,言居四方之中;华者,言具有文化之民族也。其后疆域日广,凡其所属,皆称中华,亦曰中国。"《魏书·礼志》:"下迄魏晋、赵秦二燕,虽地据中华,德祚微浅。"

夏,是华夏的简称,如泛指多数时也称诸夏。《尚书·舜典》:"蛮夷猾夏,寇贼奸宄。"孔安国传:"夏,华夏。"《左传·定公十年》:"裔不谋夏,夷不乱华。"《论语·八佾》:"夷狄之有君,不如诸夏之无也。"何晏集解:"诸夏,中国。"

中夏,中国和华夏相合的简称。《昭明文选·班固〈东都赋〉》:"目中夏而布德,眺四夷而抗棱。"吕向注:"中夏,中国。"

神州,最初也是指中原地区或京师。"神州"一词,虽出自战国时期阴阳家邹衍之口,但现存文献首见于《史记》。《史记·孟子荀卿列传》:"中国名赤县神州。赤县神州内自有九州,禹之序九州是也。"《昭明文选·孙子荆〈为石仲容与孙皓书〉》:"土则神州中岳。"李善注:"昆仑东南地方五千里,名曰神州,中有五岳地图,帝王居之。"现"神州"已广泛用于对中国的别称。

赤县,早期常与"神州"连用。见上例。"赤县"单用时多见于诗词中。张衡《灵宪图》:"昆仑东南,赤县之州,风雨有时,寒暑有节。"

这一类别称,在语义上与中国有共同点,初义都是指中原文化发达的区域,只是侧重点有所不同。中国侧重于地处天下之中,且常与"四夷""蛮夷"相对。华夏则更凸显其注重礼仪的文化内涵。"华""夏"单用时,华则侧重文采光华,夏则侧重礼仪大国。"中华""中夏",兼含"中国""华夏"义。"神州""赤县"虽都是地域概念,但也含有最早开发的地区义。且这些词的产生也有先有后。"中国""华夏"或"夏""华"已见于先秦早期的文献。"赤县神州"始见于汉人的著作引用战国时期邹衍的话。"中华""中夏"约产生于魏晋时期。

后者有秦、汉、唐、震旦(振旦、真丹、旃丹、神丹)、支那、至那、脂那等。这些词一般用于他国对中国的称谓。我国历史上秦、汉、唐诸王朝,国势最为强盛,产生较大的世界影响。他国因以秦、汉、唐称中国。

秦,秦王朝的政权在历史上存续的时间虽短,但因为它是在全国建立真正的中央集权统治,所以其影响却很深远和广泛。"古代印度、希腊、罗马等地人称中国为 Cina, Thin, Sinae 等,或以为皆'秦'之对音。"(《汉语大词典》"支那")《史记·大宛列传》:"闻宛城中新得秦人,知穿井,而其内食尚多。"《汉书·西域传》:"匈奴缚马前后足,置城下,驰言'秦人,我匄若马。'"颜师古注:"谓中国人为秦人,习故言也。"南朝梁慧皎《高僧传·译经下》:"彼诸道俗闻而叹曰:'秦地乃有求道沙门矣!'"清王士禛《池北偶谈·谈异二·汉人唐人秦人》:"马永卿引《西域传》言:'秦人,我匄若马。'注:'谓中国人为秦人。'"汤用彤《汉魏两晋南北朝佛教史·经典与翻译》:"故僧睿记罗什之译《大品般若》曰:'手执梵本,口宣秦言,两译异音,狡辩文旨。……胡音失者,正之以天竺;秦言谬者,定之以字义。'(《出三藏记》)""秦言",即中国话。

汉,汉代国力强盛,声名远播,边缘国家常以汉称中国。东晋法显《佛国记》:"吾到汉地,当向国王言汝也。汉地王亦敬佛法,重比邱僧。"宋马永卿《懒真子》卷一:"今之夷狄谓中国为汉者,盖有说也。《西域传》载武帝轮台诏曰:'匈奴缚马前后足,言秦人,我匄若马。'注谓中国人为秦人,习故言也。故今夷狄谓中国为汉,亦由是耳。"

唐,也是中国历史上的强盛时期,声播海外,因径称中国为唐。唐玄奘《大唐西域记》卷五:"大唐国在何方? 经途所亘,去斯远近? 对曰:'当此东北数万余里,印度所谓摩诃至那国是也。'"(摩诃,大,敬词;至那,中国。摩诃至那,即伟大的中国。下同。)《明史·外国传二·真腊》:"唐人者,诸番呼华人之称也,凡海外诸国尽然。"清王士禛《池北偶谈·谈异二·汉人唐人秦人》:"昔予在礼部,见四译进贡之使,或谓中国为汉人,或曰唐人。谓唐人者,如荷兰、暹罗诸国。盖自唐始通中国,古相沿云尔。"

震旦,印度语 Cinisthāna 的音译,为古印度对中国的称呼,字也写作真丹、旃丹、振旦。后国人有时也用。东晋天竺帛尸蜜多罗译《佛说贯顶经》六:"佛语阿难……阎浮界内有震旦国。"《翻译名义集·诸国篇第二十八》:"震旦,或曰真丹、旃丹。琳法师云:'东方属震,是日出之方,故云。'震旦,《华严音义》翻为汉地,此不善华言。《楼炭经》云:'葱河以东,名为震旦。以日出初耀于东隅,故得名也。'"唐王勃《益州德阳县善寂寺碑》:"蛟台蜃阁,俄交震旦之墟;月面星毫,坐照毗邪之国。"

《宋书·蛮夷传·天竺迦毗黎国》:"元嘉五年,国王月爱遣使奉表曰:'……圣贤承业,如日月天,于彼真丹,最为殊胜。'"唐玄应《一切经音义》卷四:"振旦或言真丹,并非正音,应言支那。此言汉国也。"明杨慎《词品》卷二:"王半山和俞秀老《禅思》辞曰:'茫然不肯住林间,有处即追攀。将他死语图度,怎得离真丹?'……真丹,即震旦也。"

支那,至那或脂那。古印度、希腊和罗马等称中国为 Cina,Thin, Sinae,或以为是汉语"秦"的译音,在佛教经籍中译作支那、至那或脂那。近代日本也曾称中国为支那。唐义净《南海寄归内法传·师资之道》:"且如西国名大唐为支那者,直是其名,更无别义。"

## 余论

"中国"一词含义的发展变化,也间接地反映了中国社会由分散到统一的历史发展进程:即从开始只是表示中心区域,发展成为今天的表示整个国家的名称;随着"中国"一词的意义变化,也影响到"天下"一词的意义变化,即天下从只是表示天子所统辖的领域,即相当于今天的全中国义,发展成为今天的表示全世界义。由此自然而然地引发出两点思考:一点是从中国历史的发展来看世界,人类社会的历史也可能是由分散的小社会趋向统一的大社会,最后达到世界的大同;一点是由分散趋向统一的主要因素或主要手段,可能不是依靠军事手段,而是依靠先进文化的亲附力和融合力。

中国社会由分散趋向统一,这个历史进程是从夏开始的。相传"古有万国"(《荀子·富国》),《荀子》中所说的"古有万国",这个

"古",参照《左传》和《吕氏春秋》的记载,应该是夏禹时期。《左传·哀公七年》:"(夏)禹合诸侯于涂山,执玉帛者万国。今其存者无数十焉。"《吕氏春秋·用民》:"当禹之时,天下万国,至于(商)汤而三千余国,今无存矣。"夏朝的开创者为禹。当时洪水横行,泽国千里,禹常年在外治水,胝手胼足,"八年于外,三过其门而不入"(《孟子·滕文公上》)。夏禹不仅治水,而且还亲自带头参加农业生产,"身执耒臿以为民先,股无胈,胫不生毛"(《韩非子·五蠹》)。夏禹活动的区域主要在黄河的支流伊洛流域,并开始形成以伊洛为中心的文化区域。《国语·周语上》:"昔伊洛竭而夏亡。"韦昭注:"禹都阳城,伊洛所近。"

从夏到商,约五个世纪,"天下万国"至于商,减少为"三千余国";从商到周,又约五个世纪,至于周初,还存一千八百余国。至此,一个以中原地域为中心的文化区域基本形成,而中国、华夏等表示文化中心的词语,也正产生于这个时期,看来并不是偶然的。这标志着由分散的小社会向统一的大社会发展,已成为不可阻挡的历史发展趋势。从周到秦,经历了春秋战国时期,约九个世纪,以中原为中心的一个多民族融合体的中国,开始成为一个真正的统一体,这种统一的趋势从汉代起日益稳固并加强。魏晋南北朝时期以至隋唐五代以后,如鲜卑、乌丸、羯、氐、羌、契丹、女真等民族,仍不断地融入华夏文化,不断地融入中华民族。即使到了现在,民族融合也还在进行,如满族与汉族,两者的文化渐趋融合,两者的界限日益淡化,大有合而为一的趋势。

地球是圆的。中国仍然处于世界的中心地区,当然,任何一个国家或地区也都处在世界的中心地区。各个地区也正不同程度地处在由分散的小社会向统一的大社会发展。如果世界有一天实现大同的话,那么,哪个国家或地区的文化最具有亲附力和融合力,它就有可能成为世界大同的中心。

文化大体上可分为科学文化和民俗文化两大类。民俗文化不存在先进和落后的区别,有先进落后之分的文化应该是科学文化,科学文化当然是包括自然科学和社会科学。科学文化是没有国界的,是世界人民所共享的。从总体上来说,一个社会由分散到统一,应该是文化、政治、经济、军事等因素综合起作用的结果,但细究起来,其中深层的潜在的长期起作用的恐怕还是文化。文化是推动社会趋向统一的最基础的力量,有着巨大的亲附力和融合力。

从中国的情况来看,在民族融合和社会统一的过程中,真正起作用的还应该是文化。当时中原地区的先进文化被形容为"溥博如天,渊泉如渊。见而民莫不敬,言而民莫不信,行而民莫不悦。是以声名洋溢乎中国,施及蛮貊"(《礼记·中庸》)。正是这种先进文化的作用,淡化和模糊了表示中原地区的中国和四夷的界限。春秋时期的秦、楚、吴等诸侯国原也是夷狄,都是主动要求周王室的封爵。秦襄公十三年,因救周有功,"(周)平王封襄公为诸侯,赐之岐以西之地"(《史记·秦本纪》),"始列为诸侯"(《史记·十二诸侯年表》)。楚自称"我蛮夷也","请王室尊吾号"(《史记·楚世家》)。"吴,夷狄之国也,祝发文身,欲因鲁之礼,因晋之权,而请冠端而袭。其藉于成周,以尊天王,吴进矣","遂子(封为子爵)矣"(《穀梁传·哀公十三年》)。魏晋以后,一些少数民族虽一度入主中原,但都被融入华夏文化,融入中华民族。在社会趋向统一的进程中,有时虽也辅以武力,但主要是禁暴安民,扫除一些分裂势力,以顺应社会统一的要求,"仁人之兵,所存者神,所过者化,若时雨之降,莫不喜悦",因此"兵不血刃,远迩来服"(《荀子·议兵》)。

一个社会的先进与否,看来不能单看它的生产力水平,还应看它的文化总体水平。尽管从目前来看,世界还是一个分裂的世界,还存在一百多个国家,但从长远来看,世界大同的前景似已隐约可见。可以大胆预期或设想,人类社会的大融合,进而达到人类社会与自然的大融合,这一天看来是会来到的。

(本文原载于《汉字文化》2006年第1期)

# 古"舞"字释义

现在我们见到的最早的汉字,是1899年河南安阳出土的甲骨文。甲骨文中的"舞"字虽有多种写法,但其基本形体为"爽"。其中间部分,表示一个人手脚舒展,正面直立的形状,两旁表示牛尾,象人两手曳牛尾而舞之形。手中执牛尾,反映当时的社会劳动,主要是畜牧和狩猎。用牛尾作舞具,正反映人们欢庆自己获得劳动成果的喜悦心情。

我国原始的舞蹈是用牛尾作舞具这一点,不仅可以从甲骨文中的"舞"字看出来,而且也得到先秦有关舞蹈传说记载的证实。《吕氏春秋·古乐》:"昔葛天氏之乐,三人操牛尾,投足以歌八阕:一曰载民,二曰玄鸟,三曰遂草木,四曰奋五谷,五曰敬天堂,六曰达帝功,七曰依地德,八曰总万物之极。"高诱注:"上皆乐之八篇名也。"这八篇乐章都是先民,手"操牛尾","投足"而舞,载歌载舞,欢庆劳动成果获得丰收的欢乐场景。第八篇乐章"总万物之极",据《初学记》卷十五、《太平御览》卷五百六十六所引,均作"总禽兽之极"。更可印证这是我国远古的渔猎时代所留存的原始舞蹈形式。葛天氏是传说中唐尧时期部落的首领,与陶唐氏同时。《史记》中也有类似的记载。《史记·司马相如列传》:"奏陶唐氏之舞,听葛天氏之歌,千人唱,万人和,山陵为之震动,川谷为之荡波。"场面非常热烈壮观。远古时期,乐器还没有产生,跳舞时,一边手舞足蹈,一边引吭高歌,又歌又舞,声震山河,兴尽才散。现在一些少数民族中,还能看到这种原始的欢乐热烈的舞蹈情景。

甲骨文中还有一个表示舞蹈的字是"武"。"武"字,甲骨文作"㦰",是个会意字。上面的部分,表示手里拿着兵器,用作舞具;下面的部分,表示跳动的脚。"盖古之舞起于战胜凯旋。图画之'武'字,盖为一人持戈作舞形。"[1] 有不少文字学家也认为:武、舞古同字,武即舞也[2]。"武"字是另外一个"舞"字,这种说法是可信的。但是有两点必须辨明:第一,承认"武"字的初义是跳舞,但不能因此而归结为"古之舞起于战胜凯旋"。第二,这是因为甲骨文中的"武""舞"是两个不同的字。前一个舞字,是手持兵器,两脚蹈地,表示庆祝战争凯旋的喜悦心情。后一个舞字,是手操牛尾,"投足以歌",表示庆祝获得劳动果实的欢乐心情。因此,"武"字的初义是跳舞,但不等于说,"舞"字是从"武"字发展而来的。

完全可以想象到,在文明程度还比较低的甲骨文时期,战争和劳动一样,是社会生活中的一件大事。战争胜利的一方,人人内心充满着不能自抑的喜悦。这种喜悦的心情,必然要用最能表达强烈感情的舞蹈形式表现出来。但是,在这种喜悦中不免带有悲凉的成分。因为在一场短兵相接、面对面的厮杀以后,胜利的一方也会有伤亡,胜利者的身上也带有伤和血。不过,即使身上带有伤和血的胜利者,也仍然显示着勇武的精神。于是,"武"字后来逐渐引申出勇武的意思,以致跳舞的初义逐渐消亡。到了春秋时期,人们已不知道"武"字的初义为跳舞,连《左传》也望文生义,解释为"止

---

[1] 马叙伦《说文解字六书疏证》卷之二十四。
[2] 于省吾《双剑誃古文杂释》。

戈为武"(见《宣公十二年》)。意思是,"武"就是制止战争。《说文》也采用了《左传》的解释。这个说法,直到明代,郑樵才开始提出怀疑。清人和近人才考证出"武"的初义是跳舞。上面这段分析,大概已经可以说明,作为表示舞蹈艺术的"舞"字,不是从"武"字发展而来的,而是从"羭"字发展而来的。但"武"字所表示的手持兵器的舞蹈,作为舞蹈的一种,在先秦仍然流行了一个时期。

但"羭"字也不是直接发展为"舞"字的,中间还经历了使用"翌"字的阶段。字的形体变化,间接反映了舞蹈的变化。《说文》:"舞,乐也,用足相背,从舛无声。翌,古文舞,从羽亡。""舞"和"翌"都是形声字。这两个字的声符"無"和"亡",虽然形体有差别,但读音完全相同,都读 wú。不过,"有无之无,甲骨文作亡,则亡古于無矣"[①],因此,《说文》说"翌"是"舞"的古文,是有根据的。

"舞"和"翌",虽然声符的读音相同,但表意部分却不一样。"翌"字从羽,取其舞之物,突出双手的舞蹈动作;"舞"字从舛,取其舞之势,突出双脚的舞蹈动作。这两个字在构思上的变化,反映了舞蹈艺术从主要用手表演,转移到主要用脚表演。这是一个很重要的变化,它对研究舞蹈的发展很有启发意义。

甲骨文中的"羭"和"翌",虽然造字方法不同,前者是象形字,后者是形声字,但这两个字在突出手的舞蹈动作这一点上,却是共同的。其区别在于前者手中拿的是牛尾,后者手中拿的却是羽毛。那么我们的祖先为什么继"翌"字之后,又造个"舞"字呢?这绝不是一种偶然的现象。我认为主要是因为舞蹈的表演重点发生了由手到脚的变化。"舞"字中的"舛",表示两脚的舞蹈动作。《说文句

---

① 商承祚《说文中之古文考》第 54 页。

读补正》:"舛,本两人之足,此则一人之两足也。"《说文系传》:"故于文,舛無为舞,無,声也;舛,两足左右也,两足左右蹈厉之也。"

先秦一些关于舞蹈的记载确也表明,周秦之际,要求舞蹈在动中创造整个身躯的造型美,提出"舞动其容"的理论。所谓"舞动其容"就是说,舞蹈要表现出包括表情在内的整个姿容的美,《礼记·玉藻》中提到"容",有手容、足容、目容、口容、声容、头容、气容、立容、色容。《释名》:"颂,容也,叙述其成功之容也。"《礼记》和《释名》中所说的"容",都是指舞蹈的姿容。"舞动其容",是从舞蹈艺术必须符合礼的标准和给人以美的享受这一原则提出来的。但是,舞蹈作为一种表演艺术,在"舞动其容"的诸容中,主要还是手容和足容。《史记·乐书》转录了《礼记·乐记》中"舞动其容也"一整段文字。唐人张守节在其下注道:"若直咏歌而未畅,故又举手蹈足以动其形容也",这个注文特意指出"举手蹈足以动其形容",可说是抓住了舞蹈艺术的特点。《礼记·乐记》中提到的"屈伸、俯仰、缀兆(按:指舞者的各种位置)、舒疾"等各种舞蹈动作,也就是从"举手蹈足以动其形容"这一舞蹈艺术本身的特点考虑设计的。

但是,"举手蹈足"这两者比较起来,"蹈足"更足以表达一个人的感情。除了《乐记》中的记载外,还可见《说文系传》:"心见于貌,貌化于口,口声于言,言饰于词,词宣于手,手及于足,由中以出,自上而下,足犹蹈之,手可知矣。"以上的说法,都把脚的舞蹈动作,看作是表达最强烈的感情的一种手段。因为"足犹蹈之,手可知矣","足蹈"被认为是"欢之至"的表现。

以上引文中"手之舞之,足之蹈之"这句话,是很值得注意的。尽管取代"翠"字的"舞"字,它的意符是"舛",表示双脚的动作;但是在人们的观念里,还保留了长期以来把手的动作看作是舞的传统理解,仍然把手的动作叫做"舞",而把脚的动作叫做"蹈"。直到现在,我们还说"手舞足蹈"。可能很少有人想到,当我们这样说的时候,这是保留了我们祖先"两手曳牛尾而舞"的古老习性。

舞蹈艺术的表演重点,从手到脚的转移,表明舞蹈已开始发展成为一门独立的艺术。而这种发展是以声乐,特别是器乐的发展为前提的。在"三人操牛尾投足以歌八阕"的时期,双脚有节奏地敲击地面,起着打击乐器的作用。如果没有声乐和器乐的发展,脚不可能从作为打击乐器的作用中解放出来。

早在春秋时期,我国就已经有以金、石、丝、竹、匏、土、革、木为器材的不同音质的乐器,和宫、商、角、徵、羽等不同音阶的乐曲,这为舞蹈发展成为一门独立的艺术创造了条件。据《左传·襄公二十九年》记载,吴公子季札访问鲁国时,鲁国为他举行了一次声乐、器乐、舞蹈并茂的盛大宫廷演出。吴公子看了演出以后,叹为观止。他说:"观止矣!若有他乐,吾不敢请已。"关于记载中提及的舞蹈、声乐和器乐这三者的关系,唐人孔颖达疏:"乐之为乐,有歌有舞。歌则咏其辞而以声播之,舞则动其容以曲随之。歌者乐器同而辞不一,声随辞变,曲尽更歌,故曰为之歌《风》,为之歌《雅》。及其舞,则每乐别舞,其舞不同。"

孔颖达的这段注文,说明当时的歌、舞、曲三者是互相配合,而又是各自独立的艺术。但是乐的主体还是歌和舞。歌是用乐声唱出歌辞,"声随辞变,曲尽更歌"。舞是随着乐曲舞动整个身躯的姿容,"每乐别舞,其舞不同"。但是就乐的总体来说,还是以舞为主。《左传》记载鲁国为吴公子季札演出时,称演奏各种乐曲为"舞"。如称演奏汤时的乐曲《韶濩》为"舞《韶濩》",称演奏夏时的乐曲《大夏》为"舞《大夏》"。孔颖达疏:"乐有音声,唯言'舞'者,乐以舞为主。"《礼记·乐记》也把舞蹈看作是乐的表现形式,认为"钟、鼓、管、磬、羽、籥、干、戚,乐之器也;屈伸、俯仰、缀兆、舒疾,乐之文也"。"乐之文",就是乐的表现形式。因为声乐、器乐虽然也已发展成为独立的艺术,但主要是配合舞蹈,有舞必有乐。

今天,我们已经把我国以长袖助舞的传统的古典舞蹈艺术,推进到一个更高的水平。如果我们把今天的舞蹈艺术比作成人的话,那么,甲骨文中的"粦"字反映的原始舞蹈,就像是舞蹈艺术的婴儿。我们祖先所创造的文字,以及古籍中一些有关的记载,可以帮助我们认识初期舞蹈艺术的发展过程。

(本文原载于《舞蹈论丛》1982年第四辑)

# "羊大"即食美，"女子"乃色美

## ——从汉字看汉民族美感的萌芽

## 引言

美源于生活。我们所感受到的美，是人自身在生活中所产生的一种愉悦的感受或体验，美离开生活就失去了依附，就失去了存在的价值。山川之秀，花卉之美，好像是离开生活而客观存在的。其实不然，任何自然景观必须进入人的生活视野，成为人的生活内容，然后才有可能使人引起美的感受。

人的生活丰富多彩，尤其是现代人，生活内容扩及到人所涉足的各个领域或方面，但最基本的生活内容还是两个：一个是谋求生存，即首先要解决食物来源；一个是谋求发展，即首先是自身的发展——繁衍后代。其他的生活内容都是直接或间接从这两个基本生活内容衍生出来。正是这两个最基本的生活内容，赋予了人的自然属性的本质特点，即古人所说的"食、色，性也"[1]，认为"食、色"是人与生俱来的天性。同样的意思，古人还有一个另外的说

---

[1] 《孟子·告子上》。

法,而且说得更为明确,即"饮食男女,人之大欲存焉"①,认为"饮食男女"是人最主要最基本的欲求。这两种说法,既是对人的自然属性本质特点的高度概括,同时也是对人的基本生活内容的高度概括。有理由认为,正是人这种与生俱来的天性决定了人的生活的主要内容,或者说正是人这种最主要、最基本的欲求,促使人向往美好的生活,推动着人类社会的发展,成为人类自身发展的最大原动力。我认为,人类的一切文明史都有可能从这里找到它的起点。

食,是产生美感的萌芽之一。

食,是人类赖以生存的第一要素。"民人以食为天"②。《尚书·洪范》:"八政:一曰食……",把解决食的问题放在施政的第一位,原因很简单,因为"不食则死,食于人最急"(孔颖达疏)。即便从现代人的观点来看,生存要素已扩大到衣食住行,食,虽然已经不是唯一要素,但还是第一要素。

食,首先是为了果腹,维持生存,但又不仅仅是为了维持生存。应该承认,食还是一种美的享受。能从食的过程中享受到美,这是人所共有的,恐怕具有普遍性。不仅仅是只有解决温饱的人才有这种享受,更不是只有能吃到山珍海味的人才有这种享受,劳苦贫穷的人同样能从食获得美的享受。愈是食物不足,愈是饥肠辘辘,一旦享有食物,吃起来也愈是甜美可口,他们所体验的食美,可能比吃山珍海味所体验的食美更美。《列子·杨朱篇》在论及"野人之所安,野人之所美,谓天下无过者"时,说了一个故事:"昔者宋国有

---

① 《礼记·礼运》。
② 《史记·郦生陆贾列传》。

田夫,常衣缊黂,仅以过冬。暨春东作,自曝于日,不知天下之有广厦隩室,绵纩狐貉。顾谓其妻曰:'负日之暄,人莫知者,以献吾君,将有重赏。'里之富室告之曰:'昔人有美戎菽,甘枲茎芹萍子者,对乡豪称之。乡豪取而尝之,蜇于口,惨于腹,众哂而怨之。'其人大惭。"这个故事生动地说明,所谓野人,即贫苦的劳动者,以晒太阳取暖、以吃草果果腹,看作是一种极美的享受,认为"啜菽茹藿,自以味之极"。可见,从食中获得美的享受,是不分贫富贵贱,是人所共有的。只是贫富不同,美者自美,恶者自恶而已。

色,也是美的萌芽之一。

色或男女,则是人类繁衍后代所必需的前提。作为万物之灵的人,迄今已有上百万年的历史。这期间尽管经历了无数的自然灾害或人为劫难,但仍然生生相息,延绵不断,且日益繁盛兴旺,这完全是有赖于色或男女。人类在自身的繁育中,男女起着共同的作用,但女性却担负着孕育生命的特殊使命。

色或男女,首先是为了繁衍后代,但也不仅仅是为了繁衍后代。造物主为了让人乐意去做繁衍后代的事,赋予女性具有足以吸引男性的美姿丽容,并使男女在性爱的过程中产生愉悦的感受。因此,男欢女爱的美满婚姻一直是人类生活中一个永恒的主题。进入男系社会后,发育健美、容貌姣好的女子几乎被看作是美的化身。《诗经》中一共用了 37 个"美"字,其中有 21 个是形容女性的美。

每个民族所处的地域、生活条件、文化背景各不相同,产生美感的萌芽点可能也不相同。但汉民族美的萌芽,从汉字所提供的信息来看,的确有理由认为源自食和色。汉字是一种独特的表意文字,它的形体结构和造字理据,为我们认识汉民族美的观念的起源,提供了大量可靠的有说服力的信息,而且这些信息都能从传世的文献资料中得到证实。

## 食和美

先说食和美的关系。

很有意思的是,汉字"美"本身就与食有着密切的关系,就是直接为了表示在食的过程中所产生的美的感觉或经验而创造的。《说文·羊部》:"美,甘也。从羊从大。羊在六畜主给膳食也。美与善同意。"段玉裁注:"甘者,五味之一,而五味之美皆曰甘。"《说文·甘部》:"甘,美也。从口含一,一,道也。"段玉裁注:"甘者,五味之一,五味之可口皆曰甘。"意即食物可口就是美,美就是食物可口。《说文》对"美""甘"两字的解释,为我们提供了十分丰富的关于食与美两者关系的信息:

第一,"美""甘"两字互训,是一对典型的同义词:美就是味甘,甘就是味美。"美"字的本义就是表示食美这个语言事实,就已经再清楚不过地说明了,汉民族美的感觉或经验最初是从享用食的过程中产生的。

第二,美字是由羊和大两字组成。《说文》在解释中特意强调"从羊从大",是因为羊是六畜中"主给膳食"的。这就是说,选用"羊"和"大"两字组成一个会意字,是强调羊是美食的代表,是六畜中主要提供美食的。从语源上说,膳食的"膳"又与善同源,所谓"膳食",即善食,也即味美的食物,也就是今天所说的美食。

第三,《说文》解释为美的"甘"字,是个指事字,篆文作ᗄ,象口中含一物。-,是个符号,《说文》认为,是表示道,这是把"-"所表示的符号抽象化了,但我们不妨把这个"道"理解为味之道,即味道。这样,《说文》所解释的"甘,美也",可理解为口中有味道就是美,也完全说得通。不过,据今人研究,口中含"一"的这个符号,实际上就是指表示美味的食品,说得更具体一些,这美味的食品就是羊肉,因为食美的"美",其主要表意成分就是羊。"甘,美也",也即口中含着羊肉,味道很美。

汉字"美"所传达出来的信息,也受到美学史研究者的普遍关注,但是可能由于各自研究的视野不同以及受所关注的资料的局限,对汉字"美"意义和所传达的信息的理解并不完全相同。有的认为,很可能,"'美'的原来含义是冠戴羊形或羊头装饰的大人('大'是正面而立的人。这里指进行图腾扮演、图腾乐舞、图腾巫术的祭司或酋长)……'美'字就是这种动物扮演或图腾巫术在文字上的表现"[1]。有的认为,"以'美'称味道可口,在先秦人那里确实有之……不过,在更早的先秦典籍中,'美'却更多的是指人体形貌之好"[2]。我认为,这些看法可能没有注意到语言文字的一般特点:

第一,语言文字中的任何一个词或字都不是孤立存在的,词或字的意义价值存在于其意义系统中。从语言文字研究的观点来看,不能单就"美"字论"美"字,还必须把研究视野扩大到其他相关的以"羊"为表意成分的字。因为汉字中除了"美"字从羊以外,还有其他一系列表示美善的字,也是以"羊"为主要的造字构件。这在下面还将论及。

第二,语言文字同其他事物一样,是不断发展变化的。"美"的

---

[1] 李泽厚《华夏美学·羊大则美·社会与自然》。
[2] 廖群《中国审美文化史·先秦卷·泥陶女像和母性崇拜》。

本义是表示食美,但在使用过程中可以引申扩大为表示其他事物的美,且远不止是表示"形貌之好"。至于"美"用于食美或形貌美,单凭用法出现的时间先后这一点,恐怕还不能否定"美"字的本义是食美。由于受文献内容的限制,出现早的用法,不一定就是词的本义。例如"乳",本义是"人及鸟生子曰乳"(《说文》)。"乳"的这个用法,常见于两汉的文献,但更早的先秦文献,如《左传》2 见、《庄子》3 见、《荀子》3 见,"乳"却是表示喂乳、乳房、幼小。

第三,现在留世的文献并不完整。我国古代的文献,由于在不同的历史时期曾遭受过种种劫难,被焚灭、毁坏以及散失的难以数计。据以确定一个词用法的先后,也不是十分可靠的。

从目前我国汉字研究的现有水平来说,要确定一个字的本义主要还是参考《说文》和甲骨文、金文的研究成果并结合传世的文献。从《说文》的解释来看,"美"字的原始意义是表示食美,也即味觉美,应该是能够成立的,而且在早期的古文献中,并不乏其例。如:

公孙丑问曰:"脍炙与羊枣孰美?"(《孟子·尽心下》)

夫香美脆味,厚酒肥肉,甘口而疾形。(《韩非子·扬权》)

虽犯军旅之难,饥馑之患,温衣美食者,必是家也。(《韩非子·六反》)

肉之美者,猩猩之唇,獾獾之炙……鱼之美者,洞庭之鱄,东海之鲕。(《吕氏春秋·本味》)

君子远荧荧之色……绝恬美之味。(陆贾《新语·辅政》)

秦破,为布衣,贫,种瓜长安城东,瓜美,故世谓"东陵瓜"。(《汉书·萧何曹参传》)

文字的产生一般要符合经济的原则,不可能为每一种感官所感觉到的美都造一个字。因此,"美"字一经产生以后就移用于表示视觉美、听觉美以及其他能使人产生愉悦的各种美,包括抽象事物的美。如:

彼其之子,美如玉。(《诗经·魏风·汾沮洳》)

齐庆封来聘,其车美。(《左传·襄公二十七年》)

有美玉于斯,韫匵而藏诸?求善贾而沽乎?(《论语·子罕》)

虽势尊衣美,不以夸贱欺贫。(《韩非子·解老》)

以上的"美"字,表示人或物体作用于视觉的美。

请观于周乐。使工为之歌《周南》《召南》,曰:"美哉!……"(《左传·襄公二十九年》)

子谓《韶》尽美矣,又尽善矣;谓《武》尽美矣,未尽善也。(《论语·八佾》)

王曰:"行者不止,筑者知倦,其讴不胜如癸美,何也?"(《韩非子·外储说左上》)

言语之美,穆穆皇皇。(《荀子·大略》)

以上的"美"字,表示声音作用于听觉的美。其他如:

子张曰:"何谓五美?"子曰:"君子惠而不费,劳而不怨,欲而不贪,泰而不骄,威而不猛。"(《论语·尧曰》)

道则高矣美矣,宜若登天然,似不可及也。(《孟子·尽心上》)

对曰:"其为人宽好自用以慎,此三者其美德已。"(《荀子·尧问》)

夫一匡天下,九合诸侯,美之大者也。(《韩非子·难二》)

以上的"美"字是表示抽象事物作用于认识上的美。

"羊大"即食美，"女子"乃色美　441

汉民族原始美的感觉或经验，起源于享用羊肉，这已经可以从"美"字本身是由羊、大两字的构成得到说明，并且得到文献的印证。不仅如此，汉字中"羊"字本身和由"羊"所构成的一系列的字都含有美的意思。

从"羊"字的用法来看，"羊"字本身由于它作为美食的代表，早在甲骨文时期就已经从食美引申出祥善、吉祥义。金且同《殷墟卜辞讲话》："古人以羊为美味，善、美等皆从之，故羊即有祥意。"他认为甲骨文中的习语"勿羊""不羊""羊"，均为吉祥义（第18—20页）。成书于汉代以考释字的本义为宗旨的《说文》也解释说："羊，祥也。""羊"用于吉祥义在汉代尚屡见不鲜。如《马王堆汉墓帛书·十六经·行守》："骄洫（溢）好争，阴谋不羊。"《汉元嘉刀铭》："宜侯之，大吉羊。"在汉语中，吉祥是一个美好的字眼，一般都用于表示美好的祝愿。"羊"还可表示一般意义的美善义。《周礼·冬官·考工记》："羊车二柯。"汉郑玄注："羊，善也。善车，若今定张车，较（车厢两旁板上的横木）长七尺。"这表明，早从甲骨文时期开始，"羊"的表示美善义已经从食的生活领域延伸到其他的生活领域。

除此之外，汉字中还有其他一系列表示美善义的字，也是由"羊"字作为主要表意成分参与构成。例如：

祥　《说文·示部》："祥，福也。从示羊声。"按：羊、祥，古今字。羊，声兼义。清王筠《说文句读》："《字林》同。本部（指'示部'）自'禧'以下（按：祥、福等字均在'禧'以下），训义皆美。""福"也是个表示美好吉利的字眼。《说文·示部》："福，备也。"段玉裁注："福者，备也。备者，百顺之名也，无所不顺者谓之备。"

善　《说文·言部》："善，吉也。从誩从羊，此与義、美同意。善，篆文善从言。"徐锴《说文系传》："善者，吉也，美也，缮也，若物之已缮治者也。《文子》曰:'听善言便计,愚者知悦之。故于文,言羊为善。羊者,美物也。'"

"善",是一种内在的更为深沉的美。上文所引《论语·八佾》孔子在评价《韶》乐和《武》乐时,说:《韶》已达到尽善尽美,而《武》乐,则"尽美矣,未尽善也"。可见,"善"所表示的美更高于一般的"美"。

因"善"有美义,与"善"同源的膳(饍)、缮,都有美善义。"膳"一般指美味的肉食。《周礼·天官·序官》:"膳夫上士二人。"郑玄注:"膳之言善也。今时美物曰珍膳。膳夫,食官之长也。"《礼记·玉藻》:"膳于君。"郑玄注:"膳,美食也。"《集韵·线韵》:"(饍)庖人和味必嘉善,故从善。"

"缮"字从善,是修治使完善的意思。《一切经音义》七引《三苍》:"缮,治也,缮之言善也。"《周礼·夏官·序官》:"缮人。"郑玄注:"缮之言劲也。善也。"

義 《说文系传·通论》:"義者,事之宜也……故于文,羊我为義。羊者,美物也;羊,祥也。""義('义'的繁体字)者,事之宜也",即做事合宜,行为合乎道德规范。"義"长期以来被社会奉为公认的美德。大徐本《说文》:"義,己之威仪也。从我羊。臣铉等曰:此与善同意。"《说文》的解释,拘泥于"我"字,释为"己之威仪也"。其实,"義"字从我羊。其美善义,主要由"羊"表示,"我"可以看作是声符。因为"義"与"宜",音义俱同,均为疑母歌部,都表示行事合宜,是同源字。再者,《说文》在解释由"羊"构成的字时,有时特意点出善、義、美同义。如"譱(善),吉也。从誩从羊,此与義、美同意。"而"美"下又特意补充解释说:"美与善同意。"

羞 《说文·丑部》:"羞,进献也。从羊丑,羊,所进也;从丑,丑亦声。"羊,是美食的代表;丑,象手持物;进献,即用手持羊肉以进。《说文解字注笺》:"《周礼》:'膳夫掌王之食饮膳羞。'郑注:'羞,有滋味者。从羊,味之美者也。因之,进食曰羞。'"《周礼·天宫·庖人》:"以共王之膳,与其荐羞之物,及后世子之膳羞。"郑玄注:"备品物曰荐,致滋味乃为羞。"后"羞"假借为羞耻的"羞",又另造"馐"字表示进献美味的食品。《类篇·食部》:"馐,进献也;一曰致滋味。"

羑 《说文·羊部》:"羑,进善也。从羊久声。文王拘羑里,在汤阴。"段玉裁注:"羊,善也,故从羊。"据史料记载,文王因进善言被拘禁于羑里。因文王进善言所采取的是诱导方式,后"羑"又从言写作"诱",羑、诱,就成为古今字。"羑"的核心义是进善,即如段玉裁所说:"羊,善也,故从羊。"

羹 是《说文》"鬻"的重文,从羔从美。段玉裁注:"凡从羔者,羔犹美也。"

羨 《说文》:"羨,贪欲也。从次从羑省。"清孔广居《说文疑疑》:"愚意,羨从次从羊,会垂次(涎)羊肉之意。"

很显然,"美"字从羊,表示食美,并不是孤立的文字现象,当然更不是一个偶然现象。汉字的可贵,不仅在于它的静止的表意成分,有助于对字义的理解,而且更为重要的是汉字的造字理据反映了古人造字的思路。从古人造"美"字的思路来看,古人对美的感觉或经验显然是在享用羊肉的过程中产生的,然后把这种感觉或经验移用并扩大到其他事物,凡能如同享用羊肉时所产生的美的感觉或经验的一切事物,都用"美"来表示。令人感兴趣并值得进一步探讨的是,"美"字还直接用来解释表示色美的"好"字。

## 色与美

再说色与美的关系。

汉语中,"色",常常用来表示女性美。《尚书·五子之歌》:"内作色荒,外作禽荒。"孔安国传:"色,女色。"孔颖达疏:"女有美色,男子悦之。经传通谓女人为色。"又《仲虺之诰》:"惟王不迩声色,不殖货利。"孔安国传:"迩,近也。不近声乐,言清简;不近女色,言贞固。殖,生也。不生货资财利,言不贪也。"他如酒色、财色、好色等中的"色",都是指有美色的女性。而汉字由女、子两字组成的"好"字,其本义也是美,这就不是偶然的巧合而是顺理成章了。

好 《说文·女部》:"好,美也。从女子。"段玉裁注:"好,本谓女子(美),引申为凡美之称。"《说文解字注笺》:"戴氏侗曰:妙、好、嫩、妩之属,皆从女。人情所悦,莫甚于女也。"古人造字显然是从自身生活中感受到"人情所悦,莫甚于女",因此,用女、子两字造了一个会意字"好",表示女色美。"好(hǎo)"在古籍中也常直接用于美之本义。例如:

《战国策·赵策三》:"鬼侯有子而好,故入之于纣。纣以为恶,醢鬼侯。""有子而好",即有女而美。

《战国策·秦策二》:"秦王曰:'善。'因以文绣千匹,好女百人,遗义渠君。""好女",即美女。

《史记·楚世家》:"平王二年,使费无忌如秦为太子建取妇。妇好,来,未至,无忌先归,说平王曰:'秦女好,可自取,为太子更求。'""妇好",即妇美。"秦女好",即秦女美。

《史记·吕不韦列传》:"吕不韦取邯郸诸姬绝好善舞者与

居。"司马贞索隐:"言其姿容绝美而又善舞也。"

《淮南子·脩务训》:"曼颊皓齿,形夸骨佳,不待脂粉芳泽而性可说('悦'的古字)者,西施、阳文也。"高诱注:"西施、阳文,古之好女。""古之好女",即古之美女。

"好"字在《说文》女部。除"好"字外,《说文》女部表示女子姿貌美的字还有 20 个。现择其常用者介绍如下:

娙　《说文·女部》:"娙,长好也。""长好",即身材高而美。《玉篇·女部》:"娙,身长好皃。"《广韵·青韵》:"娙,女长皃。"看来,古人也以高个儿的女子为美。

姣　《说文·女部》:"姣,好也。"段玉裁注:"姣谓容体壮大之好也。"《说文解字注笺》:"凡从交之字,其义多为长,故云'长姣美女'。"容体壮大,是指身材窈窕而丰满。

姝　《说文·女部》:"姝,好也。"姝,是指容貌美丽。《华严经音义》上引《说文》:"姝,色美也。"《诗经·邶风·静女》:"静女其姝,俟我于城隅。"毛传:"姝,美色也。"

嫵　《说文·女部》:"嫵,媚也。"段玉裁注:"李善引《埤仓》曰:'嫵媚,悦也'。"《说文义证》:"《通俗文》:'妍美曰嫵媚。'"把这两个解释统一起来,意思是体态美丽可人,令人悦爱。

媚　《说文·女部》:"媚,说('悦'的古字)也。""嫵媚"两字,可连用,可单用,意思都是漂亮可爱,令人喜欢。

媄　《说文·女部》:"媄,色好也。从女美,美亦声。""色好",即姿色殊美。

其中最有意思的是"媄"字。它为我们提供了很多信息:

1. 从《说文》解释"好,美也"来看,用食美的"美"解释女子的美,我们可据此得出这样的看法:食美的感觉或经验要早于色美,即食美在先,色美在后。

2. 从造字上看,"媄"字是由美、女两字构成,是个会意字,即美女。表示食美的"美",在先秦时期已广泛用于表示色美,似没有必要再专造一个表示女子美丽的"媄"字。之所以还要再造一个"媄"字,合理的解释应该是:造字者拘泥于"美"的本义是食美,觉得应该专为表示色美的本义造一个本字,于是以"美"字为基础,左边加一个偏旁"女",造了一个"媄"。

3.《说文》释"媄"为"色好也"。"好",已经表示女美,"色"也在先秦时期就已经用于表示女有美色。但《说文》在解释"媄"字时,还在"好"上再加一个"色",这无疑是意在强调"媄"字所表示的"色好"可能是绝色美女,是指容貌、姿色、身材、体态、头发、眼睛、皮肤以至一颦一笑、举手投足俱令人产生美感的女子。战国宋玉的《登徒子好色赋》中有一段楚襄王与宋玉的对话,宋玉在楚襄王前竭力辩白自己并不好色。这段对话可能对理解《说文》"色好"这一解释有所帮助:"天下之佳人,莫若楚国;楚国之丽者,莫若臣里;臣里之美者,莫若臣东家之子。臣东家之子,增之一分则太长,减之一分则太短。著粉则太白,施朱则太赤。眉如翠羽,肌如白雪,腰如束素,齿如含贝,嫣然一笑,惑阳城,迷下蔡。然此女登墙窥臣三年,至今未许也。"宋玉的辩白中,形象地描绘了女子"色好"这一含义。在此之前,还先声夺人,用了比较推理的方法,极言其东家之子的"色好"。可见,"色好"是一个极言女子美而又极为概括的解释。

宋玉的《登徒子好色赋》,在描写东家之子的美貌时,还用了"佳""丽"两字。细细探究,我们可以发现,这两个字的造字理据,也是与色或男女有联系的。

佳 《说文·人部》:"佳,善也。从人圭声。"《广雅·释诂二》:

"佳,好也。"《类篇·人部》:"佳,美也。""佳"字出现在文献中较晚,春秋以至战国中期的著作,如《尚书》《诗经》《左传》《国语》《论语》《墨子》《庄子》《荀子》等,均不见"佳"字。"佳"字最早似出自秦汉间的著作,如《韩非子》《楚辞》《战国策》等,且多用于形容女子美。《楚辞·大招》:"姱脩滂浩,丽以佳只。"宋玉《登徒子好色赋》:"天下之佳人,莫若楚国。"稍后,《史记》中也出现"佳"字,但只有4个,其中有2个形容女子美。《李斯列传》:"所以饰后宫充下陈娱心意说耳目者,必出于秦而后可,则……佳冶窈窕赵女不立于侧也。"《龟策列传》:"或美好佳丽而为众人患。""佳"除经常与"冶""丽"连用表示女子美以外,"佳人"一词已成为美女的同义词,如"才子佳人""绝代佳人"等。

"佳"的美善义,虽然也可用于"佳作""佳篇""佳宾""佳客""佳婿""佳肴""佳境"等,但最初也应该是用于表示美女。"佳"字"从人圭声"在人部,是指人美善,这是一;其次,"佳"字出现之初常与"娃"字通用。如《广雅·释诂二》:"佳,好也。"王念孙疏证:"《楚辞·九章》:'妒佳冶之芬芳兮。''佳',一作'娃'。《方言》:'娃、嫷,美也。吴、楚、卫、淮之间曰娃,南楚之外曰嫷,吴有馆娃之宫。''娃',犹'佳'也。"而"娃"也是表示女子的美。《玉篇·女部》:"娃,美皃。"《广韵·佳韵》:"娃,美女皃。"

关于"好"字,上文已介绍了它的本义是表示女子美。需要补充说明,"好"字在古籍中更常用的是表示喜爱、喜好义。现在,表示女子美的"好",读音为 hǎo,是形容词;表示喜好的"好",读音为 hào,是动词。其实最初是同一个字。因为"好(hǎo)",表示女子美。"人情所悦,莫甚于女",所以又引申出"好"的喜爱、喜好义,读 hào。起初,读音并无不同。《说文》"好"下段注:"'好',本谓女子。引申为凡美之称……引申为人情之好恶。本无二音。"

丽　繁体字作"麗"。《说文·鹿部》："麗，旅行也。鹿之性，见食急则必旅行。从鹿丽声。"从《说文》的解释，我们看不出"丽"的美丽义。但战国时期的《登徒子好色赋》中，"丽"已用于表示女子的美丽。《广雅·释诂一》："丽，好也。"也明确释"丽"为好，即女子美。《说文解字注笺》认为，"丽"之所以有美丽义，是因为鹿"皮有文饰，因之为美丽之称"，似嫌牵强，无说服力。据王力先生研究，"丽"与"两""俪"等字同源，是成双成对的意思；另外，"丽"还有偶，即配偶的意思。由"俪"组成的"伉俪"一词，有妻子、配偶或夫妻等义。据此，似更有理由认为，"丽"的美丽义，也是与男女有关。

我们从汉字"美""好"两字探讨了汉民族原始美感的萌芽，并可据此得出这样一些看法：

一、美的原始观念是一种感觉或经验。美产生于生活中愉悦的令人满意的感觉或经验，生活中能让人产生愉悦感觉的都是美的。

二、生存是产生美的感觉的前提。汉民族的原始美，是在享用食物过程中产生的，然后把这种美味可口的感觉移用或扩大延伸到其他生活领域。

三、生存问题解决以后，"人情所悦，莫甚于女"的色美，就日益凸显出来，以致原本表示食美的"美"字，其本义渐渐冲淡而广泛地用于表示色美。

四、食美和色美，是人的生活中最早产生的美的感觉，是美的萌芽。其他生活领域中的美，包括精神生活中的美，都是食美和色美的延伸。

汉字由于含有表意成分，每个字都有其产生的理据，从而反映了造字之初的文化思想,因而每一个汉字就如同一块文化思想化石,整个古汉字群就像是一座巨大的古文化思想宝库,其中蕴含着极其丰富的汉民族文化史的资料。如"天"字,本义是人的顶部。人是"万物之灵"[①],"天生万物,惟人最贵"[②]。用表示人的头顶的"天"引申比喻为上天的"天",这就隐含着天人相通,蕴含着"天"也是有意志的,天人合一的思想。再如"人",从甲骨文到小篆,其形体均作入,象人侧身而立。这个形体突出了人区别于动物的两个最基本的特征:一是直立,一是手脚分工。我们祖先在创造"人"字时对人的细致观察和朴素认识,直到三千多年后,才由马克思主义理论家恩格斯进行理论上的深刻阐述。他说:"这些猿类,大概首先由于它们的生活方式的影响,使手在攀援时,从事和脚不同的分工,因而在平地上行走时开始摆脱用手帮助的习惯,渐渐直立行走。这就完成了从猿到人的具有决定意义的一步。"[③] 已故的郭沫若先生就很注意从汉字中发掘古文化思想。如郭沫若根据甲骨文、金文中"臣""民"两字的形体,参照《说文》对这两字的解释和古籍中的实际用法,认为"臣""民"两字均象"目"的形状,"臣目竖而民目横,臣目明而民目盲",都是表示奴隶。所不同的是,后者是"盲其一目以服苦役",并防止其逃跑;前者是奴隶中的顺服者,保留其双目而让他们管理其他被俘获的奴隶,并从而进一步提出当时的社会生产力开始有所提高,已能生产剩余价值,对战争中俘获的人不再杀害,而是利用俘虏的"生产价值"为自己服务。[④] 可见,

---

① 《尚书·泰誓上》。
② 《列子·天瑞篇》。
③ 恩格斯《劳动在从猿到人转变过程中的作用》。
④ 郭沫若《甲骨文研究·释宰臣》。

汉字中有着有待开发的巨大的文化学价值。如果能注意挖掘汉字中所蕴含的古文化,无疑会大大丰富我国古文化的宝库。

*(本文原载于《汉字文化》2004年第1期)*

# 申、虹、雷、龙

## ——从汉字看龙的观念的形成

## 一 汉字和汉文化

我国早期的文字多为象形文字,这些文字犹如古文化的化石,记载着古文化和古人的思想观念,有待我们去深入发掘研究。早期汉字对古文化的研究价值不亚于甚至于超过一片陶片、一件石器,因为汉字所蕴含的是更为深层的古文化的观念,并且往往还有相关的文字可资佐证。如甲骨文、金文和篆文的"人"字,基本形体都作入,象人侧身而立。这个字简单的两笔,却反映了人区别于动物的最基本的两个形体特征:一是直立;一是手脚分工。当我们接触古文字见到"人"字时,一般只停留在这个字的字面理解上,认识到这是个"人"字就感到满足了,而对这个字所蕴含的古人创造这个字的深刻思想观念却往往习焉不察、视而不见。我们祖先在创造"人"字时对人的细致观察和朴素认识,直到三千多年后,才由马克思主义理论家恩格斯进行理论上的阐述。恩格斯在《劳动在从猿到人转变过程中的作用》中说:"这些猿类,大概首先由于它们的生活方式的影响,使手在攀援时,从事和脚不同的分工,因而在平地上行走时开始摆脱用手帮助的习惯,渐渐直立行走。这就完成了从猿到人的具有决定意义的一步。"这最后的一句话是点睛之笔,是用黑体字排的。这句话深刻地说明,直立和手脚分工,既是猿从动物转变成人的具有决定意义的一步,又是人和动物在形体特征上的分野。前些年盛传神农架发现野人,并筹备进行科学考察。在进行考察前,首先碰到的一个问题是:什么是野人?群众目击的野人,到底是野人,还是偶然直立的动物?对这个问题科学家们进行了热烈的讨论。各种看法杂然纷呈,但最后终于统一到一点上,即直立和手脚分工。这个认识,实际上回到了三千多年前我们祖先对人和动物分野的认识上。

再如"民",金文中的"民"字,写作㞢,象一利物刺入人的左眼。据郭沫若研究,这个字包含着丰富的信息。其一,"民"是古奴隶的总称;其二,用利物刺其左目作为特征,以示其奴隶身份,便于进行管理;其三,俘获敌囚作为奴隶,役使劳动而不予以杀死,说明当时的劳动已能产生剩余价值;其四,以利物刺左目是金文所特有,说明利用奴隶的剩余劳动进行生产是始于周代。金文中一个"民"字竟包含着如此丰富的古文化信息,不能不令人惊叹不已。先秦时期的著作中,"民"字虽然已不用于奴隶义,但如仔细分辨仍能看出奴隶义的痕迹。《说文》:"民,众氓也。"段注改"氓"为"萌"。其实,"民"与"氓""萌""冥""盲""瞑"音义俱近,属同一语源,都有愚昧无知的意思。《说文系传·通论》:"民者,氓也,萌而无识也。"《说文句读》:"萌,冥昧也,言众庶无知也。""众氓"或"众萌",都是指愚昧无知的群众。如我们再进一步结合"民"的具体用法,就会发现古籍中的"民",一般都用于与"官"相对,是指下层人民。如《论语·泰伯》:"民可使由之,不可使知之。"《商君书·更法》:"语曰:'愚者暗于成事,知着见于未萌。民不可与虑始,而可与乐成。'"总之,都把民看成是只能供使唤的人。由此可见,汉字中确实蕴含着非常丰富的古文化信息。因此,我们识读古文字,不应该仅仅是认字,只理解它的字面意思,更不应该把汉字看成是科技发展的绊脚石,而应该发扬汉字的文化传统,看到它具有文化化石的价值,有意识地发掘其所蕴含的文化内涵。我们有理由说,利用汉字所凝结的丰富的文化信息来研究我国的古文化,有着十分广阔的前景。

## 二 申、虹、神

汉民族关于神的起源,从"神"字的形成来看,当源自对雷电这种自然现象的敬畏和崇拜。甲骨文中的"电"字写作𠁼,呈直线上下曲折,象闪电形。汉民族的"神"字,就是从"申"字引申发展而来的。"申",即"神"的古字。"神"字最早出现在金文中,礻旁当为周人所加。"申",虽然在古籍中主要用于干支义,但《说文》还是解释为"神也",而"神"则解释为"天神,引出万物者也"。《说文》的作者虽然没有见过甲骨文,但见过古文,即籀文。他对"虹"字的解释,提示了闪电与神之间的联系。《说文》:"虹,蝃蝀也,状似虫。从虫工声。《明堂月令》:'虹始见。'𧈢籀文'虹',从申,申,电也。"我们可以从"申"和"神"两字的内在联系,产生从雷电到神的观念形成的联想。雷电一般都产生于每年开始生产的季节——春天。古人很重视雷电对生产的直接影响。《礼记·月令》:"仲春之月……日夜分,雷乃发声,始电,蛰虫咸动,启户始出。"一年的生产活动就随着隆隆的春雷声开始了。其后,雷电就常常伴随着人们的生产活动和日常生活。当闪电烁烁,其光耀眼;雷声隆隆,其声震耳;随之而来的是狂风暴雨,有时还有可怕的雷击现象。对这种不期而至,并且具有巨大威力的神异的自然现象,初民始则惶恐,继则敬畏,后则终因不得其解而产生崇敬心理,认为在浩瀚无际的天空中存在着一种主宰大自然的不可知的神物,并逐渐形成神的观念。

我们再来分析籀文"虹"字的构成。籀文"虹"从虫从申,即由意符虫和申(电)组成。这个字的形体引发我们两点思考:一是在古人看来,虹的产生与雷电有密切关系;一是虹也与龙一样,同属虫类。甲骨文中"虹"的字形与"龙"字颇为相近。"虹",甲骨文写作⌒,也作⌒。"龙"写作⌒,也作⌒。两字均蜿蜒曲折,所不同的只是虹有两个头,龙只有一个头,看来在古人心目中虹是龙的又一种;且虹、龙声韵均同,即两字古时的读音相同或相近。据研究,上古有读 kl 的复辅音,后分化为 k/l 两音。现存汉字中还保留 kl 复辅音的痕迹。如从各得声的字,理应读为"各-k"声,而实际上却有 k/l 两读。如格、胳、骼、阁,声母为 k;路、赂、洛、骆、络、烙,声母为 l。从柬(古声母为 k)得声的字,也有 k/l 两读。如谏、拣,声母为 k;炼、练、楝声母为 l。从龙得声的字,理应读为"龙-l"声,但也有 k/l 两读。如拢、笼、陇、聋、垄、珑,声母为 l;龏(《说文》收在共部,释为"悫也","从共龙声")、龔(《说文》收在廾部,释为"悫也","从廾龙声"),同是从龙得声,声母却为 k。由此可见,虹、龙,古音可能都读为 klong,且两者同属虫类,即在古人心目中虹与龙同类。虹,今南方也称蚬(hèi),据清人钱泳《履园丛话·祥异》说,蚬"隐隐如白龙",形状与龙相似。又"霓",古又写作蜺,是雌性的虹。《楚辞·天问》"蜺"字下王逸注:"云之有色似龙者也。"也说虹的形状像龙。这些记载共同地都把虹的形状看成与龙相似。虹与龙,不仅读音相同,而且同属虫类,形状又相似,并与电(申)有着密切联系,都是发生在天空的自然现象,因此把虹和龙联系起来,应该说是理所当然的事。

## 三　申、雷、龙

"申"(电)和"雷",不仅仅是相生相伴的自然现象,而且两字的形体也十分近似。"雷"字,甲骨文写作⌇,形体近似 ᠊(申),也是呈上下曲折形。所不同的仅仅是曲折处,"申"字是又一个曲折的闪电形,"雷"字是在曲折处有一小圆圈,象擂鼓形。正是"申""雷"两字曲折蜿蜒的基本形体,提供了初民把它们与"龙"联想起来的可能。雷电常常伴随着狂风暴雨,初民出于自己朴素的理解,把雷电现象想象成一种能呼风唤雨的神异大虫在行使神力。这种大虫即被称为"鳞虫之长"的龙,实际上就是先民心目中雷的化身。《山海经》是记载古代神话传说的著作,被称为"神话之渊府"。《山海经》里就把雷神描绘成龙的形状。《山海经·海内东经》:"雷泽中有雷神,龙身而人头,鼓其腹。"雷神似龙的神话传说在当时流传十分广泛,其他古籍也有类似记载。《淮南子·地形训》:"雷泽有神,龙身人头,鼓其腹而熙。"《史记·五帝本纪》:"舜耕历山,渔雷泽。"唐人张守节正义:"《山海经》云:雷泽有雷神,龙身人头,鼓其腹则雷也。"上海古籍出版社出版的袁珂《山海经校注》,还附有雷神的插图,人头而龙身,有鳞有爪,其状除头以外,正与现在所描绘的龙的形状相似。

关于龙的形象和特征,我们还可以从甲骨文"申""雷"两字的形体和意义找到明显的联系。龙的形体,蜿蜒屈曲,酷似甲骨文中"申"和"雷"的基本形体。传说中龙的出现,往往狂风大作,乌云密布,大雨倾盆,而这也正是雷电出现时的特点。传说还往往把龙、云、雷、电联系在一起。《淮南子·地形训》:"黄龙入藏生黄泉。黄泉之埃,上为黄云,阴阳相薄为雷,激扬为电……青龙入藏生青泉。青泉之埃,上为青云,阴阳相薄为雷,激扬为电……赤龙入藏生赤泉。赤泉之埃,上为赤云,阴阳相薄为雷,激扬为电……白龙入藏生白泉。白泉之埃,上为白云,阴阳相薄为雷,激扬为电……玄龙入藏生玄泉。玄泉之埃,上为玄云,阴阳相薄为雷,激扬为电。"反复强调了龙和云、雷、电的关系,而且把龙看作是产生雷电的根源。龙和雷电相伴相随的关系,在《论衡·龙虚篇》里有着极其生动形象地描绘:"(世俗之人)见雷电发时,龙随而起;当雷电击树木之时,龙适与雷电俱在树木之间,雷电去,龙随而上,故谓从树木中升天也。"这一段话,《论衡》的原意是批判世俗所谓龙"从木中升天"的说法,但在批判这种说法时,却肯定了龙和雷、电、云的相生相随的密切关系。《论衡》认为,"实者,雷龙同类,感气相致,故《易》曰:'云从龙,风从虎。'又言:'虎啸谷风至,龙兴景云起。'"《论衡》的作者王充觉得意犹未尽,又进一步论述说:"夫盛夏太阳用事,云雨干之。太阳,火也;云雨,水也。水火激薄则鸣而为雷。龙闻雷声则起,起而云至,云至而龙乘之。云雨感龙,龙亦起云而升天。"王充的这个看法,在《乱龙篇》中也曾强调。他说:"夫龙与云同气,故能感动,以类相从。"龙和雷、电、云、雨诸关系中,与雷的关系尤为密切,两者实际上是二而一、一而二的关系。上面已经提到过,传说中的雷神,是"龙身而人头",其状似龙,而《论衡》中有时则径直称龙为"雷龙"。《论衡·奇怪篇》:"感于龙,梦与神遇……尧、高祖之母适欲怀妊,遭逢雷龙载云雨而行,人见其行,遂谓之然。""雷龙载云雨而行"中的"雷龙",就是龙,因为"载云雨而行"的只能是龙,雷哪能行? 高祖母亲感龙而生刘邦的事,《史记》也有记载。《史记·高祖本纪》是这样记载的:"高祖……父曰太公,母曰刘媪。其先刘媪尝息大泽之陂,梦与神遇。是时雷电晦冥,太公往视,则见蛟龙于其上。已而有身,遂产高祖。"是写"蛟龙于其上",当然"是时雷电晦冥",龙仍然是与雷电相生相随的。有意思的是,《汉语大词典》也收了"雷龙"这个词,竟然解释为"闪电"。我们先不讨论这个解释准确与否,但把雷龙解释为闪电,这也从另外的角度说明龙和雷、闪电是一个事物,至少是同一类事物。

由于"龙"和"雷""电"(即申,神的古字)有着密切联系,龙还给人以一种神异和变幻莫测的特征,因此也称龙为神龙。《韩诗外传》卷五:"如神龙之化,斐斐文章,大哉,《关雎》之道也!"《说文》的解释,重字的本义,对"龙"字的解释,就突出了龙变幻莫测的特点。《说文》:"龙,鳞虫之长,能幽能明,能细能巨,能短能长,春分而登天,秋分而潜渊。"龙的神秘莫测,几乎是古人的共识。其他的一些古籍也有类似的记载。《管子·水地》:"龙生于水,被五色而游,故神。欲小则化如蚕蠋,欲大则藏于天下,欲尚则凌于云气,欲下则入于深渊,变化无日,上下无时,谓之神。"《说苑·辨物》:"神龙能为高,能为下;能为大,能为小;能为幽,能为明;能为短,能为长。昭乎其高也,渊乎其下也,薄乎天光,高乎其著也。一有一无忽微哉,斐然成章;虚无则精以和,动作则灵以化。於戏!允哉!"连博古通今的孔子,也觉得龙的神异多变,莫测高深。他在评论老子时,认为老子的所说的道,就像龙一样,博大精深,神秘莫测。他说:"鸟,吾知其能飞;鱼,吾知其能游;兽,吾知其能走。走者可以为网,游者可以为纶,飞者可以为矰。至于龙,吾不能知其乘风云而上天。吾今日见老子,其犹龙邪!"(《史记·老子申韩列传》)

传说中的龙,尽管很神异,但却被称为虫,虽然是鳞虫之长,终归还是虫。这可能同先民的认识有关。甲骨文中已有"龙"字,写作㇐,象虫形。这应该说真实地反映了初民对龙这种神异现象的认识。一般来说,初民对神话的种种观念,要早于哲学观念。殷商时期关于"天"的认识,还只是看成高远而广阔无边的一种空间,还没有赋予天是有意志的万物的主宰者。据研究,认为天是有意志并主宰万物的观念是周人才有的。因此,殷商时期的先民,对高空中的自然现象包括虹霓之类,都看成神异的巨大的兽类,认为是一种神异的虫。"虫"是动物的总名,包括羽类、鳞类、兽类。龙属鳞虫,先秦古籍就有记载。《左传·昭公二十九年》:"虫莫知于龙。"《韩非子·说难》:"龙之为虫也,柔可狎而骑也,然其喉下有逆鳞径尺,若人有婴之者则必杀人。"且凡龙之属,都属虫类,其字从虫。例如,《说文·虫部》:"蛟,龙之属也。从虫交声。池鱼满三千六百,蛟来为之长,能率鱼而飞。置笱水中即蛟去。"《淮南子·道应训》:"荆有佽非,得宝剑于干队,还反度江,至于中流,阳侯之波,两蛟侠绕其船。"高诱注:"蛟,龙属也。鱼满二千五百斤,蛟来为之主也。"《说文·虫部》:"螭,若龙而黄,北方谓之地蝼。从虫离声。"段注:"左思《蜀都赋》:'或藏蛟螭。'刘注云:'蛟螭,水神也。一曰雌龙,一曰龙子。'似亦谓蛟螭为一物,然《上林赋》:'蛟龙赤螭。'文颖曰:'龙子为螭。'张揖曰:'赤螭,雌龙也。'皆为刘说所本。"《说文·虫部》:"虬,龙子有角者。从虫丩声。"段注改"龙子有角者"为"龙无角者",并注引"李善注《甘泉赋》引《说文》:'虬,龙无角者。'……王逸注《离骚·天问》两言'有角曰龙,无角曰虬。'高诱注《淮南》同。张揖《上林赋》注、《后汉书·冯衍传》注、《玉篇》《广韵》皆曰:'无角曰虬。'绝无'龙有角者'之说。"《说文·虫部》:"螣,神蛇也。"郭璞《尔雅·释鱼》注:"龙类也。能兴云雾而游其中。"

据早期古籍中描绘,龙的形体长大,蜿蜒似蛇,有鳞有爪,能升天入渊,兴云降雨。从现存古籍来看,最早把龙和蛇并称的是《周易》。《易经·系辞下》:"龙蛇之蛰,以存身也。"其次是《左传》。《左传·襄公二十一年》:"其母曰:'深山大泽,实生龙蛇。彼美,余惧其生龙蛇以祸女。'"流传至今的龙,其基本形体在先秦时期就已趋定型。

## 四 龙和帝王

据记载,龙象征君王,是起源于春秋时期晋文公重耳流亡回国执政赏从者的故事。晋文公在外流亡十九年,从者中有介之推。但"晋侯赏从亡者",因"介之推不言禄,禄亦弗及"(《左传·僖公二十四年》),于是介之推与他母亲一起到绵山隐居。晋文公知道自己的失误后就到绵山去寻找,但没有找到,不得已便放火逼他出来,介之推坚持不出而被烧死。这个故事到战国时期把晋文公与臣子演绎为龙与蛇的关系。《吕氏春秋·介立》:"晋文公反国,介子推不肯受赏,自为赋诗曰:'有龙于飞,周遍天下。五蛇从之,为之丞辅。龙反其乡,得其处所。四蛇从之,得其露雨。一蛇羞之,桥(槁)死于中野,悬书于公门,而伏于山下。'文公闻之曰:'嘻!此必介子推也。'"高诱注:"龙,君也,以喻文公。五蛇,以喻赵衰、狐偃、贾他、魏犨、介子推也。"但这个故事流传并不十分广泛。流传广泛,影响较大的可能还是称秦始皇为祖龙的故事。祖,就是开始的意思;龙,象征着帝王。祖龙,即始皇。这个故事见于《史记》。《史记·秦始皇本纪》:"三十六年。荧惑守心。有坠星下东郡,至地为石,黔首或刻其石曰:'始皇帝死而地分。'始皇闻之,遣御史逐问,莫服,尽取石旁居人诛之,因焚销其石。始皇不乐,使博士为《仙真人诗》,及行所游天下,传令乐人歌弦之。秋,使者从关东夜过华阴平舒道,有人持璧遮使者曰:'为我遗滈池君。'因言曰:'今年祖龙死。'"裴骃:"苏林曰:'祖,始也。龙,人君象。(祖龙)谓始皇也。'"东汉王充的《论衡·纪妖篇》也转录了这段文字,并解释说:"祖龙死,谓始皇也。祖,人之本;龙,人君之象也。"从此以后,以龙喻帝王逐渐成为一种普遍的现象。如以龙升喻帝王登基。《三国志·蜀书·先帝传》:"二十五年,魏文帝称尊号,改年曰黄初……太傅许靖、安汉将军糜竺、军师将军诸葛亮……等上言:'曹丕篡弑,湮灭汉室……今上无天子,海内惶惶,靡所式仰……《孝经·援神契》曰:德至渊泉则黄龙见。龙者,君之象也……大王当龙升,登帝位也。'"还有以"龙颜"借指帝王。晋袁宏《三国名臣序赞》:"夫未遇伯乐,则千载无一骥;时值龙颜,则当年控三杰。"以"龙纶"喻圣旨,帝王的诏书。南唐李中《献乔侍郎》诗:"人间传凤藻,天上演龙纶。"以"龙阙",喻帝王的宫阙。唐岑参《送韦侍御先归京》:"闻欲朝龙阙,应须拂豸冠。"以"龙衣""龙袍""龙衮"指称绣有龙形图纹的皇帝袍服或礼服。唐卢照邻《登封大酺歌》之二:"日观仙云随凤辇,天门瑞雪照龙衣。"元陈孚《八月呈学士阎静斋赵方塘》诗之一:"风清双雉扇,天近五龙袍。"《礼记·礼器》:"礼有以文为贵者:天子龙衮,诸侯黼,大夫黻。"以"龙椅"称帝王坐的椅子。《说唐》第四二回:"高祖一闻元霸身亡,大喊'皇儿好苦!'晕倒在龙椅上。"以"龙榻"称帝王的坐床。《封神演义》第二九回:"子牙入内殿,至龙榻前,跪而奏。"以"龙厩"称帝王的马舍。《魏书·成淹传》:"乃赐淹龙厩上马一匹。"以"龙𬨎"称帝王的棺椁。唐白居易《草茫茫》诗:"一朝盗掘坟陵破,龙𬨎神堂三月火。"以"龙𬨎""龙𫐉"称帝王的丧车。《昭明文选·潘岳〈寡妇赋〉》:"龙𬨎俨其星驾兮,飞旗翩以启路。"

《旧唐书·懿宗纪论》:"佛骨才入于应门,龙辀已泣于苍野。"以旗上画有两龙相蟠的"龙旗""龙旌"称天子的仪仗。《后汉书·明帝纪》:"东海王强薨,遣司马空冯鲂持节视丧事,赐升龙旄头、銮辂、龙旗。"李贤注:"交龙为旗,唯天子用之。"南朝宋谢庄《侍宴蒜山诗》:"龙旌拂纡景,凤盖起流云。"以"龙扇"称天子的仪仗。清孔尚任《桃花扇·选优》:"杂扮二内监执龙扇前引,小生扮弘光帝。"以"龙舟""龙船"称指帝王所乘的御船。《隋书·炀帝纪上》:"八曰壬寅,上御龙舟,幸江都。"《剪灯新话·滕穆醉游聚景园记》:"烟销凤盖,波浸龙船。"以"龙驭""龙辇""龙驾""龙舆"称帝王的车驾。唐白居易《长恨歌》:"天旋地转回龙驭,到此踌躇不能去。"明屠隆《采毫记·官兵大捷》:"宫墙禾黍,龙辇间关西蜀路。"《艺文类聚》卷四引南朝齐谢朓《七夕赋》:"回龙驾之容裔,乱凤管之凄锵。"唐武三思《奉和春日游龙门应制》:"凤驾临香地,龙舆上翠微。"以"龙骑"称帝王的坐骑。南朝梁简文帝《侍游新亭应令》诗:"凤管留虚谷,龙骑藉春荄。"以"龙行虎步"形容帝王的威严和气度。《宋书·武帝纪上》:"刘裕龙行虎步,视瞻不凡,恐不为人下,宜早为其所。"以"龙威"喻帝王的威严。赵大年《公主的女儿》:"如若在金銮宝殿之上坐沙发,软拉巴几的卧在里边,岂不有损龙威吗?"以"龙子""龙孙"称帝王的后代。《北齐书·琅琊王俨传》:"光闻杀士开,抚掌大笑曰:'龙子作事,固不似凡人。'"《前汉书平话》卷下:"数内一人甚恶,却回常山王语:'你甚圣主?'常山王:'寡人龙孙,怎敢无礼!'"以"龙心"称皇帝的情绪。鲁迅《二心集·做古文和做好人的秘诀》:"在我也好像宣统皇帝龙心大悦,钦许我死后谥为'文忠'一般。"其他如称皇帝为"真龙"或"真龙天子"。《二十年目睹之怪现状》第八十回:"大凡真龙降生,没有一定之地,不信,你但看朱洪武皇帝。"

萧军《八月的乡村》九:"真龙天子一出来,天下也许就太平了。"如此等等,帝王虽然是统治阶级,而且是统治阶级的代表,但在阶级社会中同时也是国家的代表或象征。无论何种文化包括龙文化,本质上都是根植于人民并为人民所创造,因而在我国漫长历史上,统治阶级的文化,国家的文化,也往往代表着民族的传统文化。长期以来,汉民族把龙看作是帝王的象征,实际上也意味着是汉民族的象征。我们自称是炎黄子孙,炎黄就是炎帝、黄帝,他们都是帝王。这同我们自称是龙的传人,完全是一个道理。

在汉民族长期的历史发展中,龙的形体逐渐定形为现在所描绘的形状,并视为代表汉民族的全民所共有的龙文化。龙的观念的形成过程也是凝聚汉民族所共同的文化心理形成的过程,深入地多角度地研究这个过程,将是一个有现实意义的弘扬中华优秀文化的课题,同时也是一个有利于加强民族凝聚力并促进社会主义精神文明建设的课题。

(本文原载于《龙文化和民族精神》,
上海人民出版社,2000年1月)

# 从汉字看我国的农耕文化

炎帝,即神农氏,是我国农业的始祖。我国地处温带,四季分明,尤其是黄河、长江两大流域,支流分布均匀,土质松软肥沃,非常适合农作物的生长。这种得天独厚的自然条件和地理环境所形成的农耕经济,孕育出我国特有的农耕文化。中华民族是多民族的融合体。随着中国社会的向前发展,民族的不断融合,质朴的农耕文化,又逐渐发展融合成为文明进步、丰富灿烂的华夏文化。现在,我国社会虽然已经进入以信息化为先导的现代化社会,但与农耕文化一脉相承的华夏文化,仍留有深深的农耕文化痕迹。

文化是一个涵盖面极其广泛的概念。人是万物之灵。人在自然界的一切活动和生存方式所形成的物质形态和精神形态,都可视为文化。为了认识和分析的方便,不妨从文化结构入手。文化结构有两分说、三层次说、四层次说、六层次说几种。本文参考由张岱年主编的《中国文化概论》说法,采用四层次说进行论说。[1] 汉字是中华文化的宝库。分析的依据主要是汉字所蕴含的文化信息。汉字是一种兼有形意的文字。汉字造字的理据,反映事物的具体表象和古人在造字时的理念、观念,而物象、理念、观念也正是直观的或深层的文化。由于这个问题很大,我们还只能粗线条

---

[1] 参见张岱年主编《中国文化概论》,北京师范大学出版社,2004年。

地对农耕文化如何孕育、融合、发展成为华夏文化作简要地论述。

## 一 从物态文化层来看

物态文化是人的生产活动及其产品的总和。生产活动是人类的基本活动。早期的生产工具和产品是人类最早的文化特征。新石器时代早期出土的生产工具,以磨制的石器为主,如石刀、石斧等,但很难确定这些生产工具是否用于农耕。能确定用于农耕的生产工具则是龙山文化中的蚌器。传说中的神农时期,也约在新石器时期。当时,蚌器是主要的农耕生产工具之一。蚌器作为生产工具,可以看作是龙山文化的主要代表。因此有的学者认为,"蚌器一般是龙山文化的特色"[1]。

蚌器用于农耕生产,得到文字记载和文字本身的印证。《淮南子·氾论训》:"古者,剡耜而耕,摩蜃而耨。"高诱注:"蜃,大蛤,摩令利,用之耨。耨,除田秽也。"这个记载还得到甲骨文字的有力支持。蜃,甲骨文作"辰",是一种大型的贝壳,用于农耕生产。郭沫若在《甲骨文字研究》中认为:"辰与蜃在古当系一字。蜃字从虫,例当后起……辰本耕器,故農、辱、蓐、槈诸字皆从辰。星名之从辰者,盖星象于农事大有攸关,古人多以耕器表彰之。""辰"的初义是耕器,因而成为汉字表示农耕活动的主要构件。汉字中以"辰"为意符的字,如"農(农的繁体字)""辱""蓐""薅""槈""耨""鎒""晨"等,都与农耕活动有密切关系(按:以"辰"为声符的字,如振、娠等除外)。

---

[1] 刘蕙孙《中国文化史稿》,文化艺术出版社,1990年。

"農"字从辰。《说文》:"農,耕也。""農"字有"鑫"等多种写法,但无论哪种写法,其中都有"辰","辰"是不可或缺的造字构件。"農"在古汉语中的基本意义就是农民、农耕或农业。

"槈""鎒""耨"等字是"辰"字的延伸和发展,都是农耕器具。《说文》:"槈,薅器也……鎒,或作从金。"《说文系传》:"槈,薅器也……臣锴曰:'薅,音蒿。即耘田也。槈,其器也。'"《说文古本考》:"涛案:《一切经音义》卷八、卷廿一引作'除田器也'。盖古本如是。除,读粪除之除,为除去田草也。"按:从以上解释看,"辰",即蜃,大蛤的贝壳,是古人利用自然物作为农耕器具。"槈",则是仿贝壳的形制而用木材加工制成的耕器,而鎒则是随着生产力的发展,改木材为金属而加工制成的耕器。耨,从耒,耒也是耕器。槈、鎒两字中的木和金,是制作耕器的材料;耒则表示"耨"属农耕一类的器具。

辱,按字的形体结构分析,是以手(寸)持辰,表示耕作的行为。但《说文》解释为:"耻也。从寸在辰下。失耕时,于封畺上戮之也。辰者,农之时也,故房星为辰,田候也。"这个解释,虽然与农耕有联系,但是与字的形体结构不符。杨树达觉得不妥。他说:"余谓:辱者,槈之初字也……必知辱为槈之初字者,《淮南子·氾论训》篇云:'古者剡耜而耕,摩蜃而耨。'高注云:'蜃,大蛤,摩令利,用之耨。耨,除田秽也。'寻辰字,龟甲金文皆作蜃蛤之形,实蜃之初字,辱字从寸从辰,寸谓手,盖上古之世,尚无金铁,故手持摩锐之蜃以芸除秽草,所谓耨也。及后世文物改进,芸草之具不用蜃蛤而以金属为之,又以木为其柄,故于初字之辱,加金旁或木旁而有鎒、槈二文。"[1]

---

[1] 杨树达《积微居小学述林·释"辱"》,中华书局,1983年。

按:杨的解释,从字形体结构来说,可以成立。但从"辱"的用法来看,《说文》的解释还是可取的。《说文》所解释的是"辱"的引申义。因为农耕活动,如果失时,将耽误一年的收成,罪莫大焉,所以必须在封疆上戮之以正法。这在农耕社会无疑是最大的耻辱。

晨,《说文》作"晨"。《说文》:"晨,房星,为民田时者。"《说文句读》:"参、辰皆为田时。《夏小正》可考也,而独系之者,晨,辰部说曰:'民农时也。'又云:'辰,房星,天时也。'辱下云:'辰者,农之时也。'故房星为辰,田候也。《国语》亦曰:'农祥晨正(按:见《国语·周语上》)。'韦昭注:'农祥,房星也。晨正,谓立春之日。晨中于午也,农事之候,故曰农祥也。'盖晨从辰,故独以田时系之。'"《说文解字注笺》:"晨,古通作辰。"《说文》:"辰,震也。三月阳气动,雷电振,民农时也。物皆生……辰,房星,天时也。"这些解释,集中到一点,晨,是从辰字引申发展而来的,是表示农耕季节的到来。

新石器时期的农作物品种,已有稻、粟、黍等,且已有相当的种植规模。反映这些农作物的文字在甲骨文中也已出现。其他,如衣、食、住、行等满足生活需要的物态文化,在仰韶文化、河姆渡文化、龙山文化中都有不同程度的反映。

物态文化,应该说,是一切文化的基础。这是人在自然界谋求生存方式的最直接的反映。

## 二 从制度文化层来看

制度文化是人在社会活动中的各种行为规范,并为各种规范所制定的各种相应的制度。早期各种制度中,无不带有明显的农耕文化特色。如代表宗法统治的国家制度,即现在意义上的国家,古代用社稷表示。社,土神;稷,谷神。帝王诸侯每年都必须亲临祭祀社稷。汉班固《白虎通·社稷》:"王者所以有社稷何?人非土不立,非谷不食。土地广博,不可遍敬也;五谷众多,不可一一祭也。故封土立社,示有土也;稷,五谷之长,故立稷而祭之也。"拥有祭祀社稷的权利,是宗法统治的国家拥有权力的象征,因而社稷常常用来表示天子或诸侯所统治的国家。而"国家"一词在先秦则只表示诸侯所统治的行政区域,却不具有现在的国家意义。

表示现在国家的疆域义的字有"疆""界"等,从某种意义上说,也是田亩界线的扩大,即人从事种植区域界线的扩大。疆、界等字,原义都是表示田亩的界线。

疆,《说文》作"畺"。《说文》:"畺,界也。从畕,三,其界画也。疆,畺或从土彊声。"王筠《说文释例》:"按,田与田比,中必有界,以一象之,而上下各有一者,田无穷,则界亦无穷,以两田见其毗连之意,以见田外之田无数也。"

界,《说文》:"界,境也。"段玉裁注:"引申为凡边境之称。界之言介也;介者,画也;画者,介也,象田四界,聿所以画之也。介、界,古今字。"

我国的历法,是典型的农耕文化的反映。我国民间通用的阴历,实际上就是农历,完全是为农耕服务的。从计时单位到二十四个节气,无不与农耕活动密切相关。"年",《说文》:"年,谷熟也。"甲骨文象以人头载着禾稼之形,表示禾谷成熟,开始收获。《甲骨文字集释》卷七:董彦堂先生曰:"……卜辞中年的用途有二:一是年;一是受年、求年,就是后世'祈谷'之祭。受年、受黍,年就是年谷丰登之义。在商代还没有把年作纪岁之用的,到了周代才把禾谷成熟一次称为一年,年字始含有岁祀之意。"

"时"的初义是季节①。《说文》:"时,四时也。"段玉裁注:"本春秋冬夏之称。"在汉文化中,春、夏、秋、冬四个季节都与农耕活动密切相关,分别表示农耕活动的四个时段:春天是播种的季节,夏天是除草耘田的季节,秋天是农作物收获的季节,冬天是收藏储备的季节。《墨子·三辩》:"农夫春耕夏耘秋敛冬藏。"《荀子·天论》:"繁启蕃长于春夏,蓄积收藏于秋冬。"

月,农历是按月球绕地球的周期为单位的,从朔至晦为一个周期,即一个月。这种计时单位与农耕活动密切相关。《吕氏春秋》的首篇从《孟春纪》开始到《季冬纪》共十二纪,后由礼家抄合为《礼记》的《月令》篇。其中把农事活动放在很重要的地位。在《孟春纪》中有"是月(按:正月)也,天子乃以元日祈谷于上帝"。《仲春纪》中有"是月(按:二月)也,耕者少舍……无作大事,以妨农功"。《季春纪》中有"是月(按:三月)也……后妃斋戒,亲东乡躬桑"。《孟夏纪》中有"是月(按:四月)也,天子始絺,命野虞,出行田原,劳农劝民,无或失时"。《仲夏纪》中有"是月(按:五月)也……以祈谷实,农乃登粟"。《季夏纪》中有"是月(按:六月)也,土润溽暑,大雨时行,烧薙行水,利以杀草,可以粪田畴,可以美土疆"。《孟秋纪》中有"是月(按:七月)也,农乃升谷"。《仲秋纪》中有"是月(按:八月)也……乃命有司,趣民收敛,务蓄菜,多积聚。乃劝种麦,无或失时"。《季秋纪》中有"是月(按:九月)也,申严号令……命冢宰,农事备收,举五种之要,藏帝籍之收于神仓"。《孟冬纪》中有"是月(按:十月)也……劳农夫以休息之"。《仲冬纪》中有"是月(按:十一月)

---

① 季节的"季",本义是兄弟中排行最末者。引申为一个季节的最末者,如季春、季夏等;又引申为季节,如春季、夏季。

也,农有不收藏者……取之不诘。"《季冬纪》中有"是月(按:十二月)也……令告民,出五种,命司农,计耦耕事,修耒耜,具田器……专于农民,无有所使"。这十二纪,陈奇猷认为是春生夏长秋收冬藏的具体化。他说:"春夏秋冬四纪,显系春言生,夏言长,秋言收,冬言藏。每纪所系之文,亦皆配合春生、夏长、秋收、冬藏之义。"①这也足以说明,汉文化中的年、时、月等计时单位,是为农耕活动服务的。尤其是二十四节气,表示一年中气候的变化和农耕生产活动的关系,对农耕生产有着直接的指导意义,是农历的最大特点。

至于"日",是农耕活动最基本的计时单位。古人从事农业活动,一般以日出到日入为一个工作日。《庄子·让王》:"春耕种,形足以劳动;秋收敛,身足以休食。日出而作,日入而息,逍遥于天地之间,而心意自得。"《乐府诗集·杂曲歌谣一·击壤歌》:"日出而作,日入而息。凿井而饮,耕田而食。"这就是在自给自足的自然经济条件下,以日出、日入为一个工作日的田园生活的写照。

我们只要稍加留意,就会发现连男婚女嫁也有农耕文化的烙印。现在看来,单纯表示性别的"男"字,原意是耕种田地的劳力。《说文》:"男,丈夫也。从田从力,言男从力于田也。"婚嫁的"嫁",也与农耕有关。嫁与稼同源。《说文》:"稼,禾之秀实为稼。"段玉裁注:"稼之言嫁也。《周礼·司稼》注曰:'种谷曰稼,如嫁女以有所生也。'"《说文解字注笺》:"禾苗既长,移而种之,如嫁女然也。故曰:稼,家也。"古时男女举行婚礼的时间,都定在日落后三刻钟的黄昏时分。所以,婚礼的"婚",本写作"昏"。因为黄昏时分,正是日落收工的时候。所以选择在这个时候举行婚礼,就是为了服从

---

① 陈奇猷《吕氏春秋考释·孟春纪》注①,学林出版社,1984年。

农耕活动的需要。《仪礼·士昏礼》目录郑玄注:"士娶妻之礼,以昏为期,因而名焉。必以昏者,阳往而阴来,日入三商(刻)为昏。"郑玄是东汉人,用阴阳学说解释"昏"。而实际上在阴阳学说产生之前,古人就已把婚礼举行的时间安排在黄昏了。

## 三 从行为文化层来看

行为文化是在日常起居中所表现出来的具有民族和地域特色的行为模式,一般以民族民风民俗的形式出现。《礼记·王制》:"凡居民材,必因天地寒暖、燥湿、广谷、大川异制,民生其间异俗,刚柔、轻重、迟速异齐,五味异和,器械异制,衣服异宜。"《说文解字·后叙》:"田畴异亩,车涂异轨,律令异法,衣冠异制,言语异声,文字异形。"引文中的"异",就是文化差异。这种差异都是因民族或所处地域的不同而长期形成的。但其形成的基础应该是物态文化,即农耕生产活动及其产品。虽然同是农耕生产,但所种之地有山区平原、广谷大川之分,因而"田畴异亩";其产品有稻谷粟稷之异,因而"五味异和";其他器械异制、衣冠异宜等等,都是直接或间接因不同地区的农耕生产活动而产生的行为模式的差别。

其中,最具民族或地域特色的莫过于语言。中国幅员辽阔,山河阻隔,交通不便,受地域局限的小农经济,有着明显的区域界限。不仅不同的民族有不同的语言,而且不同的地区也有不同的方言。语言异声的情况普遍存在。在西汉时期,扬雄就曾编著《方言》一书。他手"把三寸弱翰,赍油素四尺",向"天下上计孝廉及内郡卫卒","问其异语",调查整理,并参考蜀人严平林、闲鸿儒的一些已有研究成果,历时二十七年而成《方言》。①

各民族或不同地区语言的差异,为历代文人所重视。颜之推《颜氏家训·音辞篇》第一句话就明确指出:"夫九州之人,言语不同,生民以来,固常然矣。"他还分析各地区言语的不同,与水土山川之异,即不同地区因地制宜的农耕活动差别密切相关。他说:"南方水土和柔其音清举而切谐,失在浮浅,其辞多鄙俗;北方山川深厚,其音沉浊而钝,得其质直,其辞多古语。"这个分析中不仅谈到南北言语异声,而且还涉及因民风和受教育程度不同而产生的词语的差别。如南方"其辞多鄙俗",北方"其辞多古语"。

我国长期以来是以农立国的社会,解放后虽然大力推广普通话,但广大地区的方言差别至今依然存在。语言,包括方言也是一种文化。我国地域广阔,方言非常复杂。大方言区中还有小方言区,小方言区中有更小的方言区,甚至隔一座山,隔一条河或溪,语言也有某些差别。这种差别也可以看作是不同地区的农耕文化的差别。

## 四 从心态文化层来看

心态文化层是指社会心理形态和社会意识形态。前者是日常的精神状态和思想面貌;后者是经过加工的大众心态。由于农耕文化植根于农业经济,农民世世代代依附于生于斯、长于斯的土地,年深日久便习惯并安心于故土,因而产生重乡土、轻迁徙、安天乐命的心理状态。

---

① 扬雄《答刘歆书》。

华夏文化因受农耕文化影响,总体上来说,很注重保护自己赖以生存和发展的土地,乡土和区域观念都比较强。在古代,国家观念是乡土观念、区域观念的延伸和扩大。在我们长期形成的观念中,国家就是故土。"國"字早期就是一个表示区域概念的词。"中国",在先秦时期,是表示中原文化比较发达的地区。约从汉开始,才逐渐形成现在所具有的意思。

国,繁体字作"國"。《说文系传》:"國,邦也。从口或声。臣错曰:'囗,其疆境也。或,亦域字。古或反。'"或,是"國"的古字。《说文》:"或,邦也。从口戈以守其一。域,或从土。"段玉裁注:"盖或、國,在周时为古今字。古文只有或字,既乃复制國字。以凡各有所守,皆得谓之或。"

按:《说文》是汉人编著的。"國"字中包含着两个"囗",一在外,一在内。或字中的口(wéi),已经是表示防守的区域疆界,后又再加一个囗,造一个國字。或、國,从文字上看,类似城墙套城墙。这种现象也反映在文字上。汉字中的"郭",就是指外城,"城"就是指内城。类似城墙套城墙的现象,直到现在我们还能看到。如一些大的机关、企业、学校大院,院中套院的现象还时有所见。这种现象,在一定意义上,也可看作是农耕文化的痕迹。

在人文艺术方面,也可以看出农耕文化很深的影响。如民族乐器管弦的制作材料丝、竹,就是农产品。其所表现出来的悠扬、轻柔、飘忽的音质,与清秀的山川、绿色的田园完全融为一体。绘画艺术,也是以男耕女织为基础发展起来的。农耕活动最基本的内容,一是耕,一是织。在农耕社会,"一夫不耕,或受之饥;一女不织,或受之寒",就有冻馁之虞。农耕是生活的基本保证。同时,艺术起源于劳动,美起源于生活。男耕女织的生产活动和相应的农耕生活必然会孕育出相应的绘画艺术。绘、画两字就包含着这方面的丰富信息。

"绘"的本义会集五彩的刺绣。《说文》:"绘,会五彩绣也。"《小尔雅·广训》:"杂彩曰绘。"《玉篇·糸部》:"绘,五采画也。"五彩刺绣的内容,一般都是五谷丰登或与农耕生活密切相关的事物,实际上也就是纺织品上的绘画。王筠的《说文句读》参照《一切经音义》和《韵会》所引《说文》的解释,改《说文》的解释为:"五采曰绘,绘,画也。"把"绘"直接解释为画。

"画"的繁体字为"畫",本义是画出田亩四周的界线。《说文》:"畫,界也,象田四界,聿(笔),所以画之也。"《说文解字注笺》:"画,区分之也。《左氏·襄四年传》:'芒芒禹迹,画为九州。'从田,四旁象其界也……引申为凡计画之称,又为画写物象之名。""画写物象之名",就是今天所说的绘画。可见,绘画两字的艺术含义,都是直接从农耕文化演化而来的。

很有意思的是,艺术的"艺",也是从种植义演变而来的。艺,繁体字写作"藝",也作"蓺",本作"埶"。本义是种植。《说文》:"埶,穜也。"甲骨文的埶字,象人屈体下蹲、手持作物种植之形。古文字学家于省吾认为,表示种植的"埶"和艺术的"艺",两字在词义上是一脉相承的。他说:"埶字……典籍作蓺或藝。埶之本义为种植草木而加以扶持。种植草木需要有一定的经验和技艺,故引申之,则为凡技艺之艺和艺术之艺的通义。"[①]

植根于农耕文化的华夏文化,光辉灿烂,历史悠久,是中华民族的瑰宝,也是中华民族的骄傲。在改革开放,进入新世纪的今

---

① 于省吾《略论西周金文中六目和八目及其屯田制》,《考古》1964年第3期。

天,弘扬光辉灿烂的华夏文化,促进中华民族的伟大复兴,实为当今传承中华文化者的第一要务。

(本文原题为《炎帝和华夏文化》,原载于《炎帝与民族复兴》,陕西人民出版社,2006年7月)

# 《〈说文〉同义词研究》序

《说文》是继《尔雅》《方言》以后,中国语言学史上的又一部重要著作。《说文》的问世,标志着我国语言学的重大发展。《说文》不仅收字广泛,几乎覆盖了先秦两汉古籍中所使用的字,而且还首创了严整的编排体例,"最为重要的是",还讲发展,讲系统,重材料,重证据,"有先进的学术观点和科学方法"(何九盈《中国古代语言学史》第50页)。清代学者段玉裁称《说文》是"前古未有之书"(《说文解字·叙》注)。这个评价充分肯定了《说文》在中国语言史上的地位和贡献。

《说文》蕴藏着丰富的语言学宝藏。自它问世以来的近两千年,研究者很多,著述如林。即以清代而论,"自逊清乾、嘉以来,关于《说文》之著作品,不下一二百种之多"(《说文诂林·畴隐居士自述》)。《中国语言学论文索引》(甲编)所收 1949 年前的有关《说文》的论文也有 270 多篇。虽然有这么多研究成果,但是还不能说甚至还远不能说对《说文》的研究已经差不多了。王力先生曾说:"《说文解字》是中国古代语言学的宝藏。"(《中国语言学史》第 39 页)用现代语言学的观点来看,《说文》的语言学价值,还只能说初步被认识;《说文》所蕴藏着的丰富的语言学宝藏,可以说还只是处于勘察阶段。段玉裁是人所公认的研究《说文》的大家。他为《说文》作注,"发轫于乾隆丙申(1776年),落成于嘉庆丁卯(1807年)"。他在长期的研究实践中认识到,自己虽从事《说文》研究三十多年,但仍未完成对《说文》的全面调查。他说:"其书(指《说文》)以形为主,经之为五百四十部,以义纬之。""后儒苟取其义之相同相近者,各比其类为一书,其条理精密胜于《尔雅》远矣。"(以上引文均见《说文解字》所附许冲上书的注文)段玉裁的这番话是在已经完成《说文解字注》以后说的。现代语言学研究,注重对语言材料的定量分析。从段玉裁的这番话中可以看出,他在晚年的时候,已自觉或不自觉地运用科学的语言学理论和方法来研究《说文》了。正如已故的训诂学家郭在贻所说,段玉裁对《说文》的研究,已"从纯粹校订、考证的旧框子里解放出来,在某种意义上走上了科学语言学的轨道"(《训诂丛稿》第321页)。段氏晚年开始认识到,但无力完成,寄希望于后儒的《说文》中义同义近词的收集整理工作,在他身后近两个世纪一直无人问津。究其原因,恐怕主要是由于这项工作的难度较大。冯蒸同志后生可畏,知难而进,翻阅了两百多万字的资料,做了一万余张卡片,经过了两年多的辛勤努力,终于实现了段氏生前的愿望。

要对《说文》中同义词的资料进行全面而有系统的整理,并对它们进行分类定量统计,是一项艰苦细致的工作。为了对《说文》同义词面貌有一个清楚的认识,冯蒸的收集整理工作扩大了段氏生前所希望的范围,不仅收集《说文》本身已有解释的同义词资料,而且还收集经过段氏辨析的同义词资料。《说文》因受解释本字本义的编纂意图的限制,虽然成书于汉代,但并不反映汉代的词汇面貌。如"文""字"等,在汉代已经形成同义词,但从《说文》本身的解释,看不出它们在意义上有任何义同义近的关系。段氏博览群书,精思敏辨,对《说文》中类似"文""字"这样义同义近的词一一加以辨析。这部分资料更为丰富。经过冯蒸整理统计的这两部分同义词资料是相当可观的。计有：

一　大徐本《说文》及段注互训字表

《说文》中的互训字是典型的同义词。前人虽然也注意到《说文》中有相当数量同部互训字和异部互训字，并且也做过辑录工作。如清人洪亮吉所撰的《六书转注录》，汇辑了《尔雅》等六部著作的互训字，其中辑《说文》中的互训字381组，但是，失于标准较宽，且多疏漏。经冯蒸统计，大徐本《说文》互训字为354组，另经段氏改字为互训字的为75组。

二　《说文》所引方言和非汉语统计表

各地方言进入民族共同语，是汉语同义词形成的原因之一。《尔雅》中经郭注辨认的方言词有122个，经郝疏辨认的有250个（其中有与郭注重合的）。《方言》中共收方言词658个。《说文》（大徐本）中的方言词，经冯蒸统计为174个，另有段氏增补的方言词1个。

三　段注"浑言/析言"字目统计表

浑言/析言，是段氏辨析同义词异同最常用的术语。此外，段氏也还用统言/析言、对文/散文等十多种术语辨析词义的异同。这部分是段注中的精华所在。经冯蒸统计，这类资料共260条。

四　段注"义同/义近"字目统计表

词义是非常复杂的语言现象。不同词的义域往往有重叠交叉的情况。段注中用义同/义近等术语，表示不同的词之间在意义上有着程度不同的联系。其中，有的应该属于音义同/音义近，但段注只提到义同/义近，所以也统计在这部分内。经冯蒸统计，段氏注出义同/义近等表明词义有联系的共257处。

五　段注音义同/音义近字目统计表

突破字形束缚,从语音的相同或相近探求不同的词在意义上的联系,王力先生认为,"这是训诂学上的革命,段、王等人把训诂学推进到崭新的一个历史阶段"(《中国语言学史》第157页)。在这场革命中,段玉裁等人是先锋人物。段氏认为《说文》中音义存在联系的字,经冯蒸统计,达372组之多。

这些都是具有学术价值的资料,与《〈说文〉同义词研究》作为姐妹篇一起出版,无疑为本书所提出的论点提高了科学性和可靠性;同时也为对研究古汉语同义词有兴趣的语言工作者提供了极有参考价值的资料。

承认词的多义性为本书对同义词的研究提供了广阔的理论前提。丰富而又扎实的资料为本书研究同义词提供了坚实的基础。词的音义相统一的本质特点为本书观察词的同义现象提供了认识依据。在这三者的共同作用下,本书作者广泛考察了《说文》中的同义词,提出了以语音为标准,把同义词分为非同源同义词和同源同义词两大类。这是一个很值得重视的观点。这个观点是从宏观上把语言中的同义词分为两大类,有助于我们认识同义词的形成和发展。

非同源同义词的形成和发展,完全是以客观事物的有同有异为基础的。词义是客观事物在意识中的反映。如果客观事物之间不存在有同有异的现象,人的意识中也不可能有相应的反映,同义词的存在既没有可能,也没有必要。实际上,语言中,特别是汉语中有着大量的丰富的同义词。汉语中丰富的同义词都是汉族人民对所处环境客观事物有同有异的现象由于表达的需要而在语言上的反映。如古汉语中,窗户有"向(朝北)""牖(朝南)"之分,鸟窝有

"在树曰巢,在穴曰窠"之别等等,都反映了客观事物之间的细微差别。这类非同源同义词一般都是分别产生的。

"同源词必然是同义词,或意义相关的词。"(《同源字典·同源字论》)同源同义词也反映客观事物的有同有异现象,但同时又受语音条件限制。同源同义词只是同源词中的一部分。它们的来源有两个:一个是从同一语源派生出的,如树、竖,华、花,廷、庭,蹅、仆等;一个是因方言的音变而产生的,如《说文》:"逆,迎也。从辵屰声。关东曰逆,关西曰迎。""逆"属疑母铎部,"迎"属疑母阳部,声同韵近。《说文》:"聿,所以书也。楚谓之聿,吴谓之不律,燕谓之弗。"《尔雅·释器》:"不律谓之笔。"郭璞注:"蜀人呼笔为不律也,语之转变。"郝疏:"不律者盖笔之合声。""不律""笔""弗"古音同属帮母物部,只是不同方音的等义词。同源同义词由于受语音条件的限制,数量不如非同源同义词多。

本书虽然提出了一些值得重视的有学术价值的观点,但是由于受撰写意图和时间的限制,在论述时还没有充分展开。同义词之间意义的异同是十分复杂的词义现象,古汉语中的同义词又非常丰富。在这方面的研究,可以说,还只是处于起步阶段。无论是在有关同义词的理论方面,还是在同义词的具体辨析方面,都还有大量的工作要做。我希望今后有更多的同志投入古汉语同义词的研究,能看到更多的研究同义词的著作出版。

(本文原载于《〈说文〉同义词研究》,首都师范大学出版社,1995年12月)

# 后　记

　　《汉语词义散论》有新写的,有旧有的,实际上是一本集子。由于时间跨度大,计长达二十多年,在定稿时,发现有两个问题:一是有的观点前后矛盾,一是有的内容前后重复。本拟适当改动一下,想了想,还是一仍其旧。

　　前后矛盾的观点,主要是指词义和概念。我师承王力、高名凯等先生词义即概念的观点,在20世纪七八十年代所写的有关词义分析的文章,一直都遵循这个观点和方法。90年代以后虽然逐渐改变,但也很难说是彻底的。考虑到这还是讨论中的观点,而且对分析、理解词义并没有直接影响,觉得还是不改动为好。

　　前后重复的内容,主要表现在评论《现代汉语规范字典》《现代汉语规范词典》的两篇文章上。我在1999年曾写过一篇评论《现代汉语规范字典》的文章,委婉指出其中作为样品的有几个字义解释范例,有所不妥。一次偶然的机会,一位参与编写《现代汉语规范词典》的同行告诉我,在一个会议上,主其事者说:"首都师大的洪某,曾对《字典》提出批评,但只批对了一个字。"到《现代汉语规范词典》出版以后,才发现我曾批评过的"法""除""表"等词,依然如故,原封不动。我想,大概自己说得还不够透彻,只好再深入细致地说了一遍。虽然显得有些重复,但也是不得已的事,所以也就不改动了。

洪成玉

2007年7月